Georg Jennißen

Der WEG-Verwalter

Der WEG-Verwalter

Handbuch für Verwalter und Beirat

von

Dr. Georg Jennißen
Dipl.-Betriebswirt
Rechtsanwalt

unter Mitarbeit von

Dipl.-Kfm. Heinz-Josef Harren
Wirtschaftsprüfer/Steuerberater

Verlag C. H. Beck München 2007

Verlag C. H. Beck im Internet:
beck.de

ISBN 978 3 406 55668 5

© 2007 Verlag C. H. Beck oHG
Wilhelmstraße 9, 80801 München
Satz und Druck: Druckerei C. H. Beck, Nördlingen
(Adresse wie Verlag)

Gedruckt auf säurefreiem, alterungsbeständigem Papier
(hergestellt aus chlorfrei gebleichtem Zellstoff)

Vorwort

Mit der vielleicht wichtigsten Entscheidung in der Geschichte des Wohnungseigentumsrecht hat der BGH am 2. Juni 2005 die Rechtsfähigkeit der Eigentümergemeinschaft festgestellt. Wesentlicher Bestandteil dieser Entscheidung ist gleichzeitig die Hervorhebung des Verwalters als Organ des rechtsfähigen Verbands. Dadurch ist die Bedeutung des Verwalters gestärkt worden. Dies gab mir Veranlassung, die Position und Aufgaben des Verwalters von der Bestellung bis zur Abwahl bzw. Amtsniederlegung umfassend in einer Monographie darzustellen. In einigen Kommentaren finden sich zwar ausführliche Problemdarstellungen. Da diese aber auf verschiedene Vorschriften verteilt sind, liefern sie keinen kompakten Überblick wie das jetzt vorgelegte Werk.

Durch die WEG-Novelle wird die Rechtsposition des Verwalters zusätzlich verändert. Es wird klargestellt, dass der Verwalter sowohl für den rechtsfähigen Verband als auch für die Wohnungseigentümer zuständig ist. Es galt, diese Doppelfunktion zu untersuchen und die daraus resultierenden Aufgaben neu zu beschreiben.

Die Arbeit mit der Gesetzesnovelle ist nicht frei von Risiken. Naturgemäß liegen noch keine praktischen Erfahrungen im Umgang mit den novellierten Vorschriften vor. Ebenso wenig existiert Rechtsprechung. Lediglich einige Literaturmeinungen unterstützen den Blick für die Gesetzesauslegung.

Der Verwaltungsbeirat hat durch die Novelle keine wesentliche Veränderung erfahren. § 29 WEG, der im Wesentlichen die Funktion und Aufgaben des Beirats beschreibt, blieb unverändert.

Zur Vereinfachung und Abkürzung des Sprachgebrauchs wird anstelle von Wohnungseigentümergemeinschaft auch nur von Eigentümergemeinschaft gesprochen. Zwischen Wohnungs- und Teileigentum wird sprachlich nicht differenziert. Für die rechtsfähige Eigentümergemeinschaft werden die Synonyme „Gemeinschaft" oder „Verband" verwendet.

Das Buch wendet sich an den Juristen, Verwalter und Wohnungseigentümer gleichermaßen. Der in erster Linie juristisch aufbereitete Stoff wird durch Beispiele und Hinweise für Verwalter und Wohnungseigentümer verdeutlicht.

Die Rechtsprechung und Literatur wurden bis 1. Juni 2007 berücksichtigt.

Ich danke meinem Sozius, Dipl.-Kfm. Heinz-Josef Harren, Wirtschaftsprüfer/Steuerberater, für das von ihm gefertigte Kapitel zu den steuerrechtlichen Besonderheiten der Eigentümergemeinschaft. Des Weiteren bedanke ich mich bei Frau Sabina Tschaikowski-Rösgen für akribisches Korrekturlesen und bei Frau Claudia Nenna für das Schreiben der vielen Entwürfe bis zur Abgabe des endgültigen Skripts.

Köln, im Juni 2007   Dr. Georg Jennißen

Inhaltsübersicht

Inhaltsverzeichnis	IX
Abkürzungsverzeichnis	XIII
Literaturverzeichnis	XVII
A. Der WEG-Verwalter	1
I. Die wohnungseigentumsrechtlichen Organe	1
II. Notwendigkeit der Verwalterbestellung	3
III. Doppelfunktion des Verwalters	5
IV. Vertretungsmacht	8
V. Zustellungsvertreter	12
VI. Der Notgeschäftsführer	13
VII. Die Person des Verwalters	15
VIII. Bestellung des Verwalters	21
IX. Verwalternachweis	43
X. Der Verwaltervertrag	45
XI. Aufgaben des Verwalters	69
XII. Entlastung des Verwalters	148
XIII. Abberufung und Kündigung des Verwalters	151
XIV. Der Verwalter als Makler	177
B. Der Verwaltungsbeirat	181
I. Überblick	181
II. Bestellung des Beirats	181
III. Dauer der Bestellung	184
IV. Anzahl der Beiratsmitglieder	184
V. Die Person des Beiratsmitglieds	185
VI. Organisation des Beirats	186
VII. Vergütung des Beirats	187
VIII. Aufgaben des Beirats	188
IX. Haftung des Beirats	193
X. Abberufung des Verwaltungsbeirats	194
XI. Niederlegung des Beiratsamts	195
C. Anhang	197
I. Leistungsverzeichnis für Hausmeistertätigkeiten	197
II. Beschluss-Sammlung	200
Sachregister	203

Inhaltsverzeichnis

Abkürzungsverzeichnis XIII
Literaturverzeichnis XVII

A. Der WEG-Verwalter
    I. Die wohnungseigentumsrechtlichen Organe 1
    II. Notwendigkeit der Verwalterbestellung 3
    III. Doppelfunktion des Verwalters 5
    IV. Vertretungsmacht 8
    V. Zustellungsvertreter 12
    VI. Der Notgeschäftsführer 13
        1. als Verwalter 13
        2. als Wohnungseigentümer 14
    VII. Die Person des Verwalters 15
        1. Natürliche und juristische Personen 15
            a) Grundsätze 15
            b) GbR 15
            c) Personengesellschaften 16
        2. Einsatz von Erfüllungsgehilfen 17
        3. Rechtsnachfolge 18
            a) Vererblichkeit 18
            b) Veräußerung der Verwaltungsfirma 18
            c) Umwandlung 19
    VIII. Bestellung des Verwalters 21
        1. Grundlagen 21
            a) Trennungstheorie 21
            b) Vertragstheorie 22
            c) Praktische Konsequenzen 22
        2. Der Bestellungsakt 23
            a) Bestellung in der Gemeinschaftsordnung 23
            b) Bestellung durch Beschluss 25
                aa) Stimmrecht des Verwalters bei seiner Wahl 28
                bb) Majorisierung der Wohnungseigentümer 29
            c) Bestellung durch den Beirat 31
            d) Bestellung durch das Gericht 31
                aa) Notverwalter 31
                bb) Ordentlicher Verwalter 32
        3. Bestellungsdauer 32
        4. Verlängerungsbeschluss/Wiederwahl 34
        5. Bedingte Bestellung 36
        6. Anfechtung des Bestellungsbeschlusses 37
    IX. Verwalternachweis 43
    X. Der Verwaltervertrag 45
        1. Vertragsabschluss 45
        2. Die Parteien des Vertrages 46
        3. Stimmrecht des Verwalters 47

Inhalt

4. Inhalt des Verwaltervertrages	50
a) Überflüssige Regelungen	50
b) Nichtige Regelungen	51
aa) Wohnungseigentumsrechtliche Unwirksamkeit	51
bb) AGB-widrige Regelungen	55
c) Kompetenzdefinierende Klauseln	56
d) Eigentümergünstige Klauseln	58
e) Verwaltergünstige Klauseln	59
5. Verwaltervergütung	61
a) Grundvergütungen	61
b) Zulässige Sondervergütungen	63
6. Anfechtung der Beschlussfassung über den Verwaltervertrag	67
XI. Aufgaben des Verwalters	69
1. Durchführung der Beschlüsse	69
2. Durchführung der Hausordnung	70
3. Ordnungsmäßige Instandhaltung und Instandsetzung	72
a) Entscheidungskompetenz	72
b) Umfang der Instandhaltungs- und Instandsetzungspflicht	74
aa) Begriffsbestimmung	74
bb) Zuständigkeit für das Gemeinschaftseigentum	74
cc) Pflichten im Bereich des Sondereigentums	77
c) Modernisierende Instandsetzung	78
aa) Rechtslage vor der Novelle	78
bb) Rechtslage seit der Novelle	81
d) Erstmalige Herstellung	82
e) Objektüberwachung/Wartung	83
f) Hausmeister	84
g) Verkehrssicherungspflicht	85
h) Vorbereitung der Beschlussfassung zu Instandsetzungsmaßnahmen	86
i) Durchführung der Beschlussfassung zu Instandsetzungsmaßnahmen	90
j) Auftragserteilung für die Eigentümergemeinschaft	91
k) Haftung des Verwalters	92
aa) Pflichtverletzungen bei Instandhaltungs- und Instandsetzungsmaßnahmen	92
bb) Pflichtverletzungen bei Erledigung der Verkehrssicherungspflichten	94
4. Versicherungspflicht	95
5. Die wirtschaftlichen Verwaltungsaufgaben	97
a) Zahlungsverkehr	97
b) Kontoführung und Geldverwaltung	97
c) Aufstellen eines Wirtschaftsplans	99
d) Erstellen der Jahresabrechnung	101
e) Ansammlung der Instandhaltungsrücklage	103
f) Insolvenzantragspflicht	104
g) Haftung des Verwalters für Zahlungsfähigkeit der Gemeinschaft	105
h) Beitreibung säumiger Wohngeldbeträge	105
i) Haftung bei fehlendem Wohngeld	106
j) Belegpräsentation	108
6. Durchführung der Eigentümerversammlung	110
a) Pflicht zur Einberufung	110
b) Aufstellen der Tagesordnung	111

Inhalt

c) Versammlungsort und -zeit	114
d) Einzuladende Personen	115
e) Feststellung der Stimmberechtigung	116
f) Leitung der Versammlung	117
g) Feststellung des Abstimmungsergebnisses	118
h) Versammlungsniederschrift	119
i) Beschluss-Sammlung	120
j) Haftung des Verwalters für Fehler bei Organisation und Durchführung der Eigentümerversammlung	123
7. Aufgaben der juristischen Verwaltung	126
8. Steuerrechtliche Aufgaben des Verwalters für die Eigentümergemeinschaft	130
a) Steuererklärungspflicht	130
b) Instandhaltungsrücklage	131
aa) Zinsen aus der Instandhaltungsrücklage	131
bb) Zahlungen in die Instandhaltungsrücklage	132
cc) Zeitpunkt der Berücksichtigung von Aufwendungen im Zusammenhang mit der Instandhaltungsrücklage	132
dd) Abgrenzung von Erhaltungs- und Herstellungsaufwendungen	134
c) Vermietung von Gemeinschaftsvermögen	134
d) Gewerbliche Tätigkeit der Eigentümergemeinschaft	135
e) Steuerermäßigung bei der Inanspruchnahme haushaltsnaher Dienstleistungen	135
f) Grunderwerbsteuer	136
g) Lohnsteuer	137
h) Umsatzsteuer	137
aa) Unternehmer im Sinne des Umsatzsteuergesetzes	137
bb) Umsätze in der Jahresabrechnung	138
aaa) Steuerbare Umsätze	138
bbb) Steuerfreie Umsätze	139
cc) Umsatzsteueroption	141
aaa) Umsatzsteueroption des einzelnen Wohnungseigentümers	141
bbb) Umsatzsteueroption der Wohnungseigentümergemeinschaft	142
ccc) Formelle Anforderungen	143
9. Veräußerungszustimmung	145
10. Vermietungszustimmung	147
XII. Entlastung des Verwalters	148
XIII. Abberufung und Kündigung des Verwalters	151
1. Ordentliche Abberufung	151
2. Außerordentliche Abberufung	152
a) Abberufungsgrund	152
b) Abmahnung	153
c) Stimmrecht des Verwalters	153
d) Wichtige Gründe – Einzelfälle	154
aa) Vertrauensbruch im engeren Sinne	154
bb) Schlechtleistung der wirtschaftlichen Verwaltungstätigkeit	156
cc) Fehler im Zusammenhang mit der Durchführung der Eigentümerversammlung	158
dd) Schlechtleistung im Zusammenhang mit Instandsetzungspflichten	159
ee) Fehlende wichtige Gründe	160

Inhalt

3. Kündigung des Verwaltervertrages	160
a) Durch die Wohnungseigentümer	160
b) Kündigung/Niederlegung seitens des Verwalters	162
4. Verhältnis von Kündigung zur Abberufung	165
5. Folgen von Abberufung und Kündigung	166
a) Herausgabe der Objektunterlagen	166
b) Erstellung der Jahresabrechnung	167
c) Rechnungslegung	169
d) Vergütungsansprüche	169
6. Anfechtung von Abberufung und Kündigung	171
a) Durch einen Wohnungseigentümer	171
b) Durch den Verwalter	172
XIV. Der Verwalter als Makler	177
B. Der Verwaltungsbeirat	**181**
I. Überblick	181
II. Bestellung des Beirats	181
III. Dauer der Bestellung	184
IV. Anzahl der Beiratsmitglieder	184
V. Die Person des Beiratsmitglieds	185
VI. Organisation des Beirats	186
VII. Vergütung des Beirats	187
VIII. Aufgaben des Beirats	188
1. Unterstützung des Verwalters	188
2. Prüfung der wirtschaftlichen Verwaltung	189
3. Eigenes Einladungsrecht zur Eigentümerversammlung	190
4. Protokollprüfung	192
5. Sonstige Aufgaben	193
IX. Haftung des Beirats	193
X. Abberufung des Verwaltungsbeirats	194
XI. Niederlegung des Beiratsamts	195
C. Anhang	**197**
I. Leistungsverzeichnis für Hausmeistertätigkeiten	197
II. Beschluss-Sammlung	200
Sachregister	**203**

Abkürzungsverzeichnis

a. A.	anderer Ansicht
a. a. O.	am angegebenen Ort
a. F.	alte Fassung
AG	Amtsgericht, Aktiengesellschaft
AGBG	Gesetz zur Regelung der Allgemeinen Geschäftsbedingungen
AktG	Aktiengesetz
amtl. Begründung	amtliche Begründung
Anm.	Anmerkung
AO	Abgabenordnung
Aufl.	Auflage
BayObLG	Bayerisches Oberstes Landgericht
BayObLGZ	Entscheidungen des BayObLG in Zivilsachen
BFH	Bundesfinanzhof
BGB	Bürgerliches Gesetzbuch
BGH	Bundesgerichtshof
BMF	Bundesministerium der Finanzen
BRAGO	Bundesrechtsanwaltsgebührenordnung
BR-Drucks.	Bundesratsdrucksache
BStBl	Bundessteuerblatt
BT-Drucks.	Bundestagsdrucksache
BVerfG	Bundesverfassungsgericht
bzgl.	bezüglich
bzw.	beziehungsweise
ders.	derselbe
d. h.	das heißt
DStR	Deutsches Steuerrecht
DStZ	Deutsche Steuerzeitung
DWE	Der Wohnungseigentümer
EnEG	Energieeinspargesetz
EnEV	Energiesparverordnung
EStDV	Einkommensteuer-Durchführungsverordnung
EStG	Einkommensteuergesetz
EStR	Einkommensteuer-Richtlinien
FGG	Gesetz über die freiwillige Gerichtsbarkeit
FGPrax	Praxis der freiwilligen Gerichtsbarkeit
Fn.	Fußnote
Fs.	Festschrift
GBO	Grundbuchordnung
GbR	Gesellschaft bürgerlichen Rechts
GE	Grundeigentum
gem.	gemäß
GewO	Gewerbeordnung

Abkürzungen

ggf.	gegebenenfalls
GKG	Gerichtskostengesetz
GmbH	Gesellschaft mit beschränkter Haftung
GmbHG	GmbH-Gesetz
GvKostG	Gerichtsvollzieherkostengesetz
HeizkV	Heizkostenverordnung
HGB	Handelsgesetzbuch
h. M.	herrschende Meinung
i. d. R.	in der Regel
i. H. v.	in Höhe von
i. S.	im Sinne
i. S. d.	im Sinne des
i. S. v.	im Sinne von
KG	Kammergericht, Kommanditgesellschaft
KostO	Kostenordnung
lfd.	laufend
LG	Landgericht
Ls.	Leitsatz
lt.	laut
MaBV	Makler- und Bauträgerverordnung
max.	maximal
m. E.	meines Erachtens
MietRB	Miet-Rechts-Berater
mind.	mindestens
monatl.	monatlich
m. w. N.	mit weiteren Nachweisen
MwSt.	Mehrwertsteuer
n. F.	neue Fassung
NJW	Neue Juristische Wochenschrift
NJW-RR	NJW Rechtsprechungs-Report Zivilrecht
Nr.	Nummer
NZG	Neue Zeitschrift für Gesellschaftsrecht
NZI	Neue Zeitschrift für Insolvenzrecht
NZM	Neue Zeitschrift für Miet- und Wohnungseigentumsrecht
OFD	Oberfinanzdirektion
OHG	Offene Handelsgesellschaft
OLG	Oberlandesgericht
OLGE	Rechtsprechung der Oberlandesgerichte
OLG-Report	Oberlandesgerichts-Report
OLGZ	Entscheidungen der Oberlandesgerichte in Zivilsachen
p. a.	per anno
PartGG	Partnerschaftsgesellschaftsgesetz
PiG	Partner im Gespräch

Abkürzungen

Rpfl.	Der Deutsche Rechtspfleger
RVG	Rechtsanwaltsvergütungsgesetz
Rdn.	Randnummer
s.	siehe
s. o.	siehe oben
sog.	sogenannte
st. Rechtsprechung	ständige Rechtsprechung
UmwG	Umwandlungsgesetz
UR	Umsatzsteuerrundschau
UStG	Umsatzsteuergesetz
UStR	Umsatzsteuerrichtlinien
u. V. a.	unter Verweis auf
vgl.	vergleiche
WE	Wohnungseigentum
WEG	Wohnungseigentumsgesetz
WEM	Wohnungseigentümer-Magazin
WoVermittG	Wohnungsvermittlungsgesetz
WPM	Wertpapier-Mitteilungen
WuM	Wohnungswirtschaft und Mietrecht
z. B.	zum Beispiel
ZfIR	Zeitschrift für Immobilienrecht
Ziff.	Ziffer
ZinsO	Zeitschrift für das gesamte Insolvenzrecht
Zit.	Zitat
ZIP	Zeitschrift für Wirtschaftsrecht
ZMR	Zeitschrift für Miet- und Raumrecht
ZPO	Zivilprozessordnung
ZWE	Zeitschrift für Wohnungseigentum

Literaturverzeichnis

A. Bücher

Bärmann/Pick	Wohnungseigentumsgesetz (zit. WEG) nebst Ergänzungsband zum Regierungsentwurf 2006 für ein Gesetz zur Änderung des WEG und anderer Gesetze, 17. Aufl. 2006
Bärmann/Pick/Merle	Wohnungseigentumsgesetz (zit. WEG), 9. Aufl. 2003
Bamberger/Roth	BGB, Kommentar, Bd. 2, 1. Aufl. 2003
Becker/Kümmel/Ott	Wohnungseigentum, 1. Aufl. 2003
Bielefeld	Der Wohnungseigentümer, 7. Aufl. 2003
Bub/von der Osten	Wohnungseigentum von A–Z, 7. Aufl. 2004
Deckert, Wolf	Die Eigentumswohnung, Loseblattsammlung, 1982
Erman	BGB, 11. Aufl. 2004
Frotscher	Abgabenordnung (zit. AO), 2003
Gottschalg	Die Haftung von Verwalter und Beirat in der Wohnungseigentümergemeinschaft (zit. Haftung), 2. Aufl. 2005
Hügel/Elzer	Das neue WEG-Recht, 2007
Hügel/Scheel	Rechtshandbuch Wohnungseigentum (zit. Rechtshandbuch), 1. Aufl. 2002
Jennißen	Die Verwalterabrechnung nach dem Wohnungseigentumsgesetz (zit. Verwalterabrechnung), 5. Aufl. 2004
Köhler/Bassenge	Anwaltshandbuch Wohnungseigentumsrecht (zit. AHB WEG), 1. Aufl. 2004
Lutter/Hommelhoff	GmbH-Gesetz, 16. Aufl. 2004
Merle	Bestellung und Abberufung des Verwalters nach § 26 WEG, 1977
Müller	Praktische Fragen des Wohnungseigentums, 4. Aufl. 2004
Niedenführ/Schulze	WEG, Handbuch und Kommentar, 7. Aufl. 2004
Palandt	BGB, 65. Aufl. 2006
Plückebaum/Malitzky/Widmann	Umsatzsteuergesetz – Kommentar (zit. UStG), 10. Aufl. 2004
Rau/Dürrwächter	Kommentar zum Umsatzsteuergesetz (zit. UStG), 8. Aufl. 2003
Riecke/Schmid	Kompaktkommentar WEG (zit. KK-WEG), 1. Aufl. 2005
Riecke/Schmidt/Elzer	Die erfolgreiche Eigentümerversammlung (zit. Eigentümerversammlung), 4. Aufl. 2006
Röll/Sauren	Handbuch für Wohnungseigentümer und Verwalter, 8. Aufl. 2002
Sauren	Wohnungseigentumsgesetz (zit. WEG), 4. Aufl. 2002
ders.	Verwaltervertrag und Verwaltervollmacht im Wohnungseigentum, 3. Aufl. 2000
Schimansky/Bunte/Lwowski	Bankrechts-Handbuch, 1. Aufl. 1997 (2. Aufl. 2001)
Schmidt, Karsten	Gesellschaftsrecht, 4. Aufl. 2004
Staudinger	BGB, Wohnungseigentumsgesetz, 13. Aufl. 2005
Tipke/Kruse	Kommentar zur Abgabenordnung/Finanzgerichtsordnung (zit. AO), Lieferung 110, 2006

Literatur

Weitnauer	Wohnungseigentumsgesetz (zit. WEG), 9. Aufl. 2005
Werner/Pastor	Der Bauprozess, 11. Aufl. 2005

B. Aufsätze

Abramenko	Parteien und Zustandekommen des Verwaltervertrags nach der neuen Rechtsprechung zur Teilrechtsfähigkeit der Wohnungseigentümergemeinschaft, ZMR 2006, 6
ders.	Die schuldrechtlichen Beziehungen zwischen Verwaltungsbeirat und Wohnungseigentümergemeinschaft nach Anerkennung ihrer Teilrechtsfähigkeit, ZWE 2006, 273
Armbrüster	Beendigung der Mitgliedschaft im Verwaltungsbeirat, insbesondere Abberufung, ZWE 2001, 412
ders.	Gesellschaft bürgerlichen Rechts kein Verwalter, ZWE 2006, 181
Becker	Die Anfechtung des Abberufungsbeschlusses durch den abberufenen Verwalter, ZWE 2002, 211
Bogen	Bestellung und Anstellung des Verwalters im Wohnungseigentumsrecht, ZWE 2002, 289
Briesemeister	Die Beschwerdebefugnis des neu bestellten WEG-Verwalters gegen die Ungültigkeitserklärung seines Bestellungsbeschlusses, NZM 2006, 568
Dippel/Wolicki	Auflösung oder Fortbestand des Verwaltungsbeirats bei Wegfall eines seiner Mitglieder, NZM 1999, 603
Drasdo	Die Renaissance der Gesellschaft bürgerlichen Rechts als Wohnungseigentumsverwalterin, NZM 2001, 258
ders.	Beschränkung der Abberufung des Verwalters auf einen wichtigen Grund, NZM 2001, 923
ders.	Der Tod des Verwalters oder des Geschäftsführers sowie des geschäftsführenden Gesellschafters der Verwaltungsgesellschaft, WE 1998, 429
Elzer	Zur gerichtlichen Entscheidung über die Wiederwahl eines WEG-Verwalters, ZMR 2001, 418
Gottschalg	Probleme bei der Einberufung der Wohnungseigentümerversammlung, NZM 1999, 825
ders.	Die Abgrenzung der baulichen Veränderung von der modernisierenden Instandsetzung, NZM 2001, 729
ders.	Verwalterentlastung im Wohnungseigentumsrecht, NJW 2003, 1293
ders.	Zur Haftung des Verwalters für fehlerhafte oder unterlassene Beschlussfeststellungen, ZWE 2005, 32
ders.	Das Anfechtungsrecht des Verwalters bei seiner Abberufung – neue Aspekte, ZWE 2006, 332
Häublein	Verwalter und Verwaltungsbeirat – einige aktuelle Probleme, ZMR 2003, 233
ders.	Aktuelle Rechtsfragen der Einberufung und Durchführung von Wohnungseigentümerversammlungen, ZMR 2004, 723
Horlemann	Gesonderte und einheitliche Feststellung der Einkünfte bei Wohnungseigentumsgemeinschaften, DStZ 1990, 422

ders.	Aufwendungen aus der Instandhaltungsrücklage bei Wohnungseigentumsgemeinschaften – steuerliche Probleme für Wohnungsverwalter?, DStZ 1990, 120
Jennißen	Die Auswirkungen der Rechtsfähigkeit auf die innergemeinschaftlichen Beziehungen der Wohnungseigentümer, NZM 2006, 203
Kahlen	Wohnungseigentum: Steuerliche Konsequenzen der Zuführung zur Instandhaltungsrückstellung, ZMR 2006, 21
Kümmel	Die Mitgliedschaft von Personenvereinigungen im Verwaltungsbeirat, NZM 2003, 303
Merle	Zur Vertretungsmacht des Verwalters nach § 27 RegE-WEG, ZWE 2006, 365
Moraht	Der Provisionsanspruch des makelnden Verwalters, DWE 2006, 89
Müller	Das Rechtsschutzbedürfnis bei Beschlussanfechtung, ZWE 2000, 557
Nieskoven	Umsatzsteuerliche Besonderheiten bei Wohnungseigentumsgemeinschaften, Gestaltende Steuerberatung 2006, 438
Sauren	Beiträge zur Instandhaltungsrücklage nach dem WEG direkt abzugsfähig, DStR 2006, 2163
Schäfer	Kann die GbR Verwalter einer Wohnungseigentümergemeinschaft sein?, NJW 2006, 216
Schmidt	Rechnungserteilung und Vorsteuerabzugsberechtigung bei Wohnungseigentümergemeinschaft, UR 1993, 204
Suilmann	Beschlussanfechtung durch den abberufenen Verwalter, ZWE 2000, 106
Weimann/Raudszus	Wohnungseigentümergemeinschaften: Die Steuerbefreiung des § 4 Nr. 13 UStG und ihre Brennpunkte, UR 1997, 462
ders.	Wohnungseigentümergemeinschaften – Neue Problemfelder der Steuerbefreiung des § 4 Nr. 13 UStG, UR 1999, 486
Wenzel	Die Wohnungseigentümergemeinschaft – ein janusköpfiges Gebilde aus Rechtssubjekt und Miteigentümergemeinschaft?, NZM 2006, 321
ders.	Der vereinbarungsersetzende, vereinbarungswidrige und vereinbarungsändernde Mehrheitsbeschluss, ZWE 2000, 2
ders.	Die Befugnis des Verwalters zur Anfechtung des Abberufungsbeschlusses, ZWE 2001, 510
ders.	Die Entscheidung des Bundesgerichtshofes zur Beschlusskompetenz der Wohnungseigentümerversammlung und ihre Folgen, ZWE 2001, 226
ders.	Die Teilrechtsfähigkeit und die Haftungsverfassung der Wohnungseigentümergemeinschaft – eine Zwischenbilanz, ZWE 2006, 2

A. Der WEG-Verwalter

I. Die wohnungseigentumsrechtlichen Organe

§ 20 Abs. 1 WEG nennt für die Verwaltung des Wohnungseigentums drei **1** Organe, nämlich die Gesamtheit der Wohnungseigentümer, den Verwalter und den Verwaltungsbeirat.[1]

Die Gemeinschaft der Wohnungseigentümer, der seit der Entscheidung des **2** BGH vom 2. 6. 2005[2] **Teilrechtsfähigkeit** zugeordnet wird, kann selbstständig am Rechtsverkehr mit Dritten teilnehmen. Die Entscheidungen im Innenverhältnis, was der rechtsfähige Verband tun soll, trifft die **Wohnungseigentümerversammlung.** Diese ist das Organ, das grundsätzlich die **Entscheidungskompetenz** besitzt.

Demgegenüber ist der Verwalter **das ausführende Organ.** Die Organstel- **3** lung ist ebenfalls vom BGH in der Entscheidung vom 2. 6. 2005 im Rahmen der Teilrechtsfähigkeit klargestellt worden. Bis dahin war die rechtliche Einordnung des Verwalters unklar. Lediglich Teile der Literatur gingen von einer Organstellung aus.[3] Teilweise wurde auch nur von einer gewillkürten oder eingeschränkten gesetzlichen Vertretungsmacht gesprochen.[4] Nunmehr ist geklärt, dass die Eigentümergemeinschaft zwar das Willensbildungsorgan und der Verwalter das Leitungsorgan der Eigentümergemeinschaft ist.[5] Da der Verwalter nicht selbst Wohnungseigentümer sein muss und somit seine Organfunktion nicht an die Mitgliedschaft gebunden ist, ist von einer **Fremdorganschaft** zu sprechen.[6]

Der **Verwaltungsbeirat** ist nach § 29 Abs. 1 WEG fakultativ und hat keine **4** Befugnisse, Verwaltungsentscheidungen zu treffen. Seine Funktion beschränkt sich nach § 29 Abs. 2 WEG auf die Unterstützung des Verwalters, eine besondere Prüfungspflicht gem. § 29 Abs. 3 WEG und auf das Recht, unter in § 24 Abs. 3 WEG genannten Voraussetzungen durch den Beiratsvorsitzenden oder seinen Vertreter die Eigentümerversammlung einberufen zu dürfen. Der Beirat, wenn er denn überhaupt in der Eigentümergemeinschaft bestellt wurde, ist das schwächste Organ der Gemeinschaft.

Wohnungseigentumsrechtlich besteht somit eine **dreigliedrige Organ-** **5** **schaft.** Vom Willensbildungsorgan, der Eigentümerversammlung, werden Beschlüsse dem Verwalter zur Ausführung übertragen und ggf. vom Beirat beaufsichtigt. Auch wenn diese Struktur vordergründig mit den Organschaften im Gesellschaftsrecht vergleichbar ist, sind die Machtbefugnisse unterschiedlich.

---

[1] *Merle* in Bärmann/Pick/Merle, WEG, § 20 Rdn. 9 u. V. a. BRatsdrucks. 75/51 zu § 20.
[2] ZMR 2005, 547 = DWE 2005, 134 = NJW 2005, 2061 = NZM 2005, 543.
[3] So *Merle,* Bestellung und Abberufung des Verwalters, S. 15; *Lüke* in Weitnauer, WEG, § 27 Rdn. 1; *Müller,* Praktische Fragen, Rdn. 874.
[4] *Gottschalg* in Deckert, Gruppe 4, 1073.
[5] Vgl. zu den Organbegriffen *Karsten Schmidt,* Gesellschaftsrecht, § 14 II.
[6] So auch *Merle,* ZWE 2006, 21.

Daraus ergibt sich folgende **Abgrenzung zum GmbH- und Aktienrecht:** Zentrales Organ ist bei der Eigentümergemeinschaft die Eigentümerversammlung, die mit der Gesellschafterversammlung der GmbH oder der Hauptversammlung der Aktiengesellschaft korrespondiert. Das aufsichtsführende Organ, der Beirat, ist aber wesentlich schwächer ausgeprägt als der Aufsichtsrat. Dies wird schon dadurch deutlich, dass der Aufsichtsrat der Aktiengesellschaft zwingend ist, während der wohnungseigentumsrechtliche Beirat fakultativ eingerichtet werden kann. Da das GmbH-Gesetz keinen obligatorischen, sondern ebenfalls nur einen fakultativen Aufsichtsrat oder Beirat kennt, bestehen eher hier Parallelen. Sofern satzungsgemäß nichts anderes geregelt ist, bleiben wohnungseigentumsrechtlicher Beirat und der Beirat einer GmbH schwache Organe mit geringer Kompetenz. Demgegenüber ist der Aufsichtsrat einer Aktiengesellschaft ein starkes Organ, das die Vorstandsmitglieder bestellt und abberuft (§ 84 AktG), die Geschäftsführung laufend überwacht (§ 111 Abs. 1 AktG) und die Gesellschaft gegenüber den Vorstandsmitgliedern gerichtlich und außergerichtlich vertritt (§ 112 AktG).

6 § 29 Abs. 2 WEG bestimmt lediglich, dass der **Verwaltungsbeirat** den Verwalter bei der Durchführung seiner Aufgaben **unterstützt.** Hieraus ließe sich schließen, dass der Verwalter ein stärkeres Organ als der Vorstand einer Aktiengesellschaft ist. Seine Tätigkeit unterliegt nicht der strengen Kontrolle, wie sie der Aufsichtsrat gegenüber dem Vorstand einer Aktiengesellschaft ausübt. Dennoch ist die Machtbefugnis des WEG-Verwalters schon von Gesetzes wegen eingeschränkt, als § 27 WEG dem Verwalter keine umfassenden Rechte und Pflichten überträgt. Dem Verwalter stehen nur **partielle Befugnisse** zu, um für die Wohnungseigentümer im Rechtsverkehr zu handeln. Bis zur Novelle enthielt das WEG keine Vorschrift, wonach der Verwalter den teilrechtsfähigen Verband oder die Wohnungseigentümer gerichtlich vertritt.[7] Dies ist durch die Novelle anders geworden, als der Verwalter nach § 27 Abs. 2 Nr. 2 und Abs. 3 Nr. 2 WEG n. F. auf Passivseite Prozesse für die Wohnungseigentümer und den Verband führen darf. Im Aktivverfahren für die Wohnungseigentümer ist ein ermächtigender Beschluss notwendig, § 27 Abs. 2 Nr. 3 WEG n. F. Abgesehen von Notmaßnahmen benötigt der Verwalter im Innenverhältnis zur Begründung seiner Geschäftsführungskompetenz weitgehend eine Beschlussanweisung der Eigentümerversammlung. Vergleichbare Regelungen existieren im Gesellschaftsrecht nicht. Geschäftsführung und Vorstand leiten die Geschäfte des Unternehmens unter eigener Verantwortung. Die Geschäftsführungskompetenz besteht von Gesetzes wegen und muss nicht durch Beschluss der Gesellschafterversammlung begründet werden. Allerdings kann sie gesellschaftsrechtlich durch Satzung oder Beschluss der Gesellschafterversammlung eingeschränkt werden. Demgegenüber hat der Verwalter in erster Linie Beschlüsse der Eigentümerversammlung auszuführen, d. h. die Handlungskompetenz wird erst durch Beschluss begründet. Der Verwalter darf weitgehend ohne Beschlussgrundlage nicht handeln. Dies schwächt seine Organstellung deutlich und stärkt die **Bedeutung der Eigentümerversammlung.**

---

[7] Vgl. auch *Merle,* ZWE 2006, 21, 22.

II. Notwendigkeit der Verwalterbestellung

Nach § 21 Abs. 1 WEG steht die Verwaltung des gemeinschaftlichen Eigentums den Wohnungseigentümern gemeinschaftlich zu. Dagegen regelt § 20 Abs. 2 WEG vermeintlich widersprüchlich, dass die Bestellung eines Verwalters nicht ausgeschlossen werden kann. Ein Ausschluss ist sowohl durch Beschluss[1] als auch Vereinbarung[2] nichtig. Dieses Verbot wird jedoch nicht mit der Verpflichtung gleichgesetzt, einen Verwalter bestellen zu müssen.[3] Es wird also zwischen Bestellungsgebot und Verpflichtung differenziert.

Bisher wurde die **Verpflichtung,** einen Verwalter zu bestellen, insbesondere von der **Größe der Eigentümergemeinschaft** abhängig gemacht. Bei kleineren Eigentümergemeinschaften (z.B. aus drei Wohnungseigentümern bestehend) wird es als **ordnungsmäßiger Verwaltung entsprechend** angesehen, wenn die Wohnungseigentümer ihre Verwaltungsangelegenheiten gemeinschaftlich nach § 20 Abs. 1 WEG regeln. Hingegen sei bei größeren Eigentümergemeinschaften ein Anspruch des Einzelnen im Sinne des § 21 Abs. 4 WEG auf Bestellung eines Verwalters gegeben, weil nur so eine ordnungsmäßige Verwaltung gewährleistet werden könne.[4]

Die Frage, ob ein Verwalter vorhanden sein muss, kann nicht von der Frage nach seiner Funktionalität getrennt werden. Seit der Entscheidung des BGH zur Rechtsfähigkeit der Eigentümergemeinschaft[5] ist klargestellt, dass der Verwalter das **Organ** des rechtsfähigen Verbands ist. § 27 Abs. 3 S. 2 WEG n.F. macht aber deutlich, dass ein Verwalter nicht der Einzige ist, der für die Vertretung der Eigentümergemeinschaft in Betracht kommt. Wenn ein Verwalter fehlt, so vertreten alle Wohnungseigentümer die Gemeinschaft. Dabei können die Wohnungseigentümer auch durch Mehrheit beschließen, einen oder mehrere Wohnungseigentümer **zur Vertretung** zu **ermächtigen.** Gleiches ist nach der gesetzlichen Regelung der Fall, wenn ein Verwalter nicht zur Vertretung der Eigentümergemeinschaft berechtigt ist. Die gesetzliche Regelung macht somit deutlich, dass die Vertretungsmacht nicht unbedingt beim Verwalter angesiedelt sein muss. Wenn einzelne Wohnungseigentümer bevollmächtigt werden, die Eigentümergemeinschaft zu vertreten, werden diese zwar Vertreter der Eigentümergemeinschaft, nicht aber deren Organ. Andernfalls käme es zu einer **Doppelverwalterbestellung,** die im Gesetz nicht vorgesehen ist. Der Verwalter als Organ wird durch die Möglichkeit, dass ihm teilweise die Vertretungsmacht nicht übertragen wird, geschwächt. Verzichten die Wohnungseigentümer auf eine Verwalterbestellung, liegt die Vertretungsmacht bei ihnen, ohne dass die Wohnungseigentümer gleichzeitig zum Organ der Gemeinschaft werden. In einem solchen Fall hat die Eigentümergemeinschaft kein Organ.

---

[1] *Merle* in Bärmann/Pick/Merle, WEG, § 20 Rdn. 13; *Giesen,* DWE 1993, 130, 136.
[2] BayObLG WE 1990, 67; LG Hannover DWE 1983, 124; *Merle* in Bärmann/Pick/Merle, WEG, § 20 Rdn. 13.
[3] *Merle* in Bärmann/Pick/Merle, WEG, § 20 Rdn. 13; *Sauren,* WEG, § 20 Rdn. 4.
[4] So *Becker/Kümmel/Ott,* Wohnungseigentum, § 7 Rdn. 336; *Merle* in Bärmann/Pick/Merle, WEG, § 20 Rdn. 15.
[5] ZMR 2005, 547 = DWE 2005, 134 = NJW 2005, 2061 = NZM 2005, 543.

Eine Handlungsunfähigkeit ist damit wegen der Vertretungsmacht der Wohnungseigentümer nicht verbunden.

Dennoch bleibt es das Ziel einer jeden Eigentümergemeinschaft, dass ein Verwalter bestellt wird. Ein Beschluss der Wohnungseigentümer, keinen Verwalter zu bestellen (ggf. auch nur zeitweise), ist nach der Regelung des § 20 Abs. 2 WEG nichtig.[6] § 27 Abs. 3 S. 2 WEG n. F. will die Regelung des § 20 Abs. 2 WEG nicht abändern. Es soll lediglich das Vertretungsverhältnis geklärt werden, wenn ein Verwalter fehlt. Damit soll nicht gesagt werden, dass die Eigentümergemeinschaft auf die Bestellung eines Verwalters generell verzichten kann. Andererseits kann die Gemeinschaft verwalterlos sein und ist dennoch durch die vertretungsberechtigten Wohnungseigentümer handlungsfähig.

§ 27 Abs. 3 S. 2 WEG n. F. differenziert dabei nicht zwischen Fremd- und Selbstverwalter. Wenn ein Nicht-Eigentümer zum Verwalter gewählt wird, handelt es sich um ein **Fremdorgan.** Wird hingegen ein Wohnungseigentümer gewählt, liegt ein Fall der **Selbstorganschaft** vor. Sind die Wohnungseigentümer neben oder anstelle eines Verwalters vertretungsberechtigt, lässt sich nicht von Organschaft sprechen, da die Aufgabe der Wohnungseigentümer in diesem Fall nur auf die gemeinsame Vertretung beschränkt ist. Die zahlreichen Verwalteraufgaben, wie z. B. Erstellung der Jahresabrechnung oder Einberufung einer Eigentümerversammlung, werden damit nicht auf die einzelnen bevollmächtigten Wohnungseigentümer übertragen. Diese erhalten nicht die Geschäftsführungskompetenz, sondern lediglich Vertretungsmacht. Wenn mehrere oder alle Wohnungseigentümer handeln sollen, liegt ein Fall der **Gesamtvertretung** vor.

Bei größeren Eigentümergemeinschaften entspricht die Fremdorganschaft ordnungsmäßiger Verwaltung. Nur professionelle Verwalter werden bei größeren Gemeinschaften in der Lage sein, die vielfältigen Aufgaben ordnungsgemäß zu erfüllen. Auch würde eine größere Eigentümergemeinschaft bei Gesamtvertretung durch die einzelnen Wohnungseigentümer praktisch handlungsunfähig.

---

[6] So auch *Niedenführ/Schulze,* WEG, § 26 Rdn. 3; a. A. *Müller,* Praktische Fragen, 4. Aufl., Rdn. 8 – allerdings ist die 4. Aufl. vor der Entscheidung des BGH zur Rechtfähigkeit erschienen.

III. Doppelfunktion des Verwalters

Der BGH hat in seiner Entscheidung zur Rechtsfähigkeit der Eigentümergemeinschaft[1] deutlich gemacht, dass dem rechtsfähigen Verband insbesondere das Geldvermögen und solche Gegenstände zuzuordnen sind, die der lfd. Bewirtschaftung und Verwaltung des Objektes dienen. Demgegenüber bleibt das **Gemeinschaftseigentum,** wie es das Wort auch sagt, Eigentum aller Wohnungseigentümer. Damit bestehen zwei **unterschiedliche Vermögensmassen,** die eine, die dem Verband gehört und die andere, die der Summe der Wohnungseigentümer zuzurechnen ist.[2] Dem schließt sich der Gesetzgeber an und bestätigt die BGH-Auffassung nunmehr in § 10 Abs. 7 WEG n. F. Danach zählen zum **Verbandsvermögen** die gesetzlich begründeten und rechtsgeschäftlich erworbenen Sachen und Rechte sowie die damit korrespondierenden Verbindlichkeiten. Forderungen können sowohl gegenüber Dritten als auch gegenüber Wohnungseigentümern entstehen. Die aus diesen Forderungen eingenommenen Gelder werden ebenfalls Verbandsvermögen.

Indem sich der Verwalter um das Vermögen des Verbands einerseits und das Vermögen der Wohnungseigentümer andererseits kümmern muss, spricht Hügel[3] von einer Zwitterstellung und **Doppelfunktion** des Verwalters. Er handelt einmal für den rechtsfähigen Verband und zum anderen auch für die Summe der Wohnungseigentümer. Der Gesetzgeber trägt dieser Auffassung Rechnung, indem er die Aufgaben und Befugnisse des Verwalters in § 27 WEG n. F. in solche aufsplittet, die einmal gegenüber der Gemeinschaft der Wohnungseigentümer (Verband) und zum anderen gegenüber allen Wohnungseigentümern bestehen sollen. Der Verwalter erhält dadurch folgende Doppelfunktion: Er ist einmal Organ des Verbands und ist zum anderen für die Wohnungseigentümer tätig. Die Bundesregierung spricht in ihrer Entwurfsbegründung vom **Organ** der Gemeinschaft und vom **Vertreter** der Wohnungseigentümer.[4]

Die Neufassung des § 27 WEG definiert in bewusster **Aufgabentrennung** in Absatz 2 die **Aufgaben** und **Befugnisse** des Verwalters in Relation zu allen Wohnungseigentümern und in Absatz 3 die Aufgaben und Befugnisse in Relation zum Verband. Daneben führt der Gesetzgeber in § 27 Abs. 1 WEG n. F. Aufgaben an, die der Verwalter sowohl im Namen der Eigentümergemeinschaft als auch für die Wohnungseigentümer zu erfüllen hat. Damit entstehen drei Bereiche. Er ist in einem Bereich **Organ** und im anderen **Vertreter.** Im dritten Bereich, dort wo der Verwalter für Verband **und** Wohnungseigentümer tätig wird, ließe sich an die Wortschöpfung „Organvertreter" denken. Dies wäre jedoch ein Trugschluss, da der Gesetzgeber in diesem Schnittbereich dem Verwalter eben keine Vertretungsmacht, sondern nur Geschäftsführungsbefug-

---
[1] ZMR 2005, 547 = DWE 2005, 134 = NJW 2005, 2061 = NZM 2005, 543.
[2] *Hügel,* DNotZ 2005, 753, 764; *Jennißen,* NZM 2006, 203; *Wenzel,* NZM 2006, 321.
[3] S. Fn. 2; ebenfalls von Doppelfunktion ausgehend *Wenzel,* ZWE 2006, 2, 8.
[4] Gegenäußerung der Bundesregierung zur Stellungnahme des Bundesrats v. 8. 7. 2005 zum Entwurf eines Gesetzes zur Änderung des Wohnungseigentumsgesetzes und anderer Gesetze in BR-Drucks. 397/05 in *Bärmann/Pick,* WEG, Ergänzungsband zur 17. Aufl., S. 178.

nis überträgt.⁵ In diesem Bereich spricht der Gesetzgeber selbst von einer Zwitterstellung.⁵ § 27 Abs. 1 WEG n. F. will klarstellen, dass der Verwalter – anders als der Geschäftsführer einer GmbH – Geschäftsführungsaufgaben sowohl für den Verband als auch für die einzelnen Mitglieder ausüben kann.

Gegenüber dieser Geschäftsführungskompetenz des § 27 Abs. 1 WEG gewähren § 27 Abs. 2 und 3 WEG n. F. dem Verwalter **Vertretungsmacht,** wobei der Verwalter dann nicht mehr gleichzeitig für Verband und Wohnungseigentümer tätig wird, sondern nur „entweder oder". So trifft den Verwalter beispielsweise die Geschäftsführungspflicht für Verband **und** Wohnungseigentümer, Beschlüsse der Wohnungseigentümer umzusetzen oder notwendige Instandhaltungs- und Instandsetzungsmaßnahmen des gemeinschaftlichen Eigentums zu treffen. Erfordern diese Maßnahmen Rechtshandlungen im Außenverhältnis, erhält der Verwalter **hierfür Vertretungsmacht,** den rechtsfähigen Verband gegenüber Dritten zu berechtigen und zu verpflichten.

Bis zur Novellierung konnte argumentiert werden, dass der Verwalter nur die Rechte und Pflichten haben konnte, die ihm von seinem **Dienstherrn,** dem Verband, verliehen wurden. Der Verband musste dann seinerseits von den Wohnungseigentümern beauftragt werden.⁶ Durch die Gesetzesnovelle ist diese Auffassung nicht mehr haltbar. Der Verwalter ist jetzt für den Verband und für die Wohnungseigentümer tätig. Es wird deutlich, dass der WEG-Verwalter sich beispielsweise vom GmbH-Geschäftsführer dadurch unterscheidet, dass Letzterer eben nur die Gesellschaft und nicht gleichzeitig auch die einzelnen Gesellschafter vertritt. Die jetzt vom Gesetzgeber gewählte Konstruktion des **Doppelvertretungsrechts** findet im Gesellschaftsrecht keine Parallele.

12 Diese Systematik verliert ihre klaren Konturen, wenn der Verwalter gem. § 27 Abs. 1 Nr. 5 WEG n. F. berechtigt und verpflichtet wird, alle Zahlungen und Leistungen zu bewirken und entgegenzunehmen, die mit der lfd. Verwaltung des gemeinschaftlichen Eigentums zusammenhängen. Nr. 6 des § 27 Abs. 1 WEG n. F. ergänzt dann noch, dass er für den Verband und für die Wohnungseigentümer die Geschäftsführungskompetenz besitzt, eingenommene Gelder zu verwalten. Demgegenüber erteilt nach § 27 Abs. 3 WEG n. F. der Verwalter im Außenverhältnis Aufträge an Dritte für den Verband und bezahlt diese aus dem **Verbandsvermögen.** Das Geldvermögen hat er nach § 27 Abs. 3 Nr. 5 WEG n. F. auf Konten des Verbands zu führen. Sämtliche Forderungen gegenüber Dritten und gegenüber Wohnungseigentümern werden Verbandsvermögen, § 10 Abs. 7 WEG n. F. Damit kann der Verwalter eingenommene Gelder nicht für die Wohnungseigentümer, sondern nur für den Verband verwalten. Diese gehen auf Konten des Verbands ein und werden sein Vermögen. Er verfügt Gelder des Verbands vom Konto des Verbands. Daher kann er im Innenverhältnis den Zahlungsverkehr nicht gleichzeitig auch für die Wohnungseigentümer ausführen. Die Vermischung der Doppelfunktion zu einem überschneidenden Pflichtenkreis muss insoweit als missglückt angesehen werden.

Mit der gesetzlich verankerten Doppelfunktion des Verwalters ist gleichzeitig meine früher geäußerte Auffassung, dass der Verwalter immer nur für den Ver-

---

⁵ S. Fn. 4.
⁶ *Jennißen,* NZM 2006, 203, 204.

III. Doppelfunktion des Verwalters

band tätig wird, nicht mehr haltbar. Der Verwalter steht in einem Rechtsverhältnis zum Verband und zu den Wohnungseigentümern. Somit muss er auch mit beiden ein Vertragsverhältnis begründen, auch wenn er nur aus dem Verbandsvermögen bezahlt wird (s. zum Verwaltervertrag unten X.2. Rdn. 93f.). Zu berücksichtigen ist, dass nach § 10 Abs. 6 WEG n.F. dem Verband eine bevorrechtigte Position zukommt. Der Verband wird **im Rahmen der gesamten Verwaltung** für die Wohnungseigentümer tätig und er übt die gemeinschaftsbezogenen Rechte der Wohnungseigentümer aus.

IV. Vertretungsmacht

13 Die Vertretungsmacht des Verwalters beginnt mit dem ersten Tag des Bestellungszeitraums und endet mit seiner **Abberufung** oder der Niederlegung seines Amts. Einschränkend sieht der Gesetzgeber in § 27 Abs. 3 Satz 2 WEG n. F. ausdrücklich die Möglichkeit vor, dass der legitimierte Verwalter zur Vertretung im **Einzelfall** nicht berechtigt sein kann und deshalb die Gemeinschaft durch alle Wohnungseigentümer vertreten wird. Der Gesetzgeber lässt offen, wodurch es zur fehlenden Vertretungsberechtigung kommt. Sowohl die **Nichtübertragung** von einzelnen Vertretungsaufgaben wie ihre **Entziehung** sind denkbar. Auch differenziert der Wortlaut nicht, ob die Vertretungsmacht ganz oder teilweise fehlt. Die Wohnungseigentümer können einen oder mehrere Wohnungseigentümer durch Mehrheitsbeschluss zur Vertretung an Stelle des Verwalters ermächtigen, § 27 Abs. 3 Satz 3 WEG n. F. Der Gesetzgeber will damit erreichen, dass es zukünftig **keinen Notverwalter** mehr geben muss bzw. soll.[1] Gleichzeitig geht er aber über dieses Ziel hinaus und begründet eine Vertretungsmacht neben bestehender Verwaltung. Wenn in der Regierungsbegründung davon gesprochen wird, dass der Verwalter nicht zur Vertretung ermächtigt wird[2], ist ebenso die Entziehung denkbar. Fehlende Übertragung und Entziehung sind gleichermaßen möglich.

Nicht möglich ist es allerdings, dem Verwalter die Vertretungsmacht zu entziehen, soweit seine **Geschäftsführungsaufgaben** nach § 27 Abs. 1 WEG n. F. und seine Vertretungskompetenzen gem. § 27 Abs. 2 und Abs. 3 WEG n. F. betroffen sind. Diese können ihm gem. § 27 Abs. 4 WEG n. F. nicht durch Vereinbarung eingeschränkt oder insgesamt entzogen werden. Auch wenn der Wortlaut der Norm nur von Vereinbarung spricht, so können diese Kompetenzen erst recht nicht durch Beschluss beeinträchtigt werden.[3] Es handelt sich somit um gesetzliche Mindestrechte.

14 Eine Besonderheit ergibt sich für Instandhaltungs- und Instandsetzungsmaßnahmen. § 27 Abs. 1 Nr. 2 WEG n. F. begründet die Geschäftsführungskompetenz des Verwalters für erforderliche Maßnahmen der ordnungsmäßigen Instandhaltung und Instandsetzung. Die Vertretungsmacht wird dem Verwalter aber in § 27 Abs. 3 Nr. 3 WEG n. F. nur für die **laufenden Maßnahmen** der erforderlichen ordnungsmäßigen Instandhaltung und Instandsetzung erteilt. Somit ist die Vertretungsmacht beschränkt. Geschäftsbefugnis und Vertretungsmacht decken sich insoweit nicht. Dabei ist zu berücksichtigen, dass der Wortlaut der Norm des § 27 Abs. 3 Nr. 3 WEG n. F. insoweit als missglückt angesehen werden muss, als es laufende Maßnahmen der Instandsetzung nicht geben kann. Eine laufende Maßnahme setzt eine Wiederkehr voraus. Sie muss gewissermaßen planbar sein. Dies dürfte nur bei Instandhaltungsmaßnahmen

---

[1] So die Begründung der Bundesregierung im Gesetzgebungsverfahren in BT-Drucks. 16/887 in *Bärmann/Pick*, WEG, Ergänzungsband zur 17. Aufl., S. 85 f.
[2] S. Fn. 1.
[3] So schon für den alten § 27 Abs. 3 OLG Hamm DWE 1992, 126; BayObLG WE = 1998, 154; *Merle* in Bärmann/Pick/Merle, WEG, § 27 Rdn. 193.

IV. Vertretungsmacht

der Fall sein, die der Verhinderung von Schäden an der Gebäudesubstanz dienen. Zu Instandhaltungsarbeiten zählen auch Pflegemaßnahmen[4], Anstricharbeiten[5], Kleinreparaturen und Wartungsarbeiten.[6] Alle diese Maßnahmen sind laufend erforderlich, so dass der Verwalter hierfür Vertretungsmacht besitzt. Instandsetzungsmaßnahmen sind hiergegen größere Reparaturen und Ersatzbeschaffungen[7], die nicht laufend anfallen, so dass für diese eine Vertretungsmacht des Verwalters ohne Ermächtigungsbeschluss der Wohnungseigentümer kaum denkbar ist.

Bis zur Novellierung von § 27 WEG wurde die Auffassung vertreten, dass der Verwalter Aufträge im Rahmen von Instandsetzungs- oder Instandhaltungsmaßnahmen nur nach entsprechender **Beschlussfassung** durch die Wohnungseigentümer erteilen dürfe. Andernfalls hätte er weder mit Geschäftsführungskompetenz noch mit Vertretungsmacht gehandelt und hätte im Zweifel einem Dritten gegenüber nach § 179 BGB **gehaftet**.[8]

Zur Geschäftsführungskompetenz sieht der neue § 27 Abs. 1 Nr. 2 WEG keine Beschlussfassung vor. Da der Wortlaut aber insoweit gegenüber der alten Fassung nicht geändert wurde, könnte gefolgert werden, dass zur Ausübung der Geschäftsführung in dieser Angelegenheit weiterhin ein Beschluss der Wohnungseigentümer notwendig wäre. Diese Auffassung würde aber wiederum § 27 Abs. 4 WEG n. F. nicht hinreichend Rechnung tragen, wonach die Geschäftsführungskompetenz des Verwalters nicht eingeschränkt oder ausgeschlossen werden kann. Demzufolge kann dem Verwalter auch nicht die Geschäftsführungskompetenz für größere Instandhaltungs- oder Instandsetzungsmaßnahmen, sofern diese erforderlich sind, genommen werden. Er benötigt hierzu keinen Beschluss. Überlässt er aber das Auswahlermessen den Wohnungseigentümern durch Beschluss, ist er hieran gem. § 27 Abs. 1 Nr. 1 WEG gebunden.

Die umfangreiche Geschäftsführungskompetenz des Verwalters, die der bisherigen Rechtslage entspricht, wird hinsichtlich der Vertretungsmacht eingeschränkt. Der Verwalter benötigt zur Begründung seiner Vertretungsmacht im Zusammenhang mit Instandsetzungsmaßnahmen, insbesondere größeren Umfangs, weiterhin eines Beschlusses der Wohnungseigentümerversammlung. Handelt er ohne einen solchen Beschluss, läuft er Gefahr, nach § 179 Abs. 1 BGB dem Vertragspartner nach dessen Wahl auf Erfüllung oder **Schadenersatz** zu haften. Dabei muss sich der Vertragspartner nicht etwa nach § 179 Abs. 3 BGB entgegenhalten lassen, er habe die gesetzliche Einschränkung der Vertretungsmacht kennen müssen und sei daher bösgläubig. Es ist anerkannt, dass der Vertragspartner hinsichtlich der Vertretungsbefugnis des anderen Teils auf dessen Behauptung, diese zu besitzen, vertrauen darf. **Nachforschungen** muss er nicht anstellen. Auch die gesetzliche Einschränkung der Vertretungsmacht, begründet nicht seine **Bösgläubigkeit**.[9] Für diese Auffassung spricht

---
[4] LG Frankfurt NJW-RR 1990, 24.
[5] BayObLG ZMR 1997, 37.
[6] OLG Zweibrücken NJW-RR 1991, 1301.
[7] BayObLG WuM 1993, 562; OLG Düsseldorf WE 1996, 347.
[8] *Merle* in Bärmann/Pick/Merle, WEG, § 27 Rdn. 63; einschränkend *Lüke* in Weitnauer, WEG, § 27 Rdn. 6.
[9] OLG Celle OLGZ 1976, 440; *Palm* in Erman, § 179 BGB, Rdn. 15.

auch, dass dem Vertragspartner nicht das Wertungsrisiko angelastet werden kann, ob es sich aus Sicht der Eigentümergemeinschaft um eine laufende Maßnahme der erforderlichen Instandsetzung oder um eine außergewöhnliche Maßnahme handelt. Allerdings wäre es begrüßenswert gewesen, der Gesetzgeber hätte zur Klarstellung eine Vorschrift analog §§ 37 Abs. 2 GmbHG, 82 AktG oder § 186 Abs. 2 HGB aufgenommen, wonach die Beschränkung der Vertretungsmacht des Geschäftsführers Dritten gegenüber keine rechtliche Wirkung hat. Die Vorlage einer **Vollmachtsurkunde** hat deshalb für den Vertretungspartner der Eigentümergemeinschaft besondere Bedeutung. Wurde dem Verwalter eine solche ausgestellt, bleibt nach § 172 Abs. 2 BGB seine Vertretungsmacht solange bestehen, bis die Vollmachtsurkunde zurückgegeben oder für kraftlos erklärt wurde. Der **gute Glaube** des Vertragspartners an das Fortbestehen der ihm vorgelegten Vertretungsmacht wird geschützt.

17 Handelt allerdings der Verwalter bei einer nicht laufenden Instandsetzungsmaßnahme ohne Vertretungsmacht, wird er im Innenverhältnis im Zweifel einen Erstattungsanspruch nach § 670 BGB geltend machen können. Der Verwalter wird dann nachzuweisen haben, dass es sich bei Abschluss des Vertrags auf Durchführung der Instandhaltungs- bzw. Instandsetzungsmaßnahme aus der Sicht eines verständigen Geschäftsbesorgers um eine erforderliche Maßnahme handelte. Hierzu ist eine ex ante-Betrachtung erforderlich.[10] Da diese Frage der Erforderlichkeit Wertungsrisiken enthält, ist dem Verwalter zu empfehlen, wie bisher für Instandhaltungs- und Instandsetzungsmaßnahmen eine Beschlussfassung herbeizuführen. Andernfalls läuft er Gefahr, dass die Wohnungseigentümer für die Frage des Erstattungsanspruchs des Verwalters bestreiten, dass die Maßnahme als solche oder in der konkret ausgeführten Art und Weise erforderlich war.

Hinsichtlich der Beauftragung von Instandhaltungs- und Instandsetzungsmaßnahmen ist die Vertretungsmacht des Verwalters demnach in dreifacher Hinsicht unterteilt:
– zu Notmaßnahmen ist der Verwalter weiterhin nach § 27 Abs. 1 Nr. 3 WEG i.V.m. § 27 Abs. 3 Nr. 4 WEG berechtigt;
– die laufenden Maßnahmen zur erforderlichen ordnungsmäßigen Instandhaltung können ebenfalls ohne Beschluss der Wohnungseigentümer in Auftrag gegeben werden;
– alle darüber hinausgehenden Maßnahmen bedürfen zur Begründung der Vertretungsmacht einer Beschlussfassung.

18 Indem für **sonstige Rechtsgeschäfte** die Vertretungsmacht nur dann gegeben ist, wenn der Verwalter hierzu durch Beschluss ermächtigt wurde, bedarf es nun auch einer entsprechenden Beschlussfassung, wenn der Verwalter Verträge beispielsweise mit Versorgungsträgern (Gas, Wasser, Strom etc.) abschließen will. Wird die Heizungsanlage mit Öl betrieben, kann der Verwalter das Öl nur dann mit Rechtswirkung für die Eigentümergemeinschaft bestellen, wenn er hierzu im Einzelfall bevollmächtigt wurde. Droht die Heizungsanlage mangels Ölvorrats funktionsunfähig zu werden und kann der Verwalter bis dahin nicht schnell genug eine Eigentümerversammlung einberufen, kann er im Sinne ei-

---

[10] S. hierzu *Ehmann* in Erman BGB, § 670 Rdn. 7.

IV. Vertretungsmacht

ner Notmaßnahme nur einen solchen Ölvorrat ohne Beschluss der Eigentümerversammlung einkaufen, der eine ordnungsgemäße Beheizung bis zur Durchführung der nächsten Eigentümerversammlung gewährleistet. Alles Weitere muss er dann der Eigentümerversammlung zur Entscheidung überlassen. Für das Beispiel des weiteren Öleinkaufs fehlt dem Verwalter sowohl die Geschäftsführungskompetenz als auch die Vertretungsmacht. Der Öllieferant oder der Versorgungsträger werden daher die Vertretungsmacht des Verwalters nicht ohne Weiteres unterstellen dürfen.

Zu den sonstigen Rechtsgeschäften i.S. § 27 Abs. 3 Nr. 7 gehören auch der Abschluss von **Hausmeisterverträgen**. Hingegen kann der Verwalter Reinigungskräfte ohne Beschluss der Wohnungseigentümer einstellen, da ihre Tätigkeiten unter den Begriff der laufenden Instandhaltung zu subsumieren sind.

Zweifelhaft ist die Neufassung auch insoweit, als der Verwalter in § 27 Abs. 2 und Abs. 3 WEG n.F. zur Vertretung der Wohnungseigentümer und des Verbands zwar berechtigt aber nicht verpflichtet wird.[11] Nach dem Wortlaut dürfte der Verwalter die Vertretung verweigern. Hiervon ist aber nicht auszugehen und stattdessen anzunehmen, dass der Gesetzgeber die insoweit schon fehlerhafte Formulierung des § 27 Abs. 2 WEG a.F. lediglich unkritisch übernommen hat und somit auch eine Verpflichtung des Verwalters begründen wollte.

---

[11] Gleichermaßen den Wortlaut kritisierend, *Merle*, ZWE 2006, 365, 367.

V. Zustellungsvertreter

19 Nach § 45 WEG n.F. ist der Verwalter auch Zustellungsvertreter gem. § 27 Abs. 2 Nr. 1 WEG n.F. Als solcher hat er **Zustellungen** für die Wohnungseigentümer entgegenzunehmen.

Wenn der Verwalter aber zunächst am Verfahren als Gegner gegenüber den Eigentümern oder dem rechtsfähigen Verband beteiligt ist oder auf Grund des Streitgegenstands die Gefahr besteht, er werde die Wohnungseigentümer nicht sachgerecht unterrichten, entfällt seine Zustellungsvertretung. In diesen Fällen ist die Zustellung an einen **Ersatzzustellungsvertreter** zu bewirken. Dieser ist in § 45 Abs. 2 WEG neu in das Gesetz eingeführt worden. Bei ihm handelt es sich um eine Person, die an Stelle des Verwalters die Zustellungen entgegenzunehmen hat. Der Gesetzgeber stellt in der amtlichen Begründung klar, dass hierzu jede natürliche Person bestellt werden kann. Es muss sich nicht um einen Wohnungseigentümer handeln.[1]

Der Ersatzzustellungsvertreter erlangt naturgemäß **keine Organstellung,** da sich seine Bevollmächtigung ausschließlich auf die Zustellung und Information der Wohnungseigentümer beschränkt. Neben dem Ersatzzustellungsvertreter ist auch sein Vertreter zu bestellen **(Vertreter des Vertreters).** Wenn die Wohnungseigentümer keinen Ersatzzustellungsvertreter benennen, kann das Gericht ihn bestellen, § 45 Abs. 3 WEG n.F.

Der Verwalter kann sich der Aufgabe des Zustellungsvertreters nicht entziehen. Anders ist es hingegen beim Ersatzzustellungsvertreter, der nicht gegen seinen Willen per Beschluss der Wohnungseigentümer oder des Gerichts mit der Aufgabe belastet werden kann. Die Wohnungseigentümer können allerdings über die Art der Zustellung bzw. ihrer Weitergabe und über die Höhe der Vergütung mit Mehrheit beschließen.

---

[1] Begründung der Bundesregierung zum Entwurf eines Gesetzes zur Änderung des WEG in BT-Drucks. 16/887 in *Bärmann/Pick,* WEG, Ergänzungsband zur 17. Aufl., S. 91.

VI. Der Notgeschäftsführer

1. als Verwalter

Der Verwalter ist nach § 27 Abs. 1 Nr. 3 WEG n. F. berechtigt, **ohne Zustimmung** der Wohnungseigentümer die Maßnahmen zu treffen, die zur Abwendung eines **unmittelbar drohenden Schadens** des gemeinschaftlichen Eigentums notwendig sind. Ein drohender Schaden setzt eine Gefahrensituation voraus, die ein **Handeln unaufschiebbar** macht. Liegt hingegen die Gefährdungssituation schon längere Zeit vor, wird sich eine Notgeschäftsführungsmaßnahme nicht rechtfertigen lassen. In einem solchen Fall muss der Verwalter einen Beschluss der Eigentümerversammlung gemäß § 21 Abs. 3, Abs. 5 Nr. 2 WEG herbeiführen. Nach Abramenko[1] genügt eine dringende Maßnahme, die nicht zu einem unmittelbar drohenden Schaden führen muss. Diese Differenzierung überzeugt jedoch nicht, da die Dringlichkeit aus der Schadensdrohung folgt.

Die Notmaßnahme darf sich nur auf die **Gefahrenabwehr** und nicht etwa auf die Beseitigung eines Mangels beziehen. In Betracht kommen alle Maßnahmen, die der **Erhaltung der Substanz** oder des **wirtschaftlichen Werts** dienen.[2] Wenn ein Schaden am Gebäude bereits vorliegt, kann ein Verwalter im Rahmen einer Notmaßnahme nur solche Aufträge erteilen, die eine Ausweitung des Schadens auch in Form von Folgeschäden verhindern.[3] Die Notgeschäftsführung setzt voraus, dass keine **andere Möglichkeit der Gefahrenabwehr** besteht. Es darf keine Zeit mehr bestehen, einen Wohnungseigentümerbeschluss herbeizuführen.[4]

Die Voraussetzungen der Notgeschäftsführung sind in der **Rechtsprechung** in folgenden Fällen bejaht worden:
– Abdichtung eines undichten Wasserrohrs[5]
– Abdichtung eines Daches nach Sturmschaden zum Schutz vor eindringendem Wasser[6]
– Erneuerung eines Plattenbelags.[7]

Als Notgeschäftsführungsmaßnahme wurden hingegen nicht anerkannt:
– Durchführung eines selbstständigen Beweisverfahrens nach §§ 485 ff. ZPO[8]
– Einstellung eines Hausmeisters.[9]

---

[1] KK-WEG, § 27 Rdn. 17.
[2] *Bub* in Staudinger, BGB, § 21 WEG Rdn. 48.
[3] OLG Oldenburg WE 1988, 175 = DWE 1988, 64.
[4] OLG Hamm NJW-RR 1989, 331.
[5] LG Berlin GE 1990, 487.
[6] AG Hamburg-Blankenese WuM 1994, 403.
[7] BayObLG WE 1991, 200 wonach eine Dringlichkeit zur Erneuerung des Plattenbelags darin gesehen wurde, dass sich erst bei Beginn der Sanierungsarbeiten gezeigt hatte, dass der vorhandene Plattenbelag nicht mehr verwendet werden konnte und die Wohnungseigentümer in der Wohnungseigentümerversammlung davon ausgegangen waren, dass die Neuverlegung des Plattenbelags im Zuge der Sanierungsarbeiten durchgeführt werden sollte.
[8] BayObLG WE 1996, 152 = WuM 1995, 728.
[9] OLG Stuttgart OLGZ 1989, 179.

2. als Wohnungseigentümer

22 **Unabhängig** davon, ob ein Verwalter bestellt ist, kann auch ein Wohnungseigentümer Maßnahmen der Notgeschäftsführung ausüben, § 21 Abs. 2 WEG. Ein Wohnungseigentümer muss bei fehlender Mitwirkung der übrigen Wohnungseigentümer nicht versuchen, die Einwilligung der übrigen Wohnungseigentümer gerichtlich zu erwirken.[10] Dies folgt aus dem Begriff der **Unaufschiebbarkeit,** da entweder eine Notmaßnahme im Sinne eines unaufschiebbaren Handlungszwangs besteht oder, wenn noch Zeit für die Anrufung der Eigentümerversammlung oder die Anhängigmachung eines gerichtlichen Verfahrens bestünde, es an der notwendigen dringenden Eilbedürftigkeit fehlen dürfte. Trotz Unaufschiebbarkeit wird aber in der Regel soviel Zeit bestehen, zuvor den **Verwalter** zu einem Handeln aufzufordern. Bleibt er **untätig** oder **weigert** er sich sogar, notwendige Maßnahmen einzuleiten, kann der Wohnungseigentümer selbst handeln.

23 Wird die Maßnahme nicht vom Verwalter, sondern von einem Wohnungseigentümer durchgeführt und hat er Aufwendungen im Rahmen einer Notgeschäftsführung berechtigtermaßen getätigt, besteht Anspruch auf **Aufwendungsersatz** und somit auf Zahlung von Geld. Dieser Anspruch ist gegen die Eigentümergemeinschaft selbst zu richten.[11] Von wesentlicher Bedeutung ist die Feststellung der **Notgeschäftsführungsberechtigung,** um die geleisteten Aufwendungen gegenüber Beitragsforderungen aufrechnen zu können. Die **Aufrechnung** wird im Wohnungseigentumsrecht für anerkannte, rechtskräftig festgestellte oder aus Notgeschäftsführung resultierende Ansprüche zugelassen.[12] Wird hingegen die Notgeschäftsführungsmaßnahme nicht anerkannt und handelt es sich lediglich um eine **Maßnahme ordnungsmäßiger Verwaltung,** kann der vorleistende Wohnungseigentümer nicht mit seinen Beitragsverpflichtungen aufrechnen, sondern muss Erstattung seitens der Eigentümergemeinschaft geltend machen. Dabei muss er sich seinen Eigenanteil von vornherein anrechnen lassen, da er nur solche Aufwendungen erstattet verlangen kann, die zwar zunächst die Eigentümergemeinschaft, letztendlich aber im Innenverhältnis die restlichen Wohnungseigentümer zu tragen haben.

24 **Verfahrensrechtlich** besteht für den Wohnungseigentümer, dessen Vorleistung keiner Notgeschäftsführung entspricht, die Möglichkeit, gegen einen Wohngeldanspruch, den die Eigentümergemeinschaft gerichtlich gegen ihn durchsetzen will, einen **Widerantrag** auf Erstattung seiner Aufwendungen zu stellen. Das Gericht muss allerdings über Antrag und Widerantrag nicht gleichzeitig entscheiden. Geschieht dies, wirkt der Widerantrag, wenn ihm entsprochen wird, wie eine Aufrechnung. Der Gegenanspruch wird gerichtlich festgestellt und darf dann aufgerechnet werden. Mit Durchführung der WEG-Novelle und der verfahrensrechtlichen Verweisung auf die Vorschriften der ZPO ist das gleiche Ziel mit der **Widerklage** gem. § 33 ZPO zu verfolgen.

---

[10] *Bub* in Staudinger, BGB, § 21 WEG Rdn. 43, der die Anrufung des Gerichts generell nicht für erforderlich hält.
[11] Als Folge der Entscheidung des BGH v. 2. 6. 2005 zur Rechtsfähigkeit der Eigentümergemeinschaft, s. Fn. 2.
[12] BayObLG NZM 1998, 973; 1998, 919; 2003, 906.

VII. Die Person des Verwalters

1. Natürliche und juristische Personen

a) Grundsätze. Das Gesetz spricht nur von dem „Verwalter", ohne die Person näher zu beschreiben und insbesondere Qualifikationsmerkmale zu definieren. Daraus folgt grundsätzlich, dass zum Verwalter **jede geschäftsfähige, natürliche oder juristische Person** bestellt werden kann. Auch ein Wohnungseigentümer kann Verwalter sein. Die hieraus möglicherweise folgende Interessenkollision steht der Verwalterbestellung nicht generell entgegen.

Unbestritten ist, dass **GmbHs** und **AGs** Verwalter sein können.[1]

b) GbR. Zur Frage, ob zum Verwalter auch eine **GbR** bestellt werden kann, hat die Rechtsprechung ihren Standpunkt mehrfach gewechselt. Zunächst wurde die Rechtsfähigkeit der GbR verneint, mit dem Ergebnis, dass eine GbR nicht Verwalterin werden konnte.[2] Nachdem dann der BGH[3] die **Rechtsfähigkeit der GbR** testierte, wurde unter Aufgabe der früheren Meinung überwiegend angenommen, dass auch eine GbR Verwalterin sein könne.[4] Nunmehr hat der BGH[5] die Auffassung vertreten, dass die GbR trotz Rechtsfähigkeit **nicht Verwalterin** sein könne. Der BGH begründet dies damit, dass die Rechtsfähigkeit an sich noch keine hinreichende Bedingung für die Bestellung zum Wohnungseigentumsverwalter sei. Aus Sinn und Zweck der gesetzlichen Verwalteraufgaben folge, dass dieser die Handlungsfähigkeit der Eigentümergemeinschaft im Rechtsverkehr sicherzustellen habe. Für den Rechtsverkehr wäre aber bei Handeln einer GbR nicht klar, wer berechtigt sei, die GbR zu vertreten. **Mangels Handelsregistereintragung** sei dies nicht für den Rechtsverkehr erkennbar. Ein Gesellschaftsvertrag müsse nicht in schriftlicher Form bestehen, müsse auch nicht offengelegt werden und genieße selbst bei Offenlegung keinen öffentlichen Glauben. Änderungen im Bestand der Gesellschafter könnten vom Rechtsverkehr nicht erkannt werden.[6]

Die Auffassung des BGH ist wenig konsequent. Das Argument, dass bei einer GbR nicht erkennbar wird, wer die Gesellschafter und damit die handelnden Personen sind, trifft für das gesamte Rechtssystem zu und ist keine

---

[1] BGH NJW 1989, 2059; BayObLG WE 1990, 60 = NJW-RR 1989, 526; OLG Düsseldorf NJW-RR 1990, 1299; OLG Frankfurt WE 1989, 172.
[2] BGH NJW 1989, 2059; BayObLG NJW-RR 1989, 526; KG NJW 1995, 62; *Bub* in Staudinger, BGB, § 26 WEG Rdn. 95.
[3] NJW 2001, 2056.
[4] OLG Frankfurt NZM 2005, 866 (Vorlagebeschluss); *Merle* in Bärmann/Pick/Merle, WEG, § 26 Rdn. 13; *Bassenge* in Palandt, BGB, § 26 WEG Rdn. 1; *Lüke* in Weitnauer, WEG § 26 Rdn. 6; *Niedenführ* in Niedenführ/Schulze, WEG, § 26 Rdn. 9; *Bub* in Staudinger, BGB, § 26 WEG Rdn. 91; *Drasdo*, NZM 2001, 258; a.A. LG Darmstadt Rpfleger 2003, 178.
[5] ZWE 2006, 183 = NJW 2006, 263 = DWE 2006, 23 = NZM 2006, 263; ebenso OLG München DWE 2006, 149.
[6] So im Ergebnis auch *Hügel*, ZWE 2003, 323, 324; *Sauren*, WEG, § 26 Rdn. 3; *Abramenko* in KK-WEG, § 26 Rdn. 2; ablehnend *Schäfer*, NJW 2006, 2160.

wohnungseigentumsrechtliche Besonderheit.⁷ Daher wäre es konsequenter gewesen, die GbR insgesamt nicht als rechtsfähig anzusehen. Zudem ist die **Abgrenzung der GbR von der OHG** fließend. Eine OHG ist zwar in das Handelsregister einzutragen. Sie entsteht aber schon durch Aufnahme ihrer Geschäftstätigkeit und Abschluss eines Gesellschaftsvertrags. Die Eintragung in das Handelsregister hat nur deklaratorische Bedeutung und wird in der Praxis häufiger unterlassen. Eine OHG liegt dann vor, wenn der Geschäftsbetrieb eine vollkaufmännische Einrichtung erfordert. Dies ist aber nach außen kaum erkennbar, so dass eine gewisse Rechtsunsicherheit auch bei der OHG angenommen werden kann.

Beim WEG-Verwalter wird es sich tatsächlich aber nur dann um eine GbR handeln, wenn sich zwei oder mehrere Personen zur gelegentlichen Verwaltung zusammenschließen oder sich die Geschäftstätigkeit noch im Anfangsstadium befindet. Andernfalls wird eher von einer OHG auszugehen sein, so dass sich das Problem in der Praxis reduziert.

Wenn eine GbR nicht Verwalterin sein kann, gilt dies erst recht für ein Ehepaar.⁸

28 Die Auffassung des BGH, die GbR könne nicht Verwalterin einer Eigentümergemeinschaft sein, hat die **Nichtigkeit der Verwalterbestellung** zur Folge.⁹ Die Eigentümergemeinschaft muss daher schnellstens einen Verwalter wählen. Die nicht wirksam bestellte GbR hat für ihre Tätigkeitsdauer nur Ansprüche auf die marktübliche Vergütung, die sich allerdings an der vereinbarten orientieren.¹⁰

29 c) **Personengesellschaften.** Nach h. M. können Personenhandelsgesellschaften zum Verwalter bestellt werden.¹¹ Gesellschaftsrechtlich entsteht eine Personenhandelsgesellschaft auch unabhängig von ihrer Eintragung im Handelsregister durch **tatsächliche Ausübung** eines vollkaufmännischen Handelsgewerbes gem. §§ 105, 161 Abs. 2 HGB. Allerdings ist, wenn die Eintragung der Gesellschaft in das Handelsregister fehlt, für außenstehende Dritte nicht erkennbar, ob es sich um eine Personenhandelsgesellschaft oder nur um eine GbR handelt. Vor Eintragung der Gesellschaft in das Handelsregister müsste geklärt werden, ob es sich um einen vollkaufmännisch eingerichteten Geschäftsbetrieb und somit um eine Personenhandelsgesellschaft oder um einen nicht vollkaufmännischen Geschäftsbetrieb und damit um eine GbR handelt. Die **Bestellung einer nicht eingetragenen Personengesellschaft** zum Verwalter ist daher rechtsunsicher und risikoreich. Diese Rechtsunsicherheit führt dazu, dass die nicht eingetragene Personenhandelsgesellschaft hinsichtlich der Verwaltereigenschaft einer GbR gleichzustellen ist. Ohne Eintragung kann auch hier die Eigentümergemeinschaft nicht sichergehen, mit wem sie es im

---

[7] Vgl. auch hierzu die Kritik von *Armbrüster*, ZWE 2006, 181, 182, sowie von *Schäfer*, NJW 2006, 2160, der auch auf verfassungsrechtliche Bedenken hinweist, die aus der Einschränkung der Berufsausübungsfreiheit folgen.
[8] BGH WE 1990, 84; *Müller*, Praktische Fragen, Rdn. 902.
[9] BGH ZWE 2006, 183.
[10] Vgl. hierzu auch *Armbrüster*, ZWE 2006, 181, 182.
[11] BGH NJW 1989, 2059; BayObLG WE 1990, 60 = NJW-RR 1989, 526; OLG Frankfurt WE 1989, 172; OLG Düsseldorf NJW-RR 1990, 1299; *Hügel*, ZWE 2003, 323, 327.

VII. Die Person des Verwalters

Einzelnen zu tun hat und ob Änderungen in der Geschäftsführung bzw. im Gesellschafterkreis eintreten. Damit greifen die gleichen Argumente, wie sie gegen die Verwaltereigenschaft einer GbR sprechen. Die Personenhandelsgesellschaft kann daher nur dann wirksam zur WEG-Verwalterin bestellt werden, wenn sie im Handelsregister eingetragen ist.

Es spricht nichts gegen eine Bestellung von **Partnerschaftsgesellschaften** 30 nach dem Partnerschaftsgesellschaftsgesetz (PartGG) zum Verwalter.[12] Diese sind gemäß § 7 Abs. 2 PartGG Personenhandelsgesellschaften gleichgestellt und in das Register einzutragen. Nach § 7 Abs. 1 PartGG entsteht die Gesellschaft erst mit ihrer Eintragung in das Partnerschaftsregister. Somit besteht hier das Abgrenzungsproblem zur GbR nicht.

Rechtsanwaltskanzleien können nur als Partnerschaftsgesellschaft und nicht als GbR das Verwalteramt übernehmen. In steuerrechtlicher Hinsicht ist jedoch für Rechtsanwälte Vorsicht geboten, da die Verwaltertätigkeit als **gewerbliche Tätigkeit** angesehen wird, die Gewerbesteuer auslöst. Rechtsanwälte sind in ihrer freiberuflichen Tätigkeit hingegen von der Gewerbesteuer befreit. Ist aber ein **Teilbereich** einer Tätigkeit gewerbesteuerpflichtig, so schlägt diese Gewerbesteuerpflicht auf den gesamten Geschäftsbetrieb durch, so dass dann auch die Einkünfte aus der Anwaltstätigkeit gewerbesteuerpflichtig werden.

2. Einsatz von Erfüllungsgehilfen

Die Tätigkeit des Verwalters ist grundsätzlich **an dessen Person gebunden.** 31 Dies folgt aus § 26 Abs. 1 WEG, wonach die Wohnungseigentümer den Verwalter bestellen. Dem würde es entgegenstehen, wenn der Verwalter die Aufgaben auf eine andere Person übertragen könnte. Bei juristischen Personen und Personenhandelsgesellschaften bleibt diese Feststellung insoweit ohne Wirkung, als diese durch ihre Mitarbeiter, wozu auch **Geschäftsführer** und **Prokuristen** zählen, handeln können. Der Einsatz von Erfüllungsgehilfen ist von der vollständigen Delegation der Aufgaben auf eine andere juristische Person zu unterscheiden.

Anders kann es sich aber verhalten, wenn der Verwalter in der Rechtsform 32 eines **Einzelunternehmers** tätig ist. Auch dann kann er zwar Angestellte als **Hilfspersonen** einsetzen. Er darf aber die Tätigkeiten nicht so weitgehend ohne Zustimmung der Wohnungseigentümer auf eine andere Person übertragen, dass eine Art Unterverwaltung entsteht.[13] Dies ist dann der Fall, wenn **wesentliche Bereiche** der Verwaltungsaufgaben zur **eigenverantwortlichen** Tätigkeit auf eine andere Person übertragen werden.[14] Die Wohnungseigentümer und die Eigentümergemeinschaft müssen sich nicht ohne ihre Zustimmung eine andere Person als Verwalter oder Mitverwalter aufdrängen lassen.[15] Dennoch ist nicht zu übersehen, dass die Grenze zwischen der **Delegation von Aufgaben** an Angestellte gegenüber der selbstständigen Übertragung von Auf-

---

[12] So auch *Abramenko* in KK-WEG, § 26 Rdn. 3.
[13] So auch *Lüke* in Weitnauer, WEG, § 26 Rdn. 25.
[14] BayObLG NJW-RR 1997, 1443, 1444; KG ZMR 2002, 695 = NZM 2002, 389.
[15] BayObLG, ebenda.

gaben an Dritte fließend ist. Ein Indiz für eine zulässige Delegation kann das Anstellungsverhältnis sein. Demgegenüber spricht die selbstständige Tätigkeit der eingesetzten Hilfsperson eher für eine **unzulässige Rechtsübertragung.** Da die Wohnungseigentümer aber das Anstellungsverhältnis nicht prüfen können, ist im Zweifel vom Verwalter zu fordern, dass er die **Kernaufgaben** seines Verwalterauftrags persönlich erledigt. Hierzu zählen die Vertretung der Eigentümergemeinschaft im Außenverhältnis, die Vertragsabschlüsse, Kontoführung und Zahlungsverkehr sowie die gerichtliche Vertretung.[16] Dabei muss er beispielsweise den Zahlungsverkehr nicht selbstständig ausführen, aber selbst unterzeichnen. Auch die Teilnahme an der Eigentümerversammlung ist eine Kernaufgabe. Der als Einzelunternehmer handelnde Verwalter kann sich zwar ebenfalls in der Eigentümerversammlung Hilfspersonen bedienen. Er muss die Versammlung auch nicht persönlich leiten, aber persönlich anwesend sein. Der Verwalter muss sich seinen Auftraggebern stellen.

Allerdings kann der Umfang des Delegationsrechts **vertraglich** geregelt werden.[17] Die Wohnungseigentümer können mit dem Verwalter die Übertragbarkeit seines Amtes vereinbaren.

3. Rechtsnachfolge

33 **a) Vererblichkeit.** Die Verpflichtung zur persönlichen Ausübung des Verwalteramts hat für einen Einzelunternehmer zur Folge, dass die Verwalterposition **nicht vererbt** werden kann.[18] Der Einzelunternehmer kann zwar sein Handelsgeschäft vererben, § 22 Abs. 1 HGB. Damit gehen aber nicht alle Auftragsverhältnisse automatisch über. Die Aufträge, die der Erblasser **höchstpersönlich** auszuführen hatte, enden mit seinem Tod. Hierzu zählt auch das Verwalteramt.

34 **b) Veräußerung der Verwaltungsfirma.** Je nach Rechtsform der Verwaltungsgesellschaft kann sich im Veräußerungsfall ebenfalls die Frage nach der Übertragbarkeit des Verwalteramts stellen. Entscheidend ist, ob mit der Übertragung von Geschäftsanteilen eine **Rechtsformänderung** verbunden ist, die die handels- und gesellschaftsrechtliche **Identität** entfallen lässt.[19] Hingegen kommt es nicht darauf an, ob die übernehmende Gesellschaft die gleiche wirtschaftliche Leistungsfähigkeit besitzt. Auch sind Fragen der Zumutbarkeit unerheblich.

Werden die Geschäftsanteile einer **juristischen Person** vollständig veräußert und wechselt gleichzeitig der Alleingeschäftsführer, findet faktisch ein Austausch des Verwalters statt. Dennoch verbleibt die Personenidentität, da die juristische Person das Verwalteramt unverändert ausübt. Etwas anderes gilt nur dann, wenn durch die Anteilsübertragung sich die Rechtsperson gleichzeitig ändert.[20]

---

[16] Vgl. zur gerichtlichen Vertretung durch einen unterbevollmächtigten Verwalter: KG, Fn. 14.
[17] *Weidenkoff* in Palandt, BGB, § 613 Rdn. 1; *Merle* in Bärmann/Pick/Merle, WEG, § 26 Rdn. 79.
[18] S. hierzu auch *Drasdo*, WE 1989, 429.
[19] OLG Köln NZM 2006, 591 = ZMR 2006, 385.
[20] OLG Köln, ebenda.

VII. Die Person des Verwalters

Hingegen lässt sich bei **Einzelunternehmen** das Verwalteramt nicht übertragen. Geht das Einzelunternehmen mit Aktiva und Passiva auf einen Erwerber über, liegt keine Personenidentität mehr vor, so dass die Verwalterstellung nicht übergeht. Der Unternehmenserwerber erwirbt nicht den Verwaltungsbestand.

Bei **Personenhandelsgesellschaften** ist im Einzelfall zu differenzieren. Bei einer **KG** wurde der Wechsel des einzigen Komplementärs als unerheblich angesehen.[21] Dementsprechend ist auch der Austausch eines von mehreren Kommanditisten unerheblich. Für die **OHG** folgt hieraus, dass der Austausch eines OHG-Gesellschafters ebenfalls für die Verwalterstellung bedeutungslos ist. Etwas anderes gilt nur dann, wenn ein Gesellschafter einer zweigliedrigen OHG ausscheidet und somit aus der OHG ein Einzelunternehmen wird. Hier wird die Auffassung vertreten, dass keine **Identität der Rechtspersonen** mehr vorliegt und daher das Einzelunternehmen nicht mehr Verwalterin der Eigentümergemeinschaft ist. Ebenso verhält es sich, wenn bei einer Kommanditgesellschaft der einzige Kommanditist ausscheidet und der einzige Komplementär das Unternehmen fortführen will. Dann hört die Kommanditgesellschaft ebenfalls auf zu bestehen. Der Einzelunternehmer wird zwar Rechtsnachfolger der Kommanditgesellschaft, auf ihn geht der Verwaltungsbestand aber nicht über.[22]

Wenn der Verwalter die Veräußerung seiner Verwaltungsfirma beabsichtigt und er bisher in der Rechtsform eines Einzelunternehmers gehandelt hat, wird er seinen Firmenwert so nicht vermarkten können. Ihm kann nur empfohlen werden, neben dem Einzelunternehmen eine **GmbH** zu gründen und sukzessive in den nächsten Eigentümerversammlungen den Austausch des Verwalters (GmbH ./. Einzelunternehmen) beschließen zu lassen. Erst dann, wenn er den Verwaltungsbestand auf die GmbH unter Zustimmung der jeweiligen Wohnungseigentümer übergeleitet hat, wird er die GmbH veräußern können. Gleiches gilt entsprechend für ein Handeln als **AG**.

c) Umwandlung. Eine besondere Problematik stellt sich bei einer Umwandlung des Verwaltungsunternehmens. Das Umwandlungsgesetz (UmwG) kennt den Formwechsel, die Verschmelzung und die Spaltung. Bei der **Verschmelzung** wird das Gesamtvermögen eines oder mehrerer Rechtsträger auf einen vorhandenen oder das Gesamtvermögen mehrerer Rechtsträger auf einen neuen Rechtsträger überführt, §§ 2 ff. UmwG. Bei der **Spaltung** gemäß §§ 123 ff. UmwG wird das Vermögen eines Rechtsträgers auf mehrere Rechtsträger verteilt. Beim **Formwechsel** (§§ 190 ff. UmwG) ändert sich lediglich die Rechtsform des Rechtsträgers, z.B. von GmbH in AG.

Im Ergebnis wird zu differenzieren sein. Entscheidend ist jeweils die Frage der Identität zwischen altem und neuem Unternehmen. Sofern die Umwandlung von einem **Einzelunternehmen** in eine Gesellschaftsform betrieben wird (z.B. durch Ausgliederung), fehlt es an der Personenidentität. Bei der Umwandlung von Einzelunternehmen in andere Rechtsformen geht das Verwalteramt nicht mit über. Dies ist dadurch begründet, dass die Eigentümergemeinschaft durch die Umwandlung ihren Einfluss auf die Person des Verwalters verliert. Das **persönliche Vertrauensmoment,** das in der Bestellung einer

---

[21] BayObLG NJW 1988, 1170.
[22] BayObLG WE 1988, 19.

natürlichen Person als Verwalter zum Ausdruck kommt, geht verloren.[23] Insbesondere bei den juristischen Personen können Geschäftsführer und Gesellschafter ausgewechselt werden, ohne dass dies Einfluss auf die Identität des Verwalters hat. Wenn die Eigentümergemeinschaft aber eine natürliche Person gewählt hat, entwickelt sie konkret zu dieser Person ein persönliches Vertrauen und der Gemeinschaft kann nicht einfach durch Umwandlung eine Personenhandelsgesellschaft oder eine juristische Person aufgedrängt werden. Wird hingegen von einer **Gesellschaftsform** in eine andere gewechselt, ist die Identität gegeben, weil sich nur die Organisations- und Haftungsstruktur des fortbestehenden Rechtsträgers ändert.[24]

37 Von der Umwandlung ist die **Übertragung** des Verwaltungsbestands von einer GmbH auf eine andere zu unterscheiden. In diesem Fall ist die neue GmbH nicht Verwalterin geworden, weil **keine Identität** vorliegt und den Wohnungseigentümern kein neuer Verwalter aufgedrängt werden darf. Ob die neue GmbH über die gleiche wirtschaftliche Leistungsfähigkeit und Bonität verfügt, ist unerheblich.[25] Ob bei einem Formwechsel von GmbH in GmbH & Co. KG die Personenidentität gewahrt bleibt, ist vom OLG Köln[26] offengelassen worden, wird aber eher zu verneinen sein. Die GmbH & Co. KG ist eine Personengesellschaft während die GmbH eine juristische Person ist.

38 Bei der **Verschmelzung** zwischen zwei oder mehreren Gesellschaften ist Identität ebenfalls zu bejahen. Der bisherige Rechtsträger geht in einem neuen Rechtsträger auf. Für die Identität ist es nicht entscheidend, ob für die Gläubiger erheblichere **Haftungsrisiken** nach der Verschmelzung bestehen oder nicht. Für die Frage des Übergangs des Verwaltungsbestands kommt es nicht auf Bonitätsrisiken, sondern auf die Personenidentität an. Die Verschmelzung, die in der Regel auch zu einer Mehrheit von Gesellschaftern führt, steht der Identität nicht entgegen.

39 Etwas anderes gilt für die **Abspaltung.** In diesem Zusammenhang wird auch nur von einer **partiellen Universalsukzession** gesprochen.[27] Bei der Abspaltung erlischt entweder der bisherige Rechtsträger und sein Vermögen fällt geteilt mehreren Nachfolgerechtsträgern zu oder der bisherige Rechtsträger überführt einen Teil seines Vermögens auf einen anderen. Dies gilt auch für die **Ausgliederung** eines Teilbetriebes einer einzelkaufmännischen Firma zum Zwecke der Neugründung einer GmbH. Auch dann geht das Verwalteramt nicht auf die GmbH über.[28] Hier lässt sich nicht mehr von Identität sprechen und der Verwaltungsbestand geht unter. Mit dem neuen Gebilde sind die Wohnungseigentümer bzw. der rechtsfähige Verband nicht mehr in einem Verwaltungsverhältnis verbunden.

---

[23] BayObLG NZM 2002, 346 für den Fall der Ausgliederung von einem Einzelunternehmen zum Zwecke der Neugründung einer GmbH.
[24] Vgl. zur Identität nach Umwandlung *Karsten Schmidt,* Gesellschaftsrecht, § 12 IV 2.
[25] OLG Köln ZMR 2006, 385 = NZM 2006, 591.
[26] S. Fn. 25.
[27] Vgl. *Karsten Schmidt,* Fn. 24.
[28] BayObLG NZM 2002, 346; OLG Köln MietRB 2004, 81; *Hügel* in Bamberger/Roth, BGB, § 26 WEG Rdn. 2, a.A. AG Viechtal ZflR 2001, 752; *Rapp,* ZflR 2001, 754; *Lüke,* ZflR 2002, 469; *Grziwotz* in Erman, BGB, § 26 WEG Rdn. 1.

VIII. Bestellung des Verwalters

1. Grundlagen

Das Wohnungseigentumsgesetz spricht in § 26 WEG nur von der **Bestellung** und damit korrespondierend von der **Abberufung** des Verwalters. Somit sind nur die organisationsrechtlichen Akte geregelt, die von dem nicht geregelten rechtsgeschäftlichen Abschluss des **Verwaltervertrages** und seiner Beendigung zu unterscheiden sind. Das Zusammenspiel von Bestellung bzw. Abberufung auf der einen und Vertragsabschluss bzw. Kündigung auf der anderen Seite ist umstritten. Die sog. Trennungstheorie steht der Vertragstheorie gegenüber. **40**

a) Trennungstheorie. Die Trennungstheorie **differenziert** zwischen dem Bestellungsakt und dem Abschluss des Verwaltervertrags. Die **Organstellung** erhält der Verwalter durch seine Bestellung, während der Verwaltervertrag nur die **schuldrechtlichen Beziehungen** zur Eigentümergemeinschaft regelt.[1] Aus dem Verwaltervertrag folgen die dienstvertraglichen Inhalte, aus der Bestellung die organschaftlichen. **41**

Kommt es nach dem Bestellungsakt nicht mehr zum Abschluss eines Verwaltervertrags, so sollen nach BayObLG[2] diesbezüglich die gesetzlichen Bestimmungen gelten. Welche gesetzlichen Bestimmungen allerdings gemeint sind, bleibt unklar. Da das WEG zum Vertragsinhalt im Einzelnen nichts ausführt und lediglich die allgemeinen Verwalteraufgaben in § 27 WEG umschreibt, können zum Inhalt der schuldrechtlichen Beziehungen nur die allgemeinen Regeln über **Auftrag** und **Geschäftsbesorgungsvertrag** gem. §§ 662 ff. BGB sowie **Dienstvertragsrecht** gem. §§ 611 ff. BGB herangezogen werden. Diese liefern allerdings für die wesentlichen Details der schuldrechtlichen Beziehung, nämlich die Vergütung, keine Anhaltspunkte. Wenn die Vergütung im Vertrag nicht festgelegt wurde, lässt sich die Verwaltervergütung im Zweifel nur analog § 612 Abs. 2 BGB als übliche Vergütung durch Sachverständigengutachten ermitteln.

Die Trennungstheorie hat zur Konsequenz, dass der Verwalter auch dann bestellt ist, wenn es nicht zum Abschluss des schuldrechtlichen Vertrags kommt. Allerdings ist der Bestellungsakt erst abgeschlossen, wenn dem Verwalter die Bestellungserklärung zugegangen ist und dieser sie annimmt. Die Trennungstheorie ist auch im **Gesellschaftsrecht** bekannt, wo gleichfalls zwischen der Bestellung und der Anstellung von Geschäftsführern unterschieden wird.[3]

Dass es maßgeblich für die Organstellung auf die Verwalterbestellung nebst Annahme durch den Verwalter ankommt, folgt aus § 26 Abs. 4 WEG. Dort wird geregelt, dass die Verwaltereigenschaft durch Vorlage einer **Niederschrift** über den Bestellungsbeschluss nachgewiesen werden kann. Auf die Vorlage des **42**

---

[1] BGH NJW 1997, 2106 = WE 1997, 306; BayObLG WE 1996, 314; 1991, 223; OLG Köln WE 1990, 171; OLG Hamm NJW-RR 1993, 845 = WE 1993, 246; *Merle* in Bärmann/Pick/Merle, WEG, § 26 Rdn. 21 m.w.N.
[2] WE 1990, 111.
[3] Vgl. hierzu *Karsten Schmidt,* Gesellschaftsrecht, § 14 III 2b.

Verwaltervertrags hat der Gesetzgeber in diesem Zusammenhang verzichtet. So hätte der Gesetzgeber auch formulieren können, dass sich der Verwalter durch Vorlage des Verwaltervertrags ausweisen kann. Die gesamte Vorschrift des § 26 WEG steht dagegen unter der Begriffsbildung „Bestellung und Abberufung". Die Worte „Vertragsabschluss und Kündigung" kommen nicht vor. Dass dem Bestellungsbeschluss ein Vertragsabschluss folgen muss, ist dem WEG also nicht zu entnehmen. Allerdings ist in § 27 Abs. 6 WEG n. F. jetzt vorgesehen, dass der Verwalter zum Nachweis seiner Vertretungsmacht von den Wohnungseigentümern die Ausstellung einer **Vollmachtsurkunde** verlangen kann. Damit wird das Argument aus § 26 Abs. 4 WEG für die Trennungstheorie abgeschwächt.

43 b) Vertragstheorie. Die Vertragstheorie misst demgegenüber dem **Vertragsabschluss** (Geschäftsbesorgungsvertrag) **konstitutive Bedeutung** zu, so dass es zur Verwalterbestellung erst mit dem Abschluss des Verwaltervertrags kommt. Die Bestellung selbst stellt bis zum Abschluss des Verwaltervertrags eine aufschiebende Bedingung dar. Diese Auffassung wurde in der Literatur von Bub[4] und Niedenführ[5] vertreten. Beide haben diese Auffassung inzwischen aufgegeben.[6] Soweit ersichtlich, wird sie heute noch von Sauren[7] vertreten. Die Vertragstheorie trägt der Regelung des § 26 Abs. 4 WEG nicht hinreichend Rechnung, wonach die Verwaltereigenschaft durch die Bestellungsurkunde und nicht durch den Verwaltervertrag nachgewiesen wird. Zudem berücksichtigt die Vertragstheorie ebenfalls nicht, dass der Verwalter nicht zwingend entgeltlich arbeiten muss und daher ein schuldrechtlicher Vertrag nicht unbedingt notwendig ist. Auch im Gesellschaftsrecht sind **Geschäftsführer ohne Anstellungsvertrag** insbesondere im Bereich der Personengesellschaften nicht untypisch.[8]

44 c) Praktische Konsequenzen. Die Grenzen zwischen beiden Auffassungen verwischen sich in der Praxis, weil – auch von den Vertretern der Vertragstheorie – bei Fehlen eines Verwaltervertrags dessen **stillschweigender Abschluss** unterstellt wird.[9] So wird in dem Bestellungsbeschluss zugleich auch das an die als Verwalter zu bestellende Person gerichtete Angebot auf Abschluss eines Verwaltervertrages gesehen.[10] Liegt vor dem Bestellungsakt bereits ein Vertragsangebot vor, wird im Zweifel anzunehmen sein, dass die Wohnungseigentümer mit dem Bestellungsbeschluss auch die Annahme des Vertragsangebots erklären wollten.[11] Dies ist insbesondere beim **Verlängerungsbeschluss** anzunehmen. Sollen die vertraglichen und insbesondere die finanziellen Konditionen nicht verändert werden, ist im Bestellungsbeschluss **konkludent** die Bestätigung zu sehen, den Verwaltervertrag zu unveränderten Bedingungen

---

[4] In *Staudinger*, BGB, § 26 WEG Rdn. 130.
[5] NZM 2001, 517.
[6] *Bub* in Staudinger, BGB, § 26 WEG Rdn. 131; *Niedenführ* in Niedenführ/Schulze, WEG, § 26 Rdn. 6.
[7] WEG, § 26 Rdn. 5.
[8] Vgl. zu den gesellschaftsrechtlichen Parallelen *Karsten Schmidt*, Gesellschaftsrecht, § 14 III 2 b.
[9] *Bassenge* in Palandt, BGB, § 26 WEG Rdn. 7; *Sauren*, WEG, § 26 Rdn. 5.
[10] BayObLG WE 1991, 223.
[11] BayObLG, ebenda.

VIII. Bestellung des Verwalters

fortsetzen zu wollen. Auch bei der **Abberufung** des Verwalters wird selbst bei Anwendung der Trennungstheorie nicht zwischen Abberufung und Kündigung unterschieden, weil der Verwaltervertrag als durch die rechtswirksame Abberufung **auflösend bedingt** angesehen wird. Diese Verknüpfung bedarf sogar keiner ausdrücklichen Vereinbarung, sondern ergibt sich aus ergänzender und gesetzeskonformer Auslegung.[12]

Lüke[13] weist mit Recht darauf hin, dass die beiden Theorien zu **keinem praktisch bedeutsamen Meinungsstreit** führen, da bei einem fehlenden Verwaltervertrag die Trennungstheorie trotzdem von einer wirksamen Bestellung ausgehen könne und in diesem Fall den Inhalt des Dienstvertrags nach den gesetzlichen Regeln definiert. Demgegenüber unterstellen die Vertreter der Vertragstheorie einen konkludenten Vertragsabschluss und füllen diesen im Zweifel ebenfalls nach den gesetzlichen Regeln aus.

Allerdings entsteht ein wesentlicher Unterschied dann, wenn sich der **aufteilende Eigentümer** selbst in der **Gemeinschaftsordnung** zum ersten Verwalter bestellt. Eine Vollmacht, mit sich selbst einen Verwaltervertrag abschließen zu dürfen, wird er in der Regel nicht besitzen. Daher würde es nach der Vertragstheorie überhaupt nicht zur wirksamen Verwalterbestellung kommen, da diese auf den Abschluss eines Verwaltervertrags als konstitutives Element abstellt.[14]

2. Der Bestellungsakt

§ 26 Abs. 1 WEG regelt die Bestellung des Verwalters durch **Beschluss**. Unzweifelhaft kann der Verwalter aber auch durch **Vereinbarung** und hier insbesondere durch die **Gemeinschaftsordnung** bestellt werden.

a) Bestellung in der Gemeinschaftsordnung. Wenn sich in der Gemeinschaftsordnung der **aufteilende Gebäudeeigentümer selbst** zum ersten Verwalter bestellt, ist die grundsätzlich notwendige Annahmeerklärung entbehrlich, da diese in der eigenen Benennung **konkludent** enthalten ist. Bestellt hingegen der teilende Gebäudeeigentümer eine andere Person zum ersten Verwalter, wird diese die **Bestellung annehmen** müssen. Dies kann im Zweifel konkludent geschehen, z.B. durch die Aufnahme der Verwaltungstätigkeit. Die Bestellungsdauer kann im Zweifel nur aufschiebend bedingt durch die Annahme der Bestellung ausgelöst werden.

Behält sich der teilende Gebäudeeigentümer in der Gemeinschaftsordnung das Recht vor, einen **Verwalter zu bestellen,** geht dieses einseitige Recht mit der Entstehung der **werdenden Wohnungseigentümergemeinschaft**[15] un-

---

[12] *Bub* in Staudinger, BGB, § 26 WEG Rdn. 132.
[13] In *Weitnauer,* WEG, § 26 Rdn. 10.
[14] Auf die Schwäche der Vertragstheorie mit Recht hinweisend *Bogen,* ZWE 2002, 289, 291.
[15] Nach herrschender Auffassung entsteht die werdende Wohnungseigentümergemeinschaft für den Fall, dass das Objekt nach § 8 WEG geteilt wird, wenn nach dem Inhalt der abgeschlossenen schuldrechtlichen Kaufverträge Besitz, Nutzen und Lasten, auf den Erwerber übergegangen und für diesen eine Auflassungsvormerkung eingetragen wurde. Streitig ist, ob weitere Voraussetzung die Anlage der Wohnungsgrundbücher ist. Auch wenn grundsätzlich zur Entstehung einer Eigentümergemeinschaft die Eintragung eines zweiten Eigentümers im Grundbuch notwendig ist, so besteht ein praktisches Bedürfnis, die Regeln des WEG auf den Zeitpunkt der werdenden Woh-

ter. Es endet, wenn er bis dahin von seinem Recht keinen Gebrauch gemacht hat.[16] Ein solches **Bestimmungsrecht** soll die Eigentümergemeinschaft sofort **handlungsfähig** machen. Nach Entstehung der werdenden Wohnungseigentümergemeinschaft besteht hierfür keine Notwendigkeit mehr, da jetzt die Eigentümergemeinschaft selbst bestimmen kann.

Der aufteilende Bauträger kann in der Gemeinschaftsordnung auch schon den Verwalter **konkret bestellen,** so dass die Wohnungseigentümer mit Erwerb ihrer Wohnung auch den Verwalter „erwerben".[17] Der BGH hat diese Möglichkeit der Bestellung durch den aufteilenden Eigentümer als zulässig bestätigt.[18]

47 Wird der Verwalter in der Gemeinschaftsordnung allerdings auf **unbestimmte Zeit** bestellt und ist seine Abberufungsmöglichkeit nicht eingeschränkt worden, kann die Eigentümergemeinschaft jederzeit die **Abberufung durch Mehrheitsbeschluss** herbeiführen. Es handelt sich nicht um einen vereinbarungsändernden Beschluss, der im Zweifel nichtig wäre[19], da sich die Erstbestellung des Verwalters mit Aufnahme seiner Tätigkeit bereits realisiert hat. Ab diesem Zeitpunkt ist die Abwahl des in der Gemeinschaftsordnung bestimmten ersten Verwalters **nicht vereinbarungsändernd,** da sich der konkrete Inhalt der Gemeinschaftsordnung in der Erstbestellung des Verwalters erschöpft und somit ein späterer Abberufungsbeschluss diese Regelung nicht verletzt. Etwas anderes wäre anzunehmen, wenn die Gemeinschaftsordnung die Abberufungsmöglichkeit auf einen wichtigen Grund **beschränkt** oder den ersten Verwalter für eine **bestimmte** Dauer bestellt. Dann kann die Wohnungseigentümergemeinschaft nicht mit Mehrheit beschließen, dass die Bestellung in eine unbestimmte Bestellungsdauer bei jederzeitiger Abberufungsmöglichkeit abgeändert wird.

48 § 26 Abs. 1 WEG beschränkt die Bestellung hinsichtlich ihrer Dauer auf höchstens fünf Jahre. § 26 Abs. 1 Satz 5 WEG weist ergänzend darauf hin, dass andere **Beschränkungen** der Bestellung **unzulässig** sind. Sieht die Gemeinschaftsordnung beispielsweise vor, dass die Wohnungseigentümer im jährlichen Turnus die Verwaltung jeweils selbst übernehmen, ist dies ebenso eine unzulässige Einschränkung wie die Feststellung, dass nur Wohnungseigentümer das Verwalteramt ausüben dürfen.[20] Solche einschränkenden Regelungen sind nichtig.

Nichtigkeit ist auch anzunehmen, wenn die Verwalterbestellung von der Zustimmung eines Dritten abhängig gemacht wird.[21] Unzulässig ist es auch, in der Gemeinschaftsordnung vorzusehen, dass die Verwalterbestellung eines qua-

---

nungseigentümergemeinschaft vorzuverlegen, um unklare Rechtssituationen bei Streitigkeiten zwischen Veräußerer und Erwerber oder bei einem langsam arbeitenden Grundbuchamt zu vermeiden: siehe u. a. BayObLG NJW 1990, 3216; OLG Frankfurt DWE 1993, 77; DWE 1998, 43; OLG Köln NZM 1998, 199; OLG Düsseldorf NZM 1998, 517; OLG Hamm ZMR 2003, 776; a. A. OLG Saarbrücken WE 1998, 314, das die Konstruktion der werdenden Wohnungseigentümergemeinschaft ablehnt.

[16] BayObLG NJW-RR 1994, 784.
[17] *Scheel* in Hügel/Scheel, Rechtshandbuch, Rdn. 440.
[18] ZMR 2002, 766, 770.
[19] *Wenzel*, ZWE 2000, 2, 6.
[20] BayObLG NJW-RR 1995, 271 = WuM 1995, 229 = WE 1995, 287 = MDR 1995, 144.
[21] KG OLGZ 1978, 142, 144; OLG Hamm OLGZ 1978, 184, 186.

VIII. Bestellung des Verwalters

lifizierten Mehrheitsbeschlusses bedarf, da hierdurch die Verwalterbestellung behindert wird.[22] Regelungen in der Gemeinschaftsordnung, die die Verwalterhonorare der Höhe nach beschränken oder gar ihre Unentgeltlichkeit festlegen, sind ebenfalls nichtig, weil sie die Verwalterbestellung unzulässig einschränken, wenn ein qualifizierter Verwalter nur entgeltlich oder zu höheren Honorarsätzen tätig werden will.[23]

b) Bestellung durch Beschluss. Der Verwalter kann durch **Mehrheitsbeschluss** bestellt werden, § 26 Abs. 1 Satz 1 WEG. Eine Regelung in der Gemeinschaftsordnung, wonach der Verwalter nur mit $^3/_4$ einer Mehrheit gewählt werden kann, ist dagegen unwirksam.[24] Die Begründung ist darin zu sehen, dass die Bestellung eines Verwalters grundsätzlich ordnungsmäßiger Verwaltung entspricht. Die Erfüllung ordnungsmäßiger Verwaltung kann nicht durch besondere Mehrheitsverhältnisse erschwert werden. 49

Wenn der erste Verwalter nicht in der Gemeinschaftsordnung bestellt wurde, sondern in der ersten Versammlung zu wählen ist, stellt sich das Problem, dass niemand berechtigt ist, zu dieser ersten Versammlung einzuberufen, sofern sich der teilende Gebäudeeigentümer dieses Recht nicht in der Gemeinschaftsordnung vorbehalten hat. Ist dieses Recht, die erste Versammlung einberufen zu dürfen, gegeben, kann der aufteilende Gebäudeeigentümer es aber nicht schon dann ausüben, wenn die **werdende Wohnungseigentümergemeinschaft** noch nicht entstanden ist. Eine **Ein-Mann-Versammlung** vor diesem Zeitpunkt ist abzulehnen, da die Eigentümerversammlung stets voraussetzt, dass die Eigentümergemeinschaft zumindest als werdende Gemeinschaft entstanden ist und alle Mitglieder zur Eigentümerversammlung geladen werden. Beschließt der teilende Gebäudeeigentümer hingegen alleine und hat nur sich zur Versammlung eingeladen, liegt eine **Nicht-Versammlung** vor. Die „Beschlüsse" sind nicht existent, sog. **Nicht-Beschlüsse**.[25] Anders ist die Rechtslage, wenn die Eigentümergemeinschaft zumindest als werdende Gemeinschaft entstanden ist. Dann ist auch eine beschlussfähige Eigentümerversammlung denkbar, wenn nur ein Wohnungseigentümer anwesend oder vertreten ist. 50

Nach § 24 Abs. 1 WEG wird die Versammlung vom Verwalter einberufen. Fehlt ein Verwalter, so kann die Versammlung vom Verwaltungsbeiratsvorsitzenden oder seinem Vertreter einberufen werden, wie es § 24 Abs. 3 WEG klarstellt. Wenn aber noch keine **konstituierende Wohnungseigentümerversammlung** stattgefunden hat und somit kein Beirat gewählt wurde, ist keine Person berechtigt, die erste Eigentümerversammlung einzuberufen. In diesen Fällen ist zunächst der **Antrag an das Gericht** zu stellen, einen Wohnungseigentümer zwecks Einladung zur ersten ordentlichen Eigentümerversammlung mit dem Tagesordnungspunkt „Wahl eines Verwalters" zu bevollmächtigen. Die Bestellung eines Notverwalters, wie es in § 26 Abs. 3 WEG a. F. vorgesehen war, ist nicht mehr möglich.

---

[22] BayObLG DWE 1995, 155; WuM 1996, 497; KG NZM 1998, 520.
[23] So auch *Bub* in Staudinger, BGB, § 26 WEG Rdn. 21; KG NJW-RR 1994, 402 für Verwalterhonorar in Höhe von 7% des Wohngeldes.
[24] BayObLG WuM 1996, 497.
[25] OLG München ZMR 2006, 308.

51 Der Bestellungsbeschluss hat zunächst nur interne Wirkung. Die Bestellungserklärung muss der zu bestellenden Person **zugehen** und von dieser **angenommen** werden.[26] Ist der gewählte Kandidat in der Versammlung anwesend, geht ihm die Bestellungserklärung unmittelbar zu. Findet die Abstimmung in seiner Abwesenheit statt, ist ihm das Abstimmungsergebnis bekannt zu geben, was auch durch Übermittlung des Beschlussprotokolls möglich ist. Bub[27] und Merle[28] sehen den Versammlungsleiter als konkludent befugt an, das Abstimmungsergebnis bzw. die Bestellung dem Kandidaten bekannt zu geben. In den seltensten Fällen wird der Verwalter die Verwalterbestellung ausdrücklich annehmen. Dies wird in der Regel **konkludent** durch Aufnahme der Verwaltertätigkeit oder durch späteren Abschluss des Verwaltervertrages geschehen.

52 Für den Beschluss zur Bestellung eines Verwalters ist die **Mehrheit** der abgegebenen Stimmen erforderlich. Es müssen nicht mehrere Kandidaten zur Auswahl stehen.[29] Wenn mehrere Kandidaten zur Auswahl stehen und in einem Wahlgang über diese entschieden werden soll, muss der zu wählende Verwalter die **absolute Mehrheit** der abgegebenen Stimmen erhalten.[30]

Beispiel: Zur Verwalterwahl stellen sich die Kandidaten A, B und C. Von 20 abgegebenen Stimmen entfallen auf A 10, B 6 und C 4. Somit ist in diesem Wahlgang keiner der Kandidaten gewählt worden.

Im vorliegenden Beispiel könnten die Wohnungseigentümer dann einen zweiten Wahlgang beschließen, bei dem nur noch die beiden Kandidaten zur Wahl stehen, die im 1. Wahlgang die meisten Stimmen auf sich vereinigen konnten.

Zu berücksichtigen ist, dass **Enthaltungen neutral** wirken.[31] Durch die neutrale Behandlung der Stimmenthaltungen wie nicht vorhandene Stimmen kann ein Kandidat mehrheitlich gewählt werden, auch wenn er nicht die tatsächliche rechnerische Mehrheit der anwesenden Wohnungseigentümer auf sich vereinigt.

Beispiel: Es stehen die Kandidaten A, B und C zur Wahl. Von 22 abgegebenen Stimmen erhält A 8, B 5, C 2 Stimmen und 7 enthalten sich der Stimmabgabe. In diesem Fall hat A die absolute Mehrheit erhalten.

53 Das **Stimmrecht** richtet sich nach der **Gemeinschaftsordnung** und, falls dort eine Regelung fehlt, nach dem **Kopfprinzip** des § 25 Abs. 2 WEG. Die Wohnungseigentümer können in der Eigentümerversammlung für die Verwalterwahl das Stimmrecht nicht durch Beschluss abändern. Beschließen die Wohnungseigentümer einen Abstimmungsmodus nach Köpfen, obschon die Gemeinschaftsordnung ein Stimmrecht nach Miteigentumsanteilen vorsieht, ist dieser Beschluss mangels Beschlusskompetenz nichtig.[32]

---

[26] OLG Hamburg ZWE 2002, 483.
[27] In Staudinger, BGB, § 26 WEG Rdn. 124.
[28] Bestellung und Abberufung des Verwalters, S. 49.
[29] *Scheel* in Hügel/Scheel, Rechtshandbuch, Rdn. 437.
[30] BayObLG NZM 2003, 444 = WuM 2003, 410; *Bub* in Staudinger, BGB, § 26 WEG Rdn. 156; *Scheel* in Hügel/Scheel, Rechtshandbuch, Rdn. 437; *Gottschalg*, ZWE 2005, 32, 35.
[31] BGH DWE 1988, 68.
[32] BayObLG NZM 2003, 444 = WuM 2003, 410.

VIII. Bestellung des Verwalters

54 Sicherlich entspricht es ordnungsmäßiger Verwaltung, wenn sich die zu wählenden Kandidaten in der Eigentümerversammlung **persönlich** präsentieren. Sind mehrere Bewerbungen eingegangen, muss den Wohnungseigentümern grundsätzlich die Möglichkeit eingeräumt werden, alle Angebote einsehen zu können. Allerdings ist es nicht zu beanstanden, wenn der **Beirat** nach Prüfung der Unterlagen eine **Vorauswahl** trifft und nur geeignet erscheinende Bewerber zur Eigentümerversammlung einladen lässt.[33]

Wenn sich mehrere Kandidaten in der Eigentümerversammlung vorgestellt haben, kann die Eigentümerversammlung auch **einzeln** vorgehen. Wird zunächst nur über einen Kandidaten abgestimmt und entfallen auf diesen mehr als die Hälfte der abgegebenen Stimmen, ist dieser Verwalter gewählt. Über die weiteren Kandidaten muss dann nicht mehr abgestimmt werden.[34]

55 Bei der Verwalterwahl sind Wohnungseigentümer auch dann von ihrem Stimmrecht nicht ausgeschlossen, wenn sie mit dem zu bestellenden Verwalter **wirtschaftlich und persönlich eng verflochten** sind (z. B. als regelmäßiger Auftragnehmer des Verwalters, Angestellter und Prokurist der Gesellschaft).[35] § 25 Abs. 5 WEG sieht nur ein Stimmverbot vor, wenn es um den Abschluss eines Rechtsgeschäfts mit dem betroffenen Wohnungseigentümer geht. Bei der Abstimmung über die Verwalterwahl einer anderen Person nehmen die Wohnungseigentümer ausschließlich mitgliedschaftliche Interessen wahr.

56 Ordnungsgemäße Verwalterwahl setzt voraus, dass der **Tagesordnungspunkt** in der Einladung hinreichend bekannt gegeben wurde. Dazu reicht eine **schlagwortartige Bezeichnung** des Beschlussgegenstands aus. Der Wohnungseigentümer muss anhand der Tagesordnung erkennen können, dass eine **Beschlussfassung** erfolgen soll und welches **Thema** sie haben wird. Dazu müssen die Beschlüsse in der Einladung nicht detailliert umschrieben oder gar vorformuliert werden. Die Ankündigung in der Tagesordnung „Wahl eines Verwalters" genügt, um unter diesem Tagesordnungspunkt auch über den Abschluss eines Verwaltervertrages beschließen zu können.[36] Unerheblich ist die ungenaue Bezeichnung des Tagesordnungspunktes in der Einladung, wenn **alle** Wohnungseigentümer in der Versammlung anwesend sind und dem Beschlussantrag zustimmen. So können die Wohnungseigentümer auch allstimmig unter „Verschiedenes" **Beschlüsse trotz Formmangels** fassen[37] und insbesondere einen Verwalter wählen. Unter dem Tagesordnungspunkt „Verwalterwahl" ist auch die Wiederwahl des Verwalters zulässig.

57 Ein Verwalter kann auch im **schriftlichen Umlaufverfahren** gewählt werden. Nach § 23 Abs. 3 WEG kommt ein Beschluss ohne Eigentümerversammlung jedoch nur dann zustande, wenn alle Wohnungseigentümer ihre Zustimmung schriftlich erklären. Außerhalb der Eigentümerversammlung sind daher

---

[33] OLG Düsseldorf NZM 2002, 266 unter Offenlassung der Frage, ob sämtliche Bewerbungsunterlagen und somit auch die der nicht geladenen Kandidaten den Wohnungseigentümern vorab zur Verfügung gestellt werden müssten.
[34] OLG Düsseldorf NJW-RR 1991, 594.
[35] OLG Frankfurt MietRB 2005, 234.
[36] BayObLG NZM 1998, 668; WuM 2003, 169; OLG Celle ZWE 2002, 474.
[37] BayObLG WE 1997, 268.

Beschlüsse nur wirksam, wenn die doppelte Hürde der Schriftform und der Allzustimmung übersprungen wird.

58 In der Eigentümerversammlung ist der Kandidat zum Verwalter gewählt, der vom Versammlungsvorsitzenden im Sinne des Beschlussergebnisses als gewählt **verkündet** wird.[38] Die Beschlussverkündung hat **konstitutive Bedeutung.** Zählt der Versammlungsleiter die Stimmen einer Verwalterwahl nach Wohneinheiten und nicht nach dem in der Gemeinschaftsordnung vorgesehenen Miteigentumsanteilsschlüssel aus, ist die hierdurch bedingte unzutreffende Ergebnisfeststellung nur **anfechtbar**.[39] Dasselbe gilt auch, wenn die Eigentümerversammlung von einer Person einberufen wird, die noch nicht Verwalterin ist, aber in der Versammlung zum Verwalter bestellt werden soll. Wird dann tatsächlich diese Person in der Versammlung mit nahezu allen Stimmen gewählt, ist die Wahl nicht nichtig, sondern lediglich anfechtbar.[40]

59 Zur ordnungsgemäßen Verwalterwahl soll nach Auffassung des OLG Hamm[41] auch die Festlegung der wichtigsten Vertragselemente wie Vertragslaufzeit und Vergütung zählen. Diese Auffassung überzeugt nicht, da sie nicht im Sinne der Trennungstheorie zwischen Bestellung und Vertrag differenziert. Wenn die Vergütung nicht beschlossen wird, gilt die übliche; bei fehlender Vertragslaufzeit ist auf unbestimmte Zeit bestellt.

60 **aa) Stimmrecht des Verwalters bei seiner Wahl.** Ob der Kandidat bei seiner Wahl zum WEG-Verwalter mit abstimmen kann, ist dann problematisch, wenn er entweder selbst Miteigentümer ist oder von anderen Wohnungseigentümern zur Stimmabgabe bevollmächtigt wurde.

Grundsätzlich kann der zu wählende Verwalter bei seiner eigenen Wahl mit abstimmen.[42] Dabei kann das Argument, dass das **Stimmrecht des Wohnungseigentümers bei seiner Kandidatur** zum Verwalter deshalb nicht ausgeschlossen sei, weil er bei der Wahl keine Privatinteressen, sondern Gemeinschaftsinteressen verfolge,[43] nicht überzeugen. Überzeugender ist die Argumentation, dass das Wohnungseigentumsgesetz für den Bestellungsbeschluss keinen Stimmrechtsausschluss vorsieht. § 25 Abs. 5 WEG lässt das Stimmrecht nur dann entfallen, wenn die Beschlussfassung die Vornahme eines auf die Verwaltung des gemeinschaftlichen Eigentums bezüglichen Rechtsgeschäft mit dem Wohnungseigentümer betrifft. Die Verwalterbestellung wird **nicht als Abschluss eines Rechtsgeschäfts** angesehen.[44] Es geht um die organschaftliche Bestellung. Das **Demokratieprinzip** ermöglicht es, dass ein Kandidat auch sich selbst wählen darf. Hiervon hat das Wohnungseigentumsgesetz keine Ausnahme definiert. § 25 Abs. 5 WEG will den Rechtsgedanken des § 181 BGB aufgreifen und die Mitwirkung an „In-sich-Geschäften" verhindern. Die organschaftliche Bestellung ist aber noch kein „In-sich-Geschäft", sondern die

---

[38] Vgl. BGH NJW 2001, 3339.
[39] BayObLG WuM 2003, 410.
[40] BayObLG NZM 1999, 129.
[41] OLG Hamm ZMR 2003, 50.
[42] KG NJW-RR 1987, 268; OLG Düsseldorf WE 1996, 70; OLG Saarbrücken WE 1998, 69.
[43] So *Scheel* in Hügel/Scheel, Rechtshandbuch, Rdn. 439.
[44] *Merle* in Bärmann/Pick/Merle, WEG, § 26 Rdn. 37.

VIII. Bestellung des Verwalters

Ausübung des **Mitgliedschaftsrechts**.[45] Ebenfalls ist es zulässig, dass sich der Kandidat von Eigentümern zur Stimmabgabe für die eigene Bestellung bevollmächtigen lässt.[46] Sieht allerdings die Gemeinschaftsordnung vor, dass der Verwalter ihm erteilte Vollmachten nur im Sinne der Mehrheit der Anwesenden bzw. Vertretenen verwenden darf, liegt eine **Stimmrechtsbindung** vor, die der Verwalter auch nicht durch Erteilung von Untervollmachten umgehen kann. Der Unterbevollmächtigte kann nie mehr Rechte haben als der Hauptbevollmächtigte.[47] Der Bevollmächtigte wiederum unterliegt den gleichen Stimmrechtsbeschränkungen wie der Wohnungseigentümer selbst. Die Interessenkollision, die durch die Vorschrift des § 25 Abs. 5 WEG vermieden werden soll, besteht auch dann, wenn der Verwalter nicht selbst Wohnungseigentümer ist, sondern als Vertreter von Wohnungseigentümern handelt.[48]

Haben die nicht erschienenen Wohnungseigentümer in ihrer Vollmacht Weisungen erteilt, kann der Verwalter die Vollmachten stets verwenden, da er dann nur wie ein Bote fremde Willenserklärungen übermittelt.[49] Insoweit nimmt der Verwalter nur weisungsgebunden die Interessen des vertretenen Wohnungseigentümers wahr.

bb) Majorisierung der Wohnungseigentümer. Wenn der aufteilende Bauträger mit seinem Stimmengewicht, weil er noch eigene Wohnungen im Besitz hat, einen ihm genehmen Verwalter wählt, ist dies für sich genommen noch nicht ein Maßstab für einen anfechtbaren Bestellungsbeschluss. Allerdings ist das BayObLG[50] der Auffassung, dass dies dann anfechtbar sei, wenn der Bauträger sich ausdrücklich gegen den Willen der übrigen Wohnungseigentümer durchsetzt. Dies sei aber noch kein **Rechtsmissbrauch.** Ein solcher liege vor, wenn die übrigen Wohnungseigentümer sachliche Gründe gegen den zu wählenden Verwalter vorbringen. Setze sich der Mehrheitseigentümer über diese Argumente hinweg, sei der **Interessenwiderspruch** deutlich und mit einer nicht objektiven Ausübung des Verwalteramts zu rechnen.[51] Dabei solle es keine Rolle spielen, dass die Stimmen nicht allesamt beim Bauträger selbst, sondern auch einige Stimmen bei seiner Ehefrau lagen. Überzeugender ist die Auffassung des OLG Düsseldorf,[52] wonach bei einer majorisierten Wahl diese nur dann **nicht anfechtbar** ist, wenn der Verwalter tatsächlich auch die persönliche und fachliche **Qualifikation** für dieses Amt besitzt. Andernfalls wäre die Wahl eines unqualifizierten Verwalters rechtsmissbräuchlich. Hingegen hält das saarländische OLG[53] jede Verwalterwahl für unzulässig, bei der ein Miteigentümer auf Grund seiner Stimmenmehrheit sich selbst wählt, was einem

---

[45] BGH NZM 2002, 995, 998; OLG Düsseldorf NZM 1999, 285; OLG Saarbrücken WuM 1998, 243 = ZMR 1998, 50; *Niedenführ* in Niedenführ/Schulze, WEG, § 26 Rdn. 14; *Lüke* in Weitnauer, WEG, § 25 Rdn. 21.
[46] BayObLG WuM 1993, 488; OLG Hamburg ZWE 2002, 483.
[47] BayObLG WuM 2003, 410 = NZM 2003, 444.
[48] OLG Hamm DWE 2006, 141, 142.
[49] Im Ergebnis ebenso OLG Schleswig ZMR 2006, 803 = NZM 2006, 822.
[50] WE 1997, 115.
[51] OLG Zweibrücken WE 1990, 108.
[52] WE 1996, 70.
[53] WE 1998, 70.

Ausschluss des eigenen Stimmrechts des Verwalters gleich kommt und deshalb argumentativ nicht überzeugt. Das OLG Hamm[54] erklärt die Majorisierung bei der Verwalterwahl zwar nicht grundsätzlich für unzulässig, beschränkt aber das Stimmrecht des majorisierenden Miteigentümers auf 25% der abgegebenen Stimmen und will hierdurch die Majorisierung einschränken. Letzteren Auffassungen ist insgesamt entgegenzuhalten, dass sie das im Wohnungseigentumsrecht verankerte **Demokratiegebot** verletzen, indem sie Majorisierungen schlechthin untersagen. Ebenso scheint die Beschränkung des Stimmrechts auf 25% der abgegebenen Stimmen willkürlich zu sein.

62 Ob eine unzulässige Majorisierung vorliegt, ist in jedem **Einzelfall** zu prüfen und nicht zu generalisieren. So ist auch eine Regelung in der Gemeinschaftsordnung, wonach einem Teileigentümer, der 30% der Miteigentumsanteile hält, hiervon abweichend die absolute Stimmenmehrheit übertragen wurde, nicht generell nichtig.[55] Auch diese Regelung muss im Falle einer Beschlussanfechtung auf den Einzelfall hin gewertet werden. Nicht die Ausnutzung der Mehrheitsverhältnisse als solche ist bereits rechtswidrig. Wesentlich ist, ob ein **wichtiger Grund** gegen die Bestellung vorliegt, der allerdings schon bei offenkundig werdenden **Interessengegensätzen** anzunehmen ist. Das zwischen Verwalter und Wohnungseigentümer erforderliche **Vertrauensverhältnis** wird durch solche Interessengegensätze von vornherein belastet. Kandidiert hingegen der Bauträger selbst zum Verwalter, so ist ein Wohnungseigentümer bei der Beschlussfassung nicht mit seinem Stimmrecht ausgeschlossen, auch wenn er wirtschaftlich und persönlich eng mit dem zu bestellenden Verwalter verflochten ist. Das OLG Frankfurt[56] war in einem solchen Fall der Auffassung, dass kein Stimmverbot vorläge, weil im Fall von Gewährleistungsansprüchen davon auszugehen sei, dass der betreffende Wohnungseigentümer dem Bauträger/Verwalter keinen unangemessenen Vorteil verschaffen würde. Der abstimmende Wohnungseigentümer wäre selbst auch von etwaigen Mängeln betroffen. Daher sei davon auszugehen, dass bei der Geltendmachung von Mängeln am Gemeinschaftseigentum der Bauträger durch seine Verwalterstellung keine besonderen Vorteile erlange und der verbundene Wohnungseigentümer ihn im Zweifel nicht mehr schütze. Wenn der Bauträger-Verwalter Gewährleistungsansprüche entgegen entsprechender Beschlussfassung nicht verfolge, auch wenn sich die Ansprüche gegen ihn selbst richten würden, könne er mit sofortiger Wirkung abberufen werden.[57]

63 Die Ausübung der Stimmenmehrheit ist stets dann rechtsmissbräuchlich, wenn der zu bestellende Verwalter wegen eines **Vermögens- oder Eigentumsdelikts** verurteilt worden war.[58] Wegen rechtsmissbräuchlicher Ausnutzung der Stimmenmehrheit ist eine Verwalterwahl auch dann anfechtbar, wenn der **Zwangsverwalter** der überwiegenden Mehrheit der Eigentumswohnungen den die Zwangsverwaltung betreibenden Gläubiger zum Verwalter wählt. In diesem Fall ist der Interessenwiderspruch von vornherein erkennbar, da der

---

[54] OLGZ 1978, 184.
[55] OLG Zweibrücken WE 1990, 108.
[56] OLGReport Frankfurt 2005, 378 = MietRB 2005, 234.
[57] OLG Hamm MietRB 2004, 296.
[58] LG Berlin ZMR 2001, 143.

VIII. Bestellung des Verwalters

Gläubiger nicht den dauerhaften Fortbestand des Objekts, sondern die möglichst kurzfristige Realisierung seiner Forderungen verfolgt.[59]

c) Bestellung durch den Beirat. Können die Wohnungseigentümer sich auf die Person eines Verwalters nicht verständigen, so kommt es häufiger vor, dass diese per Beschluss den **Beirat** bevollmächtigen, den Verwalter stellvertretend für die Eigentümergemeinschaft auszusuchen und zu bestellen. Ein solcher Beschluss ist nichtig, da er in den **Kernbereich des Wohnungseigentumsrechts** eingreift. Die Wohnungseigentümer würden sich ihres wesentlichen Rechts, den Verwalter selbst aussuchen zu dürfen begeben.[60] Lädt der so bestellte „Verwalter" in der Folge zu einer Eigentümerversammlung ein und lässt sich in dieser Versammlung als Verwalter bestätigen, wäre dieser Beschluss allerdings nicht nichtig, sondern nur anfechtbar. Nach überwiegender Rechtsauffassung führt die Einberufung einer Versammlung durch eine nicht berechtigte Person lediglich zu anfechtbaren Beschlüssen.[61]

d) Bestellung durch das Gericht. aa) Notverwalter. Fehlt ein Verwalter, so konnten nach § 26 Abs. 3 WEG a.F. die Wohnungseigentümer in dringenden Fällen beantragen, dass das Gericht einen Verwalter bestellt. Dieses Antragsrecht stand nicht nur jedem Wohnungseigentümer, sondern auch einem Dritten zu, der ein berechtigtes Interesse an der Bestellung eines Verwalters hatte, § 26 Abs. 3 WEG a.F. Da dieser gerichtlich bestellte Verwalter (Notverwalter) nur bis zur Behebung des Mangels bestellt werden durfte, erschöpfte sich in der Regel die Aufgabe des Notverwalters in der Einberufung einer Eigentümerversammlung zur Wahl eines ordentlichen Verwalters. Im Bestellungsbeschluss war dem Notverwalter die **konkrete Aufgabe als Vollmacht** zu übertragen.

Verfahrensrechtlich war die Notverwalterbestellung in § 43 Abs. 1 Nr. 3 WEG a.F. geregelt. Dennoch machten die Gerichte zunehmend seltener von der Notverwalterbestellung Gebrauch und beauftragten stattdessen einzelne Eigentümer, die jeweils notwendige Maßnahme durchzuführen (z.B. Einladung einer Eigentümerversammlung).

Der Gesetzgeber hat nun die Notverwalterbestellung aus dem Gesetz gestrichen. § 26 Abs. 3 WEG wurde ebenso aufgehoben, wie § 43 Abs. 1 Nr. 3 WEG. Stattdessen hat der Gesetzgeber durch § 27 Abs. 3 S. 2 WEG n.F. die Möglichkeit in das Gesetz eingeführt, dass die Wohnungseigentümer durch Mehrheitsbeschluss **einen oder mehrere Wohnungseigentümer** zur Vertretung ermächtigen können. Der Gesetzgeber will damit erreichen, dass die Bestellung eines Notverwalters entfällt. Da aber weiterhin der Verwalter nach § 24 Abs. 1 WEG legitimiert ist, zur Eigentümerversammlung einzuberufen, wird gerichtliche Hilfe notwendig sein, wenn kein Verwalter bestellt ist und auch kein Verwaltungsbeirat gem. § 24 Abs. 3 WEG existiert. Dann kann es zu dem Mehrheitsbeschluss, der einzelne Wohnungseigentümer mit der Vertretung der Gemeinschaft bevollmächtigt, nicht kommen. Somit muss auch in diesen Fällen

---

[59] OLG Celle WE 1989, 199, 200.
[60] LG Lübeck Rpfleger 1986, 232; *Merle* in Bärmann/Pick/Merle, WEG, § 26 Rdn. 70; *Scheel* in Hügel/Scheel, Rechtshandbuch, Rdn. 457.
[61] BayObLG WE 1991, 285; NZM 1999, 129; KG NJW 1987, 386; OLG Köln WuM 1996, 246.

weiterhin das Gericht angerufen werden, um einen Wohnungseigentümer zu bevollmächtigen. In Fällen besonderer **Eilbedürftigkeit** ist hierzu eine einstweilige Verfügung gem. §§ 925 ff. ZPO möglich.

67 **bb) Ordentlicher Verwalter.** Auch wenn die Notverwalterbestellung nach §§ 26 Abs. 3, 43 Abs. 1 Nr. 3 WEG a. F. vom Gesetzgeber gestrichen wurde, so bedeutet dies nicht, dass eine Verwalterbestellung durch das Gericht generell ausscheidet. Können sich beispielsweise die Wohnungseigentümer nicht auf die Bestellung eines Verwalters einigen, weil eine **Patt-Situation** besteht, kann das Gericht auf entsprechenden Antrag hin einen Verwalter bestimmen.

Bis zur Novellierung des WEG konnte dabei das Gericht auch von dem gestellten Antrag abweichen und einen anderen Verwalter nach **billigem Ermessen** bestimmen.[62] Dies folgte aus § 43 Abs. 2 WEG, wonach der Richter nach billigem Ermessen entscheiden konnte. Das Gericht war an den Antrag auf Vornahme einer bestimmten Maßnahme nicht gebunden.[63] In der Novelle wurde § 43 Abs. 2 WEG a. F. gestrichen. Dies hat zur Konsequenz, dass das Gericht nach § 308 Abs. 1 ZPO wesentlich stärker an die gestellten Anträge gebunden ist als bisher. So darf nun das Gericht weder mehr als beantragt noch etwas anderes entscheiden. Wird daher von einem Wohnungseigentümer beantragt, eine bestimmte Person zum Verwalter zu bestellen, kann das Gericht nur noch positiv oder negativ entscheiden. Die Bestellung einer anderen Person nach freiem Ermessen des Gerichts ist **nicht mehr** möglich.

Denkbar ist es allerdings, dass ein Wohnungseigentümer gerichtliche Hilfe in Anspruch nimmt und allgemein um Bestellung eines Verwalters nachsucht. Nach § 21 Abs. 8 WEG n. F. kann das Gericht in einem Rechtsstreit nach billigem Ermessen entscheiden, soweit die Wohnungseigentümer eine nach dem Gesetz erforderliche Maßnahme nicht getroffen haben. Dies gilt somit auch für die Verwalterbestellung. Ein Verwalter ist nach dem Gesetz notwendig. Wird er nicht bestellt, kann das Gericht nach billigem Ermessen entscheiden. Wesentlich ist aber, dass ein **gerichtlicher Antrag** gestellt wird und dass im gerichtlichen Antrag **keine konkreten Vorgaben** gemacht werden. Sonst ist das Gericht an diesen Antrag gebunden.

3. Bestellungsdauer

68 Die Tätigkeit des ersten Verwalters beginnt mit der Entstehung der **werdenden Wohnungseigentümergemeinschaft.** Selbst wenn zuvor der Verwalter dem teilenden Gebäudeeigentümer die Annahme der Verwalterbestellung erklärt, wirkt diese Erklärung erst auf den **Zeitpunkt der Entstehung** der werdenden Wohnungseigentümergemeinschaft, da zuvor eine wohnungseigentumsrechtliche Verwaltung noch nicht möglich ist. Solange das Gebäude im Alleineigentum des aufteilenden Eigentümers steht, ist eine Tätigkeit als WEG-Verwalter undenkbar.[64] Die Bestellungsdauer beginnt mit Entstehen der wer-

---

[62] OLG Saarbrücken MietRB 2004, 174.
[63] KG NJW-RR 1996, 587 = WE 1996, 271.
[64] Solange eine GmbH sämtliche Eigentumsrechte inne hat, besteht keine Wohnungseigentümergemeinschaft und der Verwalter kann nur für die GbR tätig werden, OLG Düsseldorf ZMR 2006, 463.

VIII. Bestellung des Verwalters

denden Wohnungseigentümergemeinschaft, für die die **Anlegung der Wohnungsgrundbücher, Veräußerung einer Einheit, Besitzübergang an dieser und Eintragung einer Auflassungsvormerkung** notwendig sind.[65]

§ 26 Abs. 1 WEG beschränkt die Bestellung des Verwalters auf **maximal fünf Jahre.** Auf die Verwalterbestellung ist § 309 Nr. 9a) BGB nicht anzuwenden. Das Kammergericht[66] wollte auf Grund dieser Vorschrift die Bestellungsdauer des Verwalters auf zwei Jahre beschränkt sehen. Der BGH[67] hat sich dieser Auffassung nicht angeschlossen und ausgeführt, dass es sich bei § 26 Abs. 1 S. 2 WEG um eine **Sonderregelung** handelt, der insoweit der Vorrang eingeräumt worden ist. Daher kann der Verwalter grundsätzlich für fünf Jahre bestellt werden und der Verwaltervertrag auch eine entsprechende Laufzeit vorsehen.

Durch die WEG-Novelle ist die maximale Bestellungsdauer für die Erstbestellung auf **drei Jahre** beschränkt worden, § 26 Abs. 1 S. 2 WEG n. F. Der Gesetzgeber sah die Gefahr, dass der Erstverwalter häufig einem besonderen Interessenkonflikt unterliegt, wenn er vom Bauträger bestellt wird. Da die Verjährungsfrist für etwaige Baumängel in der Regel fünf Jahre beträgt, sollte ein Gleichlauf mit der Bestellungsdauer vermieden werden.[68] Wurde die Erstbestellung allerdings vor Inkrafttreten der Novelle vorgenommen, bleibt die längere Bestellung wirksam. Somit bestehen jetzt zwei zeitliche Limitierungen: drei Jahre für die Erstbestellung, in anderen Fällen fünf Jahre.

Der Verwalter, der auf **unbestimmte Zeit** bestellt wird, muss sich spätestens zum Ablauf des 5. Vertragsjahres zur **Wiederwahl** stellen. Geschieht dies nicht, liegt keine wirksame Verwalterbestellung mehr vor, so dass das Verwalteramt **automatisch** mit Ablauf des 5. Jahres endet. Wird der Verwalter hingegen für einen beschränkten Zeitraum, z. B. für zwei Jahre, bestellt und gleichzeitig festgelegt, dass sich die Bestellung automatisch um ein weiteres Jahr verlängert, wenn der Verwalter zuvor nicht abberufen wurde (Vertrag mit Mindestdauer und Verlängerungsklausel), bewirkt auch diese Klausel, dass die automatische Verlängerungsmöglichkeit spätestens zum Ablauf des 5. Jahres endet.[69]

Übt der Verwalter die Verwaltungstätigkeit über das 5. Jahr hinaus **faktisch** aus, ist die weitergehende Bestellung ab diesem Zeitpunkt nichtig.[70] Der Verwalter kann und muss in einem solchen Fall nicht abberufen werden. Wenn die Wohnungseigentümer Sicherheit erlangen wollen, dass kein Verwalter mehr vorhanden ist, können sie einen entsprechenden **Feststellungsantrag** an das Gericht richten.

Die Bestellung des Verwalters für einen längeren Zeitraum als fünf Jahre macht die Bestellung insgesamt nicht **nichtig.**[71] Die Bestellung gilt dann auf unbestimmte Zeit. Nicht überzeugend ist die Auffassung, dass eine Reduzie-

---

[65] Vgl. zur werdenden Wohnungseigentümergemeinschaft KG NJW-RR 1986, 1274; OLG Hamm, OLGReport Hamm 2000, 52; *Becker/Kümmel/Ott,* Wohnungseigentum, Rdn. 76.
[66] NJW-RR 1989, 839.
[67] NZM 2002, 788 = NJW 2002, 3240 = ZMR 2002, 766.
[68] Amtliche Begründung zu § 26 Abs. 1 S. 2 in BT-Drucks. 16/3843, S. 51.
[69] So auch *Abramenko* in KK-WEG, § 26 Rdn. 83; a.A. *Bub* in Staudinger, BGB, § 26 WEG Rdn. 518, der die Verlängerungsklausel als nichtig ansieht.
[70] BayObLG NJW-RR 1991, 978.
[71] *Lüke* in Weitnauer, WEG, § 26 Rdn. 15.

rung der Beschlussfassung auf das zulässige Maß von fünf Jahren erfolgt.[72] Nichtige Beschlussteile können nicht mit einer Reduzierung auf das zulässige Maß belohnt werden. Liegt hinsichtlich der Bestellungsdauer bei der Beschlussfassung und anschließendem Verwaltervertrag ein **Schreib- oder Rechenfehler** hinsichtlich der fünfjährigen Bestellungsdauer vor, so ist ebenfalls keine Nichtigkeit anzunehmen, da es sich nur um eine unschädliche Falschbezeichnung des Enddatums handelt.[73]

70 Sofern der **Beginn** der Bestellungsdauer im Bestellungsakt nicht eindeutig bestimmt wird, ist der Zeitpunkt, zu dem der Verwalter zur Aufnahme seiner Tätigkeit verpflichtet ist, maßgebend.[74] Allerdings kann der bestellte Verwalter seine Tätigkeit nicht zu einem Zeitpunkt aufnehmen, in dem sein Vorgänger noch im Amt ist. Eine Eigentümergemeinschaft kann **niemals zwei** wirksam bestellte Verwalter haben.

4. Verlängerungsbeschluss/Wiederwahl

71 Auch hinsichtlich der Verlängerung der Bestellungsdauer schränkt § 26 Abs. 2 WEG die Gestaltungsmöglichkeiten ein. Die wiederholte Bestellung darf **frühestens ein Jahr** vor Ablauf der Bestellungszeit beschlossen werden. Ein hiergegen verstoßender Beschluss ist nichtig.[75] Der Beschluss ist dann auch nicht nach § 139 BGB mit einer kürzeren Laufzeit teilweise wirksam.[76]

So wie der Verwalter durch Mehrheitsbeschluss gewählt werden kann, genügt auch für seine Wiederwahl, wenn nicht mehr als zwei Kandidaten zur Wahl stehen, die **einfache Mehrheit.** Nun soll § 26 Abs. 2 WEG aber nicht bewirken, dass ein solcher Verlängerungsbeschluss generell nur innerhalb eines Jahres vor Ablauf der bisherigen Bestellungsdauer gefasst werden kann. § 26 Abs. 2 WEG ist dahingehend zu verstehen, dass die Jahresfrist nur dann Anwendung findet, wenn die erneute Bestellungsdauer zusammen mit dem Zeitraum zwischen der Wahl des Verwalters und dem Beginn der Verlängerungsdauer **mehr** als **sechs Jahre** beträgt.

Beispiel: Der Verwalter ist noch bis zum 31. 12. 2007 bestellt. Am 30. 9. 2006 wird er für weitere fünf Jahre und somit bis zum 31. 12. 2012 bestellt.
Der vorstehende Beschluss ist unwirksam, da er früher als ein Jahr vor Beginn des Verlängerungszeitraums gefasst wurde.

Erfolgt die Wiederwahl zwar früher als ein Jahr vor Ablauf der bisherigen Bestellungsdauer, wird aber der Wiederbestellungsbeschluss mit **sofortiger Wirkung** getroffen, ist dieser Beschluss nicht nichtig, da die sofortige Wiederbestellung im Vordergrund steht und die max. Bindungsdauer der Eigentümergemeinschaft an den Verwalter nicht über sechs Jahre hinaus begründet wird.[77]

---

[72] *Merle* in Bärmann/Pick/Merle, WEG, § 26 Rdn. 43. *Müller,* Praktische Fragen, Rdn. 420; *Bassenge* in Palandt, BGB, § 26 WEG Rdn. 2.
[73] LG Düsseldorf ZMR 2005, 740.
[74] KG WE 1987, 122; *Merle* in Bärmann/Pick/Merle, WEG, § 26 Rdn. 45; *Abramenko* in KK-WEG, § 26 Rdn. 83.
[75] KG DWE 1999, 74; OLG Frankfurt MietRB 2006, 47.
[76] OLG Frankfurt, ebenda.
[77] BGH NJW-RR 1995, 780.

VIII. Bestellung des Verwalters

Beispiel: Der Verwalter ist noch bis zum 31. 12. 2007 bestellt. Die Wiederwahl erfolgt am 30. 9. 2006 für die Dauer von fünf Jahren, beginnend mit dem 1. 10. 2006. Die Wiederwahl mit sofortiger Wirkung führt im vorstehenden Beispiel nicht nur zu einer max. Bindungsdauer von fünf Jahren, die zulässig ist, sondern sie beinhaltet inzidenter auch die vorzeitige Aufhebung der bisherigen Bestellung.

Problematisch ist, ob die erneute Bestellung mehr als ein Jahr vor Ablauf der Bestellungszeit zulässig ist, wenn unter Berücksichtigung dieses Zeitraumes und der Wiederbestellungszeit ein Zeitraum von 6 Jahren insgesamt **nicht** überschritten wird.

Beispiel: Die Bestellungsdauer des Verwalters endet am 31. 12. 2007. Die Wiederwahl erfolgt am 30. 9. 2006, beginnend mit dem 1. 1. 2008 für die Dauer von drei Jahren bis zum 31. 12. 2010. Im vorstehenden Beispiel wird die fünfjährige Bestellungsdauer des § 26 Abs. 1 WEG nicht erreicht. Die max. sechsjährige Bindungsdauer des § 26 Abs. 2 WEG wird ebenfalls nicht verletzt. Zwischen Wiederbestellungsbeschluss und Wiederbestellungsbeginn liegt zwar ein Zeitraum von mehr als einem Jahr, die Gesamtbindungsdauer liegt aber unter fünf Jahren.

Die vom BGH[78] angenommene max. sechsjährige Bindungsdauer würde auch in folgendem Beispiel nicht überschritten:

Beispiel: Wie im vorstehenden Fall wird nun der Verwalter bis zum 31. 12. 2011 wiederbestellt.

Beim vorstehenden Beispiel beträgt somit die Bestellungsdauer vier Jahre und verstößt nicht gegen § 26 Abs. 1 WEG. Die Gesamtbindungsdauer liegt über fünf und unter sechs Jahren. Zwar wird der Wortlaut des § 26 Abs. 2 WEG verletzt, **Sinn und Zweck** der Norm wollen aber eine max. Bindung von 6 Jahren erlauben, die auch in diesem Beispiel nicht überschritten wird. Dürfen nach § 26 Abs. 2 WEG die Wohnungseigentümer mit einer Vorlaufzeit beispielsweise von sechs Monaten den Verwalter für fünf Jahre wiederwählen, sind sie 5½ Jahre an ihn gebunden. Wählen die Wohnungseigentümer den Verwalter hingegen 1½ Jahre vor Ablauf des Vertrages für weitere vier Jahre, ist die Bindungsdauer insgesamt nicht länger. Daher kann aus Sinn und Zweck der Norm des § 26 Abs. 2 WEG kein Unterschied zwischen beiden Gestaltungen gemacht werden. Wenn der BGH[79] eine max. Bindungsdauer von sechs Jahren zulässt, sind im Ergebnis die Beispielsfälle gleich zu behandeln. Die Ratio des § 26 WEG lässt keine längere Bindung als max. 6 Jahre zu.[80]

Wird in einer Eigentümerversammlung „die Fortsetzung des Verwaltervertrages" beschlossen, so kann dieser Beschluss dahingehend ausgelegt werden, dass er auch die Wiederbestellung des Verwalters umfasst. Die Wirksamkeit der Wiederwahl ist nicht davon abhängig, dass **Alternativangebote** eingeholt wurden.[81] Die Wohnungseigentümer können auch ohne Gegenangebote die Leistungen des bisherigen Verwalters bewerten. Diesem wiederum ist es nicht zumutbar die Konkurrenz vorzustellen. Allerdings sind die Wohnungseigentümer nicht daran gehindert, Alternativangebote vorzustellen.

---

[78] NJW-RR 1995, 780.
[79] S. Fn. 76.
[80] A. A. *Bub* in Staudinger, BGB, § 26 WEG Rdn. 197.
[81] OLG Schleswig ZMR 2006, 803 = NZM 2006, 822.

5. Bedingte Bestellung

72 Ob eine bedingte Bestellung möglich ist, ist umstritten. Teilweise wird die **aufschiebende Bedingung** als zulässig angesehen, weil das Wohnungseigentumsgesetz die Verwalterbestellung nicht als bedingungsfeindlich definiert habe.[82] Dem wird mit Hinweis auf das Vereinsrecht entgegengehalten, dass auch eine bedingte Bestellung von Vereinsvorständen nicht möglich sei.[83] Dieses Argument der Bedingungsfeindlichkeit überzeugt jedoch nicht. Auch im Vereinsrecht ist die Bedingungsfeindlichkeit der Vorstandsbestellung nicht normiert. Es wird lediglich darauf hingewiesen, dass eine bedingte Vorstandszugehörigkeit nicht in das Vereinsregister eintragungsfähig ist.[84] Als Begründung für die Bedingungsfeindlichkeit der Vereinsvorstandsbestellung wird dagegen zutreffend angeführt, dass der Eintritt der Bedingung nicht aus dem Vereinsregister erkennbar wird und daher **Rechtsunsicherheit** entsteht, ob nun der eingetragene Vorstand wirksam bestellt ist oder nicht.

Da der WEG-Verwalter aber nicht in ein Register eingetragen wird, gilt es auch nicht, einen guten Glauben an die Richtigkeit des Registers zu schützen.[85] Ob die aufschiebende Bedingung wirksam ist, bleibt daher der **Einzelfallbetrachtung** überlassen. Beschließen beispielsweise die Wohnungseigentümer die Bestellung eines Verwalters aufschiebend bedingt bis zur Zustimmung eines Dritten, wäre die Beschlussfassung nichtig, weil sich die Wohnungseigentümer ihres Selbstbestimmungsrechts berauben. Würde hingegen die Verwalterbestellung unter die aufschiebende Bedingung gestellt, dass die gewählte Person eine steuerliche Unbedenklichkeitsbescheinigung beibringt und diese dem Beirat übergibt, stehen der Wirksamkeit der Verwalterwahl keine Bedenken entgegen. Dann ist mit Zugang der geforderten Negativbescheinigung beim Beirat die Bedingung erfüllt.

Der Fall der **auflösenden Bedingung** wird an dem Beispiel diskutiert, dass ein Verwalter aus wichtigem Grund abberufen und ein neuer Verwalter bestellt wurde. Ficht dann der abberufene Verwalter erfolgreich diesen Beschluss an, sähe sich die Eigentümergemeinschaft zwei Verwaltern gegenüber verpflichtet. Da aber angenommen wird, dass die Eigentümergemeinschaft nur einen Verwalter haben könne, müsse nun der zweite Verwalter im Sinne einer auflösenden Bedingung ausscheiden. Die auflösende Bedingung wird auch als **konkludent** gefasst in den Bestellungsbeschluss hineingelesen.[86]

Die Aussage, dass nicht zwei Verwalter gleichzeitig im Amt sein können, ist überzeugend. Zwar üben nach § 20 Abs. 1 WEG die Wohnungseigentümer im Zweifel die Verwaltung gemeinschaftlich aus. Aber auch in diesem Fall hat die Wohnungseigentümergemeinschaft mehrere Verwalter. Diese werden vielmehr als gesamtvertretungsberechtigte Einheit angesehen. Daran ändert auch der neu gefasste § 27 Abs. 3 S. 2 WEG nichts, der die Wohnungseigentümer zur Ver-

---

[82] *Merle* in Bärmann/Pick/Merle, WEG, § 26 Rdn. 56; ders. in Bestellung und Abberufung des Verwalters, S. 71.
[83] *Müller*, Praktische Fragen, Rdn. 895.
[84] BayObLG NJW-RR 92, 802; OLG Celle NJW 69, 326.
[85] So im Ergebnis auch *Merle* in Bärmann/Pick/Merle, WEG, § 26 Rdn. 56.
[86] *Müller*, Praktische Fragen, Rdn. 895.

tretung der Gemeinschaft berechtigt, wenn der Verwalter dies nicht ist. Aus beiden Regelungen folgt nicht, dass mehrere Personen die Verwaltungstätigkeit ausüben können. § 20 Abs. 1 WEG regelt einen Fall der Gesamtvertretung und § 27 Abs. 3 S. 2 WEG differenziert zwischen Vertretung und Verwaltung.

Somit können die Wohnungseigentümer durchaus die Bestellung des neuen Verwalters unter die auflösende Bedingung stellen, dass diese Bestellung endet, wenn sich rechtskräftig herausstellen sollte, dass die Abberufung des alten Verwalters unwirksam war. Zweifel bestehen allerdings daran, ob sich dies generell auch ohne ausdrückliche Erklärung in den Bestellungsbeschluss des neuen Verwalters hineinlesen lässt. Hierzu wird argumentiert, dass ein praktisches Bedürfnis an der Annahme einer **konkludent** ausgesprochenen auflösenden Bedingung bestünde, weil andernfalls die Wohnungseigentümergemeinschaft zwei Verwalter bezahlen müsse.[87] Diese Argumente sind aber rein **ergebnisorientiert** und überzeugen dogmatisch nicht. Die Gefahr der Doppelzahlung kann **nicht** genügen, dem neuen Verwalter ohne ausdrückliche Erwähnung im Bestellungsbeschluss und ohne ausdrückliche Vereinbarung die Verwalterposition einschließlich seiner vertraglichen Ansprüche zu entziehen.[88] Den Wohnungseigentümern ist zu empfehlen, die auflösende Bedingung ausdrücklich im Bestellungsbeschluss aufzunehmen und gleichzeitig im Verwaltervertrag zu vereinbaren, dass bei Bedingungseintritt keine Schadensersatzansprüche für den Verwalter entstehen.

6. Anfechtung des Bestellungsbeschlusses

Der Beschluss über die Bestellung des Verwalters oder seine Wiederbestellung kann nach § 46 Abs. 1 WEG n. F. binnen Monatsfrist angefochten werden, wenn der Beschluss **nicht ordnungsmäßiger Verwaltung** entspricht. Dazu ist schlüssig darzulegen, warum die Verwalterwahl aufzuheben ist. Dies ist grundsätzlich zu bejahen, wenn in der Person des Verwalters ein **wichtiger Grund** liegt, der seiner Bestellung entgegensteht.

Die Bedeutung des wichtigen Grundes steht in einem **Stufenverhältnis,** je nachdem ob ein **Abberufungsbeschluss** oder ein **Bestellungsbeschluss** zur Überprüfung steht. Da bei der Abberufung die Wohnungseigentümer mehrheitlich dafür gestimmt haben, sind in diesem Fall an den wichtigen Grund geringere Anforderungen zu stellen als im Falle der Wahl oder der Wiederwahl. Bei Letzterem haben die Wohnungseigentümer mehrheitlich für den Verwalter votiert und die gerichtliche Entscheidung kann diese Mehrheit nur bei besonders wichtigen Gründen zurückdrängen,[89] während bei der Abberufung ein (einfacher) wichtiger Grund genügt. Die Abwägung hat umfassend unter Berücksichtigung aller Umstände zu erfolgen, wobei die Beurteilung in erster Linie dem Tatrichter obliegt.[90]

---

[87] So *Merle* in Bärmann/Pick/Merle, WEG, § 26 Rdn. 57.
[88] Die auflösende Bedingung des Verwaltervertrages wird von *Müller* angenommen, obschon er die auflösende Bedingung des Bestellungsbeschlusses ablehnt, in Praktische Fragen, Rdn. 895.
[89] OLG München DWE 2006, 72; BayObLG NZM 2001, 754; *Bub* in Staudinger, BGB, § 26 WEG Rdn. 160 m.w.N.
[90] BayObLGReport 2005, 366 = MietRB 2005, 208.

Bei der ersten Bestellung des Verwalters können nur Gründe in Betracht kommen, die entweder allgemein in der Person des Verwalters liegen oder zukünftig eine sachgerechte und den Grundsätzen ordnungsmäßiger Verwaltung entsprechende Tätigkeit nicht erwarten lassen (**Prognoseentscheidung**).[91] Ist der gewählte Verwalter wegen eines **Vermögensdeliktes** vorbestraft, kann seine Wahl ordnungsmäßiger Verwaltung widersprechen. Gleiches gilt, wenn ihm die **Gewerbeerlaubnis** entzogen wurde.[92] Die Person des Verwalters muss ein **Mindestmaß an Objektivität** gegenüber allen Wohnungseigentümern erwarten lassen. Besteht zwischen dem Verwalter und einem Wohnungseigentümer **Streit** wegen einer **nachbarrechtlichen Angelegenheit,** ist die Wahl des Verwalters anfechtbar, da die Gefahr besteht, dass der Verwalter seine persönlichen Interessen gegenüber diesem Eigentümer durchsetzen und mit dem Verwalteramt verquicken will.[93]

Seine Eignung im Sinne einer Prognoseentscheidung ist nur in einem engen Rahmen überprüfbar. So kann es nicht genügen, die Wahl als rechtswidrig anzusehen, weil der gewählte Verwalter erst wenige Objekte betreut und noch nicht über umfangreiche **praktische Verwaltungserfahrung** verfügt. Dann würde es dem Jungunternehmer nahezu unmöglich, jemals als Verwalter bestellt zu werden.[94] Da es für Verwalter keinen Ausbildungsberuf gibt und das Gesetz auch keine konkreten Anforderungen an die Eignung des Verwalters stellt, können keine verallgemeinernden Erwägungen der Verwalterwahl entgegenstehen. Dies würde im Übrigen auch Einzelunternehmer gegenüber juristischen Personen benachteiligen. Die gewählte GmbH kann beispielsweise hervorragende Verwaltungstätigkeit erbringen, auch wenn der Geschäftsführer persönlich über noch geringe Verwaltungserfahrung verfügt, er aber auf einen sehr qualifizierten Mitarbeiterstamm zurückgreifen kann.

74 Anders ist die Rechtslage zu beurteilen, wenn der Verwalter durch **Majorisierung** gewählt wird. Dann sind erhöhte Anforderungen an die Person des gewählten Verwalters zu stellen (s. hierzu auch oben VIII. 2. b) bb).[95] Auch die **Nähe zum errichtenden Bauträger** kann der Wahl entgegenstehen, wenn hierdurch zu befürchten ist, dass der gewählte Verwalter Gewährleistungsansprüche nicht ordnungsmäß verfolgen wird.[96] Die **wirtschaftliche und persönliche Verflechtung** des zu bestellenden Verwalters mit einzelnen Wohnungseigentümern ist dagegen unerheblich. Die Wahl entspricht nur dann nicht ordnungsmäßiger Verwaltung, wenn erkennbar ist, dass sich die Wohnungseigentümer bei Wahl dieses Verwalters von **gemeinschaftsfremden** und **egoistischen** Interessen leiten ließen.[97]

75 Handelt es sich hingegen um eine **Wiederwahl,** kann sich die Rechtmäßigkeit der Beschlussfassung auch daran orientieren, ob der Verwalter bisher seine Tätigkeit ordnungsgemäß ausgeübt hat. Dann spielt zwar immer noch der qua-

---

[91] BayObLG, ebenda.
[92] *Bub* in Staudinger, BGB, § 26 WEG Rdn. 103.
[93] OLG Hamburg MietRB 2003, 11 = OLGReport Hamburg 2003, 244.
[94] A. A. *Elzer*, ZMR 2001, 418, 421.
[95] OLG Düsseldorf WE 1996, 70.
[96] A. A. OLG Frankfurt MietRB 2005, 234.
[97] OLG Frankfurt Fn. 95.

VIII. Bestellung des Verwalters

litative Unterschied eine Rolle, dass im Gegensatz zur Abberufung bei der Wiederwahl die Mehrheit für den Verwalter votiert hat. Auch ist die Abberufung aus wichtigem Grund auf konkrete Verfehlungen zu stützen. Bei der Anfechtung der Wiederwahl kommt es zwar indirekt auch auf etwaige Verfehlungen in der Vergangenheit an. Diese sind aber nur dann für die Frage der Rechtmäßigkeit der Wiederwahl heranzuziehen, wenn sie gewichtig sind und aus ihnen eine **Wiederholungsgefahr** resultiert.[98] Die Wiederwahl des Verwalters kann rechtswidrig sein, wenn der Verwalter in der Vergangenheit **fehlerhaft abgerechnet** hat. An die Rechtswidrigkeit einer Mehrheitsentscheidung über die Verwalterwiederwahl sind strenge Anforderungen zu stellen.[99]

Das OLG Köln hatte hierzu den Fall zu entscheiden, dass die Wiederwahl erfolgte, nachdem der Verwalter seiner Abrechnung einen **unzutreffenden Verteilungsschlüssel** zugrunde gelegt hatte.[100] Dem OLG ist insoweit beizupflichten, dass es auf den **Einzelfall** ankommt und nicht jeder Abrechnungsfehler der Verwalterwiederwahl entgegensteht. Hierbei ist auch zu berücksichtigen, dass § 28 Abs. 3 WEG lediglich bestimmt, dass der Verwalter eine Jahresabrechnung zu erstellen hat. Das Gesetz schweigt zum Inhalt und Umfang der Abrechnung. Zudem hat die Rechtsprechung mehrfach Anlass zu der Feststellung gegeben, dass sie zu widersprüchlichen und fehlerhaften Hinweisen zu den Anforderungen einer ordnungsgemäßen Jahresabrechnung neigt.[101] Sofern ein Abrechnungsfehler rechtskräftig festgestellt ist, impliziert er aber keine Wiederholungsgefahr. Es kann somit nicht unterstellt werden, dass der Verwalter auch zukünftig fehlerhaft abrechnet. Abrechnungsfehler können deshalb nur dann eine negative Prognose rechtfertigen, wenn die bisher erstellte Abrechnung solche Abrechnungsfehler in ihrer Qualität und Quantität enthält, dass dem Verwalter auch bei erneuter Erstellung der Jahresabrechnung nicht zugetraut werden kann, dass dann die Abrechnung schlüssig wird. Der Ansatz eines falschen Verteilungsschlüssels im Hinblick auf die Verwaltervergütung reicht hierzu im Gegensatz zu der Auffassung des OLG Köln nicht aus. In der **Abrechnungspraxis** ist es ein weit verbreiteter Fehler, die Verwaltervergütung entgegen der Regelung in der Gemeinschaftsordnung nicht nach Miteigentumsanteilen, sondern nach Anzahl der Wohnungen zu verteilen. Wäre die Auffassung des OLG Köln zutreffend, wäre in all diesen Fällen die Wiederwahl des Verwalters anfechtbar. Dem kann nur dann gefolgt werden, wenn sich der Verwalter als **unbelehrbar** und gemeinschaftsordnungsresistent erweist.

Die Anfechtung der Verwalterwahl kann nur auf Gründe gestützt werden, die im Zeitpunkt der Beschlussfassung **bekannt** waren.[102]

Aus der Rechtsprechung sind **weitere Einzelfälle** bekannt, bei denen die Wahl/Wiederwahl rechtswidrig war:
– die Wahl eines Hausnachbarn zum WEG-Verwalter, obschon er persönlich gegen einzelne Wohnungseigentümer einen **Rechtsstreit** führt;[103]

---

[98] Vgl. hierzu die überzeugenden Ausführungen von *Elzer,* ZMR 2001, 418, 419 f.
[99] BayObLG MietRB 2005, 208.
[100] NZM 1999, 128.
[101] Vgl. hierzu: *Jennißen,* Die Verwalterabrechnung, S. 93 ff.
[102] BayObLG MietRB 2005, 208.
[103] OLG Hamburg WuM 2003, 110.

- Wahl eines **neuen** Verwalters, obwohl die Abberufung des alten Verwalters aus wichtigem Grund **offensichtlich rechtswidrig** war;[104]
- **Wiederwahl** des Verwalters, obwohl er im Objekt als **Verkaufsmakler** tätig wurde und jeder Verkauf seiner Zustimmung nach § 12 WEG bedurfte;[105]
- der Verwalter verlangt eine **unangemessene Vergütung**;[106]
- die vom Verwalter erstellte Jahresabrechnung enthält grobe Fehler;[107]
- die bisherige Tätigkeit des Verwalters lässt keine objektive Interessenwahrnehmung erwarten.[108]

Hingegen wurde die Verwalterwahl als **rechtmäßig** in folgenden Fällen angesehen:

- Der wiederbestellte Verwalter hat vor seiner Wiederwahl **keine Konkurrenzangebote** eingeholt, so dass die Eigentümergemeinschaft nur über ihn abstimmte;[109]
- die Eigentümergemeinschaft wählt **nicht den billigsten Kandidaten,** sondern unterstellt bei dem gewählten Kandidaten eine höhere Qualifikation;[110]
- der **Beirat trifft eine Vorauswahl** und lädt zur persönlichen Vorstellung in der Eigentümerversammlung nur die Kandidaten ein, die nach seiner Einschätzung geeignet erscheinen;[111]
- der Verwalter hat für einen Wohnungseigentümer die **Betreuung** angeregt, nachdem er zuvor **Rechtsrat** einholte.[112]

78 Neben den Gründen, die in der Person des Verwalters liegen, können noch **Form** und **Inhalt** des Beschlusses unwirksam sein. So ist der Bestellungsbeschluss aufzuheben, wenn die Abstimmung nach Köpfen statt, wie in der Gemeinschaftsordnung vorgesehen, nach Miteigentumsanteilen durchgeführt wurde.[113] Ebenso muss der Beschluss die wichtigsten Elemente des Verwaltervertrages hinsichtlich **Laufzeit und Höhe der Vergütung** enthalten.[114] Bei der Wiederwahl sind hierzu geringere Anforderungen zu stellen. Enthält der Beschluss keine Aussage zur Vergütung, gilt die **bisherige** Vergütungshöhe unverändert fort. Wird keine Bestellungsdauer genannt, ist der Verwalter auf **unbestimmte Zeit** gewählt.

79 Der Bestellungsbeschluss ist auch dann nichtig, wenn aus ihm die **gewählte** Person nicht deutlich wird. Wird beispielsweise beschlossen, Herrn Müller zum Verwalter zu bestellen, ist der Beschluss nichtig, wenn Herr Müller als Müller GmbH kandidiert hat und damit nicht deutlich wird, ob die wählenden Wohnungseigentümer den geschäftsführenden Gesellschafter persönlich meinten oder sich nur unvollständig ausgedrückt haben.

---

[104] KG WE 1986, 140.
[105] BayObLG MDR 1997, 727 = WE 1997, 439.
[106] BayObLG DWE 1990, 38 (Ls.).
[107] OLG Köln OLGReport 2005, 658 = MietRB 2006, 104 für den Fall, dass die Abrechnung nicht alle Einnahmen und Ausgaben enthält.
[108] OLG Düsseldorf WuM 2005, 798.
[109] OLG Hamburg ZMR 2001, 998.
[110] OLG Hamburg ZMR 2005, 82.
[111] OLG Düsseldorf ZMR 2002, 213.
[112] BayObLG MietRB 2005, 208.
[113] BayObLG WuM 2003, 410.
[114] OLG Hamm ZMR 2003, 51.

VIII. Bestellung des Verwalters

Auch kann ein Verwalter **nicht rückwirkend bestellt** werden. Dies ist schon faktisch unmöglich. War der bestellte Verwalter bereits in der Vergangenheit als Geschäftsführer für die Eigentümergemeinschaft tätig, kann die Eigentümergemeinschaft allenfalls seine Handlungen genehmigen. **80**

Der Verwalter ist bis zur rechtskräftigen Entscheidung über die Anfechtung seiner Bestellung im Amt. Die Beschlussaufhebung erfolgt allerdings nicht rückwirkend **(ex-nunc-Wirkung)**.[115] Seine zwischenzeitlich ausgeübten Tätigkeiten binden die Wohnungseigentümer bzw. die Gemeinschaft. Hätte die Anfechtung hingegen ex-tunc-Wirkung ließen sich die Handlungen des Verwalters für die Zwischenzeit nur über die Grundsätze der Anscheins- oder Duldungsvollmacht rechtfertigen. Die ex-nunc-Wirkung folgte bis zur WEG-Novelle aus § 32 FGG. Nachdem nun das wohnungseigentumsgerichtliche Verfahren nicht mehr nach FGG, sondern nach ZPO zu beurteilen ist, fehlt eine vergleichbare Vorschrift. Die Berechtigung zur Durchführung der Beschlüsse lässt sich jetzt nur noch aus § 27 Abs. 1 Nr. 1 WEG n.F. ableiten. Dort wird der Verwalter bevollmächtigt, die Beschlüsse der Wohnungseigentümer durchzuführen. Der Wortlaut des § 27 Abs. 1 Nr. 1 WEG stellt nicht darauf ab, dass die Beschlüsse bestandskräftig sein müssen. Auch setzt die Norm nicht voraus, dass die Beschlüsse nur von dem bestandskräftig gewählten Verwalter durchgeführt werden können. Andernfalls wäre die Eigentümergemeinschaft auf Jahre **handlungsunfähig,** wenn die Verwalterwahl angefochten wird und sich ein mehrjähriges Gerichtsverfahren hieran anschließt. Auch kann dem Verwalter nicht das Risiko aufgebürdet werden, dass er die Erfolgsaussichten der Anfechtung seiner Wahl falsch einschätzt. Allerdings kann es **ordnungsmäßiger Verwaltung** entsprechen, wenn der Verwalter nach Kenntnis von der Beschlussanfechtung alsbald eine Eigentümerversammlung einberuft und sich bestätigen lässt, dass er trotz Beschlussanfechtung die Beschlüsse durchführen soll.[116] Bis zur **gerichtlichen Aufhebung** der Verwalterwahl muss der gewählte Verwalter auch die weiteren Beschlüsse der Wohnungseigentümer umsetzen, will er sich nicht **schadensersatzpflichtig** machen.[117] Andererseits behält der Verwalter grundsätzlich auch seinen Vergütungsanspruch, sofern er seine Pflichten weiterhin erfüllt hat. Zögert er seine Abberufung hinaus, weil er sich rechtsmissbräuchlich weigert, eine Eigentümerversammlung mit dem Ziel seiner sofortigen Abberufung anzuberaumen, entfällt für diesen Weigerungszeitraum der Honoraranspruch.[118] **81**

Die **Anfechtung der Verwalterwahl** kann mit einem **Antrag auf Feststellung** des wirklich gefassten, aber vom Versammlungsleiter nicht festgestellten Beschlussinhalts verbunden werden. Standen mehrere Kandidaten zur Wahl und verkündet der Versammlungsleiter die Wahl eines Kandidaten, während dies der **tatsächlichen Rechtslage** und den tatsächlichen Stimmverhältnissen nicht entspricht, würde die bloße Beschlussanfechtung lediglich bewirken, dass der gewählte Kandidat tatsächlich nicht Verwalter geworden ist. Damit wäre die **82**

---

[115] BayObLG DWE 1977, 90; OLG Düsseldorf ZMR 2006, 544; OLG Hamburg ZMR 2006, 791; a.A. OLG München NZM 2006, 631; *Abramenko* in KK-WEG, § 26 Rdn. 5.
[116] So auch *Drabek* in KK-WEG, § 23 Rdn. 89.
[117] BGH DWE 1997, 72 = NJW 1997, 294 = ZMR 1997, 308.
[118] OLG München NZM 2006, 631.

Eigentümergemeinschaft verwalterlos. Mit diesem Anfechtungsantrag ist daher der Antrag zu verbinden, positiv festzustellen, dass ein anderer Kandidat gewählt wurde.[119] Voraussetzung ist allerdings, dass sich das Stimmverhalten der Wohnungseigentümer **eindeutig** aufklären lässt. Es muss sicher feststellbar sein, ob bei richtiger Handhabung der Stimmrechte ein Mehrheitsbeschluss zu Gunsten des anderen Kandidaten zustande gekommen ist.[120]

Wird der Verwalter **nicht wieder gewählt,** kann er diesen Beschluss nicht anfechten. Der Verwalter hat **keinen Anspruch auf Bestellung und Wiederwahl.**[121]

Wurde er wieder gewählt und wird dieser Beschluss von einem Wohnungseigentümer erfolgreich angefochten, ist zweifelhaft, ob der Verwalter dann gegen diese Gerichtsentscheidung ein **Rechtsmittel** einlegen kann. Dies wird in der Rechtsprechung grundsätzlich verneint.[122] Eine Ausnahme wird zugelassen, wenn der Verwalter in der gerichtlichen Entscheidung auf die Verfahrenskosten gesetzt würde.[123] Nur dann sei er beschwert. Die Rechtsprechung überzeugt jedoch nicht. Wenn der Verwalter wieder gewählt wurde und diese Wahl angenommen hat, dann ist er bis zur gerichtlichen Entscheidung über die Anfechtung dieses Beschlusses Verwalter. Die Aufhebung des Wiederwahlbeschlusses wirkt für den Verwalter daher genauso wie eine Abberufung. Dem Verwalter muss daher die Möglichkeit eingeräumt werden, gerichtlich seine erlangte Bestellung verteidigen zu können. Daher ist ihm ein **Berufungsrecht** einzuräumen.[124] Dies setzt aber voraus, dass der Verwalter in der ersten Instanz beigeladen wird und auf Beklagtenseite dem Rechtsstreit beitritt, § 48 Abs. 2 S. 2 WEG n. F. Dann erlangt der Verwalter ein eigenes Berufungsrecht nach § 68 ZPO.

---

[119] BayObLG WuM 2003, 410; KG WuM 1990, 323.
[120] BayObLG WuM 2003, 410.
[121] OLG München DWE 2006, 71.
[122] OLG Köln NZM 2006, 25; OLG München DWE 2006, 71 = MietRB 2006, 189.
[123] BayObLG ZMR 2004, 924.
[124] So auch *Briesemeister*, NZM 2006, 568, 570.

IX. Verwalternachweis

Damit der Verwalter sich **im Rechtsverkehr legitimieren** kann, kommen 83
verschiedene Nachweismöglichkeiten in Betracht:
– Protokoll der Eigentümerversammlung über den Bestellungsbeschluss
– Verwaltervertrag
– privatschriftliche Vollmachtsurkunde
– öffentlich beglaubigte Vollmachtsurkunde
– Gerichtsbeschluss im Falle gerichtlicher Bestellung
– bei Bestellung in der Teilungserklärung durch Vorlage einer notariell beglaubigten Abschrift.

§ 26 Abs. 4 WEG sieht für den Nachweis der Verwaltereigenschaft eine öffentlich beglaubigte Urkunde vor. Die **öffentliche Beglaubigung** ist aber nur in Grundbuchangelegenheiten notwendig und daher lediglich in besonderen Fällen zwingend. Sieht die Gemeinschaftsordnung einen Zustimmungsvorbehalt für den Verwalter bei Eigentümerwechsel vor, muss diese Zustimmung in der Form des § 29 GBO erfolgen. Nur für diesen Fall ist es erforderlich, sofern der Verwalter in der Eigentümerversammlung gewählt wurde, eine Niederschrift über den Bestellungsbeschluss zu fertigen, die vom Versammlungsvorsitzenden, einem Wohnungseigentümer und, falls ein Verwaltungsbeirat bestellt ist, auch von dessen Vorsitzenden oder seinem Vertreter zu unterschreiben ist, § 24 Abs. 6 WEG. Wenn kein Verwaltungsbeirat bestellt ist und die Gemeinschaftsordnung keine andere Regelung enthält, unterschreibt lediglich der Versammlungsleiter und ein Wohnungseigentümer. Vereinbarungen, die eine von § 24 Abs. 6 WEG abweichende Regelung treffen, sind sowohl hinsichtlich der Reduzierung als auch der Erweiterung der Anzahl der Unterschriften wirksam.[1]

Da der Verwalter zum Nachweis seiner Verwaltereigenschaft nicht das gesamte Protokoll der Eigentümerversammlung seiner Wahl vorlegen muss und Beschlüsse in einer Beschluss-Sammlung aufzubewahren sind, wird der Verwalter den **Bestellungsbeschluss** separat unterschreiben und beglaubigen lassen. 84

Wurde der Verwalter allerdings im **schriftlichen Umlaufverfahren** bestellt, 85
müssten alle Unterschriften der Wohnungseigentümer **öffentlich beglaubigt** werden.[2] Ein gerichtlich bestellter Verwalter benötigt keine Unterschriften i. S. v. § 24 Abs. 6 WEG. Der **Gerichtsbeschluss** genügt zum Nachweis der Verwalterstellung. Die Ausfertigung des Gerichtsbeschlusses ist eine öffentliche Urkunde.

Auch die Vorlage einer notariell beglaubigten Abschrift der **Teilungserklärung** kann genügen, wenn der Verwalter dort namentlich bestellt wurde. 86

Außerhalb des Grundbuchverkehrs ist die Vorlage **privatschriftlicher** 87
Vollmachten bzw. des Verwaltervertrages ausreichend. Wird eine separate Vollmachtsurkunde ausgestellt, ist es sinnvoll, die **Bestellungsdauer** zu ver-

---

[1] BayObLG WuM 1989, 534 = NJW-RR 1989, 1168 = MDR 1989, 1106.
[2] BayObLG NJW-RR 1986, 565; *Bub* in Staudinger, BGB, § 26 WEG Rdn. 521.

merken. Es gilt die Vermutung, dass der Verwalter für die beschlossene Bestellungsdauer fortdauernd das Verwalteramt inne hat. Der Verwalter muss während der Bestellungsdauer die Verwaltereigenschaft nicht für jede Eintragungsbewilligung erneut nachweisen.[3]

88 Ist der Verwalter auf unbestimmte Zeit bestellt worden, dann kann bis zum Ablauf der Höchstdauer von fünf Jahren ab Beginn der Bestellung ebenfalls die **Vermutung seiner fortdauernden Verwalterstellung** angewendet werden.[4] Gleiches gilt auch, wenn der Verwalter für eine kürzere Zeit als fünf Jahre fest bestellt ist und sich die Verwalterbestellung bis zur Höchstfrist von fünf Jahren verlängert, wenn der Verwalter nicht zuvor abberufen wird.[5]

---

[3] BayObLG NJW-RR 1991, 978; *Bub* in Staudinger, BGB, § 26 WEG Rdn. 528; *Abramenko* in KK-WEG, § 26 Rdn. 98; a. A. die ältere Rechtsprechung des BayObLG, BayObLGZ 1975, 264, 267.

[4] BayObLG NJW-RR 1991, 978; *Merle* in Bärmann/Pick/Merle, WEG, § 26 Rdn. 263; *Bub* in Staudinger, BGB, § 26 WEG Rdn. 518; siehe im Übrigen unten VIII. 3.

[5] A. A. *Bub* in Staudinger, BGB, § 26 WEG Rdn. 518, der eine solche Verlängerungsklausel für nichtig hält, so dass dann zwingenderweise auch die Vollmachtsurkunde mit Ablauf der ersten Bestellungsdauer unwirksam würde.

X. Der Verwaltervertrag

1. Vertragsabschluss

Verträge kommen durch Angebot und Annahme zustande. Auf Seiten der Wohnungseigentümer ist dies unproblematisch, wenn alle Wohnungseigentümer den Vertrag unterzeichnen. Es genügt nicht, wenn nur die Mehrheit der Wohnungseigentümer unterzeichnet.[1] Allerdings können die Wohnungseigentümer auch mehrheitlich beschließen, dass Einzelne von ihnen und insbesondere der **Beirat bevollmächtigt** werden, den Vertrag auf Seiten der Wohnungseigentümer **stellvertretend** abzuschließen.

Der Vertrag kommt zwischen dem Verwalter und der rechtsfähigen Eigentümergemeinschaft sowie mit allen Wohnungseigentümern zustande. § 27 Abs. 3 S. 2 und 3 WEG sieht vor, dass die Gemeinschaft in diesem Fall von **allen** Wohnungseigentümern vertreten wird. Die Wohnungseigentümer können trotzdem einzelne oder mehrere Wohnungseigentümer zum Vertragsabschluss ermächtigen, § 27 Abs. 3 Nr. 7 WEG n. F. Voraussetzung ist allerdings, dass die **wesentlichen Vertragsinhalte** entweder vom Bestellungsbeschluss oder vom Ermächtigungsbeschluss umfasst sind. Wenn die Wohnungseigentümer dem Bevollmächtigten insoweit völlig freie Hand geben, wie er den Verband verpflichtet, begeben sie sich eines wesentlichen Teils ihres **Selbstbestimmungsrechts.**[2] Die Bevollmächtigung des Beirats zum Vertragsabschluss ist nur dann nicht anfechtbar, wenn ihm durch Beschluss von den Wohnungseigentümern die wesentlichen Vertragsinhalte wie **Laufzeit** und **Vergütung** vorgegeben werden. Auch muss der vorgelegte und vom Beirat zu unterzeichnende Vertrag im Wesentlichen der Inhaltskontrolle standhalten.[2a] Ohne entsprechende Bevollmächtigung ist der Verwaltervertrag allerdings nicht nichtig.[3] Der Beirat darf einen die Verwaltervergütung enthaltenen Bestellungsbeschluss um Sondervergütungen für den Verwalter ergänzen, wenn er zum Vertragsabschluss bevollmächtigt wurde.[4]

Der Verband kann bei Abschluss des Verwaltervertrages auch von dem noch amtierenden Verwalter vertreten werden, wenn es um den Verwaltervertrag mit seinem Nachfolger geht. Handeln hingegen einzelne Wohnungseigentümer oder der Beirat als Vertreter des Verbands, wird der zu beauftragende Verwalter nach der Vollmacht zu fragen haben. Der neue Verwalter kann hier nicht gutgläubig handeln. Etwas anderes gilt jedoch dann, wenn die handelnden Personen tatsächlich durch **uneingeschränkten Beschluss** bevollmächtigt wurden. Da dieser Beschluss die Vollmacht für ein einzelnes Geschäft beinhaltet, kann er zwar wegen inhaltlicher Unbestimmtheit oder zu weit gehender Selbstbestimmung für den Bevollmächtigten anfechtbar sein, ist aber nicht nichtig. Dann

---

[1] *Abramenko*, ZMR 2006, 6, 8.
[2] OLG Köln ZMR 2003, 604; OLG Hamburg ZMR 2003, 776; ZMR 2003, 864; OLG Düsseldorf ZWE 2006, 396 = NZM 2006, 936 = ZMR 2006, 870; *Abramenko* in KK-WEG § 26 Rdn. 37.
[2a] OLG Düsseldorf ZWE 2006, 396 = NZM 2006, 936 = ZMR 2006, 870.
[3] OLG Köln ZMR 2003, 604.
[4] BayObLG NZM 2004, 658.

kann spätestens mit Eintritt der **Bestandskraft** der zu bestellende Verwalter darauf vertrauen, dass die handelnden Personen den Vertragsinhalt frei mit ihm aushandeln können. Die Vollmacht der handelnden Personen steht auch nicht unter der generellen Einschränkung, dass hiervon nur im Rahmen ordnungsgemäßer Verwaltung Gebrauch gemacht werden könnte.[5]

91   Die Rechtsprechung geht davon aus, dass der Verwaltervertrag stets unter der **auflösenden Bedingung** geschlossen wird, dass der Bestellungsbeschluss nicht in einem Anfechtungsverfahren aufgehoben wird.[6]

92   Der Verwaltervertrag kann auch **konkludent** zustande kommen. Liegt der Verwaltervertrag beim Bestellungsbeschluss vor und geben die Wohnungseigentümer bei der Beschlussfassung zu erkennen, dass sie hierauf Bezug nehmen, kommt der Vertrag auch ohne ausdrückliche Unterzeichnung zustande.[7]

2. Die Parteien des Vertrages

93   Bis zur Entscheidung des BGH zur teilrechtsfähigen Eigentümergemeinschaft wurde angenommen, dass der Verwaltervertrag mit den einzelnen Wohnungseigentümern zustande kommt. Auf Grund der Rechtsfähigkeitsentscheidung nehmen aber die Wohnungseigentümer am Rechtsverkehr durch den Verband teil, so dass teilweise angenommen wird, dass der Verwalter mit dem **Verband** den Vertrag abschließt.[8] Dann haften die Wohnungseigentümer für die Vertragserfüllung und insbesondere für die Vergütung nicht gesamtschuldnerisch. Auf Grund von § 10 Abs. 8 WEG n. F. übernehmen sie eine **quotale Haftung** für die Verbindlichkeiten des Verbands. Soll im Verwaltervertrag mit der rechtsfähigen Eigentümergemeinschaft eine gesamtschuldnerische Haftung der Wohnungseigentümer gegenüber dem Verwalter begründet werden, müssen alle Wohnungseigentümer den Verwaltervertrag unterzeichnen und hierdurch die besondere Haftung genehmigen.[9] Die **Haftungsklausel** muss allerdings drucktechnisch hervorgehoben werden, damit es sich nicht um eine überraschende Klausel i. S. v. § 305 c BGB handelt.

94   Nach § 27 WEG n. F. übt der Verwalter **Aufgaben für die Gemeinschaft** und auch **für alle Wohnungseigentümer** aus. Hieraus ist zu folgern, dass auch beide, Verband und alle Wohnungseigentümer, am Vertragsabschluss mitwirken müssen, damit eine **doppelte Verpflichtung** des Verwalters entsteht. Hierbei ist zunächst zu berücksichtigen, dass es sich in § 27 Abs. 2 WEG n. F. um gesetzliche Pflichten handelt. Diese bedürfen keiner Erwähnung bzw. Wiederholung im Verwaltervertrag. Wenn der Verwalter mit dem Verband einen Verwaltervertrag abschließt, sind seine Verpflichtungen gem. § 27 Abs. 2 WEG n. F. für die Wohnungseigentümer mit umfasst, was Abramenko als **Vertrag zu Gunsten Dritter** wertet.[10] Die Auffassung von Abramenko lässt aber unbe-

---

[5] OLG Hamm ZMR 2001, 138, 141.
[6] KG MietRB 2005, 124 = NZM 2005, 21.
[7] *Abramenko,* ZMR 2006, 6, 9.
[8] OLG München NZM 2007, 88 = ZMR 2007, 220; OLG Düsseldorf NJW 2007, 161; OLG Hamm FGPrax 2006, 153.
[9] OLG Hamm NZM 2006, 632.
[10] KK-WEG, § 26 Rdn. 34 b; ebenso OLG München NZM 2007, 88 = ZMR 2007, 220; v. 14. 9. 2006 – 34 Wx 049/06.

X. Der Verwaltervertrag

rücksichtigt, dass § 27 Abs. 2 WEG zumindest in den Nrn. 2 und 5 auch das Recht des Verwalters enthält, die Wohnungseigentümer zu verpflichten. Hinsichtlich dieser Komponenten kann es sich nicht um einen Vertrag zu Gunsten Dritter handeln. Es handelt sich um eine belastende Angelegenheit, die vertraglich nicht **zu Lasten Dritter** geregelt werden kann.[10a] Auch wird es entscheidend sein, ob sich der Verwalter für die Tätigkeiten des § 27 Abs. 2 WEG eine Vergütung versprechen lässt. Schon die Vereinbarung einer Aufwandsentschädigung für die Beauftragung eines Rechtsanwalts oder für die Herstellung von Fotokopien wäre eine Belastung der Wohnungseigentümer, wenn Verfahren gem. § 27 Abs. 2 WEG n.F. betroffen sind. Auch insoweit handelt es sich nicht nur um einen begünstigenden Vertrag, so dass die Mitwirkung aller Wohnungseigentümer erforderlich ist. Der Verwalter übt die Geschäftsführung für den Verband und die Summe der Wohnungseigentümer aus. Die Neufassung des § 27 WEG führt zu dem Ergebnis, dass der Verwalter zwei Vertragspartner erhält, wenn die Summe der Wohnungseigentümer untechnisch als eine Partei angesehen wird.[10b] Damit ist auch kein Raum für die Annahme, dass der Vertrag nur mit dem Verband zustande kommt und Schutzwirkung für die Wohnungseigentümer habe.[11] Die Verwalterverträge sind daher sorgfältig darauf abzustimmen, ob sie nur den Verband oder auch die einzelnen Wohnungseigentümer verpflichten. Ist Letzteres der Fall, müssen alle Wohnungseigentümer am Vertrag mitwirken, da in § 27 Abs. 2 WEG eine Bevollmächtigung einzelner Wohnungseigentümer als Vertreter aller Wohnungseigentümer nicht vorgesehen ist. Im Zweifel kommt ein Doppelvertrag mit dem Verband und den Wohnungseigentümern zustande. Damit stellt sich aber wieder das Problem, das der BGH mit seiner Entscheidung zur Rechtsfähigkeit der Eigentümergemeinschaft lösen wollte: Wie wird der Rechtsnachfolger eines Wohnungseigentümers an den Vertragsteil gebunden, der zwischen Wohnungseigentümer und Verwalter zustande kommt? Dies lässt sich im Zweifel nur über einen konkludenten Vertragsbeitritt lösen.

Auch gilt die Haftungsbeschränkung des § 10 Abs. 8 WEG n.F. für die Wohnungseigentümer nicht automatisch, da sie selbst eine eigene Verpflichtung gegenüber dem Verwalter eingehen, für die sie grundsätzlich gesamtschuldnerisch haften. Allerdings lässt sich diese Haftung vertraglich einschränken, indem entweder die quotale Haftung der Wohnungseigentümer vereinbart oder geregelt wird, dass das Verwalterhonorar und sämtliche finanziellen Vergütungen nur der rechtsfähige Verband schuldet.

3. Stimmrecht des Verwalters

Die Wohnungseigentümergemeinschaft kann über den Vertragsinhalt mit Mehrheit beschließen. An diesem Beschluss darf ein Wohnungseigentümer, der selbst zum Verwalter bestellt werden soll, nicht mit abstimmen. Dies folgt aus § 25 Abs. 5 WEG, wonach ein Wohnungseigentümer **nicht stimmberechtigt** ist, wenn die Beschlussfassung den **Abschluss eines Rechtsgeschäfts** mit ihm

---

[10a] So auch *Müller*, FS für Seuß, S. 217 f.
[10b] So auch *Müller*, ebenda, S. 221.
[11] So aber OLG Düsseldorf NJW 2007, 161.

zum Gegenstand hat. Während die Verwalterbestellung nicht als ein solches Rechtsgeschäft, sondern als organisationsrechtlicher Akt, verbunden mit der Begründung wohnungseigentumsrechtlicher Befugnisse und Pflichten gesehen wird[12], sind der Abschluss des Verwaltervertrages und Beschlüsse zu einzelnen Regelungen von § 25 Abs. 5 WEG erfasst.[13] Dieser Auffassung hat sich der BGH für den Fall nicht angeschlossen, dass der Beschluss über die Bestellung gleichzeitig auch Fragen des Verwaltervertrags enthält. Dann läge der Schwerpunkt der Beschlussfassung in der Verwalterbestellung. Da der Verwaltervertrag lediglich der Ausgestaltung des Bestellungsbeschlusses diene, könne nicht das grundsätzlich bestehende Stimmrecht bei der Verwalterwahl durch eine gleichzeitige Beschlussfassung über Fragen des Verwaltervertrags ausgehöhlt werden.[14] Die Auffassung überzeugt insoweit, als mit dem Stimmrecht die gerichtliche Überprüfungsmöglichkeit des Beschlusses nicht eingeschränkt wird. Der Beschluss über die Vertragsinhalte muss ordnungsmäßiger Verwaltung entsprechen, was um so kritischer zu bewerten ist, desto höher das Stimmgewicht des Verwalters war.

Allerdings überzeugt die Einschränkung insoweit nicht, als das Stimmrecht des Verwalters bei Ausgestaltung des Verwaltervertrags nicht ausgeschlossen ist, wenn diese Fragen mit dem Bestellungsbeschluss verbunden werden. Trennen die Wohnungseigentümer beide Themen und beschließen hierüber separat, wäre nach Auffassung des BGH dann beim Verwaltervertrag kein Stimmrecht des Verwalters gegeben. Hierbei würde aber nicht berücksichtigt, dass Bestellung und Verwaltervertrag immer Teile des zweistufigen Aktes sind.[15] Wäre das Stimmrecht über den Verwaltervertrag nur bei verbundener Abstimmung für den Verwalter gegeben, ließen sich Stimmverbote leicht umgehen. Bei getrennter Abstimmung bestünde die Gefahr, dass sich der Verwalter zwar mit seiner Stimme wählen könnte, dann aber keine Einigkeit über die Höhe der Verwaltervergütung erzielt werden würde. Das Stimmrecht über die Verwalterbestellung und somit das „Ob" der Verwaltertätigkeit wiegt schwerer als die Frage über das „Wie" und somit der vertraglichen Ausgestaltung. Es ist widersprüchlich, das Stimmrecht bei der gewichtigeren Frage des „Ob" zu bejahen und bei der wesentlich weniger einschneidenden Frage des „Wie" zu verneinen.[16]

96 Konsequenter ist es daher, das Stimmrecht des Verwalters bei Abschluss des Verwaltervertrags generell zuzulassen und den Verwaltervertrag als Annex der Verwalterbestellung anzusehen. Auch Merle[17] ist der Auffassung, dass dem Wohnungseigentümer auch bei Fragen des Verwaltervertrages ein Stimmrecht einzuräumen sei, weil andernfalls das Stimmrecht bei der Bestellung ausgehöhlt würde. Merle weist darauf hin, dass es kaum Sinn macht, dass sich ein Wohnungseigentümer selbst zum Verwalter bestellen, aber beispielsweise über die

---

[12] BGH NZM 2002, 788 = NJW 2002, 3240.
[13] KG NJW-RR 1987, 268; BayObLG NJW-RR 1987 595; NJW-RR 1993, 206; OLG Düsseldorf NZM 1999, 285; *Schulze* in Niedenführ/Schulze, WEG, § 25 Rdn. 7; *Sauren*, Wohnungseigentumsgesetz, § 25 Rdn. 39.
[14] BGH NZM 2002, 995, 999.
[15] So auch BGH NZM 2002, 995, 999.
[16] So im Ergebnis auch *Merle* in Bärmann/Pick/Merle, WEG, § 26 Rdn. 90.
[17] In *Bärmann/Pick/Merle*, WEG, § 25 Rdn. 104, § 26 Rdn. 90.

Höhe seiner Vergütung nicht abstimmen dürfe. Die Möglichkeit, eine unangemessene Vertragsgestaltung gerichtlich überprüfen zu lassen, bleibt unbenommen. Für den Wohnungseigentümer besteht zudem die Möglichkeit, für Vertragsfragen anderen Wohnungseigentümern eine **Stimmrechtsvollmacht** zu erteilen, die allerdings nicht mit Weisungen verbunden sein darf[18], um das Problem auf jeden Fall zu umgehen.

Die gleiche Lösungsmöglichkeit stellt sich auch dann, wenn zwar der zu wählende Verwalter nicht selbst Wohnungseigentümer ist, aber in der Versammlung von anderen Wohnungseigentümern bevollmächtigt wird. Diese Vollmachten kann er dann durch Untervollmachten weiterreichen, sofern dies in der Vollmachtserteilung nicht ausgeschlossen ist. Ebenso darf der Verwalter die **Untervollmachten** nicht mit Stimmrechtsweisungen versehen.[19] Zudem ist die Gemeinschaftsordnung zu beachten, wenn dort Einschränkungen zur Vollmachtserteilung enthalten sind. Zwar wird der Verwalter diese Vollmachten in der Praxis nur an eine Person weiterreichen, bei der er sich einer Abstimmung in seinem Sinne sicher wähnt. Dennoch ist die Untervollmacht wirksam, weil schon der Hauptvollmachtgeber in Kenntnis der Tagesordnung durch die Vollmachtserteilung zum Ausdruck bringt, dass er Vertrauen zum Verwalter hat und ihm selbst in eigenen Angelegenheiten ein Stimmrechtsermessen überträgt. Wenn dann diese Vollmacht i. S. v. § 25 Abs. 5 WEG vom Verwalter nicht selbst ausgeübt werden dürfte, was diesseitiger Auffassung widerspricht, wird durch die Untervollmachtserteilung eine Berücksichtigung der konkreten Stimmungen und Wortbeiträge in der Eigentümerversammlung stattfinden.

Ist der Verwalter, der selbst Wohnungseigentümer ist, stimmberechtigt, gilt dies auch für den Verwalter, wenn er lediglich Stimmen anderer Wohnungseigentümer in Vollmacht ausübt. Auf jeden Fall sind Stimmen des Verwalters zu berücksichtigen, die er mit entsprechenden Stimmrechtsweisungen der zu vertretenden Wohnungseigentümer ausübt. In diesem Fall liegt tatsächlich kein Vertretungsverhältnis, sondern lediglich die Stellung eines **Boten** vor. Als Erklärungsbote übermittelt er nur fremde Willenserklärungen, so dass sein Stimmrecht nicht eingeschränkt ist, selbst wenn grundsätzlich die Voraussetzungen des § 25 Abs. 5 WEG vorlägen.[20]

Mit Anerkennung des Stimmrechts des Verwalters bei Abschluss des Verwaltervertrages wird § 25 Abs. 5 WEG nicht bedeutungslos. Beschlüsse über die **Verwalterentlastung** als negatives Schuldanerkenntnis oder Beschlüsse, die über die übliche Verwaltervollmacht hinaus den Abschluss eines Rechtsgeschäfts mit dem Verwalter zum Gegenstand haben (z. B. Durchführung von Baumaßnahmen am Objekt, wenn der Verwalter gleichzeitig ein Architekturbüro oder ein Handwerksunternehmen betreibt), bleiben vom Stimmverbot erfasst. Ist eine Verwalter-GmbH bestellt, gilt der Stimmrechtsausschluss auch für den Geschäftsführer persönlich.[21]

---

[18] OLG Karlsruhe WuM 2003, 108; BayObLG WuM 1999, 58.
[19] OLG Zweibrücken, WE 1998, 504 = NZM 1998, 671; BayObLG NZM 1998, 668; *Merle* in Bärmann/Pick/Merle, WEG, § 25 Rdn. 121.
[20] So im Ergebnis auch OLG Schleswig ZMR 2006, 803, das allerdings von einer schriftlichen Stimmabgabe ausgeht.
[21] AG Hannover ZMR 2004, 787.

4. Inhalt des Verwaltervertrages

99 **a) Überflüssige Regelungen.** Das WEG gibt keine Regelungsinhalte zum Verwaltervertrag vor. Es erwähnt lediglich in § 27 WEG einen Aufgabenkatalog. Regelungen im Verwaltervertrag, die den Aufgabenkatalog des § 27 WEG wiederholen, sind zulässig, aber überflüssig. Oft wiederholt der Verwalter die gesetzlichen Aufgaben im Vertrag, um insbesondere unerfahrenen Wohnungseigentümern sein Tätigkeitsgebiet zu verdeutlichen.

Nicht überflüssig ist die Regelung, die Wohnungseigentümer seien verpflichtet, den Erwerber zum **Eintritt in den Verwaltervertrag** zu verpflichten (s. oben Rdn. 94). Fehlt eine solche Verpflichtung, kommt im Zweifel der Verwaltervertrag mit dem Rechtsnachfolger konkludent zustande.

Nahezu vollständig überflüssig sind Regelungen zum **Wohngeld** im Verwaltervertrag.

> **Beispiel:** Der Wohnungseigentümer verzichtet auf das Recht zur Aufrechnung gegen Wohngeldforderungen, auf Zurückbehaltung von Wohngeld oder auf deren Verzinsung.

Es entspricht herrschender Rechtsprechung, dass **Aufrechnung** und **Zurückbehaltung** von Wohngeldern ausgeschlossen ist.[22] Zudem kann der Verwaltervertrag nicht das Gemeinschaftsverhältnis regeln. Dieses Gemeinschaftsverhältnis kann durch Vereinbarungen oder durch Beschlüsse bestimmt werden, nicht aber durch Verträge mit Dritten. Auch wenn der Verwalter das Organ der Eigentümergemeinschaft ist, so lässt sich im Vertrag mit ihm nicht das Gemeinschaftsverhältnis regeln.

Weiterhin überflüssig sind folgende Regelungen im Verwaltervertrag, da gesetzlich bereits geregelt:

– *Der Verwalter ist verpflichtet, den Wohnungseigentümern einen Wirtschaftsplan vorzulegen, welcher von den Wohnungseigentümern genehmigt werden muss.*
– *Über die Verwendung des Wohngeldes wird jährlich nach Abschluss des Kalenderjahres durch den Verwalter abgerechnet.*

Auch Regelungen für den Fall des **Eigentümerwechsels** können nicht wirksam durch den Verwaltervertrag getroffen werden (siehe auch nachfolgend „nichtige Regelungen"), bzw. sind überflüssig.

– *Im Falle der Veräußerung findet eine Auseinandersetzung hinsichtlich des zum gemeinschaftlichen Eigentum gehörenden Verwaltungsvermögens nicht statt.*

Auch diese Regelung ist überflüssig, da das Verwaltungsvermögen dem rechtsfähigen Verband gehört und ein Wechsel in der Mitgliedschaft keine Auszahlungs- oder Abfindungsansprüche begründet.

– *Das Wirtschaftsjahr ist das Kalenderjahr.*

Die Überflüssigkeit dieser Regelung folgt aus § 28 Abs. 1 WEG, wonach der Wirtschaftsplan immer für das Kalenderjahr aufzustellen ist.

---

[22] KG NZM 2003, 686 = ZMR 2002, 861 = WuM 2002, 391; BayObLG NZM 2002, 346 = ZMR 2001, 53; NZM 1998, 973.

X. Der Verwaltervertrag

b) Nichtige Regelungen. aa) Wohnungseigentumsrechtliche Un- 100
wirksamkeit. Der Verwaltervertrag kann nicht in das Gemeinschaftsverhältnis eingreifen und Regeln des WEG oder der Gemeinschaftsordnung abändern. Der Verwaltervertrag stellt keine wohnungseigentumsrechtliche Vereinbarung i.S.v. § 10 Abs. 2 WEG dar. Mit einer solchen Vereinbarung im Sinne von § 10 Abs. 2 WEG wollen die Wohnungseigentümer untereinander Regeln aufstellen oder abändern. Sie betreffen das innergemeinschaftliche Recht und ihre Satzungskompetenz. Demgegenüber stellt der Verwaltervertrag eine vertragliche Regelung mit einem Dritten dar. Auch wenn der Verwalter zum Organ der Eigentümergemeinschaft bestellt wird, so ist er dennoch nicht Mitglied der Eigentümergemeinschaft. Er bleibt insoweit außenstehender Dienstleister und durch Vertrag mit ihm kann nicht das innergemeinschaftliche Recht bestimmt werden.

Daher sind alle Klauseln in einem Verwaltervertrag nichtig, die zu einer **Abänderung der Gemeinschaftsordnung oder der gesetzlichen Regeln** führen. Hierzu seien folgende Beispiele genannt:

— *Die Wohnungseigentümerversammlung wird zwingend vom Verwalter geleitet.*

Diese Regelung im Verwaltervertrag ist unwirksam, da nach § 24 Abs. 5 WEG der Verwalter den **Vorsitz in der Eigentümerversammlung** nur dann führt, soweit die Eigentümerversammlung keinen anderen Versammlungsleiter wählt. Durch Verwaltervertrag kann die gesetzliche Regelung nicht aufgehoben werden.

— *Das Wohngeld ist zum Fünften eines Monats fällig; kommt ein Wohnungseigentümer mit zwei Raten in Zahlungsverzug, ist das Jahreswohngeld zu zahlen.*

Die Fälligkeit des Wohngeldes ist nach dem Wortlaut des § 28 Abs. 2 101
WEG vom Abruf durch den Verwalter abhängig. Zuvor müssen die Wohnungseigentümer aber einen Wirtschaftsplan beschlossen haben. Dieser Beschluss wird im Zweifel regeln, ob das Wohngeld als Jahresbetrag oder in mtl. Teilraten fällig wird. Von diesem Beschluss kann der Verwaltervertrag nicht abweichen oder die Beschlusskompetenz von vornherein einschränken. Zudem sieht die vorstehende Klausel die Fälligkeit des Jahreswohngelds bei Zahlungsverzug mit zwei Monatsraten vor. Hierbei handelt es sich um eine sog. Vorfälligkeitsregelung, die wie eine Vertragsstrafe zu verstehen ist. Bis zur WEG-Novelle wurde der Beschluss über eine Vorfälligkeitsregelung als nichtig angesehen.[23] § 21 Abs. 7 WEG n.F. lässt jetzt Mehrheitsbeschlüsse über die Fälligkeit des Wohngeldes ausdrücklich zu, so dass die Wohnungseigentümer solche Beschlüsse fassen können. Der Verwaltervertrag kann dies aber nicht regeln.

— *Über Instandsetzungsmaßnahmen entscheidet der Verwalter nach Rücksprache mit* 102
dem Beirat.

---

[23] Vgl. hierzu *Riecke/Schmidt/Elzer*, Eigentümerversammlung, Rdn. 1239 ff.; *Häublein*, ZWE 2004, 48, 52; der BGH hatte in ZMR 2003, 943 = NZM 2003, 946 eine Verfallklausel zu beurteilen. Hierbei wird das Jahreswohngeld sofort fällig und den Wohnungseigentümern lediglich nachgelassen, dies in 12 gleichen Monatsraten zu leisten. Kommt ein Wohnungseigentümer mit zwei Monatsraten in Zahlungsverzug, verfällt das Recht auf Ratenzahlung. Diese Klausel hat der BGH im Einzelfall als wirksam angesehen, allerdings angedeutet, dass er in der Vorfälligkeitsregelung eine unzulässige Vertragsstrafe sieht.

Die Entscheidung, ob und in welchem Umfang der Verwalter Vertretungsmacht für die Durchführung von Instandsetzungsmaßnahmen erhält, obliegt der Eigentümerversammlung. Dabei hat die Eigentümerversammlung einen weiten Ermessensspielraum.[24] Der Beirat besitzt nur beratende Kompetenz und unterstützt nach § 29 Abs. 2 WEG den Verwalter. Das Ermessen der Eigentümer kann weder der Verwalter noch der Beirat stellvertretend ausüben.

103 – *Der Verwalter kann seine Aufgaben durch einen Dritten ausführen lassen und diesem Untervollmacht erteilen.*

Die **Verwaltertätigkeit** ist **höchstpersönlich** auszuüben. Der Verwalter darf hierzu die Aufgaben nicht auf eine andere Rechtsperson übertragen.[25] Etwas anderes würde gelten, wenn die dritte Person ausdrücklich benannt wird.

– *Der Verwaltervertrag hat eine Laufzeit von 6 Jahren.*

§ 26 Abs. 1 S. 2 WEG regelt, dass die Bestellung auf höchstens 5 Jahre vorgenommen werden darf. Da aufgrund der **Trennungstheorie** der Verwaltervertrag von dem Bestellungsakt zu differenzieren ist, liegt die Annahme nahe, dass die schuldrechtlichen Beziehungen zwischen der Eigentümergemeinschaft (und den Wohnungseigentümern) und dem Verwalter über 5 Jahre hinaus begründet werden könnten. Eine solche Auffassung ließe aber unberücksichtigt, dass der WEG-Verwalter, wenn seine Bestellungsdauer endet, nicht mehr in anderer Funktion für die Eigentümergemeinschaft tätig bleiben kann. Damit sind trotz der Trennungstheorie Bestellung und Verwaltervertrag so eng miteinander verknüpft, dass eine vertragliche Bindung über 5 Jahre hinaus ebenso nichtig ist wie ein entsprechender Bestellungszeitraum. Spätestens nach Ablauf von 5 Jahren wird dem Verwaltervertrag ohne Neubestellungsbeschluss (Wiederwahl) die Grundlage entzogen. Da der Verwalter weiß, dass eine Bestellung über 5 Jahre hinaus gegen § 26 Abs. 1 S. 2 WEG verstößt und nichtig ist, stehen ihm in einem solchen Fall auch keine vertraglichen Schadensersatzansprüche zu.

104 – *Während der Bestellungsdauer ist eine Abberufung des Verwalters ausgeschlossen.*

Die vorstehende Regelung ist nichtig, weil eine **Abberufung aus wichtigem Grund** gem. §§ 314, 626 BGB nicht ausgeschlossen werden kann.[26]

– *Das Verwalterhonorar schuldet jeder Wohnungseigentümer i. H. v. 35,– EUR je Monat.*

Das **Verwalterhonorar** kann je Wohnung bemessen werden. Allerdings richtet sich der Verteilungsschlüssel nach der Gemeinschaftsordnung. Sieht diese vor, dass die Kosten nach Miteigentumsanteilen verteilt werden, kann hiervon durch Verwaltervertrag nicht abgewichen werden. Allerdings lässt § 16 Abs. 3 WEG n. F. einen Mehrheitsbeschluss zu, wonach das Verwalterhonorar zukünftig auf alle Wohnungen gleichermaßen verteilt wird.

105 – *Die Wohnungseigentümer verpflichten sich, dem Verwalter für das Wohngeld eine Einzugsermächtigung zu erteilen. Nimmt ein Wohnungseigentümer an dem Last-*

---

[24] OLG Düsseldorf ZMR 2002, 854.
[25] S. oben VII. 2. u. 3.
[26] Allgemeine Meinung: BGH ZIP 1986, 920 = NJW 1986, 3134; BB 1973, 819; *Heinrichs* in Palandt, BGB, § 314 Rdn. 3; *Hohloch* in Erman, BGB, § 314 Rdn. 3.

X. Der Verwaltervertrag

schriftverfahren nicht teil, zahlt er zum Ausgleich des für den Verwalter hiermit verbundenen Mehraufwands ein Zusatzhonorar i. H. v. 2,50 € je Monat.

Verwalter vereinbaren sehr häufig, dass die Wohnungseigentümer, die nicht am **Lastschrifteinzugsverfahren** teilnehmen wollen, hierfür ein zusätzliches Entgelt an den Verwalter zu zahlen haben, weil sie diesem einen Mehraufwand verursachen.

Hierbei sind drei Fragen zu unterscheiden:

1. *Kann die Eigentümergemeinschaft den einzelnen Wohnungseigentümer durch Beschluss oder Verwaltervertrag verpflichten, eine Einzugsermächtigung zu erteilen?*
2. *Kann die Eigentümergemeinschaft wirksam durch Beschluss die Teilnahme am Lastschriftverfahren durch Festlegung eines zusätzlichen Entgelts bei Nichtteilnahme erzwingen?*
3. *Kann der Verwalter im Verwaltervertrag sich wirksam ein Zusatzhonorar ausbedingen, wenn einzelne Wohnungseigentümer nicht am Lastschriftverfahren teilnehmen?*

Unbedenklich ist die dritte Frage zu bejahen. Der Verwalter kann eine solche Regelung im Verwaltervertrag vereinbaren. Fraglich ist, ob er dann wiederum im Rahmen der Jahresabrechnung den einzelnen Wohnungseigentümer, der diesen Mehraufwand verursacht hat, belasten kann. Dies setzt voraus, dass die Wohnungseigentümer die Einführung des Lastschriftverfahrens beschließen können. Dies wurde in der Rechtsprechung schon vor der WEG-Novelle bejaht.[27] Der Senat prüfte in dieser Entscheidung, ob die Teilnahme am Lastschriftverfahren für den einzelnen Wohnungseigentümer mit besonderen Risiken verbunden sei. Da dies im Ergebnis zu verneinen sei, bestünden auch keine Bedenken gegen einen entsprechenden Verpflichtungsbeschluss. Dabei wurde jedoch übersehen, dass die Wohnungseigentümer nach § 23 Abs. 1 WEG lediglich berufen sind, die Angelegenheiten in Beschlussform zu regeln, über die sie nach diesem Gesetz oder nach einer Vereinbarung der Wohnungseigentümer durch Beschluss entscheiden können. Eine gesetzliche Regelung, dass die Wohnungseigentümer über ein Lastschriftverfahren entscheiden können, existierte bis zur WEG-Novelle jedoch nicht. Die Beschlusskompetenz fehlte daher, weil die Entscheidung, ob ein einzelner Wohnungseigentümer am Lastschriftverfahren teilnehmen will, eine persönliche ist. Es handelt sich nicht um eine gemeinschaftsbezogene Angelegenheit. Wem ein Wohnungseigentümer Zugang zu seinem Konto einräumt, war seiner persönlichen Entscheidung überlassen. Die Wohnungseigentümer konnten sich nicht per Mehrheitsbeschluss Zugang zum persönlichen Bankkonto des einzelnen Wohnungseigentümers verschaffen.

Diese Auffassung ist durch die WEG-Novelle nicht mehr haltbar. Nach § 21 Abs. 7 WEG n. F. können die Wohnungseigentümer mit Stimmenmehrheit über die Art und Weise der Wohngeldzahlung beschließen. Die Beschlusskompetenz wird damit ausdrücklich geschaffen. Somit können sie auch das Lastschriftverfahren per Beschluss einführen und sich sperrende Wohnungseigentümer mit einem zusätzlichen Entgelt beugen. Dieses Zusatzentgelt muss der

---

[27] OLG Hamm MietRB 2005, 325 = OLGReport Hamm 2005, 421; BayObLG ZWE 2002, 581; OLG Hamburg ZMR 2002, 961.

betreffende Wohnungseigentümer aber nur dann zahlen, wenn die Wohnungseigentümer gem. § 21 Abs. 7 WEG n. F. die Kostenverteilung nach Verursachung beschließen. Dieser notwendige Beschluss kann aber nicht durch eine entsprechende Klausel im Verwaltervertrag ersetzt werden.

106 — *Über die Verwendung des Wohngeldes rechnet der Verwalter jährlich nach Ablauf des Wirtschaftsjahres ab. Die Abrechnungspflicht folgt aus § 28 Abs. 3 WEG.*

Insoweit ist die Klausel überflüssig. Sie ist unwirksam, als sie vom **Wirtschaftsjahr** spricht. Nach § 28 Abs. 1 u. 3 WEG ist das Kalenderjahr zwingend maßgebend.

107 — *Ist die Eigentümerversammlung nicht beschlussfähig, lädt der Verwalter für den gleichen Abend, 30 Minuten später, zu einer Wiederholungsversammlung ein, die auf jeden Fall beschlussfähig ist.*

Eine sog. **Eventualeinberufung** für den gleichen Abend ist nur zulässig, wenn dies in der Gemeinschaftsordnung so vorgesehen ist. Andernfalls verstößt eine solche Regelung gegen § 25 Abs. 4 WEG und ist nichtig.[28] Die **Einladungsfrist** zur Eigentümerversammlung kann durch Verwaltervertrag gegenüber der gesetzlichen Regelung bzw. einer anders lautenden Regelung in der Gemeinschaftsordnung verlängert aber nicht verkürzt werden.

108 Nach Sauren[29] sind auch folgende Regelungen im Verwaltervertrag nichtig, weil sie die gesetzlichen Kompetenzen der Wohnungseigentümer einschränken:
— *die Aufstellung der Hausordnung durch den Verwalter (ohne Beschluss);*
— *Genehmigung von Nutzungsregeln bzw. Festlegung von Art und Weise der Nutzung des gemeinschaftlichen Eigentums;*
— *das Recht des Verwalters, auch ohne Aufstellung eines Wirtschaftsplans Vorschüsse verlangen zu können;*
— *die Genehmigung der Einzelabrechnung, wenn nicht innerhalb von drei Wochen schriftlich Widerspruch erhoben wird;*
— *mehrere Eigentümer, denen ein Wohnungseigentum gemeinsam zusteht, haben einen Bevollmächtigten und einen Zustellungsbevollmächtigten zu bestellen und dem Verwalter zu benennen, andernfalls kann eine Wahrnehmung der Eigentumsrechte innerhalb und außerhalb der Versammlung nicht erfolgen.*

109 Fraglich ist aber, ob der Verwaltervertrag teilweise unwirksam wird, wenn er die Befugnisse des Verwalters gem. § 27 WEG ausdehnt oder einschränkt. Die **Erweiterung der gesetzlichen Aufgaben** des Verwalters setzt eine Vereinbarung aller Wohnungseigentümer voraus. Es können nicht durch bloßen Mehrheitsbeschluss dem Verwalter Aufgaben übertragen werden, die grundsätzlich in die Beschlusskompetenz der Wohnungseigentümerversammlung fallen oder gar in Rechte des Sondereigentümers eingreifen. Allerdings sieht das Gesetz Aufgaben vor, die dem Verwalter nicht zwingend übertragen werden müssen. So können die Wohnungseigentümer davon absehen, den Verwalter zu bevollmächtigen, Ansprüche gerichtlich und außergerichtlich geltend machen zu können, § 27 Abs. 2 Nr. 3 WEG. Auch können die sonstigen Rechtsgeschäfte

---

[28] OLG Köln NJW-RR 1990, 26 = WE 1990, 53; *Wenzel*, ZWE 2001, 226, 236; *v. Rechenberg*, WE 2001, 94; *Riecke* in KK-WEG, § 24 Rdn. 64.
[29] Wohnungseigentumsgesetz, § 26 Rdn. 20 u. V. a. LG Lübeck.

X. Der Verwaltervertrag

i. S. v. § 27 Abs. 3 Nr. 7 WEG n. F. im Verwaltervertrag definiert werden. Im Übrigen können die **Rechte** des Verwalters gem. § 27 Abs. 4 WEG nicht durch Vereinbarung und somit erst recht **nicht** durch Beschluss **eingeschränkt** werden.

bb) AGB-widrige Regelungen. Da die Verwalterverträge i. d. R. nicht im Einzelfall frei ausgehandelt werden, sondern vom Verwalter für eine Vielzahl von Eigentümergemeinschaften vorformuliert sind, unterliegen sie der Kontrolle der §§ 305 ff. BGB. Die wesentlichen Klauselverbote im Vertrag des WEG-Verwalters beziehen sich auf Haftungseinschränkungen und Vergütungsregelungen.

Nach § 309 Nr. 7 a) BGB kann die Haftung für Schäden aus der Verletzung des Lebens, des Körpers oder der Gesundheit nicht beschränkt werden. Demgegenüber ist die **Haftungsbeschränkung** für Vermögensschäden nach § 309 Nr. 7 b) BGB grundsätzlich für fahrlässiges Handeln möglich. Der Haftungsausschluss für einfache Fahrlässigkeit ist dann jedoch unwirksam, wenn er sog. **Kardinalpflichten** betrifft, d. h., dass die einfache Pflichtverletzung (Fahrlässigkeit) der Erreichung des Vertragszwecks entgegensteht.[30] Die Unzulässigkeit der Klausel folgt dann aus § 307 BGB, da sie die Wohnungseigentümer unangemessen benachteiligt. Nach Gottschalg[31] ist die höhenmäßige Haftungsbeschränkung bei **fahrlässiger Schadensverursachung** in WEG-Verwalterverträgen unzulässig. Diese Klauseln sind deshalb unwirksam, weil sie zwischen der uneinschränkbaren Haftung für Personenschäden und der grundsätzlich einschränkbaren Haftung für Vermögensschäden nicht differenzieren. Dies führt zu einer Gesamtunwirksamkeit der Klauseln im Interesse eines wirksamen Verbraucherschutzes.[32] Die Kardinalpflichten des WEG-Verwalters sind in §§ 27 und 28 WEG geregelt. Hinsichtlich dieser Pflichten ist eine Einschränkung der Haftung auch bei leichter Fahrlässigkeit nicht möglich. Andernfalls wäre der Verwalter nicht zur Erneuerung seiner Abrechnung verpflichtet, wenn seine Abrechnungsfehler auf Fahrlässigkeit beruhen würden. Ebenso müsste der Verwalter Beschlüsse der Wohnungseigentümer nicht umsetzen, wenn es zu seiner Untätigkeit nur durch fahrlässiges Handeln käme.

Entsprechend kann der Verwalter die Verjährungsfrist für vorsätzliches Handeln in Allgemeinen Geschäftsbedingungen nicht wirksam abkürzen.[32a] Eine unwirksame Abkürzung der Verjährungsfrist stellt es auch dar, wenn die Verjährung nicht mit Kenntnis der geschädigten Eigentümer vom schädigenden Ereignis beginnt, sondern mit Entstehen des Anspruchs. Eine solche Klausel verstößt gegen §§ 202 Abs. 1, 199 Abs. 1 BGB.

Die ordnungsgemäße **Einladung** zur Eigentümerversammlung setzt voraus, dass die Einladung allen Wohnungseigentümern **zugeht.** Kommt die Einladung als unzustellbar zurück, muss der Verwalter eigene Anstrengungen unternehmen, die aktuelle Adresse herauszufinden. Lediglich durch Vereinbarung kann bestimmt werden, dass die Absendung an die letzte bekannte Adresse ge-

---

[30] *Becker* in Bamberger/Roth, § 309 Nr. 7 BGB Rdn. 17.
[31] MietRB 2004, 183, 184.
[32] *Gottschalg*, MietRB 2004, 183, 185; *Roloff* in Erman vor §§ 307–309 BGB Rdn. 16.
[32a] OLG München MietRB 2007, 12.

nügt. Eine solche Regelung im Verwaltervertrag verstößt gegen § 308 Nr. 6 BGB.[33]

Beispiel: Für die Einladung zur Eigentümerversammlung genügt es, wenn die Einladung an die letzte dem Verwalter bekannt gegebene Adresse versandt wird.

AGB-widrige Klauseln werden häufig im Zusammenhang mit Vergütungsabsprachen verwendet. Diese Problematik ist unten unter Ziff. 5. dargestellt.

112 AGB-widrig ist nicht die Regelung, dass der Verwaltervertrag eine Laufzeit bis zu 5 Jahren hat. § 26 Abs. 1 S. 2 WEG ist nicht durch das später in Kraft getretene Klauselverbot des § 11 Nr. 12a) AGBG oder den heutigen § 309 Nr. 9 BGB verdrängt worden. Der Verwaltervertrag darf somit länger als zwei Jahre, nicht jedoch länger als fünf Jahre abgeschlossen werden.[34]

113 **c) Kompetenzdefinierende Klauseln.** Im Verwaltervertrag können, sofern die Gemeinschaftsordnung keine anderslautende Regelung enthält, auch Kompetenzen für den Verwalter definiert werden, um seine Handlungsfähigkeit zu erhöhen.

So kann nach der gesetzlichen Regelung des § 27 Abs. 3 Nr. 7 WEG n. F. der Verwalter die Eigentümergemeinschaft in einer **Wohngeldklage** nur aktiv vertreten, wenn er hierzu bevollmächtigt wurde. Damit der Verwalter möglichst schnell rückständige Wohngelder einklagen kann und nicht auf eine zuvor einzuholende Bevollmächtigung angewiesen ist, sollte im Verwaltervertrag wie folgt formuliert werden:

– *Der Verwalter ist berechtigt, rückständiges Wohngeld im eigenen Namen oder im Namen der Eigentümergemeinschaft einzuklagen und hierzu einen Rechtsanwalt zu beauftragen.*[35]

114 Beauftragt dann der Verwalter einen Rechtsanwalt und fordert dieser einen **Kostenvorschuss** an, ist im Hinblick auf § 16 Abs. 8 WEG n. F. nicht frei von Zweifeln, ob der Verwalter diese Vorschüsse vom Konto der Eigentümergemeinschaft entnehmen darf. § 16 Abs. 8 WEG n. F. regelt, dass Kosten eines Rechtsstreits gem. § 43 WEG nur dann zu den Kosten der Verwaltung im Sinne von § 16 Abs. 2 WEG gehören, wenn es sich um Mehrkosten gegenüber der gesetzlichen Vergütung eines Rechtsanwalts aufgrund einer entsprechenden Vereinbarung handelt. In der Grundaussage will der Gesetzgeber an die frühere Regelung des § 16 Abs. 5 WEG a. F. anknüpfen. Danach sind Kosten eines Rechtsstreits nach § 43 WEG von den Streitparteien in dem Verhältnis zu tragen, wie es im Urteilstenor festgelegt wurde. Die gerichtliche Entscheidung ist maßgebend und nicht der vereinbarte Verteilungsschlüssel. Weil es sich somit nicht um Kosten der laufenden Verwaltung im Sinne von § 16 Abs. 2 WEG handelt, stellt sich die Frage, ob der Verwalter Gerichts- und Anwaltskosten überhaupt vom Konto der Gemeinschaft bezahlen und insbesondere bevorschussen darf. Hierzu lässt sich die Auffassung vertreten, dass § 16 Abs. 8 WEG n. F. nicht den Geldmittelabfluss vom Konto der Gemeinschaft untersagt, son-

---

[33] BayObLG WE 1991, 295; *Sauren*, Wohnungseigentumsgesetz, § 24 Rdn. 16; *Bub* in Staudinger, BGB, § 24 WEG Rdn. 17a.
[34] Vgl. hierzu auch BGH NZM 2002, 788 = NJW 2002, 3240.
[35] S. hierzu auch unten X. 5. b) Rdn. 132 ff.

X. Der Verwaltervertrag

dern nur eine Kostenverteilungsregelung unter Berücksichtigung des Urteilstenors trifft.[36] Klarstellend könnte für den Verwalter im Verwaltervertrag formuliert werden:

– *Im Hinblick auf § 16 Abs. 8 WEG ist der Verwalter berechtigt, die Kosten für Verfahren nach § 43 WEG einschließlich ihrer Vorschüsse dem Konto der Eigentümergemeinschaft zu entnehmen.*

Nach § 27 Abs. 3 Nr. 7 WEG n.F. bedürfen alle sonstigen Rechtsgeschäfte und Rechtshandlungen des Verwalters für die Eigentümergemeinschaft einer Vereinbarung oder Beschlussfassung der Wohnungseigentümer. Damit kann der Verwalter ohne besondere Bevollmächtigung nicht einmal die **Grundversorgung** des Objektes sicher stellen. Es macht aber keinen Sinn, wenn der Verwalter vor der notwendigen Ölbestellung zunächst eine Eigentümerversammlung einberufen müsste. Um aus diesem Konfliktpotenzial herauszukommen, ließe sich im Verwaltervertrag folgende Handlungsvollmacht definieren:

– *Der Verwalter ist bevollmächtigt, die Versorgung des Hauses mit Energie sicherzustellen. Er darf den Öltank ohne Beschluss der Eigentümerversammlung betanken lassen, wenn er zuvor drei Angebote einholt und den Lieferauftrag an den günstigsten Anbieter erteilt. Für Strom- oder Gasversorgung ist der Verwalter berechtigt, die Erstversorgung sicherzustellen. Er darf hierzu Versorgungsverträge mit einer Laufzeit von maximal einem Jahr abschließen. Er hat sich zuvor zu vergewissern, dass die angebotenen Preise marktüblich sind. Eine längere Bindung als ein Jahr an einen Versorger darf der Verwalter nur nach entsprechender Beschlussfassung der Eigentümerversammlung eingehen.*

Unter gleichen Gesichtspunkten ließe sich auch eine Art **Kleinreparaturregelung** treffen. Nach § 27 Abs. 3 Nr. 3 WEG n.F. darf der Verwalter ohne Beschluss der Eigentümerversammlung nur Instandhaltungs- und Instandsetzungsmaßnahmen in Auftrag geben, die eine laufende und erforderliche Maßnahme darstellen. Um dem Verwalter außerhalb der Eigentümerversammlungen einen größeren Handlungsspielraum zu geben, ließe sich wie folgt formulieren:

– *Der Verwalter ist berechtigt, Reparaturarbeiten (Instandsetzungen) bis zu einem Wert von 3.000,00 EUR je Einzelfall ohne Beschlussfassung der Eigentümerversammlung in Auftrag zu geben, selbst wenn es sich bei dieser Reparatur nicht um eine laufende Maßnahme handeln sollte.*

Diese Klausel würde den Verwalter bei Kleinreparaturen von dem Bewertungsrisiko befreien, entscheiden zu müssen, ob es sich um eine laufende Maßnahme der erforderlichen ordnungsmäßigen Instandhaltung i.S.v. § 27 Abs. 3 Nr. 3 WEG n.F. handelt. Zu berücksichtigen ist allerdings, dass die Wertgrenze von der Größe des Objektes abhängig ist. Eine Wertgrenze von 3.000,00 EUR je Einzelfall dürfte mittelgroßen Objekten entsprechen.

In der Regel entspricht es ordnungsmäßiger Verwaltung, einen **Hausmeister** für das Objekt zu bestellen. Dennoch ist zweifelhaft, ob es sich bei der Einstellung eines Hausmeisters um eine laufende Maßnahme der erforderlichen ordnungsmäßigen Instandhaltung gem. § 27 Abs. 3 Nr. 3 WEG n.F. handelt.

---

[36] Vgl. hierzu auch *Jennißen*, Verwalterabrechnung, S. 38 ff.

Bejaht man dies, wäre eine solche Maßnahme nicht von der Beschlussfassung der Wohnungseigentümer abhängig. Da aber der Hausmeister nicht zwingend im Bereich der ordnungsmäßigen Instandhaltung tätig ist, lässt sich die Einstellung eines Hausmeisters eher als sonstiges Rechtsgeschäft und Rechtshandlung im Sinne des § 27 Abs. 3 Nr. 7 WEG ansehen, die der Verwalter nur nach entsprechender Beschlussfassung durch die Wohnungseigentümer vornehmen kann. Geht man hiervon aus, wird der Hausmeister, sofern er nicht über ein selbstständiges Unternehmen verfügt, Angestellter der Eigentümergemeinschaft. Dem Verwalter ist auf jeden Fall zu empfehlen, über das „Ob" einer Hausmeisterbestellung und die Art und Weise seiner Anstellung einschließlich Vergütung beschließen zu lassen. Sinnvoll ist aber eine Bevollmächtigung des Verwalters, die ihm das Auswahlermessen und die vertragliche Gestaltung überlässt. Zur vertraglichen Gestaltung kann auch die Festlegung des genauen Aufgabenkreises gehören (siehe auch unten XI). Hierzu könnte im Verwaltervertrag wie folgt formuliert werden:

– *Beschließt die Eigentümerversammlung die Beschäftigung eines Hausmeisters als Angestellter oder Selbstständiger und legt hierzu den Vergütungsrahmen fest, ist der Verwalter bevollmächtigt, die Person des Hausmeisters auszuwählen, den weiteren Vertrag mit ihm auszuhandeln und insbesondere den Pflichtenkatalog bzw. das Leistungsverzeichnis festzulegen.*

d) Eigentümergünstige Klauseln. Die Eigentümergemeinschaft kann den Verwaltervertrag für sich günstig gestalten und den Pflichtenkreis des Verwalters ausdehnen bzw. konkretisieren.

117 Günstig für die Eigentümergemeinschaft dürfte es i. d. R. sein, den Verwalter nicht für die max. **Bestellungsdauer** von fünf Jahren, sondern beispielsweise nur für zwei Jahre zu bestellen. Der Verwalter muss sich dann alle zwei Jahre neu bewerben bzw. die Wohnungseigentümer immer wieder neu von seiner Leistungsfähigkeit überzeugen. Dies führt zu gesteigerten Anstrengungen des Verwalters und ermöglicht der Wohnungseigentümergemeinschaft die schnellere Trennung von einem unzureichend arbeitenden Verwalter. Die Bestellung auf unbestimmte Zeit, die dies ebenso beinhalten würde, wird selten von den Verwaltern akzeptiert, da diese keine Planungssicherheit erhalten würden. Die zweijährige Dauer stellt daher eine sinnvolle Kompromisslösung dar.

118 Aus Sicht der Wohnungseigentümergemeinschaft sollte die Verwalterbestellung nicht mit dem 31. 12. eines **Kalenderjahres** enden, da im Falle der Abwahl des Verwalters dieser dann für das zurückliegende Kalenderjahr die Jahresabrechnung nicht mehr aufstellen müsste. Nach herrschender Meinung hat derjenige die Jahresabrechnung zu erstellen, der zu Beginn des neuen Jahres Verwalter ist, da die Jahresabrechnung für das zurückliegende Jahr frühestens zum 1. 1. des Folgejahres fällig wird.[37] Um dieses Problem zu umgehen, sollte die Verwalterbestellung stets bis zum 31. 1. terminiert werden. Dann muss der ausscheidende Verwalter noch für das zurückliegende Kalenderjahr abrechnen.

Für den Abberufungszeitpunkt ist es weiterhin wesentlich, wenn die Wohnungseigentümergemeinschaft bereits im Verwaltervertrag festlegt, dass der

---

[37] OLG Köln NJW 1986, 328; WuM 1998, 375; BayObLG ZWE 2002, 585; a. A. *Jennißen*, Verwalterabrechnung, XI. Rdn. 3; ebenso *Sauren*, ZMR 1985, 326.

X. Der Verwaltervertrag

Verwalter zum Abberufungszeitpunkt Rechnung zu legen und sämtliche Verwaltungsunterlagen an den neuen Verwalter herauszugeben hat. Eine solche vertragliche Regelung hätte zur Folge, dass die Wohnungseigentümergemeinschaft nicht erst den Rechnungslegungsbeschluss gem. § 28 Abs. 4 WEG treffen oder die Herausgabe durch Beschluss fordern muss.

119 Für die Wohnungseigentümergemeinschaft günstig ist auch die Festlegung des Zeitpunkts, bis wann der Verwalter die Jahresabrechnung aufzustellen und der Eigentümerversammlung vorzulegen hat. Beispielsweise könnte formuliert werden:

– *Der Verwalter hat die Jahresabrechnung bis spätestens 30. 6. des Folgejahres zu erstellen und der Eigentümerversammlung zur Beschlussfassung vorzulegen.*

Mit der vorstehenden Klausel korrespondiert auch die Festlegung, dass der Verwalter die ordentliche Eigentümerversammlung im ersten Halbjahr durchzuführen hat.

120 Die Wohnungseigentümergemeinschaft sollte im Verwaltervertrag **keine Entlastung** des Verwalters vorsehen bzw. diesem keinen Anspruch auf Entlastung zubilligen. Dann kann der Verwalter diese auch nicht einfordern.

121 Weiterhin ist es für die Eigentümergemeinschaft empfehlenswert, die Anzahl routinemäßiger Pflichtbegehungen des Objektes festzulegen. Davon bleiben Begehungen aus konkretem Instandhaltungsanlass unberührt.

Formulierungsbeispiel: Der Verwalter ist verpflichtet, das Verwaltungsobjekt regelmäßig, mindestens jedoch einmal im Quartal, zu begehen. Hierüber hat er ein Kontrollbuch zu führen. Zu den Begehungen ist der Beirat einzuladen.

122 Die Wohnungseigentümer und die Gemeinschaft können weiterhin daran interessiert sein, **die Haftung** des Verwalters auszudehnen und insbesondere die **Verjährungsfrist** von drei Jahren zu verlängern.

Formulierungsbeispiel: Schadensersatzansprüche der Wohnungseigentümer und der Gemeinschaft gegen den Verwalter verjähren in fünf Jahren.

122a Da nach hier vertretener Auffassung sowohl der rechtsfähige Verband als auch die Gesamtheit der Wohnungseigentümer Vertragspartner des Verwalters werden (s. o. Rdn. 94), sollten die Wohnungseigentümer für Honorarzahlungen an den Verwalter die Haftung beschränken. Dies kann unter Verweis auf § 10 Abs. 8 WEG n. F. mit folgender Formulierung erreicht werden:

– *Für die Zahlungsansprüche des Verwalters haften der Verband und die Wohnungseigentümer; die Haftung für letztere wird eingeschränkt gem. § 10 Abs. 8 WEG n. F. analog auf den quotalen Anteil.*

e) Verwaltergünstige Klauseln. Der Verwalter kann in seinem Vertrag Klauseln vorsehen, die ihm günstig sind und einer Inhaltskontrolle standhalten.

123 So kann der Verwalter vereinbaren, dass er Anspruch auf jährlich in der ordentlichen Eigentümerversammlung zu erteilende **Entlastung** hat, wenn keine Anhaltspunkte dafür bestehen, dass er die Verwaltung nicht ordnungsgemäß durchführte.[38] Wenn der Verwalter einen solchen Anspruch im Verwalterver-

---

[38] Siehe hierzu auch unten XII. Rdn. 339 ff.

trag nicht definiert, kann die Eigentümergemeinschaft grundlos einen Entlastungsbeschluss verweigern.[39] Im Verwaltervertrag ließe sich beispielsweise formulieren:

– *Der Verwalter hat Anspruch auf jährliche Entlastungserteilung, sofern keine Anhaltspunkte dafür bestehen, dass er seine Verwaltungsaufgaben nicht ordnungsgemäß erfüllt hat.*

124 Gem. § 202 Abs. 1 BGB kann die **Verjährungsfrist** abgekürzt werden, soweit Haftungtatbestände für fahrlässige Pflichtverletzungen in Betracht kommen. Die Regelverjährungsfrist beträgt drei Jahre. Die Verjährung kann nur bei Haftung wegen Vorsatzes nicht im Voraus durch Rechtsgeschäft erleichtert werden.[39a] Daher ließe sich formulieren:

– *Schadensersatzansprüche gegen den Verwalter wegen fahrlässiger Pflichtverletzungen verjähren in zwei Jahren mit Kenntnis des geschädigten Wohnungseigentümers vom schädigenden Ereignis.*

125 Will der Verwalter aus wichtigem Grund sein Verwalteramt vorzeitig **niederlegen,** wird überwiegend in Rechtsprechung und Literatur angenommen, dass er diese Niederlegungserklärung allen Wohnungseigentümern zustellen muss (s. hierzu unten XIII. 3. b). Der Verwalter kann dieses Problem im Verwaltervertrag lösen, indem er für seine Kündigungserklärung und die Niederlegung des Verwalteramts eine Zustellung seiner Erklärung an den jeweils amtierenden Verwaltungsbeirat für ausreichend vereinbart.

– *Die Kündigung des Verwaltervertrages durch den Verwalter oder seine Amtsniederlegung werden durch Zugang der Erklärung beim jeweils amtierenden Verwaltungsbeirat wirksam. Fehlt ein solcher, können die Erklärungen gegenüber einer beschlussfähigen Eigentümerversammlung abgegeben werden.*

126 Der Verwalter kann im Vertrag keine **Vertragsstrafe** wirksam vereinbaren. Dies würde gegen § 309 Nr. 6 BGB verstoßen. Allerdings lässt sich ein Schadensersatzanspruch nach § 309 Nr. 5 BGB pauschalieren. Dies kann für den Verwalter insbesondere dann relevant werden, wenn er für eine bestimmte Vertragslaufzeit bestellt ist und von den Wohnungseigentümern vorzeitig abberufen wird. Dann steht ihm ein **Schadensersatzanspruch** zu, wenn diese Abberufung unwirksam war. Die Unwirksamkeit muss allerdings der Verwalter gerichtlich feststellen lassen. Obsiegt er in einem solchen Gerichtsverfahren, kann ihm die nachfolgende Klausel für die Zeit, in der er an der Ausübung des Verwalteramts wegen des entgegenstehenden schwebend wirksamen Beschlusses gehindert war, seinen Schaden mit folgendem Wortlaut pauschalieren:

– *Ist der Verwaltervertrag für eine bestimmte Dauer abgeschlossen worden und kündigt die Eigentümergemeinschaft den Verwaltervertrag vorzeitig, ist die Eigentümergemeinschaft zum Schadensersatz verpflichtet, wenn durch Gerichtsurteil rechtskräftig festgestellt ist, dass die Kündigung seitens der Wohnungseigentümer unwirksam war. Für die Zeit, in der der Verwalter deshalb daran gehindert war, sein Verwalteramt auszuüben, steht ihm ein pauschalierter Schadensersatzanspruch i. H. v. 80% des für diese Zeit vereinbarten Honorars zu, sofern die Wohnungseigentümergemeinschaft nicht*

---

[39] BGH NJW 2003, 3124 = NZM 2003, 764 = ZMR 2003, 750.
[39a] OLG München MietRB 2007, 12.

X. Der Verwaltervertrag

nachweist, dass dem Verwalter kein oder nur ein wesentlich niedrigerer Schaden als in Höhe der Pauschale entstanden ist.

Die Höhe des pauschalierten Schadensersatzes von 80% dürfte nicht zu beanstanden sein, weil zum Teil die Gerichte auch ohne eine solche Regelung den eingetretenen Schaden in Höhe von 80% der vereinbarten Vergütung schätzen.[40]

5. Verwaltervergütung

a) Grundvergütungen. Hinsichtlich der **Angemessenheit** der Grundvergütung lassen sich nur geringe allgemein verbindliche Aussagen treffen. Die Vergütungen sind von der Größe der Anlage abhängig. Zudem kalkulieren einige Verwalter geringere Grundvergütungen bei einem möglichst dichten Katalog von Zusatzvergütungen. Demgegenüber sind Verwalterhonorare klarer für die Wohnungseigentümer zu kalkulieren, wenn eine möglichst umfassende Grundvergütung vereinbart wird. Es bestehen regionale Unterschiede bei den Verwaltervergütungen.[41] Beispielsweise liegen die nach einer Studie ermittelten Durchschnittsvergütungen im Westen Deutschlands

bis 10 Wohneinheiten bei ca.	21,50 EUR
bis 29 Einheiten bei ca.	18,00 EUR
bis 49 Einheiten bei ca.	17,30 EUR
bis 99 Einheiten bei ca.	15,90 EUR
ab 100 Einheiten bei ca.	15,30 EUR.

Alle vorstehenden Vergütungssätze verstehen sich zzgl. MWSt. Garagen werden hingegen durchschnittlich mit 2,50 EUR zzgl. MWSt. vergütet.

Demgegenüber liegen die ermittelten Durchschnittssätze im Norden Deutschlands bei:

bis 10 Wohneinheiten bei ca.	17,63 EUR
bis 29 Einheiten bei ca.	16,17 EUR
bis 49 Einheiten bei ca.	15,68 EUR
bis 99 Einheiten bei ca.	14,81 EUR
ab 100 Einheiten bei ca.	14,59 EUR.[42]

Den Wohnungseigentümern steht bei der Vereinbarung des künftigen Verwalterhonorars ein Ermessensspielraum zu. Nach Auffassung des AG Halle-Saalkreis[43] entspricht ein Beschluss über das Verwalterhonorar dann noch ordnungsmäßiger Verwaltung, wenn das Honorar nicht mehr als 10% von Vergleichsangeboten abweicht. Hierbei sei ggf. ein Aufschlag zu berücksichtigen, wenn es sich um eine besonders schwierige und streitliebende Eigentümergemeinschaft handele. Diese Auffassung ist allerdings nicht überzeugend. Die Wohnungseigentümer sind nicht verpflichtet, den billigsten Anbieter zu wäh-

---

[40] OLG Hamburg ZMR 2005, 974; OLG Köln DWE 1994, 110.
[41] Vgl. hierzu „Verwaltervergütungen in Deutschland", Studie 2004, Bundesfachverband Wohnungs- und Immobilienverwalter e. V., Bundesverband freier Immobilien- und Wohnungsunternehmen e. V., Ring Deutscher Makler e. V. und Dachverband Deutscher Immobilienverwalter e. V.
[42] S. Fn. 41.
[43] ZMR 2006, 481, 482.

len. Insbesondere bei der Wiederwahl des Verwalters können die Wohnungseigentümer die besonders guten Leistungen des Verwalters durch eine deutliche Honorarerhöhung honorieren wollen. Preise sind in der Marktwirtschaft das Ergebnis von Angebot und Nachfrage. Die Gerichte sind nicht berufen, in diese Preisgestaltung reglementierend einzugreifen. Ausnahmen hiervon stellen die Tatbestände des Wuchers und der **Sittenwidrigkeit** gem. § 138 BGB dar. Diese Tatbestände führen zur Nichtigkeit der Honorarvereinbarung. Wucher liegt aber erst dann vor, wenn das übliche Honorar etwa zu 100% überschritten wird[44]. Bei Überschreitung von Vergleichsangeboten beispielsweise im Bereich von unter 50% besteht keine Veranlassung, diese einer gerichtlichen Prüfung zu unterziehen. Die Gerichte müssten einen entsprechenden Antrag abweisen, weil auch im Wohnungseigentumsrecht nicht erkennbar ist, warum die Wohnungseigentümer per Mehrheitsbeschluss nicht das Honorar festlegen können, ohne dass dies einer gerichtlichen Prüfung unterliegt. Die Mitglieder einer Wohnungseigentümergemeinschaft sind nicht schutzwürdiger als andere Personen. Es stellt daher eine Fehlentwicklung dar, wenn Gerichte, ohne dass ein Anhaltspunkt für einen Wuchertatbestand vorliegt, auf entsprechende Anträge hin, das vereinbarte Honorar überprüfen. Dabei ist auch zu berücksichtigen, dass die Vorschrift des § 138 BGB das Ausnutzen der schwächeren Lage eines Kunden unterbinden will[45]. Es ist aber nicht erkennbar, warum von einer schwächeren Lage der Eigentümergemeinschaft gegenüber dem Verwalter ausgegangen werden sollte.

Der Verwalter kann nicht wirksam vereinbaren, dass er einseitig die Vergütung erhöhen darf.

Beispiel: Sobald der Arbeitsaufwand dem Verwalter in der Folgezeit höhere Kosten verursacht, setzt der Verwalter die Gebühr nach den Grundsätzen der §§ 315 ff. BGB neu fest.

Hierbei handelt es sich um eine **überraschende Klausel,** die unwirksam ist. Zudem ist die Klausel unbestimmt, da die Kosten und der Bezugswert für die Bemessung der Steigerung nicht definiert werden. Soll die Vergütung des Verwalters erhöht werden, muss dies mehrheitlich von den Wohnungseigentümern beschlossen werden.[46] Die daraus folgende Änderung des Verwaltervertrages kann konkludent erfolgen. Die Koppelung der Vergütung an einen **Preisindex** ist nicht generell ungültig. Die Preisanpassungsklausel hält aber dann einer Inhaltskontrolle gem. § 307 Abs. 1 BGB nicht stand, wenn sie nicht klar und verständlich formuliert ist.

Beispiel: Der Verwalter ist berechtigt, die Verwaltergebühren jährlich höchstens einmal der Verwaltungskostenentwicklung anzupassen.

Die Klausel ist unwirksam, da es keine „Verwaltungskostenentwicklung" gibt.[47]

---

[44] *Heinrichs* in Palandt, BGB, § 138 Rdn. 34a m.w.N.
[45] Vgl. zum Kreditrecht BGH NJW 1995, 1022.
[46] OLG Düsseldorf ZMR 2005, 468 = NZM 2005, 628.
[47] OLG Düsseldorf ebenda.

X. Der Verwaltervertrag

Der Verwalter kann eine Erhöhung seines Honorars auch nicht durch Einstellung eines erhöhten Kostenansatzes im **Wirtschaftsplan** herbeiführen. Dies gilt auch dann, wenn der Wirtschaftsplan unangefochten blieb.[48]

Auch wenn der Verwalter seine Vergütung im Verwaltervertrag pro Wohneinheit berechnet, führt dies nicht zu einer Änderung des **Verteilungsschlüssels**.[49] Der Verwaltervertrag legt die Vergütungshöhe fest. Eine wohnungseigentumsrechtliche Vereinbarung zur Abänderung stellt der Vertrag nicht dar. Ein Vertrag mit einem Dritten, auch wenn es sich um das Organ der Gemeinschaft handelt, kann nicht zu einer Abänderung des Verteilungsschlüssels führen.

130

Die **Fälligkeit** der Vergütung kann im Verwaltervertrag wirksam vereinbart werden.

131

b) Zulässige Sondervergütungen. Hinsichtlich etwaiger Sondervergütungen bringt die Novelle die Klarstellung, dass die Wohnungseigentümer über die Kosten für einen besonderen Verwalteraufwand mit Stimmenmehrheit beschließen können, § 21 Abs. 7 WEG n. F. Dies heißt aber nicht ohne Weiteres, dass der Verwalter diesen Beschluss durch beliebige Regelungen im Verwaltervertrag umgehen kann. Es bleibt daher zu differenzieren.

132

Vergütungsregelungen halten dann der AGB-Kontrolle nicht stand, wenn der Verwalter sich Sondervergütungen für Leistungen versprechen lässt, die zu seinem **normalen Pflichtenkatalog** gehören. Die Grundpflichten eines jeden WEG-Verwalters können nicht von der Zahlung von Sondervergütungen abhängig gemacht werden.

So sind Sondervergütungen insbesondere im Bereich ordnungsmäßiger Instandhaltung und Instandsetzung des gemeinschaftlichen Eigentums kritisch zu werten. Der Verwalter ist nach § 27 Abs. 1 Nr. 2 WEG n. F. zur ordnungsmäßigen Instandhaltung und Instandsetzung verpflichtet. Diese Tätigkeiten sind somit von seiner gesetzlichen Aufgabenstellung umfasst und müssen daher mit seiner Grundvergütung abgegolten sein.[50] Eine Zusatzvergütung wird in diesem Zusammenhang nur dann wirksam vereinbar sein, wenn sie auch mit zusätzlichen Leistungen verbunden ist. Solche zusätzlichen Leistungen sind denkbar, wenn der WEG-Verwalter über weitere Kompetenzen verfügt, die von einem durchschnittlichen Verwalter nicht erwartet werden können. Hier ist an **Ingenieur- oder Architektenleistungen** des Verwalters zu denken, der über eine entsprechende Ausbildung verfügt. Aber auch in diesem Fall wird die Klausel häufig an der notwendigen Transparenz scheitern. Kleinere Instandhaltungs- und Instandsetzungsmaßnahmen dürfen diese Zusatzvergütung nicht auslösen. Auch sagt der kostenmäßige Umfang der Maßnahme wenig über den **Schwierigkeitsgrad** und die Notwendigkeit des Einsatzes speziellen Know-hows aus.

Hingegen ist die Sondervergütung für die **Ausschreibung und Überwachung von Instandsetzungsmaßnahmen** nicht schon deshalb unwirksam, weil sie in Relation zu den Aufwendungen gesetzt wird. Das Argument, der Verwalter habe dann ein Interesse daran, dass die Maßnahme möglichst teu-

133

---

[48] LG Mainz ZMR 2005, 153.
[49] BayObLG ZMR 2004, 358.
[50] So auch *Gottschalg,* MietRB 2004, 183, 186.

er würde, verfängt nicht. Hierbei ist zu berücksichtigen, dass nicht der Verwalter, sondern die Wohnungseigentümer über die Auftragsvergabe entscheiden. Die Wohnungseigentümer können somit eine Ausschreibung der Maßnahme genauso verlangen, wie die Beauftragung eines externen Sonderfachmanns. Dann ist für eine Sondervergütung des Verwalters kein Raum, da er die Zusatzleistungen nicht erbringt. Zudem ist die Relation von Vergütungshöhe zur Auftragshöhe auch in anderen Rechtsgebieten nicht unbekannt, sondern sogar gesetzlich normiert (z. B. das Honorar für den Architekten oder den Rechtsanwalt).

134 Grundsätzlich ist es zulässig, dass sich der Verwalter eine Zusatzvergütung ausloben lässt, wenn er mehr als eine **Eigentümerversammlung** pro Jahr durchführt. Voraussetzung für die Wirksamkeit einer solchen Klausel ist aber, dass die zweite oder jede weitere Versammlung nicht vom Verwalter verursacht ist. Es muss sich somit um eine Eigentümerversammlung handeln, die dringend notwendig ist oder von den Wohnungseigentümern gefordert wird, ohne dass sie vom Verwalter schuldhaft verursacht wurde.[51]

– *Formulierungsbeispiel: Ab der zweiten Eigentümerversammlung pro Kalenderjahr erhält der Verwalter für Vorbereitung, Einberufung und Durchführung der Versammlung ein Zusatzhonorar i. H. v. pauschal 500,– EUR zzgl. MWSt.,[52] sofern die Versammlung nicht schuldhaft von ihm verursacht wurde.*

135 Der Verwalter kann sich für die rechtliche **Geltendmachung von Wohngeldrückständen** und Abrechnungsspitzen eine pauschalierte Aufwandsentschädigung im Verwaltervertrag zusichern lassen. Das Honorar muss verhältnismäßig sein, was bei 100,– EUR zzgl. MWSt. noch anzunehmen ist. Auch die Vereinbarung eines Zeithonorars ist zulässig, wobei ein Zeithonorar von 130,– EUR pro Stunde für den Geschäftsführer einer Verwaltungsgesellschaft als zu hoch angesehen wurde.[52a] Macht der Verwalter für die Wohnungseigentümer oder den Verband gerichtliche Ansprüche geltend, zu denen er durch Beschluss beauftragt wurde, kann er Kostenerstattung nach den Sätzen der BRAGO (heute RVG) vereinbaren.[52b] Dieses Zusatzhonorar ist von der Eigentümergemeinschaft an den Verwalter zu zahlen, weil der Verwalter nur der Gemeinschaft gegenüber Vergütungsansprüche besitzt. Die Gemeinschaft kann dann wiederum beim säumigen Wohnungseigentümer Regress nehmen.[53]

Die Aufwandsentschädigung darf aber nicht dazu Anlass geben, jede rückständige Wohngeldsumme geltend machen zu können. Andernfalls würde der Verwalter je Monat einen Rechtsanwalt mit der Beitreibung beauftragen und hierdurch die Kosten in die Höhe treiben. Die Aufwandsentschädigung des Verwalters könnte dann im Einzelfall höher sein als der Zahlungsrückstand. Daher kann eine wirksame Klausel beispielsweise wie folgt formuliert werden:

---

[51] So auch *Gottschalg,* MietRB 2004, 183, 186.
[52] Vgl. hierzu „Verwaltervergütungen in Deutschland", Studie 2004, Bundesfachverband Wohnungs- und Immobilienverwalter e. V., Bundesverband freier Immobilien- und Wohnungsunternehmen e. V., Ring Deutscher Makler e. V. und Dachverband Deutscher Immobilienverwalter e. V.
[52a] BayObLG NZM 2004, 587.
[52b] BayObLG ebenda.
[53] So auch AG Fürth ZMR 2004, 540, wonach eine Kostenpauschale von 300,– DM = 177,93 EUR zulässig sei.

X. Der Verwaltervertrag 136–138 A

— *Der Verwalter ist berechtigt, rückständige Wohngeldbeträge, Sonderumlagen und Abrechnungsspitzen durch einen Rechtsanwalt beitreiben zu lassen. Für die Information des Rechtsanwalts und die Überlassung der notwendigen Unterlagen hat der Verwalter Anspruch auf eine Sondervergütung i. H. v. 100,– EUR zzgl. MWSt., wenn der säumige Betrag sich auf mind. 600,– EUR beläuft. Die Eigentümergemeinschaft hat einen Rückforderungsanspruch, falls das Gericht den Zahlungsanspruch ganz oder teilweise zurückweist.*

Der Verwalter kann auch wirksam eine Sondervergütung für **Passivprozesse** vereinbaren. Dies galt nach Auffassung des LG Stuttgart[54] auch für **Beschlussanfechtungsverfahren** vor der WEG-Novelle. Mit der Novelle bestehen gegen diese Auffassung erst recht keine Bedenken mehr, da der Verwalter in § 27 Abs. 2 Nr. 2 WEG n. F. ausdrücklich legitimiert wird, solche Passivprozesse für die Wohnungseigentümer zu führen. Dann darf er sich grundsätzlich hierzu auch ein Sonderhonorar zubilligen lassen. Allerdings ist das Sonderhonorar dann nicht verdient, wenn der Verwalter selbst für den Rechtsstreit durch eine mangelhafte Beschlussfassung Anlass gegeben hat. In einem solchen Fall kann sich der Verwalter schadensersatzpflichtig gemacht haben und auf keinen Fall für seine Fehlleistung durch Zahlung eines Sonderhonorars noch belohnt werden. Der Verwalter könnte in seinem Vertrag für diesen Sachverhaltsbereich wie folgt formulieren: 136

— *Der Verwalter ist berechtigt, in einem Passivverfahren gem. § 43 Nr. 1 und 4 WEG einen Rechtsanwalt für die übrigen Wohnungseigentümer zu beauftragen. Für die Information des Rechtsanwalts und die Zurverfügungstellung von Unterlagen erhält der Verwalter ein Pauschalhonorar i. H. v. 250,– EUR zzgl. MWSt. sowie Erstattung der Kopierkosten gem. den Regelungen dieses Vertrages.*

Nach § 27 Abs. 2 Nr. 2 WEG n. F. könnte sich der Verwalter auch selbst beauftragen lassen, auf Passivseite tätig zu werden. Er bräuchte nicht einmal einen Rechtsanwalt einzuschalten. Der Wortlaut „ein Erkenntnisverfahren führen zu dürfen" belegt, dass der Verwalter dies auch unmittelbar erledigen darf. Allerdings ist dies nicht zu empfehlen, weil der Verwalter letztendlich seine **Neutralitätspflicht** verletzt. Vor der Gesetzesnovelle wäre aus diesem Gesichtspunkt sein Verhalten unzulässig gewesen, jetzt ist es nur nicht empfehlenswert. 137

Darüber hinaus kann der Verwalter sich eine Sondervergütung zubilligen lassen, wenn er säumige Wohnungseigentümer mahnt. Eine **Mahngebühr** i. H. v. 12,50 EUR zzgl. MWSt. je Mahnschreiben ist angemessen.[55] Diese Höhe entspricht auch dem aktuellen Branchendurchschnitt.[56] Die Klausel ist jedoch nur dann angemessen, wenn sie für jeden rückständigen Betrag nur einmal zum Einsatz kommt. Hierbei ist zu berücksichtigen, dass der Wohnungseigentümer bei mtl. fällig werdendem Wohngeld ohnehin spätestens mit Ablauf des Monats 138

---

[54] ZMR 2004, 216.
[55] Nach OLG Düsseldorf NZM 1999, 267 ist eine „Mahngebühr" von 25,– DM als zulässig angesehen worden.
[56] Vgl. „Verwaltervergütungen in Deutschland", Studie 2004, Bundesfachverband Wohnungs- und Immobilienverwalter e. V., Bundesverband freier Immobilien- und Wohnungsunternehmen e. V., Ring Deutscher Makler e. V. und Dachverband Deutscher Immobilienverwalter e. V.

in Verzug gerät. Ist das Wohngeld beispielsweise zum Dritten eines Monats fällig, tritt bereits dann Verzug ein. Die Mahnung ist nicht mehr verzugsauslösend. Dennoch wird eine Mahnung sinnvoll sein, um den säumigen Wohnungseigentümer vor Klageerhebung zu warnen. Andererseits soll ein reger Mahnverkehr dem Verwalter nicht die Möglichkeit eröffnen, eine Art zweites Honorar zu kassieren. So kann die Gebühr erst dann wieder ausgelöst werden, wenn eine weitere Mahnung wegen neuer Zahlungsrückstände notwendig wird.

139 Eine Zusatzvergütung für die Erstattung von **Porto-, Telefon- und Telefaxkosten** ist nur im Einzelfall wirksam vereinbar. Es zählt zu den **Kardinalpflichten** des Verwalters, beispielsweise die Jahresabrechnung zu erstellen und zu einer Eigentümerversammlung einzuladen. Beide Leistungen kann er nicht von der Erstattung von Porto- oder Kopierkosten abhängig machen. Etwas anderes gilt jedoch dann, wenn beispielsweise ein Wohnungseigentümer Kopien aus Verwaltungsunterlagen benötigt. Für solche klar umrissenen Fälle kann ein Zusatzhonorar wirksam vereinbart werden, da es sich auch um eine Zusatzleistung handelt. Gleiches ist denkbar, wenn der Verwalter die Wohnungseigentümer über ein Beschlussanfechtungsverfahren gem. § 27 Abs. 1 Nr. 7 WEG n.F. unterrichtet. Wünschen die Wohnungseigentümer die Zurverfügungstellung der Schriftsätze, kann der Verwalter Kopier- und Portokosten erstattet verlangen. Für die Erstattung von **Kopierkosten** ist eine Aufwandsentschädigung üblich, die sich an den Sätzen des RVG orientiert. So ist es nicht zu beanstanden, wenn 0,50 EUR für die 1. bis 50. Kopie und 0,15 EUR ab der 51. Kopie verlangt werden. Die Sätze verstehen sich zzgl. MWSt. und gelten neben dem Materialaufwand auch den Arbeitsaufwand des Verwalters ab.[57] Hier leistet der Verwalter insoweit Zusatzaufgaben, als er an dem gerichtlichen Beschlussanfechtungsverfahren nicht als Partei beteiligt ist. Die Unterrichtung erfordert auch nicht die Überlassung der Schriftsätze in Folge, sofern dies nicht von einzelnen Wohnungseigentümern ausdrücklich gewünscht wird. Die Unterrichtung lässt sich durch bloße Mitteilung an die Wohnungseigentümer, dass ein Beschlussanfechtungsverfahren bzgl. bestimmter Tagesordnungspunkte anhängig ist, erfüllen.

140 Ist in der Gemeinschaftsordnung vorgesehen, dass der Verwalter einem Eigentümerwechsel gem. § 12 Abs. 1 WEG zustimmt, kann er sich für die **Zustimmungserklärung** im Verwaltervertrag ein angemessenes Sonderhonorar ausbedingen. Allerdings kann er die Zustimmungserklärung nicht von der Zahlung des **Sonderhonorars** abhängig machen, da das Sonderhonorar weder der Veräußerer noch der Erwerber schuldet. Der Verwalter wird diesbezüglich nur für die Gesamtheit aller Wohnungseigentümer tätig, die ein Interesse daran hat, dass die Person des Erwerbers zuvor überprüft wird. Daher kann sich der Verwalter das Honorar nur von der Gemeinschaft auszahlen lassen. Über die Kostenverteilung in der Jahresabrechnung ist dann entweder der Erwerber oder der Veräußerer, je nach Beschlusszeitpunkt, an diesem Sonderhonorar quotenmäßig beteiligt. Allerdings ist nach § 21 Abs. 7 WEG n.F. ein Mehrheitsbeschluss zulässig, der dieses Zusatzhonorar dem Veräußerer ausschließlich anlastet.

---

[57] Siehe auch *Kümmel,* MietRB 2006, 272.

X. Der Verwaltervertrag

Durchschnittlich werden folgende Zusatzvergütungen branchenüblich[58] verlangt:

Veräußerungszustimmung	*114,83 EUR*
Mahnung	*8,55 EUR*
zweite Versammlung	*200,00 EUR*
Kopien	*0,38 EUR*
Inkasso	*118,62 EUR*

jeweils zzgl. MWSt.

6. Anfechtung der Beschlussfassung über den Verwaltervertrag

Wird der Verwaltervertrag in der Eigentümerversammlung behandelt und schließlich beschlossen, kann dieser Beschluss von einem Wohnungseigentümer angefochten werden, wenn der Verwaltervertrag fehlerhafte oder unwirksame Klauseln enthält. Der Beschluss über den Verwaltervertrag ist **insgesamt** aufzuheben, wenn das Vertragswerk mehrere in ihrer Gesamtwürdigung bedeutsame Klauseln aufweist, die einer Inhaltskontrolle nicht standhalten.[59] Dies ist beispielsweise anzunehmen, wenn das Selbstkontrahierungsverbot des § 181 BGB aufgehoben wird, eine unzulässige Haftungsbegrenzung durch Verkürzung der Verjährungsdauer und eine einschränkungslose Vergütungsverpflichtung für die Einberufung und Durchführung mehr als einer Eigentümerversammlung pro Jahr vorgesehen sind.[60]

Analog § 139 BGB kann der Beschluss über den Verwaltervertrag auch **teilweise** für unwirksam erklärt werden. Erforderlich ist, dass der gültige Teil des Vertrages sinnvollerweise Bestand haben kann, und anzunehmen ist, dass die Wohnungseigentümer den Beschluss auch dann gefasst hätten, wenn er sich nur auf die gültigen Teile beziehen würde.[61] Dies muss auch für die Anfechtung einzelner Klauseln des Verwaltervertrages gelten, um der Rechtssicherheit zu dienen. Der gleichfalls denkbare **Feststellungsantrag** ist gegenüber dem Anfechtungsantrag subsidiär und käme daher nur noch in Betracht, wenn die Anfechtungsfrist abgelaufen ist. Nach Bestandskraft des Beschlusses über den Verwaltervertrag kann sich der Feststellungsantrag aber nur noch auf nichtige Klauseln beziehen. Vergütungsregelungen, die ordnungsmäßiger Verwaltung widersprechen, können beispielsweise rechtswidrig sein, ohne die Nichtigkeitsschwelle zu überschreiten. Ist bei einem Formularvertrag eine Klausel nicht Vertragsbestandteil geworden, d. h. ihre Nichtigkeit festgestellt, bleibt der Vertrag im Übrigen gem. § 306 Abs. 1 BGB wirksam. Der Vertrag ist nur dann und nur ausnahmsweise insgesamt unwirksam, wenn das Festhalten an ihm eine unzumutbare Härte für die Vertragspartei darstellen würde, § 306 Abs. 3 BGB. Liegt eine solche unzumutbare Härte nicht vor, muss es dennoch dem einzelnen Wohnungseigentümer möglich sein, den Beschluss über den Verwalterver-

---

[58] Vgl. „Verwaltervergütungen in Deutschland", Studie 2004, Bundesverband freier Immobilien- und Wohnungsunternehmen e. V., Ring Deutscher Makler e. V. und Dachverband Deutscher Immobilienverwalter e. V.
[59] OLG Düsseldorf ZWE 2006, 396 = ZMR 2006, 870.
[60] OLG Düsseldorf, ebenda.
[61] *Niedenführ* in Niedenführ/Schulze, WEG, § 43 Rdn. 72.

trag in Einzelteilen anzufechten. Dabei gilt wie immer im Wohnungseigentumsrecht, dass nichtige Rechtsakte nicht angefochten werden müssen, aber können.[62]

---

[62] Vgl. hierzu auch *Elzer* in MietRB 2007, Heft 1.

XI. Aufgaben des Verwalters

Die **Mindestaufgaben** des WEG-Verwalters werden durch § 21 Abs. 5 und 27 Abs. 1–3 WEG bestimmt. Diese Aufgaben können nicht durch die Wohnungseigentümer eingeschränkt oder ausgeschlossen werden, § 27 Abs. 4 WEG n. F.[1] Somit müssen die Mindestkompetenzen erhalten bleiben und die Wohnungseigentümer können nicht einzelne Aufgaben an sich ziehen.[2] Da das Gesetz nur den Einschränkungsfall verbietet, folgt aus dem Umkehrschluss, dass eine **Aufgabenerweiterung zulässig** ist. 141

1. Durchführung der Beschlüsse

Der BGH hielt in seiner Rechtsfähigkeitsentscheidung fest, dass der Verwalter das **Organ des rechtsfähigen Verbands** ist (s. o. I.). Damit wurde unklar, wie und in welcher Funktion der Verwalter gegenüber den Eigentümern handeln kann. Die Neufassung von § 27 Abs. 1 WEG stellt nun klar, dass der Verwalter auch für die Wohnungseigentümer tätig wird und ihre Beschlüsse durchzuführen hat. 142

Die Beschlussdurchführung muss **unverzüglich** erfolgen, es sei denn, der Beschluss enthält konkrete Ausführungsfristen. 143

Der Beschluss ist auch trotz einer **gerichtlichen Beschlussanfechtung** verbindlich und vom Verwalter auszuführen. Erkennt der Verwalter jedoch die mögliche **Nichtigkeit** des Beschlusses, entfällt nicht nur die **Vollzugspflicht**, sondern auch das **Vollzugsrecht**.[3] Ist der Verwalter hingegen nicht sicher, ob der Beschluss rechtmäßig ist und einer Beschlussanfechtung standhält, wird er im Einzelfall abzuwägen haben. Duldet die Maßnahme Aufschub oder würden durch die Beschlussausführung irreparable Zustände geschaffen, die im Falle einer Beschlussaufhebung nicht rückgängig gemacht werden können, wird der Verwalter bis zur Bestandskraft des Beschlusses abwarten. Drabek[4] empfiehlt dem Verwalter, bei zweifelhafter Rechtslage bereits in der Beschlussfassung die Anweisung der Wohnungseigentümerversammlung mit aufzunehmen, den Beschluss auch unabhängig von einer etwaigen Beschlussanfechtung sofort zu vollziehen. Dann hat der Verwalter auch für diesen Fall eine klare Anweisung, die ihn zumindest nicht der späteren Kritik der Wohnungseigentümer aussetzt. 144

Wenn der Verwalter erkennt, dass der Beschluss rechtlich zweifelhaft ist, stellt sich die Frage, ob er bei Rechtswidrigkeit diesen Beschluss anfechten darf oder muss und ob er im Falle der Nichtigkeit einen entsprechenden Feststellungsantrag zu stellen hat. Schon § 43 Abs. 1 Nr. 4 WEG a. F. sah ausdrücklich vor, dass der Verwalter Beschlüsse der Wohnungseigentümer anfechten kann. Dieses Recht ist nun in § 46 Abs. 1 WEG n. F. geregelt. 145

---

[1] Die Regelung entspricht dem früheren § 27 Abs. 3 WEG.
[2] Vgl. hierzu auch *Bogen*, ZWE 2002, 153, 154.
[3] *Merle* in Bärmann/Pick/Merle, WEG, § 27 Rdn. 24; *Müller*, WE 1994, 7; *Niedenführ* in Niedenführ/Schulze, WEG, § 27 Rdn. 6.
[4] In KK-WEG, § 23 Rdn. 89.

146 Der Verwalter besitzt somit weiterhin ein Anfechtungsrecht. Er muss aber fehlerhafte Beschlüsse nicht anfechten. Der Verwalter ist nicht Aufsichtsorgan[5] der Wohnungseigentümer oder gar ihr Schiedsrichter. Der Verwalter darf sich auch nicht die Entscheidungskompetenz anmaßen, ob letztendlich ein fehlerhafter Beschluss bestandskräftig werden soll. So ist beispielsweise ein Wohnungseigentümer ja gerade nicht gezwungen, Beschlüsse wegen eines **formellen Mangels** anzufechten. Verzichtet der Wohnungseigentümer auf eine solche Anfechtung, kann es nicht Aufgabe des Verwalters sein, an Stelle des Wohnungseigentümers anfechten zu müssen. In der Praxis würde dies auch zu unerträglichen Ergebnissen führen. Viele rechtswidrige Beschlüsse kommen durch fehlerhaftes Verhalten des Verwalters zustande. Wie soll nun der Verwalter, der die Fehlerhaftigkeit des von ihm herbeigeführten Beschlusses nicht erkennt, sich selbst kontrollieren und die Beschlussanfechtung fristgemäß einleiten?

147 Bei **nichtigen Beschlüssen** verhält es sich grundsätzlich genauso. Hier kommt noch die Besonderheit hinzu, dass nichtige Beschlüsse nicht angefochten werden müssen oder ihre Nichtigkeit gerichtlich festgestellt werden muss. Weist der Verwalter gegenüber den Wohnungseigentümern auf die Nichtigkeit hin und verlangen diese dennoch die Durchführung dieses Beschlusses, kann der Verwalter zum Eigenschutz die Feststellung der Nichtigkeit gerichtlich beantragen.[6]

148 Führt der Verwalter Beschlüsse der Eigentümergemeinschaft nicht unverzüglich aus und entsteht der Gemeinschaft hierdurch ein **Verzögerungsschaden,** macht sich der Verwalter haftbar. Umgekehrt macht er sich nicht haftbar, wenn er angefochtene, aber noch nicht für ungültig erklärte Beschlüsse umsetzt.[7]

2. Durchführung der Hausordnung

149 Wenn die **Teilungserklärung** oder die **Gemeinschaftsordnung** nicht bereits eine Hausordnung enthält, wird die Eigentümergemeinschaft mit Mehrheit über eine Hausordnung beschließen können. Hierzu wird der Verwalter die Beschlussfassung vorbereiten und einen Entwurf der Hausordnung fertigen. Da **keine Pflicht** zur Aufstellung der Hausordnung besteht, wird der Verwalter meistens nur nach entsprechender Anregung seitens der Wohnungseigentümer tätig.

Existiert eine Hausordnung, ist der Verwalter für ihre Durchführung verantwortlich. Als Durchführungsmaßnahme kommt die **Information** der Wohnungseigentümer und Hausbewohner über das Bestehen der Hausordnung durch Rundschreiben oder Aushänge in Betracht. Ebenfalls kann es notwendig sein, die Hausordnung durch die Aufstellung von **Nutzungsplänen,** z.B. für die Nutzung der Waschküche, zu konkretisieren. Übernehmen die Wohnungseigentümer den Schneedienst vor dem Haus in einem festzulegenden „Reih-

---

[5] BayObLG WE 1991, 358 = DWE 1991, 31 = WuM 1990, 464; *Merle* in Bärmann/Pick/Merle, WEG, § 27 Rdn. 27.

[6] *Merle* in Bärmann/Pick/Merle WEG, § 27 Rdn. 24; *Niedenführ* in Niedenführ/Schulze, WEG, § 27 Rdn. 6, der allerdings eine Pflicht des Verwalters zur gerichtlichen Feststellung der Nichtigkeit annimmt.

[7] BGH NZM 2000, 184; vgl. auch zur Haftung des Verwalters, *Bauriedel,* ZMR 2006, 252 ff.

XI. Aufgaben des Verwalters

um-Verfahren", hat der Verwalter auch hier die notwendigen Pläne zu erstellen und zu verteilen. Insoweit obliegt dem Verwalter das Ausführungsermessen. Er muss unter dem Gesichtspunkt der **Gleichbehandlung der Wohnungseigentümer** die Nutzungs- oder Schneedienstpläne erstellen und hierbei auf die persönlichen Belange der einzelnen Wohnungseigentümer soweit als möglich Rücksicht nehmen.

Zur Durchführung der Hausordnung kann es auch gehören, Hinweis- oder **Verbotsschilder** aufzustellen. Haben die Wohnungseigentümer vereinbart oder beschlossen, **Klingel- und Firmenschilder** einheitlich zu gestalten, ist der Verwalter auch für die Umsetzung dieser Maßnahme zuständig.

Sieht die Hausordnung vor, dass das Halten von **Haustieren** nur mit schriftlicher Zustimmung des Verwalters zulässig ist, ist die Verwalterzustimmung lediglich formale Voraussetzung für die Haustierhaltung. Trotz Genehmigung darf die Haustierhaltung andere Wohnungseigentümer jedoch nicht über das unvermeidbare Maß hinaus beeinträchtigen.[8]

Zur Durchführung der Hausordnung zählt auch das **Einwirken auf die Wohnungseigentümer** zu ihrer Einhaltung. Werden dem Verwalter Verstöße gegen die Hausordnung bekannt, hat er die betreffenden Wohnungseigentümer abzumahnen.[9] Allerdings muss der Verwalter nicht die Einhaltung von Sondernutzungsrechten überwachen.[10] Bei Streit zwischen Wohnungseigentümern über die Einhaltung der Hausordnung hat der Verwalter zu vermitteln. Scheitern **Vermittlung** oder **Abmahnung** und wird trotzdem die Hausordnung nicht eingehalten, so hat er über die weitere Vorgehensweise einen Beschluss der Wohnungseigentümer nach § 27 Abs. 2 Nr. 3 WEG n.F. einzuholen. Ohne entsprechende Beschlussfassung ist der Verwalter nur zu außergerichtlichen Maßnahmen berechtigt.[11] Er besitzt keinen materiellen Unterlassungsanspruch.

Der Verwalter kann die Verpflichtungs- und Unterlassungsansprüche in **Verfahrensstandschaft** geltend machen.[12] Allerdings ist zur Ausübung der Verfahrensstandschaft die Zustimmung der Wohnungseigentümer einzuholen, die durch Beschluss, Vereinbarung oder Verwaltervertrag ausgesprochen werden kann.

Bei **Lärmstörungen** durch einen Wohnungseigentümer setzt die Geltendmachung von gerichtlichen Verpflichtungs- und Unterlassungsansprüchen voraus, dass sich diese beweisen lassen. Hierzu sollte der Verwalter die betroffenen Wohnungseigentümer auffordern, sog. **Lärmprotokolle** zu führen. In diese werden dann Datum, Uhrzeit und Art der Lärmbeeinträchtigung eingetragen. Darüber hinaus sollten die Lärmbelästigungen gemessen werden, da nur die **objektive** und nicht die subjektive **Beeinträchtigung** maßgebend ist.

---

[8] *Becker*, ZWE 2006, 79 unter Verweis auf OLG Frankfurt ZWE 2006, 80.
[9] *Lüke* in Weitnauer, WEG, § 27 Rdn. 5; *Merle* in Bärmann/Pick/Merle, WEG, § 27 Rdn. 41; *Müller*, Praktische Fragen, Rdn. 390; *Niedenführ* in Niedenführ/Schulze, WEG, § 27 Rdn. 8; AG Pinneberg ZMR 2004, 304.
[10] AG Pinneberg ZMR 2004, 304.
[11] *Merle* in Bärmann/Pick/Merle, WEG, § 27 Rdn. 43; *Bub* in Staudinger, BGB, § 27 WEG Rdn. 134.
[12] *Müller*, Praktische Fragen, Rdn. 391; *Bub* in Staudinger, BGB, § 27 WEG Rdn. 125.

155 Neben den Wohnungseigentümern insgesamt[13] kann auch der einzelne Wohnungseigentümer gegen den Störer vorgehen. Insoweit bestehen **Individualansprüche**.[14] Insbesondere dann, wenn die Sachlage nicht klar und eindeutig beweisbar ist, sollte sich der Verwalter die Verpflichtungs- und Unterlassungsansprüche nicht in Verfahrensstandschaft antragen lassen, sondern den betroffenen Wohnungseigentümer auf die Geltendmachung seines Individualrechts verweisen. Eine solche Verhaltensweise entspricht der **Neutralitätspflicht** des Verwalters, der nicht in einem Streit zwischen Wohnungseigentümern Partei ergreifen sollte. Ist hingegen die Verletzung der Hausordnung evident und ohne weiteres beweisbar, hat der Verwalter diese Thematik der **Eigentümerversammlung** vorzustellen und die weiteren Maßnahmen beschließen zu lassen. Beschließt dann die Wohnungseigentümerversammlung, den betroffenen Wohnungseigentümer auf sein Individualrecht zu verweisen, hat der Verwalter seine Durchführungsaufgabe zur Einhaltung der Hausordnung erfüllt.

156 Beschließen die Wohnungseigentümer, dass auf einer bestimmten Gemeinschaftsfläche künftig keine Krafträder mehr abgestellt werden dürfen, so ermächtigt dieser Beschluss nicht den Verwalter, dort stehende Fahrzeuge abschleppen zu lassen. Er handelt dann in verbotener Eigenmacht.[15] § 14 Nr. 1 und Nr. 2 WEG gewährt keinen Anspruch auf Ersatzvornahme und Kostenerstattung.[16]

157 Gehen die **Störungen von Mietern** eines Wohnungseigentümers aus, kann der Verwalter zunächst auf den vermietenden Wohnungseigentümer einwirken, der für seine Mieter verantwortlich ist. Der Verwalter kann aber auch bei entsprechender Bevollmächtigung durch die Wohnungseigentümer unmittelbar gegen die Mieter Unterlassungsansprüche gerichtlich geltend machen. Die Mieter leiten ihr Besitzrecht vom Wohnungseigentümer ab und können keine weitergehenden Rechte haben als dieser. Daher können die Wohnungseigentümer auch unmittelbar Unterlassung fordern und dies gerichtlich geltend machen.[17]

3. Ordnungsmäßige Instandhaltung und Instandsetzung

158 **a) Entscheidungskompetenz.** Nach § 21 Abs. 5 Nr. 2 WEG haben die Wohnungseigentümer für die ordnungsmäßige Instandhaltung und Instandsetzung des gemeinschaftlichen Eigentums zu sorgen. Dies bedeutet, dass die

---

[13] Ob für Unterlassungsansprüche die Wohnungseigentümer oder die teilrechtsfähige Eigentümergemeinschaft aktivlegitimiert ist, ist umstritten. Der 34. Zivilsenat des OLG München (ZMR 2005, 733 = MietRB 2006, 9) sieht dieses Recht bei den Wohnungseigentümern, während der 32. Zivilsenat das OLG München (ZWE 2006, 135 = MietRB 2006, 102) den Verband als aktivlegitimiert ansieht. Auch wird vertreten, dass zwar grundsätzlich die Wohnungseigentümer Inhaber der Rechte seien, diese aber durch Beschluss die Angelegenheit auf den Verband übertragen könnten (*Briesemeister*, ZWE 2006, 15; *Wenzel*, ZWE 2006, 109; *Becker/Kümmel/Ott*, MietRB 2006, 252).
[14] BayObLG WE 1997, 395; *Müller*, Praktische Fragen, Rdn. 393 m.w.N.
[15] OLG München ZMR 2005, 907.
[16] BayObLG ZMR 1994, 428; NZM 1999, 175.
[17] So auch *Müller*, Praktische Fragen, Rdn. 403; a.A. *Merle* in Bärmann/Pick/Merle, WEG, § 26 Rdn. 41.

XI. Aufgaben des Verwalters

Wohnungseigentümer mit einfacher Stimmenmehrheit die notwendigen Maßnahmen bestimmen können. Nach § 27 Abs. 1 Nr. 2 WEG n. F. ist der **Verwalter verpflichtet,** die für die ordnungsmäßige Instandhaltung und Instandsetzung des gemeinschaftlichen Eigentums erforderlichen Maßnahmen zu treffen.

Aus der Formulierung des § 27 Abs. 1 WEG n. F., dass der Verwalter **berechtigt** und **verpflichtet** ist, die für ordnungsmäßige Instandhaltung und Instandsetzung des gemeinschaftlichen Eigentums erforderlichen Maßnahmen zu treffen, könnte geschlossen werden, dass er hierfür keine Weisung durch Beschluss erhalten muss. Dies findet teilweise Bestätigung durch § 27 Abs. 3 Nr. 3 WEG n. F., wonach der Verwalter berechtigt ist, die Eigentümergemeinschaft in Angelegenheiten der lfd. Instandhaltung und Instandsetzung zu vertreten, sofern dies erforderliche ordnungsmäßige Maßnahmen sind. § 27 Abs. 3 Nr. 7 WEG n. F. hebt dann weiter hervor, dass alle **sonstigen Rechtsgeschäfte** und Rechtshandlungen vom Verwalter im Rahmen seiner Vertretungsmacht für die Eigentümergemeinschaft nur dann vorzunehmen sind, wenn er hierzu durch Beschluss der Wohnungseigentümer mit Stimmenmehrheit ermächtigt wurde. Hieraus folgt, dass der Verwalter für alle Maßnahmen, die über die lfd. Instandhaltung und Instandsetzung hinausgehen, eines Beschlusses der Wohnungseigentümer bedarf, um seine Vertretungsmacht zu erhalten (s. hierzu auch oben IV.). Der Gesetzgeber stellt jetzt nur klar, dass die Vertretungsmacht für laufende Maßnahmen der erforderlichen und ordnungsmäßigen Instandhaltung und Instandsetzung ohne Beschlussfassung besteht.[18]

Vor der WEG-Novelle wurde die primäre Zuständigkeit der Wohnungseigentümer, über alle Instandsetzungs- und Instandhaltungsmaßnahmen durch Mehrheitsbeschluss zu entscheiden, unter Verweis auf § 21 Abs. 5 Nr. 2 WEG begründet.[19] Die Bedeutung des § 21 Abs. 5 Nr. 2 WEG ist jedoch eher als **Anspruch** der Wohnungseigentümer auf ordnungsmäßige Instandhaltung und Instandsetzung zu sehen.

Die laufenden Maßnahmen der erforderlichen ordnungsmäßigen Instandhaltung und Instandsetzung kann der Verwalter hingegen ohne entsprechende Beschlussfassung der Wohnungseigentümer veranlassen. Diese beinhalten insbesondere laufende Pflegemaßnahmen, um das Objekt in einem ordnungsmäßigen Zustand zu erhalten.

Seine Aufgabe ist nicht mehr lediglich auf die Managementfunktion beschränkt.[20] Zu den laufenden Maßnahmen, die der Verwalter nun ohne Beschluss der Eigentümerversammlung in Auftrag geben kann, dürften die Reparatur von Mängeln an Türen und Fenstern, Beseitigung von Stolper- und Unfallgefahren z. B. auf Gehwegen, kleinere Dachreparaturen wie z. B. Beseitigung von Undichtigkeiten an der Dachrinne oder Ersatzbepflanzungen bei

---

[18] Siehe hierzu auch oben IV.
[19] OLG Hamburg DWE 1993, 164; ZWE 2002, 479; BayObLG NJW-RR 1992, 1102 = ZMR 1992, 352 = WuM 1992, 389; *Merle* in Bärmann/Pick/Merle, WEG, § 27 Rdn. 46; *Niedenführ* in Niedenführ/Schulze, WEG, § 27 Rdn. 10 a.
[20] So noch zur alten Regelung des § 27 Abs. 1 Nr. 2 WEG: BayObLG NZM 2002, 564; OLG Düsseldorf WE 1998, 37; ZMR 1998, 654; ZMR 2004, 365; *Bub* in Staudinger, BGB, § 27 WEG Rdn. 132.

eingegangenen Sträuchern im gemeinschaftlichen Vorgarten gehören. Für weitergehende Maßnahmen hat der Verwalter zwar Geschäftsführungskompetenz (§ 27 Abs. 1 Nr. 2), aber nicht die Vertretungsvollmacht (§ 27 Abs. 3 Nr. 3 und Nr. 7 WEG n. F.).

162 **b) Umfang der Instandhaltungs- und Instandsetzungspflicht. aa) Begriffsbestimmung.** Als Instandhaltung wird die Erhaltung des ursprünglich ordnungsgemäßen Zustands verstanden.[21] Die Instandhaltung dient der **Verhinderung von Schäden** an der Gebäudesubstanz. Darunter werden aber auch **Schönheitsreparaturen,** wie z.B. Anstricharbeiten[22], Kleinreparaturen sowie Wartungsarbeiten[23] verstanden. Auch **pflegende Maßnahmen,** wie z.B. die Gartenpflege[24], werden unter den Begriff der Instandhaltung subsumiert. Schließlich werden auch Reinigungsarbeiten an gemeinschaftlichen Gebäudeteilen als Instandhaltungsmaßnahmen angesehen.[25] Gegenüber der Instandhaltung wird als Instandsetzung die **Wiederherstellung** des ursprünglichen ordnungsgemäßen Zustands durch **Reparatur** oder **Ersatzbeschaffung** verstanden.[26]

163 **bb) Zuständigkeit für das Gemeinschaftseigentum.** Die Instandhaltungs- und Instandsetzungsverpflichtung der Wohnungseigentümergemeinschaft bezieht sich selbstverständlich nur auf das Gemeinschaftseigentum. In der Praxis folgen für den Verwalter aus dieser simplen Aussage im Einzelfall jedoch erhebliche Schwierigkeiten, da die Zuordnung von Gegenständen zum Gemeinschaftseigentum im Einzelnen umstritten ist. Die Zuständigkeit des Verwalters für **Reparaturmaßnahmen** setzt somit zunächst die Beantwortung der Frage voraus, ob es sich um Gemeinschaftseigentum handelt. Hierüber klärt im Zweifel zunächst die **Teilungserklärung** auf. Allerdings ist zu berücksichtigen, dass nach § 5 Abs. 3 WEG Vereinbarungen, die Gegenstände des gemeinschaftlichen Eigentums zum Sondereigentum erklären, unwirksam sind. Deshalb ist auch bei einer entsprechenden Regelung in der Teilungserklärung die Frage noch nicht abschließend beantwortet. Der Verwalter hat eine **Einzelfallentscheidung** zu treffen. Für folgende Gegenstände ist die Zuordnung zweifelhaft:

– **Thermostatventile**

164 Die Thermostatventile dienen der Regulierung des individuellen Heizenergieverbrauchs des Sondereigentums.[27] Allerdings besteht eine öffentlich-rechtliche Verpflichtung zur Anbringung von Thermostatventilen nach der Energieeinsparverordnung (EnEV). Diese öffentlich-rechtliche Verpflichtung hat die **Eigentümergemeinschaft** zu erfüllen, so dass es sich um Gemeinschaftseigentum handelt.[28]

---

[21] KG NZM 1999, 131.
[22] BayObLG ZMR 1997, 37.
[23] OLG Zweibrücken NJW-RR 1991, 1301.
[24] LG Frankfurt/M. NJW-RR 1990, 24.
[25] KG WuM 1993, 562.
[26] BayObLG WuM 1993, 562 = BayObLGReport 1993, 57; OLG Düsseldorf WE 1996, 347.
[27] So *Ott,* MietRB 2004, 130, 132.
[28] OLG Hamburg ZMR 2004, 291; OLG Hamm ZMR 2001, 839 = OLGReport Hamm 2001, 232; *Bub/v. d. Osten,* Wohnungseigentum von A–Z, S. 498.

XI. Aufgaben des Verwalters 165–168 **A**

– **Heizkörper**

Handelt es sich bei den Thermostatventilen um Gemeinschaftseigentum, **165** dann muss erst recht der Heizkörper Gemeinschaftseigentum sein, da sonst eine einheitliche Sache, bestehend aus dem eigentlichen Heizkörper und seinem Ventil in zwei rechtlich unterschiedliche Schicksale aufgeteilt würde. Zudem ist die Zentralheizung unzweifelhaft Gemeinschaftseigentum. Bestandteil der Zentralheizung sind aber auch das Rohrsystem und die anschließenden Heizkörper.[29] Diese stellen ein geschlossenes System dar, und können auch rechtlich nicht an beliebiger Stelle in Gemeinschafts- oder Sondereigentum aufgeteilt werden. Zudem sind Anzahl und Größe der Heizkörper durch eine Energiebedarfsberechnung bestimmt worden. Diese Grundlagenberechnungen werden beeinträchtigt, wenn es sich bei den Heizkörpern um Sondereigentum handeln würde und demzufolge jeder Wohnungseigentümer berechtigt wäre, den Heizkörper zu beseitigen. Die Heizschlangen einer Fußbodenheizung sollen zwingend Gemeinschaftseigentum sein, da mit dem Estrich verbunden.[30] Dann kann der Heizkörper, der mit einer tragenden Wand verbunden ist, nicht anders beurteilt werden.

– **Verbrauchserfassungsgeräte**

Heizenergie, Warmwasser und ggf. auch **Kaltwasser** können hinsichtlich **166** ihres Verbrauchs im Bereich des Sondereigentums durch besondere Messeinrichtungen erfasst werden. Für Heizenergie und Warmwasser sind diese Verbrauchserfassungsgeräte zwingend nach dem Energieeinsparungsgesetz (EnEG) und der Heizkostenverordnung (HeizkV) erforderlich. Diese Messeinrichtungen können nicht Sondereigentum sein, da andernfalls der Wohnungseigentümer sie jederzeit beseitigen könnte. Ihre Beseitigung würde aber wiederum dazu führen, dass die Heizkostenabrechnung beeinträchtigt würde. Zunächst bestünde noch die Schätzungsmöglichkeit nach § 9a Abs. 2 HeizkV. Übersteigt die zu schätzende Fläche 25% der Gesamtfläche des Gebäudes, käme nur noch eine Abrechnung nach Fläche in Betracht. Da somit die Wohnungseigentümer nicht berechtigt sind, die Messeinrichtungen zu beseitigen, handelt es sich um Gemeinschaftseigentum.

Dies gilt entsprechend auch für Kaltwasserzähler, wenn die Wasserkosten des **167** **Sondereigentums** durch eine entsprechende Regelung in der Gemeinschaftsordnung oder durch Beschluss nach (s. § 16 Abs. 3 WEG n.F.) den Verbrauchswerten der Wasserzähler verteilt werden.

– **Fenster**

Fenster können auch nicht durch eine entsprechende Regelung in der Ge- **168** meinschaftsordnung dem Sondereigentum zugewiesen werden.[31] Die Fenster bestimmen die **äußere Gestaltung** des Gebäudes. Zudem sind Fenster für die **Sicherheit** und die **Energieeinsparung** erforderlich. Ein Wohnungseigentümer kann diese nicht beseitigen, ohne dass er die übrigen Wohnungseigen-

---

[29] So auch *Müller*, Praktische Fragen, Rdn. 81; a.A. *Förth* in KK-WEG, § 5 Rdn. 39; *Pick* in Bärmann/Pick/Merle, WEG, § 5 Rdn. 63; *Bub/v. d. Osten*, Wohnungseigentum von A-Z, S. 498.
[30] LG Bonn DWE 1997, 150.
[31] OLG Düsseldorf NJW-RR 1998, 515 = NZM 1989, 269 = WE 1998, 228; BayObLG WuM 2000, 560 = BayObLGReport 2000, 81.

tümer beeinträchtigt. Deshalb handelt es sich um Gemeinschaftseigentum. Dabei kann nicht zwischen der Innenseite und der Außenseite differenziert werden. Auch hier gilt das Argument, dass ein und dieselbe Sache nicht in zwei unterschiedliche Schicksale aufgeteilt werden kann. Lassen sich hingegen bei sog. Doppelfenstern (Kastenfenster) die einzelnen Elemente gesondert öffnen und schließen, lässt sich die Differenzierung zwischen Sonder- und Gemeinschaftseigentum vertreten.[32] Eine etwaige Veränderung der Innenfenster hätte dann keine Auswirkungen auf die äußere Gestaltung des Gebäudes und wäre im Zweifel von den übrigen Wohnungseigentümern nicht wahrnehmbar. Mit Ausnahme dieser Differenzierung handelt es sich also bei den Fenstern um Gemeinschaftseigentum, so dass für deren Instandsetzung und Instandhaltung alle Wohnungseigentümer zuständig sind und der Verwalter beschlossene Maßnahmen umsetzen muss. Dies gilt für die Fenster mit all ihren Bestandteilen einschließlich Innenanstrich und Innenbeschläge. Auch hier kann wiederum eine einheitliche Sache nicht in rechtlich selbstständige Teile zerlegt werden.[33]

– **Jalousien und Rollläden**

169   Bei Jalousien und Rollläden ist darauf abzustellen, ob diese das äußere Erscheinungsbild beeinflussen. Dann handelt es sich um Gemeinschaftseigentum. Reine Innenjalousien sind demgegenüber Sondereigentum.[34]

– **Markisen**

170   Gemeinschaftseigentum kann auch durch bauliche Veränderungen entstehen. Bringt z.B. ein Wohnungseigentümer eine Markise an, prägt diese das optische Erscheinungsbild des Gebäudes und wird daher zu Gemeinschaftseigentum.[35]

– **Türen**

171   Bei Türen ist zwischen **Außen- und Innentüren** zu differenzieren. Wohnungsabschlusstüren, Hauseingangstüren, Türen zum Treppenhaus oder Keller sind Gemeinschaftseigentum. Auch die Wohnungsabschlusstüren prägen das optische Erscheinungsbild und ihre Veränderung kann darüber hinaus zu einer Beeinträchtigung der übrigen Wohnungseigentümer führen (z.B. Geräuschbelästigung). Ebenso wie bei Fenstern ist nicht zwischen der Außen- und Innenseite der Wohnungsabschlusstür zu differenzieren. Eine Tür kann nicht zwei unterschiedliche rechtliche Schicksale besitzen. Wohnungsabschlusstüren sind daher insgesamt als Gemeinschaftseigentum anzusehen.[36] Zimmertüren sind demgegenüber stets Sondereigentum.

---

[32] OLG Hamm NJW-RR 1992, 148 = MDR 1992, 258.
[33] Ebenfalls Gemeinschaftseigentum bejahend, *Müller,* Praktische Fragen, Rdn. 81; AG Nürnberg ZMR 2004, 629.
[34] KG ZMR 1985, 344.
[35] Ebenso *Ott,* MietRB 2004, 130 (132).
[36] So auch *Ott,* MietRB 2004, 130 (132); a.A. OLG Düsseldorf, ZMR 2002, 445 = ZWE 2002, 279 = NZM 2002, 571, wonach Wohnungsabschlusstüren zum Sondereigentum in der Gemeinschaftsordnung erklärt werden könnten; *Müller,* Praktische Fragen, Rdn. 81, erklärt den Innenanstrich für sondereigentumsfähig.

XI. Aufgaben des Verwalters 172–175 A

– **Balkone**

Auch bei Balkonen ist die Differenzierung im Einzelfall schwierig.[37] Global orientiert sich die Beurteilung daran, ob das einzelne Element das **Erscheinungsbild** des Balkons prägt bzw. bestandsnotwendig ist. So werden Oberbodenbelag und Innenanstrich des Balkons, soweit diese von außen nicht erkennbar sind, als Sondereigentum angesehen.[38] 172

Demgegenüber sind Estrich und alle tragenden Teile des Balkons Gemeinschaftseigentum.

– **Garagen**

Wurden in einer Wohnanlage **Einzelgaragen** errichtet und stehen diese im Sondereigentum eines Miteigentümers, so bedeutet dies dennoch nicht, dass auch die Außenhaut und insbesondere das Dach der Garagen und das Garagentor zum Sondereigentum gehören und vom Sondereigentümer instand zu halten wären. Vielmehr handelt es sich um Gemeinschaftseigentum, das in die Instandhaltungskompetenz des Verwalters bzw. die Instandhaltungspflicht der Gesamtheit der Wohnungseigentümer fällt. Allerdings kann die Gemeinschaftsordnung regeln, dass die Kosten der Instandhaltung der jeweilige Sondereigentümer trägt.[39] Die Gemeinschaftsordnung kann daher nicht wirksam bestimmen, dass die Außenhaut und das Garagentor Sondereigentum sind. Dagegen ist eine Kostenverteilungsregelung zulässig, die das Kostenrisiko dem einzelnen Wohnungseigentümer überlässt. 173

– **Sondernutzungsrechte**

Auch wenn Sondernutzungsrechte eingeräumt sind, handelt es sich bei den betreffenden Flächen um Gemeinschaftseigentum. Wenn die Gemeinschaftsordnung dem Sondernutzungsberechtigten keine besondere Instandhaltungsverpflichtung auferlegt, liegt diese bei den Wohnungseigentümern. Es ist somit Sache des Verwalters, Instandsetzungsbedarf zu ermitteln und die erforderlichen Maßnahmen der Eigentümerversammlung zur Beschlussfassung vorzulegen.[40] 174

cc) Pflichten im Bereich des Sondereigentums. Der Verwalter ist grundsätzlich für das Sondereigentum nicht zuständig. Der Verwalter hat dennoch im Zweifel immer der Mängelmitteilung eines Wohnungseigentümers nachzugehen und die Ursachen zu erforschen. Meldet ein Wohnungseigentümer beispielsweise einen **Feuchtigkeitsschaden** in seiner Wohnung, kann der Verwalter nicht einfach darauf vertrauen, dass die Ursachen im Sondereigentum liegen und insbesondere mangelndes Heizen und Lüften die Ursachen hierfür sind. Nach der Rechtsprechung ist alleine dieses Unterlassen ausreichend, um den WEG-Verwalter mit Folgeschäden, z.B. Mietausfallschaden, im Rahmen des Schadensersatzes zu belasten.[41] Die Auffassung der Rechtsprechung ist jedoch nicht zweifelsfrei. Sie berücksichtigt nicht, dass der einzelne Wohnungseigentümer gegenüber dem Verwalter nur dann einen Individualanspruch haben 175

---

[37] Vgl. hierzu *Schmidt*, MietRB 2005, 88 ff. u. 107 ff.
[38] OLG Hamm ZMR 1989, 98.
[39] OLG Düsseldorf MietRB 2004, 111.
[40] So auch *Häublein* in Köhler/Bassenge, AHB Wohnungseigentumsrecht, Teil 12, Rdn. 106.
[41] OLG München MietRB 2006, 217.

kann, wenn der Verwalter durch eine **Pflichtverletzung** das Sondereigentum des Wohnungseigentümers beschädigt. Hier liegt die Pflichtverletzung aber darin, dass der Verwalter das Gemeinschaftseigentum nicht auf Schadensursachen überprüft hat. Dies ist eine Pflicht, die der Verwalter im Rahmen seines Verwaltervertrags zu erfüllen hat. Der Verwalter kann aber insoweit nur gegenüber dem rechtsfähigen Verband oder der Summe der Wohnungseigentümer in einem Rechtsverhältnis stehen.[42] Stellt sich dann später heraus, dass die Schadensursachen tatsächlich im Sondereigentum lagen, ist auch die **Kausalitätsfrage** zu untersuchen. In diesem Fall ist der Verwalter nicht zuständig gewesen. Dem einzelnen Wohnungseigentümer ist es dagegen unbenommen, selbst etwaige Schadensursachen im Sondereigentum fachlich kompetent prüfen zu lassen. Ihn trifft insoweit ein erhebliches **Mitverschulden,** wenn er dies unterlässt. Prüft der Verwalter ebenfalls nicht, kann ein kausaler Schaden nur in der Zeitverzögerung liegen. Die Mietminderung des Mieters wegen des Schadens selbst ist eben nicht im Gemeinschaftseigentum begründet. Somit kann unter Berücksichtigung des erheblichen Mitverschuldens des Wohnungseigentümers ein die Eigentümergemeinschaft treffender Schaden nur dann gesehen werden, wenn durch die unterlassene Schadensüberprüfung die Schadensbeseitigung hinausgezögert wird und insoweit ein **Verzögerungsschaden** eintritt.

176 Eine weitere Abgrenzungsproblematik stellt sich dann dem WEG-Verwalter, wenn durch Schäden am Gemeinschaftseigentum Folgeschäden im Sondereigentum entstehen. Grundsätzlich müssen diese vom jeweiligen Wohnungseigentümer auf seine eigenen Kosten beseitigt werden. Etwas anderes gilt nur dann, wenn die Mängel am Sondereigentum im Rahmen der Schadensbeseitigung am Gemeinschaftseigentum entstehen. Muss beispielsweise der Fliesenbelag eines Balkons, der dem Sondereigentum zuzurechnen ist, beseitigt werden, um den darunter liegenden Beton sanieren zu können, ist die Eigentümergemeinschaft auch verpflichtet, danach für eine Wiederherstellung des Fliesenbelags auf eigene Kosten zu sorgen.[43] Tritt hingegen durch eine Undichtigkeit am Balkon ein Feuchtigkeitsschaden im Sondereigentum auf, müssen die Folgeschäden, wenn die Ursachen behandelt wurden, vom jeweiligen Wohnungseigentümer auf seine Kosten wieder hergestellt werden (z. B. malermäßige Behandlung der abgetrockneten Feuchtigkeitsstellen). Allerdings können die Wohnungseigentümer eine andere Kostenregelung nach § 16 Abs. 4, Abs. 7 WEG n. F. für den Einzelfall treffen.

177 c) Modernisierende Instandsetzung. aa) Rechtslage vor der Novelle. Vor der WEG-Novelle kannte das Gesetz den Begriff der modernisierenden Instandsetzungen nicht ausdrücklich.

Ob es sich um eine mehrheitlich beschließbare Instandsetzungsmaßnahme oder um eine von allen betroffenen Wohnungseigentümern zu genehmigende bauliche Veränderung handelt, ist eine Frage des Einzelfalls. Definitionsversuche, die der Abgrenzung dienen sollen, bleiben letztendlich ungenau. So stellt das BayObLG[44] fest, dass **bauliche Veränderungen** solche sind, die eine

---
[42] Vgl. hierzu auch *Elzer* in MietRB 2006, 217.
[43] KG WE 1997, 66.
[44] WE 1990, 60.

XI. Aufgaben des Verwalters

Umgestaltung des Gemeinschaftseigentums zur Folge haben und vom Aufteilungsplan oder früheren Zustand des Gebäudes nach Fertigstellung abweichen und über eine ordnungsmäßige Instandhaltung und Instandsetzung hinausgehen. Klarer wird die Differenzierung dann, wenn auf die **Erforderlichkeit** der Maßnahme und ihre **Zweckmäßigkeit** im Zeitpunkt der Ausführung abgestellt wird.[45] Erforderlich sind solche Maßnahmen, die der **Erfüllung öffentlich-rechtlicher Pflichten** dienen, wie z. B. die Einhaltung von Eichfristen bei eichpflichtigen Messgeräten.[46] Weiterhin zählt auch der Ersatz abgenutzter oder unbrauchbar gewordener Geräte zur Instandsetzung.[47] Wie schwierig die Abgrenzung im Einzelfall ist, wird an einer Entscheidung des OLG Köln[48] deutlich. Dort wurde das Nachrüsten von Fenstergittern als Einbruchsschutz als bauliche Veränderung gewertet, weil lediglich eine allgemeine Einbruchsgefahr in diesem Stadtteil mit mäßigem Ruf bestand. Hätte hingegen eine konkrete Einbruchsgefahr bestanden, weil bereits im Haus oder in der unmittelbaren Umgebung mehrfach eingebrochen wurde, hätte es sich um eine modernisierende Instandhaltung gehandelt. Demgegenüber hält das AG Hannover[49] den Einbau von Rollläden als Einbruchsschutz generell für zulässig. Diese würden nur zu einer geringfügigen optischen Veränderung führen und könnten deshalb nicht als bauliche Veränderung angesehen werden.

178 Modernisierende Instandsetzungen sind auch dann gegeben, wenn beispielsweise **Spielgeräte** gegen andere ausgetauscht oder der Kinderspielplatz insgesamt umgestaltet wird.[50] Wird aber am Spielplatz ein Stahlgitterzaun errichtet, handelt es sich dabei um eine **bauliche Veränderung.**

179 Teilweise wird auch auf die **Kosten- und Nutzenanalyse** abgestellt. Nur dann, wenn diese Analyse positiv ausfalle, liege eine Maßnahme ordnungsmäßiger Instandsetzung vor. Das Instandsetzungsrecht darf dabei nicht zu eng am bestehenden Zustand ausgerichtet werden.[51] Die Differenzierung zwischen modernisierender Instandsetzung und baulicher Veränderung ist auch an den Kriterien der **Funktionsfähigkeit** der bisherigen Anlage, den künftigen **Unterhaltungskosten,** der langfristigen Sicherung von Energiebedarf, Gesichtspunkten der Umweltverträglichkeit, bereits bestehenden Erfahrungen mit der zu wählenden Instandsetzungsform auszurichten. Für die Kosten-/Nutzenanalyse wird i. d. R. ein 10-Jahreszeitraum zugrunde gelegt.[52] Dieser Zeitraum ist aber vollkommen willkürlich. Er findet keine gesetzliche Grundlage. Auch ist zu berücksichtigen, dass eine solche Analyse zukunftsbetrachtend ist und daher von nur mehr oder weniger zuverlässigen Daten abhängt. Der Verwalter wird hier eine ordnungsmäßige Beschlussfassung nur dann vorbereiten können,

---

[45] *Bub/v. d. Osten,* Wohnungseigentum von A–Z, S. 529.
[46] BayObLG MDR 1998, 708 = NZM 1998, 486.
[47] BayObLG NJW 1975, 2296 für die Erneuerung einer Waschmaschine.
[48] NZM 2004, 385.
[49] ZMR 2003, 963.
[50] OLG Schleswig MDR 2002, 449 = ZMR 2002, 865.
[51] BayObLG MDR 1989, 69.
[52] KG KGReport Berlin 1993, 122 = WuM 1993, 429; OLG Düsseldorf MDR 1994, 1245 = WE 1995, 149; BayObLG BayObLGReport 2002, 305 = MietRB 2003, 42 = NZM 2002, 531.

wenn er nicht nur entsprechende **Kostenvoranschläge,** sondern auch Stellungnahmen der Handwerker oder gar eines **Sachverständigen** einholt, die Berechnungen über die Vorteilhaftigkeit der Maßnahme anstellen. Kostet die Stellungnahme des Sachverständigen allerdings Geld, muss der Verwalter zuvor auch hierfür einen Beschluss der Eigentümerversammlung einholen.

Als modernisierende Instandsetzung wurde beispielsweise die Ersetzung einer 18 Jahre alten **Gemeinschaftsantenne** durch eine Komplettverkabelung angesehen.[53] Bei jeder Instandsetzungsmaßnahme hat daher der Verwalter vorbereitend für die Eigentümerversammlung zu prüfen, ob die vorzuschlagende Ersatzbeschaffung der technischen Weiterentwicklung und einem verbesserten Standard Rechnung trägt. Dabei stellt jede bessere und wirtschaftlich sinnvollere Lösung zur Behebung eines Mangels, die über die bloße Reproduktion des Vorhandenen hinausgeht, eine Maßnahme ordnungsmäßiger Instandsetzung dar.

180 Ebenfalls auf den Einzelfall ist bei der Auswechslung einer Gemeinschaftsantenne durch einen **Breitbandkabelanschluss** abzustellen. Diese Auswechselung stellt dann eine modernisierende Maßnahme dar, die mehrheitlich beschlossen werden kann, wenn die bisherige Antennenanlage nicht mehr mangelfrei funktioniert und die Anschlusskosten unter Berücksichtigung des verbesserten Angebots zu den Reparaturkosten nicht außer Verhältnis stehen.[54] Ebenfalls kann es als modernisierende Instandsetzung angesehen werden, wenn die bisherige Gemeinschaftsantenne nicht den üblichen Empfangsstandard gewährleistete.[55] Ob die bloße Standardanpassung hingegen genügt, um die Auswechslung nicht als bauliche Veränderung anzusehen, ist umstritten. Teilweise wird argumentiert, dass die Verbesserung des üblichen Ausstattungsstandards eine bauliche Veränderung sei.[56] M.E. dürfen die Kriterien jedoch nicht so eng gesetzt werden. Ob der Breitbandkabelanschluss oder die Parabolantenne heute wirklich noch über dem üblichen Ausstattungsstandard liegen, muss bezweifelt werden. Der Eigentümergemeinschaft muss es möglich sein, den Wohnkomfort auch durch Mehrheitsbeschluss verbessern zu können. Andernfalls wird das **Ermessen der Wohnungseigentümer** für ordnungsmäßige Instandhaltung und Instandsetzung durch eine zu enge Definition des Begriffs „modernisierende Instandsetzung" und durch eine zu extensive Definition der „baulichen Veränderungen" unnötig eingeschränkt.

181 Hingegen wurde die Abkopplung einer Wohnung von der gemeinsamen **Heizungsanlage** als bauliche Veränderung gewertet, selbst dann, wenn der vorhandene Heizkessel keine ausreichende Wärmeversorgung der Gesamtanlage mehr gewährleistet.[57] Ein Mehrheitsbeschluss, der den Ersatz der Ölheizung durch Anschluss an das Fernwärmenetz vorsieht, wurde als wirksam angesehen.[58] Die Anbringung eines Wärmeverbundsystems zum Zwecke der Sanie-

---

[53] LG Berlin ZMR 2002, 160.
[54] KG WuM 1992, 89; OLG Celle WuM 1987, 97; WE 1988, 170; OLG Hamm MDR 1998, 572 = WE 1998, 111.
[55] BayObLG NJW-RR 1992, 664.
[56] BayObLG MDR 1992, 48 = NJW-RR 1992, 16; NZM 2000, 679; OLG Hamm NJW 1993, 1276; OLG Zweibrücken MDR 1992, 1054 = NJW 1992, 2899.
[57] OLG Düsseldorf OLGReport Düsseldorf 2003, 267 = ZMR 2003, 953.
[58] OLG Hamburg ZWE 2006, 93.

XI. Aufgaben des Verwalters 182–185 **A**

rung einer erhebliche Risse aufweisenden Fassade ist eine modernisierende Instandsetzung.[59] Jedoch ist auch hier eine Kosten-/Nutzenanalyse für den Zeitraum von 10 Jahren zu erstellen.

Bei **Videoüberwachungsanlagen,** die Bestandteil der Klingelanlage werden, kommt es darauf an, ob die Videoanlage eine ständige Überwachung des Eingangsbereichs ermöglicht. Dann wird es sich um eine bauliche Veränderung handeln, die nicht mehrheitlich beschlossen werden kann. Eine Videoüberwachung, die technische Beschränkungen enthält, wonach die Videoanlage nur durch das Klingeln eines Besuchers aktiviert wird und die Übertragung des Bildes nur in die Wohnung erfolgt, zu der der Besucher geklingelt hat, stellt eine modernisierende Instandsetzung dar.[60] **182**

Weitere **Einzelfälle** der modernisierenden Instandsetzung: **183**

– Installation von **Leichtmetallgeländern** anstelle von massiven Balkonbrüstungen;[61]
– Austausch einfach verglaster Holzfenster gegen Kunststofffenster mit Isolierverglasung ohne Veränderung des äußeren Erscheinungsbildes;[62]
– Sanierung eines Flachdachs durch Herstellung eines Walmdaches;[63]
– Anbringung einer Wärmedämmung.[64]

bb) Rechtslage seit der Novelle. Die WEG-Novelle lässt nun in § 22 Abs. 2 WEG n. F. ausdrücklich **Modernisierungsmaßnahmen** entsprechend § 559 Abs. 1 BGB und Anpassungen an den Stand der Technik zu. Diese bedürfen eines Mehrheitsbeschlusses, der mit einer Dreiviertelmehrheit aller stimmberechtigten Wohnungseigentümer i. S. v. § 25 Abs. 2 WEG und mehr als der Hälfte aller Miteigentumsanteile beschlossen werden kann. Gem. § 22 Abs. 3 WEG n. F. ist für Maßnahmen der **modernisierenden Instandsetzung** weiterhin eine einfache Mehrheit ausreichend. Somit ist in doppelter Hinsicht zu differenzieren. Ist der zu erneuernde Teil des Gebäudes bereits reparaturbedürftig oder ist eine solche Reparatur absehbar, kommen modernisierende Instandsetzungen in Betracht, die mehrheitlich beschlossen werden können. Soll hingegen im Objekt ohne eine solche **Reparaturbedürftigkeit** eine Anpassung an den Stand der Technik erfolgen, kann es sich um eine Modernisierung i. S. v. § 22 Abs. 2 WEG n. F. handeln, die mit **qualifizierter Mehrheit** beschlossen werden kann. Wird hingegen nicht modernisiert oder an den Stand der Technik angepasst, wird es sich um eine **bauliche Veränderung** handeln, die weiterhin der Zustimmung aller Wohnungseigentümer bedarf. Sie können mit Zustimmung aller beschlossen werden. **184**

Beispiele: Eine Wohnungseigentumsanlage hat keinen **Aufzug.** Über den Einbau des Aufzugs könnten die Wohnungseigentümer mit qualifizierter Mehrheit im Sinne des § 22 Abs. 2 WEG n. F. beschließen. **185**

---

[59] OLG Düsseldorf OLGReport Düsseldorf 2002, 398 = ZMR 2002, 854.
[60] BayObLG BayObLGReport 2005, 81 = NZM 2005, 107.
[61] OLG München ZMR 2006, 302.
[62] BayObLG WuM 1991, 56; OLG Köln NZM 1998, 821.
[63] KG WuM 1994, 223 = NJW-RR 1994, 528; BayObLG WuM 1998, 506 = NZM 1998, 338.
[64] OLG Frankfurt OLGZ 1984, 129; OLG Düsseldorf NZM 2000, 1067.

Die Geräte auf dem **Kinderspielplatz** einer Wohnanlage sind reparaturbedürftig. Der modernisierende Austausch dieser Geräte kann mit einfacher Mehrheit beschlossen werden. Sind hingegen die Geräte weiterhin in gutem Zustand, können die Wohnungseigentümer mit qualifizierter Mehrheit ihren Austausch beschließen, wenn sie die Geräte nicht mehr für zeitgemäß halten.

Wollen die Wohnungseigentümer die Fassade in einer anderen Farbe streichen, handelt es sich um eine bauliche Veränderung. Dabei wird es nicht darauf ankommen, ob die Fassade mangelhaft und der Anstrich dringend erforderlich ist. Das **Wechseln der Farbe** wird sich nicht mit Modernisierungsgesichtspunkten begründen lassen. Farbgestaltungen unterliegen immer nur einer relativ kurzen Modeepoche.

Der Verwalter hat im Vorfeld einer Eigentümerversammlung abzuwägen, welche der drei Möglichkeiten in Betracht kommt:
– bauliche Veränderungen
– Modernisierung mit Reparaturbedarf
– Modernisierung ohne Reparaturbedarf

186 Bauliche Veränderungen können aber weiterhin mit Mehrheit beschlossen und bestandskräftig werden. Es gilt insoweit die bereits bisher geführte Zitterbeschlussproblematik. Den Wohnungseigentümern steht grundsätzlich eine Beschlusskompetenz für bauliche Veränderungen zu. Wird die notwendige Zustimmung aller Wohnungseigentümer nicht erreicht, ist der Beschluss nicht nichtig, sondern lediglich anfechtbar.[65] Diese bereits bisher geltende Auffassung, wird durch die Neufassung von § 22 Abs. 1 WEG bestätigt, da dort jetzt die Beschlusskompetenz ausdrücklich erwähnt wird.

187 **d) Erstmalige Herstellung.** Zur ordnungsmäßigen Instandhaltung gehört auch die erstmalige Herstellung eines **mängelfreien Gebäudes** sowie die erstmalige Herstellung eines den Plänen und insbesondere dem Aufteilungsplan entsprechenden Zustands. Es zählt zu den Maßnahmen ordnungsmäßiger Verwaltung, wenn der Verwalter Mängel feststellt und diese der Eigentümergemeinschaft zur Beschlussfassung über die weitere Verfahrensweise vorstellt.[66]

Der Verwalter ist allerdings nicht ohne weiteres berechtigt und verpflichtet, nach Bezugsfertigkeit des Objekts das **Gemeinschaftseigentum abzunehmen**. Zunächst kann eine solche Abnahmeverpflichtung nur dann entstehen, wenn der Verwalter hierzu ausdrücklich in der Gemeinschaftsordnung oder im Verwaltervertrag bevollmächtigt und verpflichtet wurde.[67] Der Verwalter sollte jedoch – soweit möglich – diese Aufgabenübernahme ablehnen. Bei der Abnahme sind rechtliche und technische Fragen zu beurteilen, die nicht zum typischen Aufgabenbild des WEG-Verwalters gehören. Teilweise wird auch die Abnahme als Besorgung fremder Rechtsangelegenheiten angesehen, so dass sogar die Übernahme der Abnahme durch den Verwaltervertrag oder die Gemeinschaftsordnung als unwirksam angesehen wird.[68] Soweit der Verwalter es

---

[65] St. Rspr. z. B. BayObLG NZM 2002, 530; OLG Köln NZM 2002, 454; OLG Schleswig NZM 2002, 962.
[66] BayObLG NZM 2002, 705 = MDR 2003, 829.
[67] *Pastor* in Werner/Pastor, Der Bauprozess, Rdn. 509.
[68] *Basty* in Fs. für *Wenzel*, Partner im Gespräch, Band 71, S. 116.

XI. Aufgaben des Verwalters

beeinflussen kann, sollte er für eine Abnahme des Gemeinschaftseigentums durch einen **neutralen Sachverständigen** sorgen.

Auf keinen Fall darf sich der Verwalter mit der Abnahme des Gemeinschaftseigentums beauftragen lassen, wenn er mit dem Bauträger identisch oder verflochten ist.[69]

Auch wenn der WEG-Verwalter somit in der Regel nicht verpflichtet ist, das **188** Gemeinschaftseigentum abzunehmen, so kann er doch vor **festgestellten Baumängeln** nicht die Augen verschließen und muss hierüber baldmöglichst die Eigentümerversammlung unterrichten. Auch ist es Pflicht des Verwalters, **Verjährungsfristen** im Rahmen der Gewährleistung für die Wohnungseigentümer zu wahren. Der Verwalter hat zu prüfen, ob und ggf. welche Maßnahmen vor Ablauf der Gewährleistungsfrist zu ergreifen sind. Er hat die Fristen zu beachten und muss ggf. eine Eigentümerversammlung zeitgerecht hierzu einberufen.[70] Um den drohenden Ablauf der Gewährleistungsfrist hemmen zu können, muss der Verwalter notfalls auch eine **außerordentliche Eigentümerversammlung** einberufen. Gelingt dem Verwalter dies nicht mehr fristgerecht, ist er nach § 27 Abs. 1 Nr. 3 und Abs. 2 Nr. 2 WEG n. F. berechtigt, selber Maßnahmen zur Erhaltung der Gewährleistungsfrist zu ergreifen und dazu insbesondere ein gerichtliches Beweisverfahren einzuleiten. Er wird sich anschließend diese Maßnahme durch die Eigentümerversammlung genehmigen lassen müssen. Damit besteht die Gefahr, dass die Wohnungseigentümergemeinschaft diese Handlungsweise nicht billigt, weil sie die Ansprüche für fragwürdig hält oder das Verfahren hinsichtlich des wirtschaftlichen Nutzens nicht erfolgversprechend ist. Der Verwalter befindet sich somit in einer **Konfliktsituation.** Reicht er den **gerichtlichen Beweisantrag** nicht ein, verjähren die Ansprüche, reicht er ihn hingegen ein, besteht die Gefahr, dass diese Maßnahme nicht von den Wohnungseigentümern genehmigt wird. Der Verwalter kann sich dieser Zwangslage nur dadurch entziehen, dass er möglichst frühzeitig auf eine Entscheidung der Eigentümerversammlung zur Mängelverfolgung hinwirkt. Dies bleibt aber dann Theorie, wenn erst unmittelbar vor Ablauf der Gewährleistungsfrist Baumängel bekannt werden.

Das **WEG-Gericht** ist zuständig, wenn ein Wohnungseigentümer den Verwalter wegen unzutreffender Abnahme des Gemeinschaftseigentums und dadurch ausgelösten Verlusts eines Sicherungsmittels (Bürgschaft) auf Schadensersatz in Anspruch nimmt.[71]

e) **Objektüberwachung/Wartung.** Zur ordnungsmäßigen Instandhaltung **189** zählt auch eine lfd. Objektüberwachung. Der Verwalter sollte dazu **regelmäßig** das Objekt begehen. Wie oft dies erforderlich ist, lässt sich nicht verallgemeinernd feststellen. Mindestens **einmal jährlich** muss eine sorgfältige Objektkontrolle durchgeführt werden.[72] Der Verwalter ist gut beraten, diese Begehung in zeitlicher Nähe zur Eigentümerversammlung durchzuführen, um

---

[69] OLG Hamm ZfIR 2004, 644; *Basty*, s. ebenda.
[70] OLG Düsseldorf NZM 2002, 707.
[71] KG ZMR 2006, 152.
[72] BayObLG ZMR 1990, 65; NZM 1999, 840; *Bub* in Staudinger, BGB, § 27 WEG Rdn. 136.

zu prüfen, ob sich aus dem aktuellen Zustand des Objekts zusätzliche Tagesordnungspunkte ergeben.

Alter und Zustand des Objekts können häufigere Begehungen erfordern. Dabei muss der Verwalter nicht in der Lage sein, technische Einrichtungen selbst zu überprüfen. Hierzu kann er entsprechende Fachfirmen beauftragen oder gar **Wartungsverträge** abschließen. Die Erforderlichkeit von Wartungsverträgen mag je Wartungsgegenstand unterschiedlich beurteilt werden. So ist es beispielsweise nicht erforderlich, einen Wartungsvertrag über die **Regenwasserfallrohre** abzuschließen, weil von überlaufenden Fallrohren kein unmittelbarer Folgeschaden droht.[73] Auch müssen **Abwasserleitungen,** bei denen generell eine Verstopfungsgefahr besteht, nicht gewartet werden. Nur bei konkretem Anlass muss eine Rohrreinigung in Auftrag gegeben werden.[74] Hingegen muss wegen der besonderen Gefahren die **Aufzugsanlage** regelmäßig gewartet und alle zwei Jahre einer TÜV-Prüfung unterzogen werden. Auch bei der **Heizungsanlage** wird der Abschluss eines Wartungsvertrages ordnungsmäßiger Verwaltung entsprechen, um eine möglichst optimale Einstellung der Heizungsanlage mit geringer Umweltbelastung zu gewährleisten.

Will der Verwalter Streit über die Erforderlichkeit von Wartungsverträgen vermeiden, kann er die Entscheidung der Wohnungseigentümer durch Mehrheitsbeschluss herbeiführen.

190 f) **Hausmeister.** Der Verwalter ist als Organ der Eigentümergemeinschaft zum Abschluss eines **Hauswartvertrags** berechtigt, wenn er durch entsprechenden Beschluss der Wohnungseigentümer hierzu ermächtigt wurde. Eine langjährige Vertragsbindung erfordert erst recht einen Ermächtigungsbeschluss.[75]

191 Der Verwalter hat zunächst zu klären, ob ein selbstständiger Hausmeister oder ein angestellter Hausmeister beschäftigt werden soll. Bei größeren Anlagen wird ein angestellter Hausmeister die preisgünstigere Lösung sein. Zudem ergeben sich meist Vorteile dadurch, dass sich der festangestellte Hausmeister mit dem Objekt stärker identifiziert als ggf. wechselndes Personal eines Hausmeisterdienstes. Auch kann der angestellte Hausmeister im Objekt wohnen und gewährleistet somit eine intensivere Erreichbarkeit.

Handelt es sich um einen angestellten Hausmeister, wird Dienstherr die **rechtsfähige Eigentümergemeinschaft.** Hinsichtlich der lohnsteuerrechtlichen Konsequenzen wird auf unten stehende Ausführungen unter XI. 8. g) Rdn. 320 verwiesen.

Bei kleineren Objekten wird die feste Anstellung eines Hausmeisters zu Lasten der Eigentümergemeinschaft kaum in Betracht kommen. Dann wird die Eigentümergemeinschaft einen Hausmeisterdienst beauftragen. Der Verwalter hat hierzu mehrere Angebote einzuholen, diese auszuwerten und der Eigentümerversammlung zur Beschlussfassung vorzustellen.

192 Wesentlich ist, dass der Verwalter einen **detaillierten Leistungskatalog** für das Objekt erstellt und diesen zur Vertragsgrundlage macht. Hierbei ist uner-

---

[73] KG NZM 1999, 131.
[74] KG s. ebenda.
[75] OLG Köln ZMR 2005, 473.

XI. Aufgaben des Verwalters

heblich, ob es sich um einen angestellten oder selbstständigen Hausmeister handelt. Nur bei einem konkreten Leistungskatalog kann ein Streit über die ordnungsmäßige Erfüllung der Hausmeister-/Hausreinigungsaufgaben vermieden werden.

Die Qualität des Leistungsverzeichnisses wird wesentlich durch die Erfahrungen des Verwalters und seine eigenen Kenntnisse über die technischen Anforderungen des Objektes bestimmt.

Bei einem selbstständigen Hausmeisterdienst übernimmt dieses Unternehmen in der Regel auch die Treppenhausreinigung. Beim angestellten Hausmeister ist dies nicht immer der Fall und es muss dann nochmals separat für die Hausreinigung eine weitere Kraft beschäftigt werden. Je nach Umfang der Reinigungsarbeiten kommen hier auch geringfügige Beschäftigungsverhältnisse in Betracht.

Das Muster eines Leistungsverzeichnisses ist im Anhang I dargestellt.

g) Verkehrssicherungspflicht. Die Verkehrssicherungspflichten bewirken, dass die Eigentümergemeinschaft, vertreten durch den Verwalter, verpflichtet ist, das Objekt in einem verkehrssicheren Zustand zu halten. Diese Verpflichtung obliegt nach § 27 Abs. 1 Nr. 2 WEG n. F. sowohl dem **Verband** als auch den **Wohnungseigentümern.** 193

Die Verkehrssicherungspflicht bewirkt, dass Hindernisse oder Unebenheiten auf dem Grundstück zu beseitigen sind, Wege im Herbst von Laub und im Winter von Schnee und Eis befreit werden müssen und dass auf den Verkehrsflächen vor Gefahren zu warnen ist.[76] Die Verkehrssicherungspflicht kann sowohl gegenüber Eigentümern als auch gegenüber außenstehenden Dritten bestehen. Dabei ist nicht von einer völligen Gefahrenfreiheit auszugehen.[77] Die Verkehrssicherungspflichten sollen **nicht das allgemeine Lebensrisiko** abwenden. Es müssen aber solche Vorkehrungen getroffen werden, die nicht völlig fernliegende Gefahren abwenden.[78] Die überwiegende Auffassung bejaht eine gesetzliche Verkehrssicherungspflicht des Verwalters für das gemeinschaftliche Eigentum.[79] Die Wohnungseigentümer können allerdings die Verkehrssicherungspflicht vertraglich auf einzelne Eigentümer oder auf **Dritte übertragen.**[80] Wenn die Verkehrssicherungspflicht auf einen Eigentümer oder auf Dritte, insbesondere den **Hausmeister** übertragen wurde, trifft den Verwalter die **Überwachungspflicht.** Er hat zu kontrollieren, ob die jeweils beauftragten Personen die Sicherungsmaßnahmen fachgerecht ausführen. Dies muss er allerdings nicht dauerhaft durchführen. Kontrolliert er beispielsweise die ersten sechs Monate den Hausmeister, nachdem dieser mit bestimmten Aufgaben im Bereich der Verkehrssicherung beauftragt wurde und ergeben sich keine Beanstandungen und erweist sich der Hausmeister auch im Übrigen als zuverlässig,

---

[76] OLG Hamm MDR 1982, 150; *Elzer,* MietRB 2005, 219 ff.
[77] OLG Hamm MDR 1988, 677.
[78] So auch *Elzer,* MietRB 2005, 219 f.
[79] BGH MDR 1994, 45 = ZMR 1993, 322; OLG Frankfurt OLGZ 1982, 16; *Müller,* Praktische Fragen, Rdn. 1106; *Gottschalg,* Die Haftung von Verwalter und Beirat, Rdn. 235.
[80] BGH MDR 1996, 910 = ZMR 1996, 477; BayObLG WuM 2004, 736 = MietRB 2005, 98.

kann der Verwalter die weiteren Kontrollen einstellen.[81] Wenn der Hausmeister in einem Vertragsverhältnis zur Gemeinschaft steht, kann der Verwalter auch nicht gem. § 278 BGB für ihn haften. Der Hausmeister wird dann nicht in Erfüllung einer Verbindlichkeit des Verwalters tätig. Hinsichtlich der **Sondernutzungsflächen** obliegt die Verkehrssicherungspflicht nicht der Gemeinschaft und auch nicht den Wohnungseigentümern insgesamt, wenn die Unterhaltung der Fläche einem Wohnungseigentümer übertragen wurde. Zur Unterhaltungspflicht wird auch die Verkehrssicherungspflicht gezählt.[82] Der Verwalter ist in diesem Fall nicht für die Verkehrssicherheit der Sondernutzungsflächen zuständig.

194 **h) Vorbereitung der Beschlussfassung zu Instandsetzungsmaßnahmen.** Der Verwalter ist nur verpflichtet, die für die ordnungsmäßige Instandhaltung und Instandsetzung des gemeinschaftlichen Eigentums erforderlichen Maßnahmen zu treffen, § 27 Abs. 1 Nr. 2 WEG n. F. Zu den erforderlichen aßnahmen zählt es zunächst, einen **Beschluss** der Eigentümerversammlung **vorzubereiten,** ob und in welchem Umfang Instandhaltungs- oder Instandsetzungsmaßnahmen durchgeführt werden sollen. Es ist daher Aufgabe des Verwalters, diese Themen zur Eigentümerversammlung vorzubereiten und zur Beschlussfassung vorzulegen. Der Vorbereitungsumfang lässt sich sicherlich nicht verallgemeinern und ist vom jeweiligen Einzelfall abhängig. Lehnt die Eigentümerversammlung einen Beschluss über eine vorgeschlagene Instandsetzungsmaßnahme ab, ist der Verwalter an der Durchführung gehindert, weil ihm dann die Vertretungsmacht fehlt, § 27 Abs. 3 Nr. 7 WEG n. F.

195 Grundsätzlich hat die Eigentümergemeinschaft einen weiten **Ermessensspielraum** zwischen gleichermaßen erfolgversprechenden Maßnahmen.[83] Bestehen mehrere Möglichkeiten der Instandsetzung, hat der Verwalter die unterschiedlichen Möglichkeiten aufzuzeigen und den Wohnungseigentümern vor der Beschlussfassung das Für und Wider zu schildern. Fehlt dem Verwalter hierzu die Fachkompetenz, sollte er sich zuvor bevollmächtigen lassen, diese Vorbereitungshandlungen nebst Schilderung der in Betracht kommenden Maßnahmen in der Eigentümerversammlung durch einen **Sachverständigen** ausführen zu lassen. Die Einschaltung von **Ingenieuren** und anderen **Sonderfachleuten** bedarf einer besonderen Bevollmächtigung für den Verwalter, die per Beschluss, im Verwaltervertrag oder in der Gemeinschaftsordnung erteilt werden kann.[84]

Der Wohnungseigentümergemeinschaft wird das **Auswahlermessen** zugebilligt, zwischen einer billigeren Lösung mit kürzerer Lebensdauer und einer aufwendigeren mit längerer Lebensdauer entscheiden zu können.[85] Diese Unterschiede muss der Verwalter bzw. der von ihm beauftragte Sachverständige

---

[81] OLG München MietRB 2006, 41.
[82] *Elzer,* MietRB 2005, 219 (223).
[83] OLG Düsseldorf OLGReport Düsseldorf 2002, 398 = ZMR 2002, 854 für die Wahl zwischen Wärmedämmverbundsystem und Neuverputzung nebst Aufbringung einer Vorsatzschale aus Sparverblendern.
[84] AG Hannover ZMR 2006, 487.
[85] OLG Hamburg ZMR 2003, 441.

XI. Aufgaben des Verwalters   196–199 A

herausarbeiten, damit die Eigentümergemeinschaft eine sachgerechte Entscheidung treffen kann.

Kommt nur eine Ausführungsart in Betracht, entspricht es ordnungsmäßiger Verwaltung, der Eigentümerversammlung mehrere **Kostenvoranschläge** vorzulegen.[86]   **196**

Zur Vorbereitung der Beschlussfassung muss der Verwalter ebenfalls einen Vorschlag erarbeiten, wie die Maßnahme **finanziert** werden kann. Bei kleineren Maßnahmen wird es möglicherweise genügen, die entsprechende Höhe der Instandsetzungskosten in den **Wirtschaftsplan** einzustellen. Bei größeren Maßnahmen wird zu prüfen sein, ob die angesparte **Instandhaltungsrücklage** hierzu ausreicht und ganz oder teilweise eingesetzt werden soll. Sind hingegen keine ausreichenden Mittel vorhanden und genügt ein Wirtschaftsplan in üblicher Höhe nicht, ist zu prüfen, wie diese Maßnahme durch **Sonderumlagen** gedeckt werden kann.   **197**

Die Möglichkeit der **Kreditaufnahme** schied bis zur Entscheidung des BGH zur Rechtsfähigkeit der Wohnungseigentümergemeinschaft praktisch aus. Es wurde die Meinung vertreten, dass die Kreditaufnahme einer Vereinbarung bedürfe.[87] Dies wurde damit begründet, dass auf Grund der bis dahin angenommenen gesamtschuldnerischen Haftung aller Wohnungseigentümer für den einzelnen ein unzumutbares Risiko entstünde. Jeder einzelne Wohnungseigentümer solle selbst entscheiden können, ob und ggf. wie er sich refinanziert. Eine Kreditaufnahme könne ihm nicht durch die Eigentümergemeinschaft aufgedrängt werden.   **198**

Teilweise wurde die Kreditaufnahme, die auf einem Mehrheitsbeschluss beruhte, dann als zulässig angesehen, wenn sie nur von kurzfristiger Dauer war und in geringem Umfang zur Abdeckung von Liquiditätsengpässen erfolgte.[88] Das Gleiche gilt auch für die Kontoüberziehung.[89] Diese ist ebenfalls eine Art **Kreditaufnahme.** Eine ohne Beschluss vorgenommene Überziehung bindet nach Auffassung des LG Köln[90] dennoch die Gemeinschaft, wenn den Wohnungseigentümern im Rahmen der **Jahresabrechnung** die Kontostände mitgeteilt wurden. Dann wurde die Kreditaufnahme konkludent durch die Beschlüsse über die Jahresabrechnung genehmigt. Richtiger wäre es allerdings, auf die Genehmigungswirkung der **Entlastung** abzustellen. Da gem. § 10 Abs. 8 WEG n. F. die Haftung der Wohnungseigentümer auf ihren quotalen Anteil beschränkt ist, ist die Grenze der Beschlusskompetenz für eine Kreditaufnahme wesentlich weiter zu ziehen.

Nicht zu folgen ist die Auffassung des BayObLG[91], wonach ein Beschluss über die Finanzierung von Instandsetzungsmaßnahmen durch die Aufnahme von Darlehen nicht ordnungsmäßiger Verwaltung entspreche. Der Senat ist der   **199**

---

[86] BayObLG ZMR 2002, 689; *Bauriedl*, ZMR 2006, 252, 254.
[87] *Erlebach*, PiG 27 (1988), S. 89 f.
[88] BayObLG DWE 2005, 24; KG ZMR 1997, 539 = WuM 1997, 574; OLG Hamm NJW-RR 1992, 403 L = WE 1992, 136; OLG Koblenz DWE 1992, 44; *Gottschalg*, Die Haftung von Verwalter und Beirat, Rdn. 165; *Merle* in Bärmann/Pick/Merle, WEG, § 27 Rdn. 90.
[89] OLG Celle ZMR 2006, 540.
[90] LG Köln MietRB 2004, 81.
[91] NZM 2006, 62.

Auffassung, dass das gesetzliche Finanzierungsmodell nach § 21 Abs. 3, Abs. 5 Nr. 4, § 27 Abs. 1 Nr. 4, Abs. 4, § 28 WEG darauf ausgerichtet sei, dass die Wohnungseigentümer den Finanzbedarf zeitnah durch Eigenmittel oder durch Ansammlung einer Instandhaltungsrücklage herbeizuführen haben. Dies lässt sich aber zumindest in der Allgemeinheit der Aussage nicht übernehmen. Wenn der Instandsetzungsbedarf innerhalb einer Eigentümergemeinschaft erheblich wächst und noch keine ausreichenden Rücklagen angesammelt wurden, müssten die Wohnungseigentümer in erheblichem Umfange **Sonderumlagen** leisten, wenn der Instandsetzungsbedarf kurzfristig erfüllt werden soll. Dies wird im Einzelfall die finanzielle Leistungsfähigkeit der Wohnungseigentümer überspannen. Die Wohnungseigentümer haben dann die Wahl, ob sie eine Sonderumlage beschließen, bei der die finanziell schwächeren Wohnungseigentümer im Zweifel ein Darlehen bei einem Kreditinstitut mit persönlicher Haftung des Wohnungseigentümers aufnehmen müssten, oder ob die Eigentümergemeinschaft den Kredit aufnimmt. In letzterem Fall war die Haftung des Wohnungseigentümers bis zur Reform des Wohnungseigentumsgesetzes durch die Entscheidung des BGH vom 2. 6. 2005[92] grundsätzlich nicht gegeben. Die fehlende unmittelbare Haftung im Außenverhältnis ist dann durch die Reform des Gesetzes zwar aufgegeben worden. Die Haftung ist seither durch § 10 Abs. 8 WEG n. F. auf den quotalen Anteil des einzelnen Wohnungseigentümers beschränkt. Bis zur Novelle war es somit für den einzelnen Wohnungseigentümer äußerst vorteilhaft, wenn die Eigentümergemeinschaft den Kredit aufnahm, da er dann gegenüber dem Kreditinstitut überhaupt nicht persönlich haftete.

Die jetzt vom Gesetzgeber gewählte **quotale Haftung** stellt den einzelnen Wohnungseigentümer nicht mehr besser, aber auch nicht schlechter als bei einer persönlichen Kreditaufnahme. Nur derjenige, der die Sonderumlage aus eigenen Mitteln bezahlen kann, würde durch eine Kreditaufnahme seitens der Eigentümergemeinschaft in seiner Entscheidungsfreiheit eingeschränkt, ob er überhaupt Kreditmittel mit einer quotalen Außenhaftung aufnehmen will. Dennoch kann die Kreditaufnahme durch die Eigentümergemeinschaft ordnungsmäßiger Verwaltung entsprechen, da hierdurch sichergestellt wird, dass die notwendigen Finanzmittel insgesamt und pünktlich zur Verfügung gestellt werden. Die einheitliche Kreditaufnahme für die Eigentümergemeinschaft ist einfacher und schneller herzustellen, als die individuelle Kreditaufnahme der einzelnen Wohnungseigentümer. Die Frage der gemeinschaftlichen Kreditaufnahme fördert die Entscheidungsfreude der Wohnungseigentümer, notwendige Instandsetzungsmaßnahmen nicht weiter hinauszuzögern. So kann beispielsweise die Erneuerung der Fenster dazu beitragen, dass Mietminderungen vermieden und Heizenergie eingespart wird. Die Erneuerung von Fenstern wird sich selten als so notwendig herausstellen, dass sie überhaupt keinen Aufschub mehr duldet. Duldet sie aber Aufschub, werden Wohnungseigentümer sich gegen die Investition aussprechen, wenn die Maßnahme kurzfristig ihren Finanzrahmen sprengt. Andererseits kann es wirtschaftlich sinnvoll sein, Energie zu sparen und Mietminderungen zu vermeiden, wenn sich dies durch eine gemeinsame Kreditaufnahme finanzieren lässt.

---

[92] ZMR 2005, 547 = DWE 2005, 134 = NJW 2005, 2061 = NZM 2005, 543.

XI. Aufgaben des Verwalters   200, 201 A

Die Kreditaufnahme ist im WEG nicht ausgeschlossen. § 27 Abs. 1 Nr. 4, Abs. 3 Nr. 4 WEG n. F. macht deutlich, dass der Verwalter Tilgungsbeträge anfordern kann, soweit es sich um gemeinschaftliche Angelegenheiten der Wohnungseigentümer handelt. Gemeinschaftliche Tilgungsbeträge können aber nur im Zusammenhang mit gemeinschaftlichen Darlehen entstehen. Die Kreditaufnahme durch die Eigentümergemeinschaft kann daher entgegen der überwiegend anders lautenden Rechtsprechung und Literatur durch Mehrheitsbeschluss legitimiert werden (s. hierzu auch unten Rdn. 224).[93]

Daher wird der Verwalter vorbereitend für die Eigentümerversammlung auch **200** diese Möglichkeit in Betracht ziehen. Er muss allerdings berücksichtigen, dass dann, wenn ein etwaiger Kreditgeber **persönliche Bürgschaften** der Wohnungseigentümer verlangt, die Beschlusskompetenz wieder entfällt. Nach § 10 Abs. 8 WEG n. F. haften die Wohnungseigentümer ohne besondere Regelung gegenüber den Gläubigern im Verhältnis ihres **Miteigentumsanteils.** Persönlicher Bürgschaften bedarf es somit nur, wenn eine weitergehende Haftung begründet werden soll, die jedoch nicht mehr ordnungsmäßiger Verwaltung entspricht. Die Beschlussfassung über eine Kreditaufnahme entspricht ordnungsmäßiger Verwaltung, wenn auf Grund der gesamten wirtschaftlichen Verhältnisse der Eigentümergemeinschaft und des bestehenden Wirtschaftsplans eine ordnungsgemäße Kreditbedienung durch die Eigentümergemeinschaft zu erwarten ist. Würde hingegen die Eigentümergemeinschaft einen Kredit aufnehmen, obschon sich die finanziellen Verhältnisse der Eigentümergemeinschaft als desolat darstellen, wäre eine Haftung des Verwalters gegeben. Dieser könnte haften, weil er bei der Kreditaufnahme die **besondere Gefahr** nicht offenlegt, dass die Wohnungseigentümergemeinschaft wegen eines unzureichenden Wirtschaftsplans oder häufiger ausfallenden Wohngelds nicht in der Lage sein könnte, den Kredit zu bedienen.[94] Dabei sind allerdings nur die Umstände im Zeitpunkt der Kreditaufnahme maßgebend. Verschlechtert sich die Bonität der Eigentümergemeinschaft im Laufe des Kreditverhältnisses, besteht für den Verwalter **keine Offenbarungspflicht** gegenüber dem Gläubiger.

Der Verwalter muss bei der **Abfassung der Tagesordnung** verdeutlichen, **201** dass es insoweit um eine Beschlussfassung über Instandsetzungsmaßnahmen geht. Neben einer entsprechenden Kennzeichnung in der Tagesordnung sollte der Verwalter schon in der Einladung Erläuterungen geben, die die spätere Beschlussfassung erleichtern und den Wohnungseigentümern den **Umfang** und die **wirtschaftliche Tragweite** der geplanten Maßnahme verdeutlichen. Je umfangreicher die geplante Instandsetzungsmaßnahme ist, desto genauer muss der Beschluss in der Tagesordnung angekündigt werden. So reicht beispielsweise die Ankündigung „Beschluss zur Großsanierung" nicht aus, wenn über konkrete bauliche Einzelmaßnahmen beschlossen werden soll.[94a]

---

[93] A.A. OLG Hamm NJW-RR 1992, 403 = WE 1992, 136; BayObLG NZM 2006, 62; *Bub*, WE 1993, 3, 8; *Sittmann/Dietrich*, WuM 1998, 1615, 1620; *Merle* in Bärmann/Pick/Merle, WEG, § 27 Rdn. 91.
[94] Siehe für die Haftung des GmbH-Geschäftsführers BGH NZG 1999, 722.
[94a] OLG München NZM 2006, 934.

202 **i) Durchführung der Beschlussfassung zu Instandsetzungsmaßnahmen.** Der Verwalter hat zu berücksichtigen, dass die Entscheidungskompetenz über die Instandsetzungsmaßnahmen nicht auf den **Beirat** oder einen **Arbeitskreis** übertragen werden kann.[95] Es zählt zu den elementaren Aufgaben der Eigentümerversammlung, über Art und Umfang von Instandsetzungsmaßnahmen zu entscheiden. Dieses **Kernrecht** kann nicht auf ein anderes Organ oder auf einzelne Wohnungseigentümer delegiert werden. Allerdings können die Eigentümer zunächst über das Ob und auch die wesentlichen Inhalte von Art und Weise der durchzuführenden Instandsetzungsmaßnahmen entscheiden und dann einzelne Detailfragen einem solchen Arbeitskreis oder dem Beirat überlassen. Auch ist es zulässig, zwischen zwei Angeboten, die grundsätzlich die Zustimmung der Eigentümer finden, im Detail nochmals verhandeln und dann entscheiden zu lassen. In diesem Fall geht es nur noch um das **Auswahlermessen,** das durch den **Ermächtigungsbeschluss** der Wohnungseigentümerversammlung insoweit eingeengt sein muss, als eindeutige Kriterien für die abschließende Entscheidung definiert werden. Grundsätzlich ist der Verwalter nicht ermächtigt, ohne Beschluss Instandhaltungsmaßnahmen, wozu auch Ersatzbeschaffungen gehören[96], durchzuführen.

203 Handelt es sich um eine **Mehrhausanlage,** muss der Verwalter bei der Beschlussfassung insbesondere die Regelungen in der Gemeinschaftsordnung hierzu beachten. Möglicherweise sehen diese vor, dass über Instandsetzungsmaßnahmen innerhalb des einzelnen Hauses nur die Eigentümer des betreffenden Hauses entscheiden und auch hierzu die Kosten alleine aufzubringen haben. Im Einzelfall können sich hier **Abgrenzungsschwierigkeiten** ergeben, wenn die Regelung in der Gemeinschaftsordnung nicht eindeutig oder nicht vollkommen klar ist, ob die Maßnahme nur ein bestimmtes Haus betrifft. Im Zweifel wird der Verwalter eine Zuständigkeit der Gesamtgemeinschaft annehmen müssen.[97]

204 Es ist auch zulässig, dem Verwalter Vollmacht zu erteilen, kleinere Instandhaltungs- oder Instandsetzungsmaßnahmen **ohne Beschluss** der Eigentümerversammlung durchzuführen.

Nach § 27 Abs. 3 Nr. 3 WEG n. F. kann der Verwalter die lfd. Maßnahmen ordnungsmäßiger Instandhaltung und Instandsetzung ohne Beschluss der Eigentümerversammlung treffen. Um aber Abgrenzungsschwierigkeiten zu vermeiden, welche Maßnahmen noch als „laufend" bezeichnet werden kann, sollte dem Verwalter diesbezüglich, ggf. im Verwaltervertrag, eine klare Weisung erteilt werden. So kommen laufende Maßnahmen insbesondere im Rahmen von **Kleinreparaturen** in Betracht. Die Definition wird sich im Zweifel an der Größe der aufzuwendenden Kosten orientieren. Die lfd. Maßnahmen im Sinne von Kleinreparaturen sollten daher der Höhe nach definiert werden, und zwar auf den Einzelfall und auf das jährliche Gesamtvolumen hin bezogen. Andernfalls könnte der Verwalter durch eine Vielzahl kleinerer Reparaturmaßnahmen

---

[95] OLG Düsseldorf OLGReport Düsseldorf 2003, 100 = ZMR 2003, 126.
[96] Vgl. für die eigenmächtige Ersatzbeschaffung einer Waschmaschine OLG Hamburg ZMR 2006, 546.
[97] Vgl. auch zu den Bedenken gegen die Wirksamkeit einer solchen Regelung für eine Mehrhausanlage, *Jennißen,* NZM 2006, 203 (205).

die Beschlussfassung der Eigentümerversammlung umgehen. Es könnte daher im Verwaltervertrag wie folgt formuliert werden:

– *Instandhaltungs- und Instandsetzungsmaßnahmen am Gemeinschaftseigentum kann der Verwalter ohne Beschluss der Eigentümerversammlung bis zur Höhe von 3 000,– EUR je Einzelfall und 10.000,– EUR pro Jahr unmittelbar beauftragen. Für diese Kleinreparaturen ist die Einholung mehrerer Kostenvoranschläge nicht erforderlich. Reparaturen zwischen 3.000,– EUR und 5.000,– EUR kann der Verwalter ebenfalls ohne Zustimmung der Wohnungseigentümerversammlung in Auftrag geben. Diese bedürfen allerdings der Zustimmung des Beirats.*

Die vorstehend genannten Beträge sind von der Größe der Eigentümergemeinschaft abhängig. Bei großen Gemeinschaften sind Reparaturen in einer Größenordnung von 3.000,– EUR je Einzelfall von relativ geringer Bedeutung und als laufende Maßnahme anzusehen. Bei kleineren Eigentümergemeinschaften kann hingegen ein solcher Betrag bereits zu hoch sein. Für die Wirksamkeit der Klausel kommt es daher auf die **Angemessenheit je Einzelfall** an.

Der Verwalter kann sich im Verwaltervertrag ausbedingen, dass ihm seitens der Eigentümergemeinschaft eine **separate Verwaltervollmacht** ausgestellt wird, damit er sich gegenüber Dritten und insbesondere gegenüber Behörden nicht durch Vorlage des gesamten Verwaltervertrags ausweisen muss.

j) Auftragserteilung für die Eigentümergemeinschaft. Auch schon vor der Entscheidung des BGH zur Rechtsfähigkeit der Eigentümergemeinschaft hatte der Verwalter deutlich zu machen, dass er den Auftrag **nicht im eigenen Namen** und für eigene Rechnung erteilt. Durch die Rechtsfähigkeitsentscheidung kann sich der Verwalter es jetzt allerdings ersparen, die Namen der einzelnen Wohnungseigentümer dem Auftragnehmer mitzuteilen.

Macht der Verwalter allerdings bei der Auftragserteilung nicht deutlich, dass er nicht im eigenen Namen, sondern nur für die Eigentümergemeinschaft den Auftrag erteilt, kann im Einzelfall dennoch eine **persönliche Haftung des Verwalters** zu verneinen sein. Die Rechtsprechung stellt hierzu darauf ab, ob sich aus den **Umständen** ergibt, dass der Verwalter nur für die Wohnungseigentümergemeinschaft handeln wollte.[98] Solche Umstände sind im Zweifel schon dann gegeben, wenn der Verwalter die Verwaltungstätigkeit in seine **Firmierung** aufgenommen hat (z. B. „Meier Hausverwaltungen GmbH") und es um die Instandsetzung eines konkreten Objekts geht. Dann muss der Auftragnehmer davon ausgehen, dass das Objekt nicht im Eigenvermögen des WEG-Verwalters steht und daher ein Vertrag mit der dahinter stehenden Eigentümergemeinschaft zu Stande kommt.[98a]

Hat der Verwalter **ohne Ermächtigungsbeschluss** Aufträge im eigenen Namen erteilt, haftet er im Außenverhältnis, kann aber Bereicherungsansprüche gegen die Eigentümergemeinschaft geltend machen.[99]

---

[98] KG KGReport Berlin 1996, 266 = WE 1997, 66; AG Tempelhof-Kreuzberg MietRB 2004, 267.
[98a] A. A. BerlVerfGH NZM 2006, 931.
[99] OLG München ZMR 2006, 639 für den Fall der nicht beschlossenen Herstellung eines Kanalanschlusses; OLG Hamburg ZMR 2006, 546 für den Fall der nicht beschlossenen Ersatzbeschaffung einer defekten Waschmaschine.

Der Verwalter hat vor der Auftragserteilung möglichst **Festpreise** auszuhandeln. Er muss die Eigentümergemeinschaft vor unvorhergesehenen Kostenüberschreitungen schützen. Sind die Preise vor der Beschlussfassung noch nicht abschließend verhandelt, sollte sich der Verwalter durch den Eigentümerbeschluss einen **Spielraum** einräumen lassen, innerhalb dessen er die Verhandlungen selbstständig führen und zum Abschluss bringen kann. Ggfs. kann hier auch die Eigentümerversammlung beschließen, in einem gewissen Umfang Zusatzarbeiten oder Kostenüberschreitungen für Unvorhergesehenes nur nach Rücksprache mit dem **Beirat** vereinbaren zu können.

k) Haftung des Verwalters. aa) Pflichtverletzungen bei Instandhaltungs- und Instandsetzungsmaßnahmen. Die möglichen Haftungstatbestände korrespondieren mit den Pflichten des Verwalters.

208 Nach § 27 Abs. 1 Nr. 2 WEG n. F. hat der Verwalter die für die ordnungsmäßige Instandhaltung und Instandsetzung des gemeinschaftlichen Eigentums erforderlichen Maßnahmen zu treffen. Verletzt er diese Pflicht, kann er sich **schadensersatzpflichtig** machen. Da der Verwalter nur die für die erforderlichen Maßnahmen notwendigen Beschlüsse herbeiführen muss, kommt eine Haftung entweder durch unterlassene Unterrichtung der Eigentümerversammlung oder durch unterlassene Ausführung der getroffenen Beschlüsse in Betracht. Hierbei ist ein **Verschulden** des Verwalters erforderlich, da es sich bei diesen Pflichtenkreisen nicht um werkvertragliche Bestandteile der Verwalteraufgaben handelt.[100] Beim Werkvertrag wird ein Erfolg geschuldet. Die bloße Feststellung von Mängeln und die Organisation der Beschlussfassung durch die Eigentümerversammlung haben aber Dienstvertrags- und nicht Werkvertragselemente. Damit die Wohnungseigentümer die notwendigen Beschlüsse fassen können, hat der Verwalter eine Schadensmeldung eines Wohnungseigentümers **unverzüglich** zu überprüfen und bei unklarem Schadensbild einen Sachverständigen hinzuzuziehen.[101] Wird der Verwalter nicht umgehend tätig, ist neben der Frage der Pflichtverletzung zu prüfen, ob ein **früheres Eingreifen** des Verwalters den Schaden verhindert oder reduziert hätte (Frage der Kausalität).

Dennoch kann der Verwalter haften, wenn er die **im Verkehr erforderliche Sorgfalt** außer Acht lässt, §§ 276 Abs. 2, 280 Abs. 1 BGB.

Eine **Haftung** des Verwalters kommt insbesondere in Betracht, wenn er die folgenden Pflichten verletzt:

– **Mängel und Schäden** am gemeinschaftlichen Eigentum festzustellen;[101a]
– **technische Lösungsvorschläge** zu unterbreiten und entsprechende Angebote von **Fachfirmen** zur Beseitigung der Mängel und Schäden einzuholen;
– **Kostenvoranschläge** einzuholen und zu prüfen;
– die zur Durchführung der erforderlichen Maßnahmen notwendigen **Beschlüsse** vorzubereiten und herbeizuführen;
– die beschlossenen Maßnahmen **unverzüglich** durchführen zu lassen;

---

[100] A. A. *Bauriedl*, ZMR 2006, 252, 255.
[101] BayObLG MietRB 2004, 46.
[101a] OLG Düsseldorf NJW 2007, 161.

XI. Aufgaben des Verwalters

— bei **Gefahr im Verzug** für die Wohnungseigentümer unmittelbar tätig zu werden und ggf. hierzu Anträge auf Durchführung eines selbstständigen Beweisverfahrens zu stellen;
— auf einen etwa drohenden **Ablauf der Gewährleistungsfrist** hinzuweisen und eine Entscheidung der Wohnungseigentümerversammlung über das weitere Vorgehen herbeizuführen.[102]

Vergibt der Verwalter ohne ermächtigenden Beschluss der Wohnungseigentümerversammlung Aufträge zur Ausführung von nicht dringenden Instandsetzungsmaßnahmen erheblichen Umfangs, so kann sich hieraus nicht nur eine Frage des **Kostenerstattungsanspruchs,** sondern auch der **fristlosen Abberufung** des Verwalters ergeben.[103] Die verzögerte Durchführung von Instandsetzungsbeschlüssen kann **Folgeschäden** auslösen, indem sich der Schadensumfang ausdehnt und daher höhere Beseitigungskosten anfallen oder Schäden in den Wohnungen eintreten, die Mietminderungen provozieren.[104] Diese Folgeschäden sind auch einem einzelnen Wohnungseigentümer hinsichtlich seines **Sondereigentums** zu ersetzen, wenn dies auf ein Verschulden des Verwalters zurückzuführen ist. Hierbei ist nicht nur an eine **fehlerhafte** Auftragsdurchführung, sondern auch an einen im Sinne des Verzugs **verspätet** erteilten Auftrag zu denken. Das OLG München[105] nimmt eine Haftung des Verwalters für verspätete Schadensfeststellungen auch dann an, wenn sich nachträglich herausstellt, dass die Schadensursache ausschließlich im Sondereigentum lag. Gegen diese Entscheidung bestehen jedoch Bedenken, da sich Fragen der Kausalität und des Mitverschuldens aufdrängen. Was hat den Wohnungseigentümer daran gehindert, **selbst** die Schadensursache zu suchen?

Entsteht einem Wohnungseigentümer ein Folgeschaden an seinem Sondereigentum, der durch verspätete Mängelbeseitigung am Gemeinschaftseigentum bedingt ist, kann der betreffende Wohnungseigentümer seinen **Folgeschaden** gegenüber dem Verwalter unmittelbar geltend machen.[106] Bis zur WEG-Novelle lässt sich diese Auffassung nur begründen, wenn der einzelne Wohnungseigentümer, der selbst nicht als Vertragspartei des Verwalters angesehen wurde, in die vertraglichen Sorgfalts- und Obhutspflichten einbezogen wird.[106a] Seit der Novelle bedarf es des Rückgriffs auf den Schutzbereich nicht mehr, da die Wohnungseigentümer neben dem Verband Vertragspartner des Verwalters werden. Erkennt der Verwalter eine Gefahrenquelle, muss er die notwendigen Maßnahmen zur Gefahrenbeseitigung **unverzüglich** ergreifen.[107]

Eine besondere Haftung des Verwalters für **verspätete Auftragserteilung** kommt dann in Betracht, wenn alle Voraussetzungen für eine Auftragserteilung vorliegen und der Verwalter es unterlässt, die Auftragsdurchführung so abzurufen, dass die Leistungen noch vor einer **MwSt.-Erhöhung** erbracht werden.

---

[102] Vgl. zu den Haftungstatbeständen auch *Gottschalg,* Die Haftung von Verwalter und Beirat, Rdn. 144 ff.
[103] So auch *Gottschalg,* Die Haftung von Verwalter und Beirat, Rdn. 150.
[104] OLG Köln WE 1997, 198 = OLGReport Köln 1996, 149.
[105] MietRB 2006, 217 = ZMR 2006, 716 = DWE 2006, 107.
[106] OLG Düsseldorf NJW 2007, 161; OLG Köln NZM 2005, 307 = OLGReport 2005, 226.
[106a] OLG Düsseldorf ebenda; *Wenzel* NZM 2006, 321.
[107] OLG Köln NZM 2006, 592 für den Fall, dass eine Asbestkontamination festgestellt wurde.

Hierbei kommt es zwar nicht auf den Zeitpunkt der Auftragserteilung, sondern auf den Zeitpunkt der Leistungserbringung an. Dies muss der Verwalter aber bei seinem Handeln berücksichtigen und alles tun, damit die Leistungen vor einer MwSt.-Erhöhung noch möglichst weitgehend erbracht werden können und Preiserhöhungen nicht greifen.

211 Hat die Eigentümergemeinschaft beschlossen, die Maßnahmen von einem **Architekten** begleiten zu lassen, so haftet der Verwalter nicht für eine Pflichtverletzung des Architekten. Der Architekt ist nicht Erfüllungsgehilfe des Verwalters.[108]

212 Der Verwalter ist als Organ der Eigentümergemeinschaft berechtigt, Leistungen der Werkunternehmer abzunehmen. Festgestellte **Mängel** muss er allerdings rügen und Fristsetzungen bezüglich der Nacherfüllung aussprechen. Eine Befugnis, weitere Gestaltungsrechte wie die Rücktrittserklärung auszuüben, besitzt er nicht.[109] Zahlt der Verwalter vorzeitig, ohne dass die Mängel beseitigt sind und können später die Gewährleistungsansprüche wegen Insolvenz des Werkunternehmers nicht mehr durchgesetzt werden, macht er sich schadensersatzpflichtig.[110]

213 Kommt der Verwalter einem Beschluss der Wohnungseigentümer nicht nach, ist eine **Abmahnung durch einen Wohnungseigentümer** irrelevant. Das Abmahnrecht steht der Eigentümergemeinschaft sowie allen Wohnungseigentümern gemeinsam zu, so dass dem einzelnen Wohnungseigentümer auch die Abmahnkosten vom Verwalter nicht zu ersetzen sind.[111]

213a Der Haftungsmaßstab ist grundsätzlich gleich zu bewerten, egal ob es sich um einen professionellen Verwalter oder um einen sog. **Amateurverwalter** handelt. Lediglich im Einzelfall können den gefälligkeitshalber Tätigen geringere Sorgfaltspflichten treffen.[112]

214 **bb) Pflichtverletzungen bei Verkehrssicherungspflichten.** Der Verwalter kann sich **schadensersatzpflichtig** machen, wenn er ihm übertragene Verkehrssicherungspflichten nicht erledigt. Dabei muss nicht für alle denkbaren Möglichkeiten eines Schadenseintritts Vorsorge getroffen werden. Maßnahmen, die entfernt liegende Möglichkeiten eines Schadenseintritts oder eines solchen bei bestimmungswidriger Nutzung der Wohnungseigentumsanlage betreffen, müssen nicht ergriffen werden.[113]

Die Schadensersatzverpflichtung des Verwalters im Zusammenhang mit der Verletzung von Verkehrssicherungspflichten wird wesentlich durch Einzelfallentscheidungen bestimmt. Haben beispielsweise die Wohnungseigentümer den Verwalter beauftragt, an einem Treppenaufgang ein fehlendes Geländer anbringen zu lassen, so muss er die Treppe provisorisch absichern lassen, wenn die Anbringung des Geländers noch einige Zeit in Anspruch nimmt. In diesem Fall

---

[108] OLG Düsseldorf NZM 1998, 721.
[109] *Gottschalg*, Die Haftung von Verwalter und Beirat, Rdn. 161; *Merle* in Bärmann/Pick/Merle, WEG, § 27 Rdn. 113.
[110] KG WE 1993, 197 = KGReport Berlin 1993, 2.
[111] KG KGReport Berlin 2003, 265 = MietRB 2003, 75.
[112] OLG München ZMR 2006, 716, 717 = DWE 2006, 107.
[113] BGH NJW 1978, 1629; ausführlich hierzu *Gottschalg*, Die Haftung von Verwalter und Beirat, Rdn. 232 ff.

folgt die Schadensersatzverpflichtung aus §§ 847, 823 Abs. 1, Abs. 2 BGB i. V. m. bauordnungsrechtlichen Vorschriften.[114]

Bei der möglichen Schadensersatzverpflichtung des Verwalters ist weiterhin zu berücksichtigen, dass der Verwalter zur Durchführung von **Notmaßnahmen** und zur **Abwendung von Gefahren** keines Beschlusses der Wohnungseigentümerversammlung bedarf. Gottschalg[115] nennt hierzu die Beispiele, dass der Verwalter **Spielgeräte** auf einem zur Wohnanlage gehörenden Spielplatz nicht überwacht, die mangelnde Standsicherheit eines Spielgeräts nicht feststellt und den Missstand nicht beseitigt. Auch müsse der Verwalter das Gebäude und insbesondere die **Dächer** regelmäßig überprüfen, um Schäden durch herabfallende Dachziegel oder Dachteile zu vermeiden. Stellt er dort eine besondere Gefahrenquelle fest, kann er diese ebenfalls ohne Beschluss der Eigentümerversammlung beseitigen lassen.

4. Versicherungspflicht

Nach § 21 Abs. 3 WEG gehört es zu einer ordnungsmäßigen Verwaltung, eine **Feuerversicherung** des gemeinschaftlichen Eigentums zum Neuwert sowie eine angemessene Versicherung der Wohnungseigentümer gegen **Haus- und Grundbesitzerhaftpflicht** abzuschließen. Die Zuordnung dieser Aufgabe zu den Aufgaben der Wohnungseigentümer macht deutlich, dass der Verwalter diese Versicherungen nicht nach eigenem Gutdünken abschließen kann. Sofern die Gemeinschaftsordnung hierzu keine verbindlichen Vorgaben macht, hat die Eigentümergemeinschaft über Umfang und Inhalt des Versicherungsschutzes zu entscheiden. Allerdings muss der Verwalter prüfen, ob ausreichender Versicherungsschutz besteht. Zudem muss er Versicherungsangebote einholen und der Eigentümerversammlung zur Beschlussfassung vorstellen.[116]

Im Außenverhältnis wird der Versicherungsvertrag im Namen der rechtsfähigen Eigentümergemeinschaft abgeschlossen. Diese wird Versicherungsnehmerin, während begünstigte Personen die einzelnen Wohnungseigentümer sind. Dies ist dadurch begründet, dass das zu versichernde Gemeinschaftseigentum den Wohnungseigentümern und nicht dem Verband gehört. Da der Abschluss des Versicherungsvertrags aber nicht von der Eigentümerstellung abhängig ist, so dass z. B. auch Mieter das fremde Eigentum versichern können, schließt der Verwalter die Verträge als Organ des Verbands ab.

Gesetzlich vorgegeben werden die Feuerversicherung und die Haus- und Grundbesitzerhaftpflicht. Darüber hinaus können die Wohnungseigentümer aber weitere Versicherungen mit Mehrheit beschließen, wenn diese ordnungsmäßiger Verwaltung entsprechen. Bei **Leitungswasserversicherung, Sturmversicherung,** Versicherung der **Elementarschäden** und **Gewässerschaden-/Haftpflichtversicherung** bei Vorhandensein eines Öltanks bestehen hieran keine Zweifel. Der Abschluss einer **Glasversicherung,** der die Fensterbruchschäden absichert, entspricht ebenfalls ordnungsmäßiger Verwaltung.

---

[114] BayObLG WE 1996, 315, 316.
[115] Die Haftung von Verwalter und Beirat, Rdn. 239 ff.
[116] Vgl. auch *Drabek* in KK-WEG, § 21 Rdn. 185.

219 Mit dem Abschluss der Gebäudeversicherung sind auch gleichzeitig Teile des Sondereigentums mit erfasst. Bei einem Feuerschaden hat dann der Verwalter die Schwierigkeit, die Versicherungsleistungen zuzuordnen. Häufig versuchen Versicherungen den Versicherungsschaden pauschal abzufinden, was den Nachteil hat, dass der Verwalter die Schadenssumme nicht zuordnen kann. Soweit das Sondereigentum betroffen ist, wird sich die Gebäudeversicherung auch mit der Hausratversicherung auseinandersetzen, falls eine solche vom Sondereigentümer abgeschlossen wurde.

Der Verwalter hat stets zu prüfen, ob der Versicherungsschutz noch genügt.

220 Die Haus- und Grundbesitzerhaftpflichtversicherung ist gleichermaßen für die Wohnungseigentümer wie auch für den Verwalter von wesentlicher Bedeutung. Diese deckt insbesondere Schadensersatzgefahren aus der Verletzung von **Verkehrssicherungspflichten** ab. Nur wenn eine solche Versicherung besteht, kann sich der Verwalter relativ sicher sein, dass er von Dritten wegen Verletzung von Verkehrssicherungspflichten nicht in Anspruch genommen werden kann, bzw. dass er von der Versicherung freigestellt wird.

221 Der Verwalter wird insbesondere dann die **Versicherungssummen** überprüfen lassen müssen, wenn das Objekt wesentlich verändert wurde, was beispielsweise durch **bauliche Veränderungen** geschehen kann. Hierdurch wird auch deutlich, dass die Wohnungseigentümer bei der Genehmigung von baulichen Veränderungen gut daran tun, die Übernahme der Folgerisiken durch den ausbauenden Wohnungseigentümer zu vereinbaren. Hierzu zählt auch die Übernahme der Versicherungsprämien. Ohne eine solche Vereinbarung verbleibt es jedoch bei dem allgemeinen Verteilungsschlüssel. Der Verwalter hat im Rahmen der sog. **Repräsentantenhaftung** den Versicherer unverzüglich darüber zu informieren, wenn entweder gefahrerhöhende Umstände oder ein konkreter Versicherungsfall eintreten.[117] Die **verspätete Meldung** eines Versicherungsfalls durch den Verwalter müssen sich die Wohnungseigentümer zurechnen lassen[118], wobei sie bei einem etwaigen Verschulden des Verwalters diesen in Regress nehmen können. Die verspätete Schadensmeldung kann dazu führen, dass der Versicherer von seiner Leistungspflicht frei wird.

222 Der Verwalter hat auch dafür zu sorgen, dass die **Versicherungsprämien** bezahlt werden. Nach qualifizierter Mahnung kann der Versicherer von der Leistungspflicht frei werden. Damit keine Lücke im Versicherungsschutz entsteht, muss der Verwalter alles Notwendige unternehmen, um die entsprechenden Finanzmittel aufzutreiben. Er muss die Eigentümergemeinschaft unverzüglich informieren, wenn Einschränkungen oder Ausschluss des Versicherungsschutzes droht. Ggf. muss versucht werden, durch den Beschluss über Sonderumlagen die Finanzierungslücke zu schließen. Spätestens dann, wenn die Versicherungsprämien nicht mehr bedient werden können und es dem Verwalter auch nicht gelingt, einen entsprechenden Nachtragshaushalt (Sonderumlage) durch die Eigentümergemeinschaft beschließen zu lassen, wird Insolvenzreife des Verbands anzunehmen sein.

---

[117] Vgl. hierzu auch *Armbrüster,* ZMR 2003, 1, 5.
[118] OLG Köln NZM 2001, 551.

XI. Aufgaben des Verwalters   223–225 A

5. Die wirtschaftlichen Verwaltungsaufgaben

a) **Zahlungsverkehr.** Nach § 27 Abs. 1 Nr. 5 WEG n. F. hat der Verwalter 223
den Zahlungsverkehr für die Wohnungseigentümer und die Eigentümergemeinschaft auszuführen. Er ist somit zur Entgegennahme der lfd. Wohngeldbeträge und zur Begleichung aller Kosten im Zusammenhang mit der Verwaltung des Objektes berechtigt. **Haftungspotential** entsteht für den Verwalter, wenn er Rechnungen der falschen Eigentümergemeinschaft zuordnet und für diese zweckwidrige Zahlungen leistet. Wäre dann mangels Zahlungsfähigkeit der Bereicherungsausgleich nicht durchsetzbar oder der Ersatzanspruch verjährt, kann der Verwalter sich schadensersatzpflichtig gemacht haben.

Auch wenn der Verwalter Rechnungen der Eigentümergemeinschaft aus dem gemeinschaftlichen Vermögen der Wohnungseigentümer begleichen kann, so umfasst dieses Recht nicht die Befugnis, **Ansprüche** im Namen der Wohnungseigentümer anzuerkennen.[119]

Soweit der Verwalter nach § 27 Abs. 1 Nr. 4 WEG n. F. berechtigt wird, Til- 224
gungsbeträge und Hypothekenzinsen anzufordern, in Empfang zu nehmen und abzuführen, vorausgesetzt es handelt sich um gemeinschaftliche Angelegenheiten der Wohnungseigentümer, läuft diese gesetzliche Vollmacht weitgehend leer. Die Vorschrift kommt nur zum Tragen, wenn die Wohnungseigentümer gemeinschaftliche Kredite aufnehmen, was bis zur Rechtsfähigkeitsentscheidung des BGH (s. o. I.) als vereinbarungsnotwendig angesehen wurde. Die **Kreditaufnahme** durch Mehrheitsbeschluss wurde nur dann als ordnungsmäßiger Verwaltung entsprechend angesehen, wenn die Höhe limitiert und die Rückzahlung in angemessener Zeit durch Hausgeldzahlungen sichergestellt war. Als Obergrenze wurde der Betrag von drei Monaten Wohngeld genannt.[120] Die restriktive Haltung bei der Aufnahme von Krediten war darin begründet, dass bis zur Rechtsfähigkeitsentscheidung des BGH eine gesamtschuldnerische Haftung angenommen wurde. Ein Wohnungseigentümer sollte nicht gegen seinen Willen einer so weitreichenden Haftung für gemeinschaftliche Kredite ausgesetzt werden. Es sollte seiner persönlichen Vermögensdisposition überlassen sein, ob und wie er sich refinanziert. Diese Auffassung ist nicht mehr uneingeschränkt vertretbar, da die Wohnungseigentümer nun nicht mehr gesamtschuldnerisch haften und im Außenverhältnis zunächst der Verband verpflichtet wird. Nach § 10 Abs. 8 WEG n. F. besteht nur noch eine **quotale Haftung** der einzelnen Wohnungseigentümer, die somit nicht über das hinausgeht, was auch im Fall einer persönlichen Kreditaufnahme an Haftungsrisiken bestünde. Daher kann über die Kreditaufnahme **mehrheitlich** beschlossen werden (s. hierzu auch oben Rdn. 199 f.)

b) **Kontoführung und Geldverwaltung.** Nach § 27 Abs. 1 Nr. 6 WEG 225
n. F. ist der Verwalter gegenüber den Wohnungseigentümern und der Gemeinschaft berechtigt und verpflichtet, eingenommene Gelder zu verwalten. Das hierzu anzulegende Konto hat der Verwalter nach § 27 Abs. 3 Nr. 5 WEG n. F. im Namen der Wohnungseigentümergemeinschaft anzulegen. Auch wenn § 27

---

[119] BayObLG WE 1997, 434; OLG Düsseldorf NZM 1999, 574.
[120] BayObLG WE 1991, 111; OLG Hamm WE 1992, 136.

Abs. 3 Nr. 5 WEG n. F. nur von der Berechtigung spricht, Konten der Eigentümergemeinschaft zu führen, so umfasst das Führen auch das Eröffnen und das Schließen eines Kontos.[121] § 27 Abs. 5 WEG n. F. komplettiert die Rechte und Pflichten des Verwalters bei der Geldverwaltung der Eigentümergemeinschaft, indem dort die Verpflichtung des Verwalters ausgesprochen wird, eingenommene Gelder von seinem Vermögen **gesondert** zu halten. Die Vorschrift entspricht dem früheren § 27 Abs. 4 WEG.

226 Die Novelle verdeutlicht, dass der Verwalter das Geldvermögen für die rechtsfähige Wohnungseigentümergemeinschaft und nicht für die einzelnen Wohnungseigentümer verwaltet. Insoweit wird nur wiederholt, was bereits § 10 Abs. 7 WEG n. F. regelt, nämlich, dass das Verwaltungsvermögen der Wohnungseigentümergemeinschaft gehört. Darüber hinaus wird aber durch § 27 Abs. 3 Nr. 5 WEG n. F. auch klargestellt, dass das Konto im Namen der Wohnungseigentümergemeinschaft zu führen ist. Damit gibt das Gesetz nun zwingend vor, dass ein **Fremdkonto** anzulegen ist. Es muss sich somit um ein Konto handeln, das die **Eigentümergemeinschaft als Kontoinhaberin** vorsieht und über das der Verwalter lediglich kontoführungsberechtigt ist.[122] Bis zur Entscheidung des BGH v. 2. 6. 2005 zur Rechtsfähigkeit der Wohnungseigentümergemeinschaft[123] war die Anlage eines offenen Fremdkontos praktisch schwierig. Da angenommen wurde, dass die Eigentümergemeinschaft keine eigene Rechtspersönlichkeit hat, mussten alle Wohnungseigentümer bei der Kontoeröffnung mitwirken, da sie Kontoinhaber wurden.[124] Um dieser Schwierigkeit zu entgehen, haben deshalb in der Vergangenheit die Verwalter i.d.R. offene **Treuhandkonten** für die Eigentümergemeinschaft angelegt. Bei diesen Konten wird der Verwalter Kontoinhaber und Verfügungsberechtigter und macht lediglich durch einen Zusatz deutlich, dass es sich nicht um sein eigenes Vermögen handelt.[125] Auch wenn es sich beim Treuhandkonto um ein eigenes Konto des Verwalters handelt, ist ein solches Konto dann vor Pfändungen geschützt, wenn es dem Verwalter gelingt zu beweisen, dass das Konto allein der Aufnahme von Fremdgeldern dient[126] und der Treuhänder über dieses Konto nur im Rahmen der Treuhandabrede verfügt.[127] Diese Nachweisproblematik entfällt, wenn das Konto als offenes Fremdkonto geführt wird.

Nach der Neuregelung des § 27 Abs. 3 Nr. 5 WEG muss nun der Verwalter **zwingend** ein Fremdkonto anlegen. Eine anders geartete Kontoführung stellt eine Verletzung seiner gesetzlichen Pflichten dar. Der Verwalter ist daher gehalten, **auch bereits bestehende Verwaltungskonten,** sofern diese als Treu-

---

[121] So die Gegenäußerung der Bundesregierung zur Stellungnahme des Bundesrats zum Entwurf des WEG in BR-Drucks. 397/05 in *Bärmann/Pick,* WEG, Ergänzungsband zur 17. Aufl., S. 183.
[122] Vgl. zum Charakter des offenen Fremdkontos, *Hadding* in Schimansky/Bunte/Lwowski, Bankrechts-Handbuch, S. 614.
[123] ZMR 2005, 547 = NJW 2005, 2061 = NZM 2005, 543.
[124] BayObLG NZM 2002, 460; *Schwörer,* NZM 2002, 421; a. A. *Bub,* ZWE 2002, 103.
[125] Vgl. zum Charakter des offenen Treuhandkontos, *Hadding* in Schimansky/Bunte/Lwowski, Bankrechts-Handbuch, S. 614.
[126] BGH WPM 1993, 1524; WPM 1996, 662.
[127] BGH WPM 1959, 686, 688.

XI. Aufgaben des Verwalters

handkonten geführt werden, auf im Namen der Wohnungseigentümergemeinschaft neu anzulegende Fremdkonten umschreiben zu lassen.

Es entspricht nicht ordnungsmäßiger Verwaltung, wenn der Verwalter sich für das Konto der Eigentümergemeinschaft eine **EC-Karte** ausstellen lässt. Der Zahlungsverkehr ist schon aus Sicherheitsgründen nur unbar durchzuführen. Benutzt ein Mitarbeiter des Verwalters die EC-Karte für Unterschlagungen, haftet der Verwalter. Dieser darf den Mitarbeitern keinen unkontrollierten Zugang zur EC-Karte ermöglichen und muss die Kontobewegungen regelmäßig kontrollieren.[128]

c) Aufstellen eines Wirtschaftsplans. In § 21 Abs. 5 Nr. 5 WEG schreibt der Gesetzgeber vor, dass die Wohnungseigentümer einen Wirtschaftsplan aufzustellen haben. In § 28 Abs. 1 WEG wird die Ausführung dieser Pflicht dann konkret dem Verwalter zugewiesen. Im Gegensatz zur Jahresabrechnung enthält das Gesetz zum Wirtschaftsplan einige deskriptive Hinweise. So hat der Wirtschaftsplan zu enthalten:
- die voraussichtlichen **Einnahmen und Ausgaben** bei der Verwaltung des gemeinschaftlichen Eigentums,
- die anteilmäßige Verpflichtung der Wohnungseigentümer zur **Lasten- und Kostentragung,**
- die Beitragsleistung der Wohnungseigentümer zu der in § 21 Abs. 5 Nr. 4 WEG vorgesehenen **Instandhaltungsrückstellung.**

Zudem verdeutlicht § 28 Abs. 2 WEG, dass die Wohnungseigentümer nur zur **Vorschussleistung** verpflichtet sind, wenn ein Wirtschaftsplan beschlossen wurde. Ohne Eigentümerbeschluss entsteht keine Zahlungsverpflichtung der Wohnungseigentümer. Der Verwalter kann nicht nach eigenem Gutdünken Zahlungen anfordern.

Nach § 28 Abs. 1 Nr. 1 WEG hat der Verwalter den Wirtschaftsplan jeweils für ein **Kalenderjahr** aufzustellen. Damit sind Wirtschaftspläne, die für ein abweichendes Wirtschaftsjahr erstellt werden, unzulässig.

Der Wirtschaftsplan ist somit die Grundlage für die Bemessung der nach § 28 Abs. 2 WEG zu zahlenden **Wohngeldvorschüsse.** Der Wirtschaftsplan sollte eine **großzügige Vorausschätzung** enthalten, um spätere **Liquiditätsengpässe** von vornherein zu vermeiden.[129]

Von einem gewerbsmäßigen Verwalter muss erwartet werden können, dass er einen Wirtschaftsplan kalkuliert, der Unterdeckungen ausschließt[130], sofern keine überraschenden und unvorhersehbaren Umstände eintreten und insbesondere die Wohnungseigentümer ihren Zahlungsverpflichtungen nachkommen. Dabei muss der Verwalter allerdings stets einkalkulieren, dass einzelne Wohnungseigentümer säumig werden könnten. Auch dies ist ein Grund, den Wirtschaftsplan großzügiger zu kalkulieren.

Der zu beschließende Wirtschaftsplan besteht aus einem **Gesamtwirtschaftsplan** und den **Einzelwirtschaftsplänen.** Jeder Wohnungseigentümer

---

[128] OLG München MietRB 2006, 229.
[129] OLG Hamm OLGZ 1971, 96, 104.
[130] AG Waiblingen WM 1996, 115.

muss erkennen können, welche Vorschüsse von ihm zu leisten sind, so dass die Aufstellung eines Gesamtwirtschaftsplans nicht ausreicht.

232 Da § 28 Abs. 1 WEG festlegt, dass der Wirtschaftsplan für ein Kalenderjahr aufzustellen ist, verliert er grundsätzlich auch mit Ablauf des Kalenderjahres seine Wirkung.[131] Allerdings kann ein Wirtschaftsplan auch über das Kalenderjahr hinaus gelten, wenn die Wohnungseigentümer dies ausdrücklich beschließen. Es entspricht ordnungsmäßiger Verwaltung, wenn die Wohnungseigentümer beschließen, dass der Wirtschaftsplan unverändert auch zu Beginn des nächsten Jahres fortgelten soll, und zwar **bis zur nächsten Eigentümerversammlung.**[132] Nach Auffassung des OLG Hamburg[133] soll die **Fortgeltung des Wirtschaftsplans** über das Ende des Kalenderjahres hinaus im Beschluss der Wohnungseigentümer über den Wirtschaftsplan konkludent enthalten sein. Eine großzügige Auslegung der Beschlussfassung der Eigentümerversammlung über die Fortgeltung des Wirtschaftsplans stelle sicher, dass die Eigentümergemeinschaft auch im nächsten Jahr die lfd. Verwaltungsausgaben aus den Wohngeldzahlungen decken könne. Zudem kann für eine solche Auslegung die mehrjährige vergleichbare Übung der Eigentümergemeinschaft sprechen, dass die Geltung des Wirtschaftsplans stets bis zur Beschlussfassung über den neuen Wirtschaftsplan ausgedehnt wurde.[134]

Der Verwalter kann die Verlängerung des Wirtschaftsplans bis zur nächsten Eigentümerversammlung **klarstellen,** indem er alternativ wie folgt beschließen lässt:

– *Die Eigentümergemeinschaft beschließt den vorgelegten Wirtschaftsplan 2007, der bis zur nächsten ordentlichen Eigentümerversammlung des Jahres 2008 fortgelten soll.*

Nicht zulässig ist eine Beschlussformulierung, wonach der Wirtschaftsplan **stets** fortgilt, bis ein neuer Wirtschaftsplan aufgestellt wird. Ein solcher Beschluss würde die Aufstellung des Wirtschaftsplans über mehrere Jahre entbehrlich machen können, was nichtig ist.[135] Auch wenn die Eigentümergemeinschaft jährlich über den Wirtschaftsplan beschließen muss, so beinhaltet dies nicht die Verpflichtung des Verwalters, jährlich einen neuen Wirtschaftsplan aufstellen zu müssen. Haben sich die wirtschaftlichen Daten **nicht wesentlich verändert,** kann der Verwalter auch beschließen lassen, dass der bisherige Wirtschaftsplan unverändert beschlossen wird.

– *Beschlussformulierung: Der Wirtschaftsplan 2007 wird unverändert für 2008 übernommen und gilt bis zur ordentlichen Eigentümerversammlung 2009 fort.*

233 Neben der Fortdauer des Wirtschaftsplans ist auch über die **Fälligkeit des neuen Wohngeldes** zu beschließen. Findet die Eigentümerversammlung beispielsweise im Juni eines Jahres statt und stellt der Verwalter für diese Versammlung einen neuen Wirtschaftsplan auf, muss im Beschluss klargestellt werden,

---

[131] BayObLG WE 1988, 141; KG DWE 1989, 18.
[132] BayObLG WuM 2003, 293; KG NJW 2002, 3482 = WuM 2002, 392 = NZM 2002, 294; *Becker/Kümmel/Ott,* Wohnungseigentum, Rdn. 475; *Merle* in Bärmann/Pick/Merle, WEG, § 28, Rdn. 48.
[133] WuM 2003, 105.
[134] So im Ergebnis KG WuM 1990, 367.
[135] OLG Düsseldorf ZMR 2003, 767.

XI. Aufgaben des Verwalters   234 A

ob das neue Wohngeld nur für die Zukunft oder auch schon **rückwirkend** ab 1. 1. des laufenden Kalenderjahres gilt. Nur bei einem solchen rückwirkenden Beschluss wird der Jahresetat ausgeglichen sein. Es ist nicht unzulässig, den Wirtschaftsplan rückwirkend auf den 1. 1. des Kalenderjahres zu beschließen. Es muss dann aber weiterhin klargestellt werden, ob die hieraus folgende Differenz als Einmalzahlung nachgeholt wird oder ob bis zum Jahresende die Wohngeldzahlungen entsprechend erhöht werden, um die Fehlbeträge zu verteilen.

Beispiel: Am 30. 6. findet eine Eigentümerversammlung statt und das Wohngeld wird rückwirkend ab 1. 1. des Kalenderjahres erhöht. Der Beschluss kann dann lauten: Die Eigentümergemeinschaft beschließt den Wirtschaftsplan 2006 rückwirkend zum 1. 1. Die Erhöhungsbeträge für den Zeitraum vom 1. 1. bis 30. 6. sind als Einmalzahlung am 15. 8. 2006 fällig. Ab 1. 7. 2006 ist das erhöhte Wohngeld laufend zu zahlen. Alternativ ließe sich berechnen: Ab 1. 7. 2006 wird das Wohngeld um 20% erhöht. Ab 1. 1. 2007 beträgt die Wohngelderhöhung dann nur noch 10%.

d) Erstellen der Jahresabrechnung. Hinsichtlich der Jahresabrechnung hat 234 der Verwalter das Problem, dass das Gesetz zu seinem Inhalt schweigt. Nach § 28 Abs. 3 WEG hat der Verwalter nach Ablauf des Kalenderjahres eine Abrechnung aufzustellen. Nähere Informationen liefert das Gesetz nicht. Die **Rechtsprechung** hat daher im Laufe der Jahre diese gesetzgeberische Lücke auszufüllen versucht. Die insoweit entwickelten Kriterien leiden jedoch allesamt darunter, dass die Thesen sehr pauschal gewählt werden und die Gerichte ein Verständnis für das kaufmännische Rechnungswesen vermissen lassen. So gibt es schon keine einheitliche Terminologie.

Folgende **Inhaltsdefinitionen** der Rechtsprechung hat der Verwalter bei der Erstellung der Jahresabrechnung zu berücksichtigen:

– Die Abrechnung muss aus **Einzel- und Gesamtabrechnung** bestehen.[136]
– Die Abrechnung muss aus sich heraus verständlich und nachprüfbar sein.[137]
– Die Jahresabrechnung muss zu dem Saldo zwischen den auf die Wohnung entfallenden Kosten und den tatsächlich geleisteten Wohngeldzahlungen führen.[138]
– Die Jahresabrechnung muss die **Gesamteinnahmen** und **Gesamtausgaben** erkennen lassen.[139]
– Die Jahresabrechnung soll eine reine Einnahmen- und Ausgabenabrechnung sein.[140]
– Die Jahresabrechnung soll einen Status enthalten, der u. a. die **Entwicklung des Bankkontos** der Gemeinschaft vom Anfangsbestand per 1. 1. bis zum Endbestand per 31. 12. des Kalenderjahres darlegt.[141]

---

[136] BayObLG WE 1995, 161.
[137] OLG Hamm DWE 1997, 37.
[138] BayObLG ZWE 2001, 381; NZM 2002, 1033.
[139] OLG Frankfurt, OLGZ 1984, 333; a. A. BayObLG ZMR 2003, 692, wonach die Angaben nachgeholt werden könnten.
[140] BayObLG DWE 1994, 156; NJW-RR 1993, 1166 = WE 1994, 181; WE 1995, 30; KG NJW-RR 1987, 1160; NJW-RR 1992, 845.
[141] OLG Hamm ZWE 2001, 446; einschränkend BayObLG ZWE 2000, 135 = NJW-RR 2000, 603, wonach Bankanfangs- und Bankendbestand bei gleichzeitiger Entwicklung des Ver-

– Die Jahresabrechnung muss die **Entwicklung der Rücklagen** und die Form ihrer Anlage erkennen lassen.[142]

235 Eine Jahresabrechnung, die die Arbeit des Verwalters überprüfbar macht, ist sehr detailliert aufzustellen. Manche Eigentümer und manche Gerichte werden aber hierdurch überfordert. Eine detaillierte und schlüssige Jahresabrechnung wird wegen **Überforderung** gelegentlich von den Gerichten aufgehoben. Für den Verwalter hat dies im Zweifelsfall zur Konsequenz, dass er zukünftig nur noch vereinfacht und damit sehr intransparent und unschlüssig abrechnet. Eine solche Abrechnung macht seine Arbeit zwar nicht kontrollierbar, scheint aber bei manchen Wohnungseigentümern und Gerichten auf mehr Gefallen zu stoßen. Es könnte daher dem Verwalter zu raten sein, die Wohnungseigentümer über den Inhalt der aufzustellenden Jahresabrechnung beschließen zu lassen. Die Rechtsprechung lässt jedoch einen Beschluss nach dem Motto: „Wie hätten es die Wohnungseigentümer denn gern" nicht zu. So wird beispielsweise ein Beschluss über die Buchung von **Abgrenzungspositionen** als anfechtbar angesehen.[143] Abgrenzungspositionen müssen jedoch gebildet werden, um eine sachlich richtige und periodengerechte Abrechnung zu erstellen.[144] Es ist daher durchaus festzustellen, dass die Rechtsprechung zur Jahresabrechnung in einzelnen Fällen zu falschen Ergebnissen kommt.[145] Die Feststellung, dass die **Abberufung des Verwalters aus wichtigem Grund** gerechtfertigt ist, wenn er „die dem Gesetz entsprechenden überwiegend von Rechtsprechung und Schrifttum anerkannten Methoden zur Abrechnung" nicht berücksichtigt[146], lässt sich so pauschal nicht akzeptieren. Hier ist jeder **Einzelfall** zu untersuchen. Auch wenn der Pauschalität der vorstehenden Auffassung nicht gefolgt werden kann, so war doch im konkreten vom OLG Düsseldorf[147] entschiedenen Fall nicht zu beanstanden, dass wegen **unschlüssiger Darstellung** der Gesamteinnahmen und Gesamtausgaben die **Abrechnung fehlerhaft** war und einen wichtigen Abberufungsgrund darstellte (s. zu den Abberufungsgründen unten XIII. 2. d) bb)).

235 a Durch § 16 Abs. 3 und Abs. 4 WEG n. F. ist der Verwalter jetzt gezwungen, schon in der Buchführung zwischen umlage- und nicht umlagefähigen Kosten zu unterscheiden. Andernfalls können die Kostenverteilungsbeschlüsse der Wohnungseigentümer, die bei Betriebskosten und Kosten der Verwaltung eine weite Beschlusskompetenz und bei der Verteilung von Instanthaltungs- und Instandsetzungskosten eine eingeschränkte Wahlmöglichkeit besitzen, nicht hinreichend vorbereitet oder umgesetzt werden.

236 Vereinzelt wird in Rechtsprechung und Literatur gefordert, dass der Verwalter die Jahresabrechnung bis spätestens 6 Monate nach Ablauf des Wirtschafts-

---

mögens angegeben werden müssen, ohne dass die Art der Vermögensentwicklung näher erläutert werden muss.

[142] BayObLGZ 1989, 310, 314.
[143] KG NJW-RR 1987, 79; BayObLG WE 1990, 133; 1991, 167; 1991, 225; DWE 2001, 32; BayObLGZ 1993, 185, 190.
[144] Siehe hierzu im Einzelnen *Jennißen,* Verwalterabrechnung, VII. Rdn. 20 ff.
[145] *Jennißen,* s. ebenda.
[146] So aber OLG Düsseldorf ZMR 2006, 294.
[147] S. ebenda.

XI. Aufgaben des Verwalters

jahres aufzustellen und zur Beschlussfassung vorzulegen habe.[148] Das Wohnungseigentumsgesetz selbst kennt **keine Vorlagefrist**. Allerdings regelt das Mietrecht seit 1. 9. 2001 in § 556 Abs. 3 BGB, dass der Vermieter spätestens bis zum **Ablauf von 12 Monaten** nach Ende des Abrechnungszeitraums über die Vorauszahlungen auf die Betriebskosten abzurechnen hat. Wohnungseigentumsrechtlich hat der Verwalter ebenfalls spätestens bis zum Ablauf von 12 Monaten nach Ende des Kalenderjahres die Jahresabrechnung vorzulegen, weil danach schon die neue Jahresabrechnung erstellbar ist. Eine ordnungsmäßige Verwaltung erfordert es, dass die Jahresabrechnung auch nicht erst kurz vor Ablauf des Kalenderjahres vorgelegt wird, da dann die vermietenden Wohnungseigentümer keine Gelegenheit mehr hätten, hieraus eine **Betriebskostenabrechnung** zu entwickeln und diese ihren Mietern zuzustellen.

Andererseits sind die handelsrechtlichen Vorlagefristen nicht anwendbar. Sie geben lediglich einen Hinweis darauf, was vom Verwalter gefordert werden könnte. So ist zu empfehlen, dass die Wohnungseigentümergemeinschaft im **Verwaltervertrag** festlegt, dass die Jahresabrechnung **innerhalb von 6 Monaten** nach Ablauf des Kalenderjahres vorzulegen ist. Damit wird der 6-Monatsfrist für kleine Kapitalgesellschaften gem. § 264 Abs. 1 S. 3 HGB entsprochen. Wenn der WEG-Verwalter allerdings nicht binnen Jahresfrist abrechnet, so führt dies doch zu keinem Schadensersatzanspruch der vermietenden Wohnungseigentümer, obschon die verspätete Abrechnung nicht ordnungsmäßiger Verwaltung entspricht. Der Schadensersatzanspruch scheitert daran, dass die Wohnungseigentümer mit ihrer Betriebskostenabrechnung gegenüber ihren Mietern trotz Ablauf der Jahresfrist nicht ausgeschlossen sind. Sie müssen sich das Verhalten des WEG-Verwalters nicht zurechnen lassen.[149] Der WEG-Verwalter ist kein Erfüllungsgehilfe gem. § 278 BGB im Rechtsverhältnis zwischen Vermieter und Mieter.

Aus einer beschlossenen, aber **unvollständigen Jahresabrechnung** kann der vermietende Wohnungseigentümer keinen Schadensersatzanspruch geltend machen, auch wenn der Mieter wegen der Fehler den eigentlich zu fordernden Abrechnungsbetrag nicht zahlt. Eine bestandskräftige Abrechnung kann **keine Schadensersatzverpflichtung wegen inhaltlicher Fehler** mehr auslösen.[150]

e) Ansammlung der Instandhaltungsrücklage. Die Wohnungseigentümer sind verpflichtet, eine **angemessene** Instandhaltungsrücklage anzusammeln, § 21 Abs. 5 Nr. 4 WEG. Für den Verwalter folgt hieraus zunächst die Aufgabe, im kalkulierten **Wirtschaftsplan** den Wohnungseigentümern eine entsprechende Zuführung zur Instandhaltungsrücklage vorzuschlagen. Er hat dabei auf eine ausreichend bemessene Instandhaltungsrücklage hinzuwirken. Die Angemessenheit einer Instandhaltungsrücklage ist vom **Alter** und der konkreten **Beschaffenheit des Objekts** abhängig. Anlagen, die über **technische**

---

[148] BayObLG WE 1991, 223; *Merle* in Bärmann/Pick/Merle § 28 WEG Rdn. 58; a. A. *Sauren*, Wohnungseigentumsgesetz, § 28 Rdn. 16, der die Vorlage der Jahresabrechnung Ende Juni bereits als verspätet ansieht.
[149] AG Singen MietRB 2004, 295.
[150] LG Memmingen MietRB 2005, 98.

Einrichtungen verfügen, die einem erhöhten Verschleiß unterliegen, werden höhere Rücklagen erfordern. Da die Wohnungseigentümer für Schulden der Eigentümergemeinschaft nicht gesamtschuldnerisch haften und somit der Zugriff der Gläubiger eingeschränkt ist, ist die **Bonität** der Eigentümergemeinschaft wesentlich von der Höhe der Instandhaltungsrücklage abhängig.

240 In der Literatur werden verschiedene Vorschläge zur **Bemessung der Instandhaltungsrücklage** unterbreitet, ohne dass sich hieraus etwas allgemein Verbindliches ableiten ließe.[151] Der Verwalter hat den Wohnungseigentümern eine zinsbringende **Anlage der Rücklage** vorzuschlagen, wobei die Anlage nicht spekulativ sein sollte. Wollen die Wohnungseigentümer eine risikoreiche Anlage beschließen, dann muss der Verwalter auf diese Risiken hinweisen. Durch den Beschluss der Wohnungseigentümer wird er nicht von jedweder Sorgfalt befreit.[152] Weit überdurchschnittlich hohe Renditezusagen nähren den Verdacht einer **Risikoanlage.** Auch ist die Bindungsdauer zu berücksichtigen. Eine **langfristig gebundene Anlage** der Rücklage entspricht dann nicht ordnungsmäßiger Verwaltung, wenn jederzeit mit notwendig werdenden Reparaturen zu rechnen ist. Selbstverständlich hat der Verwalter auch hier die Rücklagenkonten auf den Namen der Wohnungseigentümergemeinschaft anzulegen, § 27 Abs. 3 Nr. 5 WEG n. F.

241 Der Verwalter darf über die Zuführungsbeträge zur Instandhaltungsrücklage so lange frei verfügen und auch reparaturfremde Vorgänge bedienen, als die Zweckbindung noch nicht eingetreten ist. Diese **Zweckbindung** tritt ein, wenn der Verwalter den Zuführungsbetrag auf das **separat geführte Rücklagenkonto** überwiesen hat und diese Ist-Rücklage von der Eigentümergemeinschaft beschlossen wurde. Sobald die Zweckbindung eingetreten ist, darf der Verwalter über diese Mittel nur noch verfügen, wenn er durch Eigentümerbeschluss hierzu ermächtigt wurde. Dies gilt erst recht für die **Entnahme des Verwalterhonorars** aus der Rücklage.[153]

242 f) **Insolvenzantragspflicht.** Die Insolvenzantragspflicht der Eigentümergemeinschaft wurde erstmalig in Erwägung gezogen, nachdem der BGH die **Rechtsfähigkeit** der Gemeinschaft feststellte. Hieran schloss sich eine vehemente Diskussion an.[154] Für die **Insolvenzfähigkeit** der Wohnungseigentümergemeinschaft wurde angeführt, dass die Rechtsfähigkeit die Insolvenzfähigkeit zur Folge habe. Dem wurde entgegengehalten, dass das Insolvenzverfahren deshalb nicht angewendet werden könne, weil dieses grundsätzlich zur **Auflösung des Rechtssubjekts** führe, sofern es sich dabei um eine Gesellschaft handele. Die rechtsfähige Eigentümergemeinschaft als eine besondere Gesellschaftsform könne jedoch gem. § 11 WEG nicht aufgelöst werden. Zudem gehöre das Gemeinschaftseigentum nicht dem rechtsfähigen Verband und falle daher nicht in die Insolvenzmasse. Insolvenzmasse seien nur die **Forde-**

---

[151] Vgl. hierzu *Peters,* Instandhaltung und Instandsetzung von Wohnungseigentum, S. 144; *v. Hauff,* DWE 1997, 16, 19.
[152] OLG Celle ZMR 2004, 845.
[153] OLG Düsseldorf ZMR 2005, 468 = NZM 2005, 628 = MietRB 2005, 295.
[154] Die Insolvenzfähigkeit bejahend: *Fischer,* NZI 2005, 586; AG Mönchengladbach ZMR 2006, 403; verneinend: *Bork,* ZinsO 2005, 1067; AG Dresden ZMR 2006, 320; LG Dresden MietRB 2006, 193 = ZMR 2006, 561.

rungen der Eigentümergemeinschaft gegen ihre Mitglieder auf Wohngeldzahlung. Diese Forderungen könnten aber genauso gut im Wege der Einzelzwangsvollstreckung verfolgt werden.[155]

Diese Diskussion ist jetzt durch den Gesetzgeber beendet worden. Nachdem zunächst der Entwurf vorsah, dass die Eröffnung des Insolvenzverfahrens **nicht zur Auflösung** der Eigentümergemeinschaft führt und somit die Insolvenzfähigkeit voraussetzte, hat sich der Gesetzgeber dann doch gegen die Insolvenzfähigkeit entschieden. § 11 Abs. 3 WEG n. F. lautet: *Ein Insolvenzverfahren über das Verwaltervermögen der Gemeinschaft findet nicht statt*. Das aus einer Insolvenzfähigkeit resultierende Risiko des Verwalters, die Frage einer etwaigen Insolvenzreife prüfen zu müssen, stellt sich somit nicht. **243**

g) Haftung des Verwalters für Zahlungsfähigkeit der Gemeinschaft. **244**
Fraglich ist, ob der Verwalter persönlich haftet, wenn er mangels Zahlungsfähigkeit der Gemeinschaft Rechnungen nicht begleicht. Die Rechtsprechung hat für den Geschäftsführer einer GmbH die **persönliche Haftung** in solchen Fällen darauf beschränkt, dass dieser **persönliches Vertrauen** in Anspruch nimmt.[156] Dann, wenn der Gläubiger auf Grund einer persönlichen Beziehung zum Geschäftsführer der GmbH das Vertragsverhältnis mit der GmbH eingeht, ist eine persönliche Haftung des Geschäftsführers denkbar, wenn die GmbH den Zahlungsverpflichtungen aus dem abgeschlossenen Vertrag nicht nachkommen kann. Zudem ist eine Außenhaftung des GmbH-Geschäftsführers denkbar, wenn ein qualifiziertes Eigeninteresse am Vertragsabschluss besteht. Dies soll nach der Rechtsprechung[157] aber nicht allein in seiner Beteiligung an der GmbH gesehen werden können. Denkbar ist ein qualifiziertes Eigeninteresse, wenn der Geschäftsführer den Auftrag für die GmbH erteilt, um einen eigenen Haftungstatbestand zu beseitigen.[158] Übertragen auf den WEG-Verwalter bedeutet dies, dass er selbst dann nicht persönlich für die gesamte Schuld der Eigentümergemeinschaft aus einem Rechtsgeschäft haftet, wenn er selbst Miteigentümer ist. Entsprechend ist auch die Haftung des WEG-Verwalters beschränkt. Bei Inanspruchnahme persönlichen Vertrauens wird ihm eine persönliche Haftung für nicht gedeckte Aufträge angelastet werden können. Das Handeln des WEG-Verwalters muss über seine bloße Organtätigkeit hinausgehen und Erklärungen mit einer gewissen Selbstständigkeit enthalten.[159]

h) Beitreibung säumiger Wohngeldbeträge. Aufgabe des Verwalters ist **245**
es, für die vollständige Zahlung des Wohngelds durch die Wohnungseigentümer zu sorgen. Ist ein Wohnungseigentümer hiermit säumig, hat er diesen zu mahnen. Die **Mahnung** ist zur Auslösung des Verzugs nicht erforderlich, wenn das Wohngeld mtl. fällig ist oder sogar mit konkreten Zahlungsdaten (z. B. am 3. eines Monats) versehen wurde. Bevor jedoch gerichtliche Hilfe in Anspruch genommen wird, ist es sicherlich eine Frage ordnungsmäßiger Verwaltung, zu-

---

[155] LG Dresden, ebenda.
[156] BGH ZIP 1991, 1142; BGH DStR 2002, 1276.
[157] BGHZ 126, 184.
[158] BGH ZIP 1986, 30.
[159] S. zu den gleichlautenden Ausführungen zur Haftung des GmbH-Geschäftsführers, *Hommelhoff/Kleindieck* in Lutter/Hommelhoff, GmbH-Gesetz, § 43 Rdn. 51.

nächst die säumigen Wohnungseigentümer nochmals außergerichtlich an die Wohngeldbeträge zu erinnern. Der Verwalter kann sich hierfür im Verwaltervertrag ein angemessenes **Sonderhonorar** versprechen lassen, das allerdings der Verband dem Verwalter schuldet. Der Verwalter kann somit im Falle der Mahnung das vereinbarte Sonderhonorar vom Konto des Verbands abbuchen. Der Verband hat dann wiederum einen Schadensersatzanspruch unter dem Gesichtspunkt des Verzugs gegen den säumigen Wohnungseigentümer.

246 Zahlt der säumige Wohnungseigentümer trotz Mahnung nicht, muss der Verwalter für eine baldige **Einleitung des gerichtlichen Verfahrens** sorgen. Hierzu kann er entweder im Verwaltervertrag, in der Gemeinschaftsordnung oder per Beschluss **legitimiert** worden sein. Will er die Ansprüche in **Verfahrensstandschaft** geltend machen, bedarf es hierzu einer ausdrücklichen Bevollmächtigung.

Bis zur Gesetzesnovelle hatte der Verwalter zu berücksichtigen, dass der BGH in einer Entscheidung vom 2. 10. 2003[160] festgestellt hat, dass die Eigentümergemeinschaft nicht beliebig eine generelle Fälligkeitsregelung treffen dürfe. Ein solcher generalisierender Beschluss sei nichtig. Demgegenüber könne die Eigentümergemeinschaft nur für den einzelnen Wirtschaftsplan eine **Fälligkeitsregelung** der Art treffen, dass das Wohngeld als Jahresbetrag fällig gestellt und gleichzeitig nachgelassen wird, dieses in 12 gleichen Monatsbeträgen leisten zu können. Dieses Recht entfällt jedoch dann, wenn ein Wohnungseigentümer mit zwei Monatsraten in Zahlungsverzug gerät (sog. Verfallklausel).[161] Diese **Verfallklausel** für den einzelnen Wirtschaftsplan soll jedoch dann **nichtig** sein, wenn in der Zeit der Wirkungsdauer des Wirtschaftsplans mit Eigentümerwechseln, Insolvenzverfahren oder Zwangsverwaltungen hinsichtlich säumiger Wohnungseigentümer zu rechnen ist. Dann würden die Verfallklauseln zu Rechtsnachteilen der Wohnungseigentümer führen.

Diese Problematik muss seit der Gesetzesnovelle nicht weiter vertieft werden. Der Gesetzgeber hat nun in § 21 Abs. 7 WEG n. F. geregelt, dass die Wohnungseigentümer mit Stimmenmehrheit Fälligkeitsregelungen treffen dürfen. Damit überträgt der Gesetzgeber der Eigentümerversammlung eine entsprechende Beschlusskompetenz. Die zum Teil schwierige Unterscheidung, ob eine besondere Fälligkeitsregelung in Form der Verfallklausel oder der Vorfälligkeitsregelung anfechtbar oder nichtig ist, wird obsolet. Somit können jetzt die Wohnungseigentümer mehrheitlich Beschlüsse fassen, die von einem Jahreswohngeld ausgehen, um die Beitreibung des Wohngeldes im Falle der Säumnis zu erleichtern.

Seit der Novelle ist es ebenfalls zulässig, dass die Eigentümergemeinschaft mit Mehrheit einen Verzugszins beschließt, der oberhalb der gesetzlichen Vorgabe des § 288 Abs. 1 BGB liegt. Bis zur Novelle wurde auch hier teilweise angenommen, dass den Wohnungseigentümern die Beschlusskompetenz fehle, von dem gesetzlichen Verzugszins abzuweichen.[162] Somit ist es jetzt nicht mehr zu beanstanden, wenn ein Verzugszins i. H. v. 12% p. a. beschlossen wird. Höhere

---

[160] ZMR 2003, 943 = NJW 2003, 3550.
[161] BGH ZMR 2003, 943 = NZM 2003, 946; *Riecke/Schmidt/Elzer*, Die Eigentümerversammlung, Rdn. 1239.
[162] BGH NJW 2003, 3550, 3553.

Zinssätze können angefochten werden, wenn sie nicht ordnungsmäßiger Verwaltung gem. § 21 Abs. 3 WEG entsprechen. Allerdings ist ein Beschluss, der beispielsweise Verzugszinsen i. H. v. 20% vorsieht, nicht nichtig, da grundsätzlich Beschlusskompetenz besteht.

i) Haftung bei fehlendem Wohngeld. Der Verwalter kann sich **schadensersatzpflichtig** gegenüber dem Verband machen, wenn er Wohngeldbeträge nur verzögert beitreibt und schließlich die Wohngeldbeträge ausfallen, weil inzwischen die **Zahlungsunfähigkeit** eines Wohnungseigentümers eingetreten ist. Ist dann die Verzögerung kausal gewesen, d. h. hätte bei unverzüglicher Beitreibung der Wohngeldrückstand noch realisiert werden können, ist der Verwalter zum Schadensersatz verpflichtet.[163] Stets ist der Einzelfall zu bewerten, so dass sich allgemeine Regeln kaum aufstellen lassen. So kann es durchaus sinnvoll sein und einer Pflichtverletzung des Verwalters entgegenstehen, zunächst zu versuchen, bereits titulierte Forderungen beizutreiben, bevor neue Titel kostenintensiv erstritten werden.[164] Andererseits muss der Verwalter die dreijährige **Verjährungsfrist** gem. § 195 BGB berücksichtigen und darf auch aus diesem Grund nicht zu lange abwarten. Berücksichtigt der Verwalter, dass im Zwangsvollstreckungsweg die Eintragung einer **Zwangshypothek** gem. § 866 Abs. 3 ZPO nur für einen Betrag von mehr als 750,– EUR zulässig ist, könnte, wenn ein anderer Vollstreckungserfolg nicht zu erwarten ist (z. B. war die Zwangsvollstreckung durch den Gerichtsvollzieher fruchtlos) ein Abwarten sinnvoll sein, bis die Schuld des säumigen Wohnungseigentümers 750,– EUR übersteigt.

247

Die verspätete Geltendmachung von Wohngeldrückständen kann auch zur **Abwahl des Verwalters** und Kündigung des Verwaltervertrags aus wichtigem Grund führen.[165]

248

Umgekehrt kann sich der Verwalter **schadensersatzpflichtig** machen, wenn er Wohngeldbeträge gerichtlich geltend macht, die nicht fällig oder schon erfüllt sind. Dies kann dann dazu führen, dass das Gericht ihm die Kosten des Verfahrens einschließlich der außergerichtlichen Kosten des Antragsgegners aufgibt. Dies folgt seit der Gesetzesnovelle aus § 49 Abs. 2 WEG. Bis zur Novelle war diese Frage umstritten. Teilweise wurden dem Verwalter, obschon eine vergleichbare Regelung wie § 49 Abs. 2 WEG n. F. fehlte, die Kosten des Verfahrens auch dann auferlegt, wenn er nicht Partei des Verfahrens war.[166] Demgegenüber wurde in zutreffender Weise argumentiert, dass der Verwalter die außergerichtlichen Kosten des Antragsgegners nur dann zu tragen habe, wenn er die unberechtigte Inanspruchnahme des Antragsgegners als **Partei** veranlasst hat. Dies kommt beispielsweise dann in Betracht, wenn er in Verfahrensstandschaft tätig wurde. Hat er hingegen die Ansprüche für die Eigentümergemeinschaft geltend gemacht, ist er nicht **Beteiligter** des Verfahrens, so dass ihm auch nicht die Kosten des Verfahrens auferlegt werden dürfen.[167] Die

---

[163] *Gottschalg*, Haftung von Verwalter und Beirat, Rdn. 171; AG Idstein MietRB 2004, 82.
[164] So auch LG Berlin ZMR 2006, 393.
[165] OLG Karlsruhe NZM 1998, 768.
[166] BayObLG ZMR 2006, 55 = NZM 2005, 786; KG MietRB 2005, 238.
[167] KG ZMR 2006, 380.

Kosten wurden dann der Eigentümergemeinschaft auferlegt. Die Wohnungseigentümer konnten anschließend beschließen, dass die Eigentümergemeinschaft den Verwalter wegen des eingetretenen Schadens in Regress nimmt. Ggf. musste dieser Anspruch gerichtlich durchgesetzt werden. Indem die Gerichte aber teilweise ohne formelle Beteiligung des WEG-Verwalters diesen mit den Kosten belasteten, verkürzten sie unzulässig den Rechtsweg. Dieses Problem hat der Gesetzgeber gelöst und aus Gründen der Prozessökonomie die **unmittelbare Entscheidung des Gerichts** zugelassen, so dass Regressverfahren überflüssig werden. Voraussetzung ist aber, dass den Verwalter ein **grobes Verschulden** trifft, was bei der Geltendmachung von Wohngeldbeträgen, die nicht fällig oder schon erfüllt sind, der Fall ist.

249 **j) Belegpräsentation.** Das Wohnungseigentumsgesetz enthält keine Vorschrift über das Recht der Wohnungseigentümer, die Belege des Verwalters über das Verwaltungsobjekt einsehen zu können. In § 28 Abs. 4 WEG ist lediglich geregelt, dass die Wohnungseigentümer durch Mehrheitsbeschluss jederzeit von dem Verwalter **Rechnungslegung** verlangen können. Die Rechnungslegung als Einnahmen-/Ausgabenrechnung stellt eine Form des Misstrauensantrags gegen den Verwalter dar. Die Eigentümergemeinschaft ist Anspruchsinhaberin. Hiervon zu unterscheiden ist das Recht eines jeden Wohnungseigentümers, **Einsicht** in die Belege verlangen zu können und sich **Abschriften** fertigen zu dürfen, §§ 675, 666, 259 BGB. Dieses **Einsichtsrecht** wird nicht durch den Beschluss der Eigentümerversammlung über die Jahresabrechnung tangiert.[168] Zur Beleg- und Abrechnungsprüfung gehört auch der Anspruch eines jeden Wohnungseigentümers **vor der Beschlussfassung** über die Jahresabrechnung die **Einzelabrechnungen** der übrigen Wohnungseigentümer einsehen zu dürfen.[169] Der Verwalter muss den Eigentümern Gelegenheit geben, sämtliche Abrechnungen einsehen zu können. Dazu muss vor und während der Eigentümerversammlung im Versammlungsraum Gelegenheit bestehen.[170] Die zunächst geäußerte Auffassung des OLG Köln, dass der Verwalter vor der **Eigentümerversammlung** sämtliche Einzelabrechnungen allen Wohnungseigentümern zusenden müsse[171], ist vom OLG Köln später selbst aufgegeben worden.[172]

250 Der Wohnungseigentümer kann vom Verwalter Einsicht in die Belege, aber nicht **Herausgabe der Originalabrechnungen** verlangen.[173] Das Einsichtsrecht geht auch nicht verloren, wenn der Verwaltungsbeirat bereits eine umfassende Belegprüfung durchgeführt hat. Die Präsentation der Belege vor und während der Eigentümerversammlung schränkt ebenfalls das Einsichts- und Prüfungsrechts eines Wohnungseigentümers nicht ein. Der Auffassung des OLG Köln ist insoweit nur deshalb zu folgen, als der Verwalter in der Eigentümerversammlung in der Lage sein muss, Fragen eines jeden Wohnungseigen-

---

[168] OLG Karlsruhe MDR 1976, 758; OLG Hamm DWE 1985, 127.
[169] OLG Köln WuM 1998, 50.
[170] OLG Köln, s. ebenda.
[171] OLG Köln NJW-RR 1995, 1295 = WE 1995, 222 = ZMR 1995, 324.
[172] OLG Köln WE 1997, 232 = WuM 1997, 62.
[173] BayObLG WE 1989, 145; OLG Celle DWE 1985, 24.

XI. Aufgaben des Verwalters

tümers zum Inhalt seiner Abrechnung beantworten zu können. Die Präsentation der Belege unmittelbar vor der Eigentümerversammlung ermöglicht es zudem auswärtigen Wohnungseigentümern, eine Prüfung vornehmen zu können, ohne ein zweites Mal anreisen zu müssen.

Außerhalb der Eigentümerversammlung muss der Verwalter die Belege und Buchführungsunterlagen an seinem **Geschäftssitz** präsentieren. Der Verwalter erfüllt seine Verwaltungsaufgaben an seinem Geschäftssitz. Lediglich die regelmäßig durchzuführenden Objektbegehungen und Leistungen im Zusammenhang mit der Durchführung von Instandhaltungs- und Instandsetzungsarbeiten sind am Ort des Objekts zu erledigen. Dennoch ist der **Schwerpunkt der Leistungserfüllung** am Verwaltersitz zu sehen.[174] Der Wohnungseigentümer kann auch **Ablichtungen von Belegen** verlangen. Ebenso kann der Verwalter eine begehrte Einsichtnahme unter Hinweis auf die Möglichkeit, dem Wohnungseigentümer Belegkopien zuzusenden, verweigern. Stets kommt es auf das **Verhältnismäßigkeitsprinzip** an. Der Verwalter kann das Erstellen der Belegkopien verweigern und auf eine Einsichtnahme im Verwalterbüro verweisen, wenn die Anzahl der Belegkopien ihm einen **unverhältnismäßigen Aufwand** verursacht. Umgekehrt kann es für den Eigentümer ebenfalls unzumutbar sein, sich auf die Zusendung von Belegkopien verweisen zu lassen, wenn der erhebliche Umfang der Kopien und ein etwaiger Anspruch des Verwalters auf Kostenerstattung für den Einsicht begehrenden Wohnungseigentümer unverhältnismäßig werden.[175] Auch dem **Mieter** eines vermietenden Wohnungseigentümers muss der WEG-Verwalter Einblick in die Belege und Abrechnungsunterlagen gewähren. Den Mieter kann der WEG-Verwalter nicht auf die Einsichtnahme in seinen Büroräumen verweisen, wenn der Verwalter seinen Sitz nicht am Ort der Wohnanlage hat. Zwar steht der Mieter zum WEG-Verwalter in keinem Rechtsverhältnis und kann daher keine weitergehenderen Forderungen als der Wohnungseigentümer stellen. Da der WEG-Verwalter dem Wohnungseigentümer nicht die Originalbelege aushändigen kann, damit dieser seinem Mieter die Einsichtnahme am Ort der Wohnanlage gewähren kann, muss der Verwalter auch im Hinblick auf die Mieter **am Ort der Wohnanlage Belegeinsichtstermine** organisieren. Es sei aber nochmals hervorgehoben, dass diese Termine das Recht des Wohnungseigentümers, Belegkopien fordern zu können, nicht ersetzen. Der Mieter hat **Anspruch auf Übermittlung von Fotokopien** der Belege, wenn ihm die Einsichtnahme in die Abrechnungsunterlagen in den Räumen des Vermieters bzw. des Verwalters wegen der räumlichen Entfernung nicht zugemutet werden kann.[176]

Der Verwalter kann im Verwaltervertrag die Erstellung von Ablichtungen der Belege von der Erstattung der Auslagen abhängig machen. Die Angemessenheit wird sich im Zweifel nach vergleichbaren Regelungen des Rechtsanwaltsvergütungsgesetzes (RVG), der Kostenordnung (KostO) oder des Gerichtsvollzieherkostengesetzes (GvKostG) ergeben. Nach diesen Vorschriften betragen die

---

[174] Vgl. hierzu *Jennißen,* Die Verwalterabrechnung, IX. Rdn. 12; *Merle* in Bärmann/Pick/Merle, WEG, § 28 Rdn. 99; a. A. OLG Karlsruhe MDR 1976, 758; BayObLG WE 1989, 145; OLG Hamm NZM 1998, 722.
[175] So auch für den Bereich des Mietrechts AG Langenfeld WuM 1996, 426.
[176] BGH NJW 2006, 1419, 1421.

Kopierkosten für die ersten 50 Seiten 0,50 EUR und für jede weitere Seite 0,15 EUR, § 136 Abs. 3 KostO, § 36 Abs. 3 GvKostG, Nr. 7000 VV RVG.

253 Das Belegeinsichtsrecht ist **zeitlich nicht beschränkt.** Der Wohnungseigentümer kann die Belege auch noch dann einsehen, wenn die Jahresabrechnung bestandskräftig beschlossen wurde.[177]

254 Das Einsichtsrecht eines jeden Wohnungseigentümers erlischt, wenn der Verwalter nach Ablauf der gesetzlichen **Aufbewahrungspflichten** die Belege vernichtet hat. Die Aufbewahrungsdauer beträgt nach §§ 44, 257 Abs. 1 Nr. 4 HGB, 147 Abs. 1, Abs. 3 AO **10 Jahre.** Die Aufbewahrungsfrist beginnt mit dem Schluss des Kalenderjahres, in dem die letzte buchhalterische Eintragung gemacht und die Jahresabrechnung erstellt wurde. Somit beginnt die 10-Jahresfrist erst mit Ablauf des Jahres, in dem die Jahresabrechnung beschlossen wurde.

255 Das Prüfungsrecht des Wohnungseigentümers ist eingeschränkt, wenn es **schikanös** ist, § 226 BGB.[178] Ein **mehrfaches Einsichtsbegehren** eines einzelnen Eigentümers kann dabei den Schikanetatbestand erfüllen. Ebenso kann der Verwalter das Einsichtsbegehren zurückweisen, wenn der Wohnungseigentümer bei früherer Einsichtnahme Belege **beschädigt oder entwendet** hat. In diesem Fall reduziert sich das Einsichtsrecht auf die Übermittlung von Belegkopien.

Das Kopierersuchen muss sich auf vorhandene und hinreichend **genau bezeichnete** Unterlagen beziehen, die ohne nennenswerten Vorbereitungsaufwand und ohne Störungen des Betriebsablaufs der Verwaltung herausgesucht und fotokopiert werden können.[179] Die Forderung, **alle Belege** kopiert und zugesandt zu erhalten, kann ebenfalls schikanös sein.[180]

6. Durchführung der Eigentümerversammlung

256 **a) Pflicht zur Einberufung.** Der Verwalter ist mindestens **einmal im Jahr** verpflichtet, eine ordentliche Eigentümerversammlung einzuberufen, § 24 Abs. 1 WEG. Ist die Versammlung nicht beschlussfähig, so beruft der Verwalter eine neue Versammlung mit dem gleichen Gegenstand ein, sog. **Wiederholungsversammlung** nach § 25 Abs. 4 WEG. Über die Pflichtversammlung hinaus können durch Vereinbarung auch weitere Pflichtversammlungen festgelegt werden.

257 Darüber hinaus hat der Verwalter eine Eigentümerversammlung einzuberufen, wenn dies schriftlich unter Angabe des Zwecks und der Gründe **von mehr als einem Viertel der Wohnungseigentümer** verlangt wird. Demgegenüber hat der Verwalter ein **eigenes Ermessen,** ob er weitere Eigentümerversammlungen einberuft, weil er dies auf Grund aktueller Entwicklungen innerhalb der Eigentümergemeinschaft für erforderlich hält. Solche zusätzlichen Eigentümerversammlungen werden beispielsweise erforderlich, wenn

---

[177] OLG Frankfurt NJW 1972, 1377.
[178] OLG Hamm DWE 1985, 127; OLG München MietRB 2006, 271.
[179] OLG Hamm ZMR 1998, 586.
[180] OLG München NZM 2006, 512.

- die Eigentümergemeinschaft in einen **Rechtsstreit** verwickelt wird und der Verwalter sich für die weitere Vorgehensweise Weisungen holen will;
- **unvorhergesehene Instandsetzungsmaßnahmen** notwendig werden;
- sich herausstellt, dass der vorgelegte Wirtschaftsplan nicht ausreicht und zusätzliche Finanzmittel durch Beschluss über die Erhebung einer **Sonderumlage** herangezogen werden müssen;
- wenn sich die Eigentümerversammlung hinsichtlich eines oder mehrerer Beschlusspunkte vertagt, weil sie die **Beschlussgrundlagen** noch nicht für hinreichend ausgearbeitet erachtet.

Die vorstehenden Beispiele verdeutlichen, dass der Verwalter immer dann zu einer Eigentümerversammlung einzuberufen hat, wenn dies ordnungsmäßiger Verwaltung entspricht. Wird die Einberufung einer Eigentümerversammlung von einzelnen oder mehreren Wohnungseigentümern gefordert, die nicht ein Viertel der Wohnungseigentümer nach § 24 Abs. 2 WEG verkörpern, so kann die Nichteinberufung einer solchen Versammlung dennoch eine Pflichtverletzung des Verwalters sein, wenn die Einberufungsforderung auf Gründen basiert, die **ordnungsmäßiger Verwaltung** entsprechen. Ist hingegen die gesetzliche Mindestzahl erreicht und werden die formellen Erfordernisse erfüllt (schriftliches Einberufungsverlangen unter Angabe des Zwecks und der Gründe) steht dem Verwalter **kein Prüfungsrecht** zu, ob die Wohnungseigentümerversammlung zweckmäßig und dringend notwendig ist. Er muss der Einladungsforderung grundsätzlich nachkommen.[181] Der Verwalter kann sich lediglich über das Einberufungsverlangen hinwegsetzen, wenn dieses offenkundig **rechtsmissbräuchlich** ist.[182] Beruft der Verwalter die von ihm geforderte außerordentliche Eigentümerversammlung wegen des Verdachts eigener finanzieller Unregelmäßigkeiten nicht unverzüglich ein und tritt den erhobenen Vorwürfen nicht konkret entgegen, so rechtfertigt allein dies dessen **Abberufung** und die **Kündigung** des Verwaltervertrages aus wichtigem Grund.[183] Der **Beiratsvorsitzende** kann die Versammlung einberufen, wenn sich der Verwalter weigert, eine außerordentliche Versammlung mit dem Tagesordnungspunkt der vorzeitigen Beendigung des Verwaltervertrags zu terminieren.[184]

b) Aufstellen der Tagesordnung. Das Einladungsrecht des Verwalters umfasst auch das Recht, die Tagesordnung aufzustellen.[185] Die Tagesordnungspunkte müssen so definiert sein, dass die Wohnungseigentümer erkennen können, ob ein **Beschluss** gefasst werden soll und was dieser zum **Gegenstand** haben wird. Die Wohnungseigentümer sollen vor Überraschungen geschützt werden.[186] Die Wohnungseigentümer sollen sich auf die Eigentümerversammlung vorbereiten und müssen hierzu den Beschlussgegenstand erkennen können. Dazu genügt eine **schlagwortartige Bezeichnung** des Beschlussgegenstands.[187]

---

[181] BayObLG WE 1991, 358; ZWE 2003, 387, 389; OLG Hamm WuM 2001, 461.
[182] BayObLG WE 1991, 358; *Bub* in Staudinger, BGB, § 24 WEG Rdn. 68 a.
[183] OLG Düsseldorf MietRB 2004, 45.
[184] OLG Köln MietRB 2004, 240 = NJW-RR 2004, 733.
[185] BayObLG ZWE 2001, 538, 540; OLG Düsseldorf NJW-RR 1986, 96; *Häublein*, ZMR 2004, 723, 725.
[186] *Riecke/Schmidt/Elzer*, Die Eigentümerversammlung, Rdn. 422.
[187] BayObLG ZMR 2005, 460, 461; OLG Düsseldorf ZMR 2004, 282.

259 Bei einer ordentlichen Eigentümerversammlung werden die Tagesordnungspunkte *Beschluss über Wirtschaftsplan* und *Beschluss über die Jahresabrechnung* zwei Standardtagesordnungspunkte sein. Auch wird der Verwalter vor jeder Eigentümerversammlung sich vergewissern müssen, ob seine Verwalterbestellung binnen der nächsten 12 Monate ausläuft, so dass über die **Wiederwahl** zu entscheiden ist.

Kritisch kann es werden, wenn der Verwalter über die Ankündigung hinaus Beschlüsse herbeiführen will, die vom Kernbereich der Thematik **nicht umfasst** sind. Aus der Rechtsprechung sind folgende Beispiele bekannt:

Mit dem angekündigten Tagesordnungspunkt „Beschluss über den Wirtschaftsplan" kann nicht die **Höhe der Verwaltervergütung** verändert werden;

beim Tagesordnungspunkt „Jahresabrechnung" müssen die Eigentümer nicht mit einer **Änderung des Verteilungsschlüssels** rechnen;[188]

unter dem Tagesordnungspunkt „Verwaltung/Verwalter" muss nicht mit einer Abstimmung über die **Verwalterabberufung** gerechnet werden.[189]

Unter dem Tagesordnungspunkt **„Verschiedenes"** oder „Sonstiges" können grundsätzlich **keine Beschlüsse** gefasst werden. Dieser Tagesordnungspunkt lässt nur allgemeine Erörterungen oder einen Informationsaustausch erwarten. Aus Rechtssicherheitsgründen ist nicht der Auffassung zu folgen, dass unter diesem Tagesordnungspunkt Gegenstände von untergeordneter Bedeutung beschlossen werden dürften, mit denen jeder Eigentümer vernünftigerweise noch rechnen musste.[190]

So ist es insbesondere **unzulässig**, unter „Verschiedenes" einen Beschluss zur **Hausordnung** oder zu **besonderen Nutzungsregelungen** zu treffen. Aus der Rechtsprechung sind hierzu die Regelungen über Betriebszeiten für Waschmaschinen[191], die Umwidmung eines Tischtennisraums in einen Geräteraum[192] oder die Genehmigung zur Errichtung einer Satellitenempfangsanlage auf dem Flachdach des Hauses[193] zu nennen. Ausnahmsweise werden Beschlüsse unter dem Tagesordnungspunkt „Verschiedenes" unbedenklich sein, wenn sie nur einen **späteren Beschluss vorbereiten** sollen. Beispielsweise ist ein Beschluss nicht zu beanstanden, der den Verwalter beauftragt, für die nächste Eigentümerversammlung Kostenvoranschläge über eine bestimmte Instandsetzungsmaßnahme einzuholen. Ein solcher Beschluss hat noch keine Auswirkungen, da er lediglich einen späteren Beschluss ermöglicht.

260 Allerdings können die Wohnungseigentümer auch ohne Ankündigung in der Tagesordnung stets Beschlüsse zur **Geschäftsordnung** fassen. **Organisationsbeschlüsse,** die den Ablauf der Eigentümerversammlung betreffen, können **jederzeit mehrheitlich** in der Versammlung gefasst werden. Sie erledigen sich mit dem Ende der Eigentümerversammlung und haben in der Regel keine

---

[188] OLG Düsseldorf ZMR 2005, 895.
[189] OLG Düsseldorf NJW-RR 1986, 96, 97.
[190] OLG Düsseldorf ZMR 1997, 91 = WuM 1997, 62; OLG Saarbrücken ZMR 2004, 533; *Riecke/Schmidt/Elzer,* Die Eigentümerversammlung, Rdn. 443.
[191] BayObLG WE 1988, 67.
[192] KG OLGZ 1994, 399.
[193] BayObLG BayObLGReport 2004, 327.

XI. Aufgaben des Verwalters

fortdauernde Wirkung. Hat der Geschäftsordnungsbeschluss allerdings **Auswirkungen auf einen materiellen Beschluss,** kann indirekt die Anfechtung des materiellen Beschlusses wegen fehlerhaftem Organisationsbeschluss bzw. daraus resultierender Folgen möglich sein.[194]

Ist eine solche Beschlussfassung in der Einladung als Tagesordnungspunkt nicht gekennzeichnet und wird erst in der Versammlung eine **Beschlussvorlage** unterbreitet, kann ein Wohnungseigentümer diesen Beschluss **anfechten.** In diesem Fall sind dem Verwalter die Kosten des Verfahrens aufzuerlegen, weil er durch die nicht angekündigte Beschlussfassung zu diesem Gerichtsverfahren Anlass gegeben hat. Im Rahmen der **Schadensersatzverpflichtung** kann das Gericht aussprechen, dass er als Beteiligter am Verfahren die Gerichtskosten zu tragen hat.[195]

Bei größeren Eigentümerversammlungen ist der Verwalter gut beraten, wenn er schon mit der Tagesordnung schriftliche **Hinweise** zu den einzelnen Beschlusspunkten und ggf. auch schon **Beschlussvorschläge** unterbreitet. Hierdurch können sich die Wohnungseigentümer nicht nur besser auf die Eigentümerversammlung einstellen, sondern es wird auch ein gestraffter Versammlungsablauf gewährleistet.

Weigert sich der Verwalter, ein bestimmtes Thema auf die Tagesordnung zu setzen, kann der dies wünschende Eigentümer die ablehnende Haltung des Verwalters überprüfen lassen, indem er **gerichtlich** die Aufnahme dieses Tagesordnungspunkts beantragt.[196]

Zur Aufstellung der Tagesordnung zählt es auch, die **Reihenfolge** der abzuhandelnden Themen festzulegen. Teilweise folgt die Reihenfolge schon aus einer inneren Logik. So ist zunächst über die Jahresabrechnung für das abgelaufene Kalenderjahr zu beschließen, bevor sich die Eigentümerversammlung mit dem Wirtschaftsplan für das laufende und kommende Jahr beschäftigt. Über eine etwaige Anpassung des Wohngelds können die Wohnungseigentümer erst dann diskutieren und beschließen, wenn die Jahresabrechnung für das abgelaufene Kalenderjahr vorliegt bzw. beschlossen wurde. Auch über die Entlastung des Verwalters können die Wohnungseigentümer erst nach der Jahresabrechnung beschließen. Über solche Notwendigkeiten hinaus entspricht es einer weitverbreiteten **Taktik** der Verwalter, unbequeme Tagesordnungspunkte an das Ende der Versammlung zu setzen. Hierbei wird darauf spekuliert, dass auf Grund einer allgemeinen Ermüdung solche Tagesordnungspunkte schneller abgehandelt werden als zu Beginn. Die Reihenfolge der Tagesordnung kann aber jederzeit durch **Geschäftsordnungsbeschluss** mehrheitlich abgeändert werden.[197]

Ergänzungen der Tagesordnung können aus verschiedenen Gründen nachträglich notwendig werden. Der Verwalter kann insoweit die **Tagesordnung** noch **anpassen,** wenn er diese Veränderung den Eigentümern noch unter Berücksichtigung der **Ladungsfrist** des § 24 Abs. 4 WEG oder einer etwas längeren Ladungsfrist gem. Gemeinschaftsordnung mitteilen kann. Andernfalls ist das

---

[194] OLG München ZMR 2006, 68.
[195] AG Neubrandenburg ZMR 2006, 162.
[196] Vgl. hierzu *Riecke/Schmidt/Elzer,* Eigentümerversammlung, Rdn. 415.
[197] OLG Düsseldorf WuM 1993, 305.

Nachschieben eines Tagesordnungspunkts nur noch dann zulässig, wenn eine besondere **Dringlichkeit** gem. § 24 Abs. 4 WEG vorliegt. Ohne dass ein Fall der Dringlichkeit vorliegt, beträgt die gesetzliche Ladungsfrist seit der WEG-Novelle **zwei Wochen,** § 24 Abs. 4 Satz 2 WEG.

Der Verwalter kann auch dann zur ordentlichen Versammlung einladen, wenn seine **Wiederwahl** angefochten wurde. Bis zur rechtskräftigen Aufhebung der Wiederwahl bleibt der Verwalter im Amt. Lädt hingegen der **abberufene Verwalter** zu einer Eigentümerversammlung ein und wird später der Abberufungsbeschluss für ungültig erklärt, so sind dennoch die in dieser Versammlung gefassten Beschlüsse anfechtbar. Dies dient der Rechtssicherheit, da andernfalls die Wohnungseigentümer nicht übersehen könnten, ob sie der Einladung durch den abberufenen Verwalter folgen müssten.[198] Zudem bestünde die Möglichkeit, dass sowohl der abberufene als auch der neu gewählte Verwalter zu Versammlungen einladen und die Wohnungseigentümer widersprechende Beschlüsse fassen.

264 c) **Versammlungsort und -zeit.** Neben der Tagesordnung bestimmt der Verwalter auch den Versammlungsort und die Versammlungszeit. Die Versammlung muss nicht zwingend am Ort der Wohnanlage stattfinden. Allerdings muss sie verkehrsüblich erreichbar und in einem **örtlichen Bezug zur Wohnanlage** liegen.[199] Dies gilt auch dann, wenn die Mehrheit der Wohnungseigentümer außerhalb des Orts der Anlage wohnt. Auswärtige Wohnungseigentümer müssen eine Anreise zur Eigentümerversammlung von vornherein in Kauf nehmen, nicht aber die, die in der Anlage wohnen.[200]

Hinsichtlich der Versammlungszeit muss der Verwalter auf die beruflichen Interessen der Wohnungseigentümer Rücksicht nehmen, so dass Eigentümerversammlungen am Vormittag ausscheiden und grundsätzlich **nicht vor 17.00 Uhr** eingeladen werden sollte.[201] Teilweise wird eine Eigentümerversammlung vor 18.00 Uhr schon als rechtswidrig angesehen.[202] Ein Versammlungstermin in der **Schulferienzeit** ist zulässig[203] sowie eine Einladung auf einen **Sonn- oder Feiertag** nach 11.00 Uhr.[204]

265 Der Verwalter hat auf die **Nichtöffentlichkeit** der Versammlung zu achten. Deshalb muss er einen Versammlungsort wählen, der sicherstellt, dass die Wohnungseigentümer unter sich sind und Dritte nicht der Versammlung folgen können. In einer Gaststätte muss es sich um einen **separaten Raum** handeln. Ebenso wenig ist der Vorgarten einer Gaststätte ordnungsgemäß.[205] Auch muss der Verwalter als Versammlungsleiter dem Antrag eines Wohnungseigentümers, das Rau-

---

[198] So auch im Ergebnis *Bub* in Staudinger, BGB, § 24 WEG Rdn. 36; a. A. *Drasdo,* Eigentümerversammlung, Rdn. 40.
[199] OLG Köln NJW-RR 1991, 725; *Gottschalg,* NZM 1999, 825; a. A. AG Berlin-Neukölln DWE 1989, 128; *Röll/Sauren,* Rdn. 216.
[200] OLG Köln ZMR 2006, 384 = NZM 2006, 227.
[201] OLG Düsseldorf WuM 1993, 305 = WE 1993, 99; *Gottschalg,* NZM 1999, 825.
[202] AG Köln ZMR 2004, 546.
[203] BayObLG ZWE 2002, 526; *Häublein,* ZMR 2004, 723, 727; a. A. *Röll/Sauren,* Handbuch, Rdn. 216.
[204] OLG Schleswig NJW-RR 1987, 1362; OLG Stuttgart WuM 1986, 292; a. A. *Bassenge* in Palandt, BGB, § 24 WEG Rdn. 10.
[205] KG WE 1998, 31.

XI. Aufgaben des Verwalters   266–268 **A**

chen einzustellen, folgen und ein solches **Rauchverbot** anordnen. Geschieht dies nicht, können die Beschlüsse angefochten werden, weil dies einem rechtswidrigen **Ausschlussversuch** gleichkommt.[206] Umgekehrt müssen bei einer länger andauernden Versammlung **Zigarettenpausen** eingelegt werden, um wiederum Raucher nicht von der Versammlung – auch zeitweise – auszuschließen.[207]

Die Eigentümerversammlung muss so organisiert werden, dass es den einzelnen Wohnungseigentümern noch zumutbar ist, der Versammlung zu folgen. Die **Versammlungsdauer** ist auch von der **Größe** der Eigentümerversammlung und der **Dringlichkeit** der zu fassenden Beschlüsse abhängig. Eine fünfstündige Versammlungsdauer bei einer aus 500 Eigentümern bestehenden Gemeinschaft wurde nicht beanstandet.[208] **266**

d) Einzuladende Personen. Der Verwalter hat die Wohnungseigentümer zur Versammlung einzuladen. Da der Verwalter nicht sicher sein kann, dass ihm **Eigentümerwechsel** hinreichend bekannt gegeben werden, müsste er das **Grundbuch** überprüfen, wenn er sicher gehen will, dass er auch den richtigen Adressatenkreis vollständig erfasst. Anstelle des eingetragenen Wohnungseigentümers sind zu laden: **267**
– der **gesetzliche Vertreter** bei einem geschäftsunfähigen Wohnungseigentümer,
– der **Zwangsverwalter,**
– der **Insolvenzverwalter,**
– der **Testamentsvollstrecker.**[209]

Die Inhaber von Dauerwohnrechten oder Nießbrauchsrechten sind nicht einzuladen.[210]

Nach der Kontrolle des Grundbuchs im Zeitpunkt der Einladung zur Eigentümerversammlung ist eine weitere Kontrolle vor dem Tag der Eigentümerversammlung sinnvoll, aber nicht praxisgerecht. Vielmehr wird man verlangen können, dass sich im Fall eines Eigentümerwechsels zwischen Ladung und Versammlung der **neue Eigentümer** durch Vorlage eines Grundbuchauszugs **legitimiert.**[211]

Will der Verwalter **Berater** zur Versammlung hinzuziehen, kann er dies zum einen in der Einladung ankündigen, muss aber dann zu Beginn der Versammlung hierüber abstimmen lassen. Dies ist entbehrlich, wenn die Eigentümergemeinschaft in einer früheren Versammlung bereits beschlossen hatte, dass ein Sachverständiger zur Klärung einer Problematik hinzugezogen werden soll. Dann kann der Verwalter auch davon ausgehen, dass dieser Sachverständige seine Feststellungen in der Versammlung unterbreiten darf. **268**

---

[206] OLG Köln NZM 2000, 1017.
[207] OLG Köln NZM 2000, 1017.
[208] OLG Köln ZMR 2005, 77.
[209] AG Essen NJW-RR 1996, 79; *Bub* in Staudinger, § 24 Rdn. 57; nach *Riecke* in KK-WEG, § 24 Rdn. 46 ist der Testamentsvollstrecker und der Erbe zu laden.
[210] BGHZ MR 2002, 440; a. A. *Riecke* in KK-WEG, § 24 Rdn. 45.
[211] Nach *Riecke/Schmidt/Elzer*, Eigentümerversammlung, Rdn. 470 sei der Verwalter nicht verpflichtet, die Einladung gegenüber dem Erwerber nachzuholen, wenn der Verwalter nach der Einladung vom Eigentümerwechsel Kenntnis erhält; ihm sei allerdings die Einladung des Erwerbers zu empfehlen.

269 Wenn die Gemeinschaftsordnung nichts Gegenteiliges regelt, kann sich jeder Wohnungseigentümer durch eine andere beliebige Person **vertreten** lassen. So kann der Wohnungseigentümer auch dem Verwalter mitteilen, dass eine von ihm **bevollmächtigte Person** zu laden ist. Es handelt sich somit um die Bekanntgabe einer abweichenden Ladungsadresse. Dies kommt beispielsweise in Betracht, wenn sich der Wohnungseigentümer für längere Zeit im Ausland aufhält. Der Verwalter hat diese Angaben zu berücksichtigen. Ebenso ist es möglich, dass der Veräußerer einer Wohnung den **Wohnungserwerber** zur Teilnahme an der Eigentümerversammlung bevollmächtigt. Ohne eine solche Vollmacht ist allerdings immer der im Grundbuch eingetragene Eigentümer zu laden. Der werdende Wohnungseigentümer, d.h. der Käufer, dem bereits der Besitz übertragen wurde und sein Eigentum durch eine Auflassungsvormerkung gesichert wurde, ist nicht zu laden. Dies gilt selbst dann, wenn der **Kaufvertrag** eine anderslautende Regelung enthalten sollte, da **schuldrechtliche Vereinbarungen** zwischen Veräußerer und Erwerber vom Verwalter nicht zur Kenntnis genommen werden müssen. Etwas anderes gilt nur dann, wenn der Verwalter ausdrücklich vom Veräußerer auf die Vollmachterteilung **hingewiesen** wird und somit der Veräußerer gegenüber dem Verwalter auf seine Ladung **verzichtet**.

270 **e) Feststellung der Stimmberechtigung.** Der Verwalter hat als Versammlungsleiter nicht nur zu Beginn der Versammlung die **Beschlussfähigkeit** festzustellen, sondern auch bei jedem einzelnen Tagesordnungspunkt, falls unveränderte Präsenz nicht sicher ist. Bei Eigentümerversammlungen im kleinen Kreis erfordert dies keine besonderen Feststellungen. Bei größeren Eigentümerversammlungen muss hingegen durch eine **Türkontrolle** sichergestellt sein, dass einzelne Wohnungseigentümer nicht unbemerkt die Versammlung verlassen können und damit die Anzahl der stimmberechtigten Wohnungseigentümer nicht korrekt feststeht.

271 In Einzelfällen kann das **Stimmrecht** eines Eigentümers **ausgeschlossen** sein. § 25 Abs. 5 WEG sieht einen solchen Ausschluss für solche Beschlussgegenstände vor, die ein **Rechtsgeschäft mit diesem Wohnungseigentümer** oder die Einleitung oder Erledigung eines **Rechtsstreits** gegen diesen Eigentümer zum Gegenstand haben.

Problematisch ist auch die Bestimmung des stimmberechtigten Personenkreises in einer **Mehrhausanlage.** Grundsätzlich haben auch hier zu allen Themen alle Wohnungseigentümer ein uneingeschränktes Stimmrecht. Etwas anderes gilt aber dann, wenn die Gemeinschaftsordnung bestimmt, dass solche Beschlussgegenstände, die ausschließlich eine **Maßnahme des einzelnen Hauses** betreffen, auch nur von den betroffenen Wohnungseigentümern behandelt und beschlossen werden dürfen. Zweifelhaft ist allerdings, ob diese Regelung auch noch nach der Feststellung der Rechtsfähigkeit der Eigentümergemeinschaft uneingeschränkt angewendet werden kann. Das einzelne Haus als **Untergemeinschaft ist selbst nicht rechtsfähig.**[212]

272 **Instandsetzungsaufträge,** die nur ein einzelnes Haus betreffen, sind gegenüber dem Werkunternehmer im **Namen** der gesamten Eigentümergemeinschaft und somit **des rechtsfähigen Verbands** zu erteilen. Damit entsteht im

---

[212] *Jennißen,* NZM 2006, 203, 206; *Wenzel,* NZM 2006, 321, 324.

XI. Aufgaben des Verwalters

Außenverhältnis die Haftung des Gesamtverbands, während nach der Regelung in der Gemeinschaftsordnung nur die Wohnungseigentümer eines Hauses der Mehrhausanlage stimmberechtigt wären. Dies verstößt aber gegen den Grundsatz, dass immer die Personen stimmberechtigt sind, die auch die **haftungsrechtlichen Konsequenzen** zu tragen haben. Auch wenn im Außenverhältnis der rechtsfähige Verband haftet, so haftet daneben auch jeder Wohnungseigentümer gem. § 10 Abs. 8 WEG n. F. in Höhe seines Miteigentumsanteils. Wenzel[213] ist der Auffassung, dass dennoch das Stimmrecht der Wohnungseigentümer des einzelnen Hauses uneingeschränkt bestehe, weil es der Regelung in der Gemeinschaftsordnung entspreche. Eine vom allgemeinen Grundsatz abweichende Stimmrechtsregelung könne vereinbart werden. Diese Auffassung ist aber zumindest für solche Gemeinschaftsordnungen zweifelhaft, die vor der Entscheidung des BGH zur Rechtsfähigkeit aufgestellt wurden und noch die gesamtschuldnerische Haftung **aller** Wohnungseigentümer zur Folge hatten Der Unterschied liegt darin, dass bis zur Rechtsfähigkeitsentscheidung des BGH (s. o. I.) angenommen wurde, dass der Instandsetzungsauftrag im Namen der Eigentümer des jeweiligen Hauses erteilt werden könnte. Dann wäre auch für diese Wohnungseigentümer eine gesamtschuldnerische Haftung entstanden. Die übrigen Wohnungseigentümer hätten nicht gehaftet. Indem aber der BGH klargestellt hat, dass die Auftragserteilung im Außenverhältnis immer im Namen des rechtsfähigen Verbands zu erfolgen hat und der Verband durch die gesamte Eigentümergemeinschaft bestimmt wird, wird nun bei einem Instandsetzungsauftrag im Außenverhältnis zunächst der Gesamtverband verpflichtet. Konsequenz hieraus ist aber, dass alle Wohnungseigentümer – und nicht nur die des betreffenden Hauses – im Außenverhältnis in Höhe ihres jeweiligen Miteigentumsanteils quotal gem. § 10 Abs. 8 WEG n. F. haften. Da die Regelung in der Gemeinschaftsordnung diese konkrete Haftungsfolge nicht kennen konnte, kann sie auch nicht einschlägig sein. Die Auslegung der Gemeinschaftsordnung muss dazu führen, dass Beschlusskompetenz und Haftungsfolgen wieder einhergehen. Es stellen sich hierzu zwei Lösungsmöglichkeiten:

Entweder wird der Beschluss von der Gesamtgemeinschaft gefasst, so dass die Beschlusskompetenz nicht nur auf die Wohnungseigentümer des betreffenden Hauses beschränkt ist, oder, es beschließen nur die betreffenden Wohnungseigentümer des jeweiligen Hauses, weil die Regelung in der Gemeinschaftsordnung eine interne Freistellungsverpflichtung der Eigentümer des betreffenden Hauses gegenüber allen anderen Wohnungseigentümern beinhaltet. Dennoch wird dies alleine nicht genügen, um das Stimmrecht bei den jeweiligen Hauseigentümern anzusiedeln. Zusätzlich ist es erforderlich, dass die Bezahlung des Auftrags aus der Instandhaltungsrücklage des jeweiligen Hauses sichergestellt ist. Nur dann, wenn kein Restrisiko für die übrigen Wohnungseigentümer wegen ihrer quotalen Haftung im Außenverhältnis tatsächlich entsteht, lässt sich das Stimmrecht auf die Mitglieder des betreffenden Hauses beschränken.

f) Leitung der Versammlung. In der Versammlung führt grundsätzlich der Verwalter den **Vorsitz**, § 24 Abs. 5 WEG. Allerdings können die Wohnungseigentümer in der Versammlung jederzeit einen anderen Versammlungs-

---

[213] *Jennißen*, NZM 2006, 203, 206; *Wenzel*, NZM 2006, 321, 324.

leiter mehrheitlich **wählen.** Solche Beschlüsse zur Geschäftsordnung können auch dann gefasst werden, wenn sie nicht in der Tagesordnung aufgeführt sind. Allerdings muss der Verwalter die Frage der Versammlungsleitung nicht unverlangt zur Disposition stellen.

274 Mit dem Recht, den Vorsitz in der Versammlung zu führen, sind weitere Nebenrechte verbunden:

- das **Hausrecht,**
- Bestimmung der **Form** der Beschlussfassung,
- Bestimmung der **Reihenfolge** der Abstimmung,
- Begrenzung der **Redezeit**[214],
- Feststellung und **Verkündung** des Beschlussergebnisses.

Sämtliche vorstehend genannten Rechte können dem Verwalter aber durch Mehrheitsbeschluss in der Versammlung entzogen werden.

Der Verwalter hat als Versammlungsleiter darauf zu achten, dass er alle Wohnungseigentümer **gleich behandelt.** Auch wenn die Redezeit beschränkt werden kann, so darf dies nicht willkürlich erscheinen und keinen Wohnungseigentümer von seinem Anspruch auf Mitbestimmung sowie auf **rechtliches Gehör** ausschließen.[215]

275 Der Verwalter kann, wenn es sich um eine natürliche Person handelt, die Versammlungsleitung durch einen **Erfüllungsgehilfen** i.S.v. § 278 BGB und insbesondere durch einen Angestellten durchführen lassen.[216] Bei einer Personengesellschaft oder einer juristischen Person ist die Vertretung unproblematischer. Den Vorsitz in der Versammlung und somit die Vertretung des Verwalters können **alle vertretungsberechtigten Gesellschafter, Geschäftsführer oder Prokuristen** übernehmen. Erst dann, wenn ein einfacher Mitarbeiter die Versammlung leiten soll, ist die Problematik mit einem Verwalter vergleichbar, der als natürliche Person handelt. Allerdings kann sich der Verwalter nicht durch eine Person vertreten lassen, die mit seinem Verwaltungsunternehmen in keiner **direkten Beziehung** steht, z.B. durch den Ehegatten.[217]

276 g) **Feststellung des Abstimmungsergebnisses.** Der Verwalter hat als Versammlungsleiter die schwierige Aufgabe, Beschlüsse festzustellen. Dazu zählt sowohl die zutreffende Formulierung des Beschlussinhalts als auch die Feststellung der Abstimmungsergebnisse. Bei der Auszählung der Stimmen darf er nach der **Subtraktionsmethode** vorgehen[218], indem er beispielsweise die Ja-Stimmen und die Enthaltungen zählt und dann auf die Nein-Stimmen schließt. Da der Verwalter auch festhalten muss, wenn ein Wohnungseigentümer den Raum verlässt und keinem anderen Wohnungseigentümer sein Stimmrecht

---

[214] OLG Stuttgart DWE 1987, 30.
[215] Vgl. hierzu auch *Bub* in Staudinger, BGB, § 24 WEG Rdn. 92.
[216] KG ZWE 2001, 75 = ZMR 2001, 223 = WuM 2001, 44; BayObLG ZMR 2001, 826 = ZWE 2001, 490 = NZM 2001, 766; OLG Schleswig WE 1997, 388; OLG Düsseldorf WE 1996, 72; *Riecke* in KK-WEG, § 24 Rdn. 69; a.A. *Lüke* in Weitnauer, WEG, § 24 Rdn. 15, der eine Vertretung durch einen Mitarbeiter nur dann für zulässig hält, wenn die Eigentümerversammlung ausdrücklich oder zumindest konkludent die Versammlungsleitung durch diesen Mitarbeiter genehmigt.
[217] A.A. *Riecke* in KK-WEG, § 24 Rdn. 69.
[218] BGH DWE 2002, 125 = NZM 2002, 992 = ZMR 2002, 936 = WuM 2002, 624.

XI. Aufgaben des Verwalters

überträgt, muss bei jeder Beschlussfassung die Anzahl der Stimmrechte bekannt sein. Somit kann aus der Addition der Ja-Stimmen und der Enthaltungen im Vergleich der Anzahl der anwesenden Stimmen das Beschlussergebnis ermittelt werden. Es genügt nicht, lediglich festzustellen, dass ein Beschluss mehrheitlich zustande gekommen ist. Das **konkrete Beschlussergebnis** muss feststehen und auch **protokolliert** werden. Ob der Beschluss dann zu Stande gekommen ist, hängt von der Verkündung des Beschlussergebnisses ab. Es gilt der Grundsatz, dass das beschlossen ist, was der Versammlungsleiter verkündet. Die **Verkündung** hat somit **konstitutive Bedeutung**.[219]

h) Versammlungsniederschrift. Über die in der Versammlung gefassten Beschlüsse ist eine Niederschrift zu fertigen, die der Verwalter, wenn er den Vorsitz in der Versammlung ausgeübt hat, zu **unterzeichnen** hat, § 24 Abs. 6 WEG. Die Versammlungsniederschrift ist weiterhin von einem Wohnungseigentümer und vom Beiratsvorsitzenden bzw. seinem Vertreter zu unterzeichnen. Die Unterzeichnung des Versammlungsprotokolls soll die Richtigkeit der Protokollierung bestätigen, so dass nur solche Personen unterzeichnen können, die auch in der Versammlung anwesend waren. **277**

Sofern die Wohnungseigentümer durch Beschluss oder Vereinbarung keine Vorgaben machen, kann der Verwalter die Niederschrift entweder als **Ablauf- oder Ergebnisprotokoll** führen. Die Eigentümergemeinschaft kann allerdings auch eine andere Person als den Verwalter zum Protokollführer wählen. **278**

Da die Versammlungsniederschrift nicht nur die Beschlussinhalte wiedergeben muss, sondern auch für die **Auslegung von Beschlüssen** herangezogen werden kann, sollte der Versammlungsverlauf soweit in der Niederschrift mit erfasst werden, als dies zur Klarstellung der gefassten Beschlüsse notwendig ist. Die Versammlungsniederschrift sollte folgende Bestandteile enthalten: **279**

- **Datum** der Versammlung
- **Ort** der Versammlung
- **Name** der Eigentümergemeinschaft
- **Versammlungsvorsitz**
- **Protokollführer**
- **Teilnehmer**
- **Tagesordnung**
- exakte Protokollierung der **Beschlussanträge,** der **Beschlussergebnisse** und der hierzu getätigten **Feststellungen** des Versammlungsleiters
- **wesentliche Hinweise der Teilnehmer** zu den einzelnen Beschlusspunkten, sofern diese nicht selbst Beschlussbestandteil geworden sind.

Die **Teilnehmerliste** ist zum Bestandteil der Versammlungsniederschrift zu machen. Dabei hat der Versammlungsleiter bei jeder Beschlussfassung festzustellen, wie viele abstimmungsberechtigte Wohnungseigentümer jeweils im Versammlungsraum sind. Es sind somit die Namen der Wohnungseigentümer festzuhalten, die die Versammlung vorzeitig verlassen oder ihr zwischenzeitlich nicht beiwohnen. Beim **Abstimmungsergebnis** sollte der Verwalter sowohl die Ja- und Neinstimmen als auch die Enthaltungen auszählen lassen. Zwar ist **280**

---

[219] BGH ZMR 2001, 809 = MDR 2001, 1283 = WE 2002, 68.

eine Ergebnisfeststellung nach der sog. Subtraktionsmethode zulässig (s. o.). Empfehlenswerter ist es aber, auch die Nein-Stimmen auszuzählen, um eine **Kontrolle** der anwesenden Stimmen vorzunehmen.

281 Der Protokollführer sollte **keine unsachlichen Äußerungen** oder gar diskriminierenden Feststellungen in das Protokoll aufnehmen. Der Protokollführer hat zwar ein erhebliches Ermessen, welche Erörterungen er in die Niederschrift aufnimmt. Der Protokollinhalt darf aber nicht zu Lasten eines Wohnungseigentümers ungleich gewichtet sein.[220] Schmähkritik hat im Protokoll nichts zu suchen. Andererseits muss das Protokoll die abwesenden Wohnungseigentümer nicht vollständig über alle Diskussionsbeiträge unterrichten. Wahre Tatsachen dürfen stets im Protokoll aufgenommen werden.[221] Der Protokollführer hat zu entscheiden, ob bei der jeweiligen Äußerung ein **sachliches Interesse** an ihrer Weiterverbreitung besteht, so dass diese in das Protokoll aufgenommen werden sollte. Enthält das Protokoll dennoch polemische Werturteile, beispielsweise von Seiten des Verwalters über einen Wohnungseigentümer, resultiert für den Betroffenen hieraus kein Schadensersatz- oder Schmerzensgeldanspruch. Allerdings kann der Betroffene **Gegendarstellung** und **Widerruf** begehren.[222]

282 Sind die zur Mitunterzeichnung des Protokolls berechtigten Miteigentümer der Auffassung, dass der Verwalter das Protokoll inhaltlich nicht richtig abgefasst hat und entsteht hierüber Streit, kann der Verwalter die **unterschiedlichen Versionen** in das Protokoll aufnehmen und den **Widerspruch kennzeichnen.** Dann können alle zur Unterzeichnung des Protokolls berufenen Personen dieses unterzeichnen. Dies mag für Hinweise von Teilnehmern unproblematisch sein. So sind beispielsweise Situationen denkbar, in denen ein Wohnungseigentümer in der Versammlung auf einen Mangel am Objekt hingewiesen hat und diesen Hinweis im Protokoll festgehalten wissen will. Ist der Protokollführer hingegen der Auffassung, dass diese Feststellung vom Wohnungseigentümer nicht oder so nicht gemacht wurde, können die unterschiedlichen Versionen im Protokoll gekennzeichnet werden. Etwas anderes gilt jedoch dann, wenn der Beschlussinhalt bestritten wird. Hier wird es im Zweifel nicht genügen, die unterschiedlichen Versionen im Protokoll darzustellen. Da Klarheit über den Beschlussinhalt bestehen muss, wird ein solcher Fall entweder eine Beschlussanfechtung, einen Feststellungsantrag oder die Erklärung des Verwalters zur Folge haben, dass er wegen dieser Unklarheit **baldmöglichst eine weitere Eigentümerversammlung** zu diesem Tagesordnungspunkt einladen wird, um die Unsicherheit über den Beschlussinhalt zu beseitigen.

283 i) **Beschluss-Sammlung.** Die WEG-Novelle sieht nun in § 24 Abs. 7 WEG n. F. zusätzlich vor, dass eine **Beschluss-Sammlung** (auch Beschlussbuch genannt) geführt werden muss. Sie ist nicht mit der Versammlungsniederschrift identisch. Die Beschluss-Sammlung enthält keine Abstimmungsergebnisse, keine Anwesenheitsliste und auch keine Wortbeiträge. So sind in der Beschluss-Sammlung nur die **verkündeten Beschlüsse** mit Angabe von Ort und Datum der Versammlung aufzunehmen. Da negative Beschlüsse auch eine

---

[220] BayObLG WuM 1990, 173, 175.
[221] OLG Köln ZWE 2000, 427 u. V. a. BVerfG NJW 1997, 1439.
[222] OLG Köln, ebenda.

XI. Aufgaben des Verwalters

Beschlussqualität haben[222a], sind auch diese aufzunehmen. Allerdings genügt die Feststellung nicht, dass der Beschluss keine Mehrheit gefunden hat. Der Inhalt des abgelehnten Antrags ist wiederzugeben. Darüber hinaus sind auch **schriftliche Beschlüsse** im Umlaufverfahren in der Beschluss-Sammlung zu führen. Schließlich hat der Verwalter darin auch gerichtliche Entscheidungen abzulegen. Diese Beschlüsse und **gerichtlichen Entscheidungen** sind fortlaufend einzutragen und zu nummerieren. Wurden die Beschlüsse oder gerichtlichen Entscheidungen nicht bestandskräftig, d. h. sie wurden aufgehoben, so kann der Verwalter mit einem Vermerk auch die entsprechende Eintragung löschen. Die Beschluss-Sammlung soll sicherstellen, dass insbesondere einem **Erwerber** die Möglichkeit gegeben wird, sich über die Beschlüsse der Eigentümergemeinschaft vollständig zu informieren. Der Erwerber soll wissen, worauf er sich einlässt. Die Beschluss-Sammlung wird aber auch einem neuen Verwalter einen schnellen **Überblick über die Beschlusslage** geben.

Geschäftsordnungsbeschlüsse gehören nicht in die Beschluss-Sammlung, da sie mit Ablauf der Versammlung ihre Bedeutung verlieren.[222b] Die Bindung des Rechtsnachfolgers an Beschlüsse tritt unabhängig von ihrer Eintragung in die Beschluss-Sammlung ein. Dies folgt aus § 10 Abs. 4 WEG n. F.

Die Bedeutung der Beschlussfeststellung durch den Verwalter wird in der WEG-Novelle unter § 24 Abs. 7 WEG n. F. hervorgehoben, wenn es dort heißt, dass die verkündeten Beschlüsse in die Beschluss-Sammlung aufzunehmen sind. Die Eintragungen sind vom Verwalter **unverzüglich** vorzunehmen, d. h. ohne schuldhafte Verzögerung. Im Zweifel wird daher der Verwalter unmittelbar im Anschluss an die Verkündung die Eintragung vornehmen. Eine Eintragung, die erst mehrere Tage später erfolgt, entspricht nicht ordnungsmäßiger Verwaltung. Die Beschluss-Sammlung stellt den Verwalter vor zusätzliche Aufgaben. Durch die Verpflichtung, das Beschlussbuch unverzüglich zu führen, ist es für den Verwalter noch wichtiger, Beschlüsse präzise zu formulieren. Die häufig anzutreffende Praxis, dass Verwalter in der Eigentümerversammlung oberflächlich formulieren, einen Beschluss fassen lassen und dann im Protokoll eine genauere Formulierung wählen, nachdem sie den Beschluss nochmals in Ruhe haben durchdenken können, wird nicht mehr vertretbar sein. Auch bisher entsprach eine solche Vorgehensweise nicht ordnungsmäßiger Verwaltung, blieb aber i. d. R. ohne Folgen. Jetzt wird aber das Beschlussbuch etwaige Abweichungen von der Protokollniederschrift offenbaren. Der Verwalter darf die Eintragungen nicht mehr beliebig verzögern, sollte also unmittelbar im Anschluss an die Versammlung die Beschlüsse eintragen. **284**

Die Beschluss-Sammlung wird in der Praxis dazu führen, dass der Verwalter seine Beschlussvorschläge den Wohnungseigentümern schriftlich präsentiert. Dann kann am konkreten Text gearbeitet und eine etwaige Änderung unmittelbar aufgenommen werden. **285**

Der Verwalter hat das Beschlussbuch auch dann zu führen, wenn er die Wohnungseigentümerversammlung nicht geleitet hat. Nur dann, wenn ein **286**

[222a] BGH ZWE 2001, 530.
[222b] OLG München v. 8. 12. 2006 – 34 Wx 103/06.

Verwalter fehlt, hat der Vorsitzende der Wohnungseigentümerversammlung das Beschlussbuch zu führen (§ 24 Abs. 8 WEG n. F.).

Wird ein Beschluss **angefochten,** ist dies im Beschlussbuch zu vermerken. Werden Beschlüsse durch eine gerichtliche Anfechtung **aufgehoben** oder durch einen **Zweitbeschluss** der Wohnungseigentümerversammlung überholt, hat der Verwalter die Wahl. Er kann dies nachträglich hinter den Beschlüssen anmerken oder ihre Eintragung löschen. Dies kommt bei einem elektronischen Beschlussbuch in Betracht. Bei einer Beschluss-Sammlung in Papierform kann der aufgehobene Beschluss durchgestrichen werden. Stets ist zu vermerken, wodurch er aufgehoben wurde. Alle Eintragungen sind mit Datum zu versehen als Nachweis ihrer unverzüglichen Eintragung. Die Urteilsformel der gerichtlichen Entscheidung ist im Sinne von § 313 Abs. 1 Nr. 4 ZPO einzutragen. Im Berufungsverfahren kann die Eintragung des Tenors nicht genügen, wenn die Berufung lediglich zurückgewiesen wird. So ist auch stets die Urteilsformel der ersten Instanz aufzunehmen, weil nur aus ihr der **materielle Inhalt der Entscheidung** zu entnehmen ist. Gleichermaßen ist bei einem klageabweisenden Urteil zu verfahren. Da dieses den Gegenstand des Prozesses auch nicht ansatzweise wiedergibt, ist der Klageantrag zusätzlich aufzunehmen.

In analoger Anwendung von § 24 Abs. 7 WEG n. F. sind auch gerichtliche Vergleiche aufzunehmen. Es wäre widersinnig, stattgebende bzw. abweisende Urteile eintragen zu müssen, nicht aber ein Treffen der Parteien beispielsweise in der Mitte.

In die Beschluss-Sammlung sind nur Beschlüsse einzutragen. Darüber hinausgehende Eintragungen haben zu unterbleiben, damit die Sammlung übersichtlich bleibt (vgl. **Muster einer Beschluss-Sammlung, Anhang II**).

Da nur verkündete Beschlüsse einzutragen sind, kann sich der Verwalter zukünftig auch bei relativ klarer Sachlage nicht mehr mit konkludenten **Ergebnisfeststellungen** begnügen.[223]

Die Beschluss-Sammlung soll den Erwerber von Wohnungseigentum informieren. Der Gesetzgeber hat aber davon abgesehen, eine Rechtsfolge für den Erwerber daran zu knüpfen, dass die Eintragung eines Beschlusses nicht erfolgt ist. Zunächst war im Entwurf vorgesehen, dass für den Erwerber nur solche Beschlüsse gelten, die auch in der Beschluss-Sammlung eingetragen waren. Davon hat der Gesetzgeber jedoch Abstand genommen.

287 Die Beschluss-Sammlung muss auch **nicht rückwirkend** gefertigt werden, wie § 24 Abs. 7 S. 2 WEG n. F. hervorhebt. Die ursprünglich vorgesehene Regelung, dass dem Erwerber gegenüber alle vereinbarungs- oder gesetzesändernden Beschlüsse der Wohnungseigentümer unwirksam sind, wenn sie nicht in die Beschluss-Sammlung aufgenommen wurden, ist nicht Gesetz geworden. Dass die Wohnungseigentümer mit dem Verwalter die rückwirkende Erstellung der Beschluss-Sammlung ggfs. gegen Zahlung eines Zusatzhonorars vereinbaren können, ist nicht zweifelhaft. Allerdings können die Wohnungseigentümer den Verwalter nicht durch einseitigen Beschluss und gegen seinen Willen zur rückwirkenden Führung der Beschluss-Sammlung zwingen.

288 Führt der Verwalter diese Beschluss-Sammlung nicht, kann er nach § 26 Abs. 1 WEG n. F. mit sofortiger Wirkung **abberufen** werden. Gleiches gilt

---

[223] So auch *Schmidt,* ZWE 2006, 164, 172.

XI. Aufgaben des Verwalters

schon dann, wenn der Verwalter die Beschluss-Sammlung nicht ordnungsgemäß führt, wozu beispielsweise die verspätete Eintragung der Beschlüsse oder ihre unterlassene Nummerierung zählen.

Der Verwalter muss die Beschlüsse durchnummerieren, § 24 Abs. 7 S. 3 WEG n. F.[224] Führt er die Beschluss-Sammlung als Beschlussbuch, ist dieses mit Seitenzahlen zu versehen.[225] Die Sammlung muss eine Kontrolle der Vollständigkeit und damit auch der Richtigkeit ermöglichen.

Der Verwalter muss sich die Einsichtnahme nicht **schriftlich bestätigen** lassen. Diese im Gesetzesentwurf noch vorgesehene Verpflichtung ist ebenfalls nicht Gesetzesbestandteil geworden. **Empfehlenswert** ist es aber trotzdem.

Beispiel: Herr/Frau XY bestätigt, in die Beschluss-Sammlung der Eigentümergemeinschaft Hauptstr. 107 in Köln-Kalk mit den Beschluss-Nrn. 1–128 Einsicht genommen zu haben. Ort, Datum und Unterschrift der einsehenden Person nebst ihrer Anschrift folgen.

Der Verwalter darf einem **Dritten** (potentiellen Erwerber oder Ersteher) nur dann Einblick in das Beschlussbuch gewähren, wenn dieser von einem Wohnungseigentümer **zur Einsichtnahme ermächtigt** wurde, § 24 Abs. 7 WEG n. F.

j) Haftung des Verwalters für Fehler bei Organisation und Durchführung der Eigentümerversammlung. Der Verwalter kann sich schadensersatzpflichtig machen, wenn er nicht ordnungsgemäß zur Eigentümerversammlung einlädt oder bei der Durchführung der Versammlung Fehler begeht. Die Fehler lassen sich in folgende Fallgruppen einteilen:

– **Einladungsfehler** (z. B. Nichteinhaltung der Ladungsfrist, unvollständige Ladung der Eigentümer);
– unzureichende Ankündigung einer Beschlussfassung;[225a]
– falsche Feststellung der anwesenden Wohnungseigentümer und der **Abstimmergebnisse**;
– unklare oder widersprüchliche **Beschlussformulierung**;
– unterlassene oder falsche Feststellung des **Beschlussergebnisses**.[226]

Folge solcher Fehler kann es sein, dass ein Wohnungseigentümer das Beschlussergebnis **anficht**. Der ersatzpflichtige Schaden kann darin bestehen, dass beispielsweise wegen unrichtiger Beschlussfeststellung eine **Wiederholungsversammlung** durchgeführt werden muss.

Für diese hat der Verwalter keinen Anspruch auf zusätzliches Honorar, auch wenn er sich im Verwaltervertrag weitere Versammlungen über die ordnungsmäßige Jahresversammlung hinaus zusätzlich vergüten lassen kann. Der Vergütungsanspruch scheidet jedoch in einem solchen Fall aus, weil die Wiederholungsversammlung vom Verwalter schuldhaft verursacht wurde. Die Heilung seines Fehlers kann er sich nicht noch zusätzlich vergüten lassen. Ebenso verursacht eine Wiederholungsversammlung ggf. zusätzliche Raumkosten, die zu einem Schaden führen.

---

[224] Siehe hierzu auch *Sauren,* MietRB 2005, 244.
[225] OLG Köln ZMR 2006, 711 für den Fall, dass das Protokollbuch laut Teilungserklärung zu führen ist.
[225a] OLG München NZM 2006, 934.
[226] Vgl. ausführlich zur Verwalterhaftung wegen Fehler bei Einberufung und Durchführung der Eigentümerversammlung, *Gottschalg,* Die Haftung von Verwalter und Beirat, Rdn. 80 ff.

290 Schließlich könnten die Kosten des **Beschlussanfechtungsverfahrens** selbst durch das **Gericht** dem Verwalter als beteiligte Person auferlegt werden. Denn ein weiterer Schaden für die Wohnungseigentümer kann auch durch das notwendig gewordene **Beschlussanfechtungsverfahren** entstehen. Nach § 49 Abs. 2 WEG n. F. kann das Gericht dem Verwalter die Prozesskosten auferlegen, wenn die Tätigkeit des Gerichts durch ihn veranlasst wurde und ihn ein **grobes Verschulden** trifft. Ist dies der Fall, kann das Gericht eine entsprechende Kostenregelung treffen. Trifft hingegen das Gericht diese Kostenregelung nicht, ist zweifelhaft, ob die Wohnungseigentümer den Verwalter dennoch in **Regress** nehmen können. § 49 Abs. 2 WEG n. F. will die Haftung des Verwalters jedoch auf grobes Verschulden hinsichtlich der Kosten eines Beschlussanfechtungsverfahrens beschränken. Für Fälle des groben Verschuldens soll der **Regressprozess vermieden** werden und dem Richter die Möglichkeit gegeben sein, den Verwalter unmittelbar mit den Kosten des Prozesses zu belasten, obschon er nicht Partei des Beschlussanfechtungsverfahrens ist. So wird aus Gründen der **Prozessökonomie** das Regressverfahren entbehrlich. Bei nur **leichtem Verschulden** des Verwalters werden die Wohnungseigentümer dagegen ein Regressverfahren erst gar nicht beschließen und durchführen können. Entscheidet also das Gericht im Beschlussanfechtungsverfahren hinsichtlich der Kosten zu Lasten einer der beteiligten Parteien, ist damit ein Regressanspruch gegen den Verwalter ausgeschlossen. Hierzu heißt es in der amtl. Begründung zu § 49 Abs. 2 WEG n. F.: „Nach derzeitiger Rechtslage können dem Verwalter Verfahrenskosten auferlegt werden, soweit er deren Anfall wegen Verletzung seiner Vertragspflichten zu vertreten hat. Dies soll aus Gründen der Prozessökonomie weiterhin möglich bleiben. Jedoch scheint es geboten, die Kostentragung auf grobes Verschulden zu begrenzen."[227] § 49 Abs. 2 WEG n. F. hat im Ergebnis einen doppelten Vorteil für den Verwalter: Seine Haftung ist für von ihm verursachte Gerichtsverfahren auf grobe Fahrlässigkeit und Vorsatz beschränkt und die gerichtliche Kostenentscheidung im Beschlussaufstellungsverfahren ist abschließend.

291 Allerdings kann dem Verwalter die Kostenlast noch im **Berufungs- (Beschwerde-) oder Rechtsbeschwerdeverfahren** auferlegt werden, und zwar rückbezüglich auf die Vorinstanz. Das **Verschlechterungsverbot** findet im Rahmen der von Amts wegen zu treffenden Kostenentscheidung keine Anwendung.[228] Dabei ist aber zu berücksichtigen, dass der Verwalter die Prozesskosten nach § 49 Abs. 2 WEG n. F. nur dann zu tragen hat, wenn ihn ein grobes Verschulden trifft. Ein grobes Verschulden setzt voraus, dass die Rechtsverletzung evident ist. Bei **evidenter Rechtsverletzung** dürfte insofern keine Veranlassung für ein Berufungs- oder Beschwerdeverfahren bestanden haben. Werden diese Rechtsmittel dennoch von einem Wohnungseigentümer eingelegt, ist es unbillig, die Rechtsmittelkosten ebenfalls dem Verwalter aufzuerlegen.

292 Eine solche Schadensersatzverpflichtung droht jedoch dann nicht, wenn der Verwalter lediglich das **Protokoll der Versammlung** geführt hat, während die Eigentümergemeinschaft die Durchführung der Versammlung einer anderen

---

[227] Begründung der Bundesregierung zum Entwurf eines Gesetzes zur Änderung des WEG in BT-Drucks. 16/887 in *Bärmann/Pick*, WEG, Ergänzungsband zur 17. Aufl., S. 102.
[228] OLG Köln ZMR 2006, 384.

XI. Aufgaben des Verwalters

Person übertrug. Der **Versammlungsleiter** ist stets für die richtige Feststellung der Beschlüsse verantwortlich und nicht der Protokollführer.[229] Der Verwalter ist, wenn er nur das Protokoll in der Versammlung geführt hat, nicht am Beschlussanfechtungsverfahren im Sinne von § 43 Nr. 4 WEG zu beteiligen. Somit können ihm in diesem Fall auch nicht die Kosten des gerichtlichen Verfahrens auferlegt werden, wenn beispielsweise wegen fehlerhafter Beschlussfeststellung die Beschlussanfechtung erfolgreich ist. Andererseits kann die Eigentümergemeinschaft gegen den Dritten, der zum Versammlungsleiter gewählt wurde, Regressansprüche geltend machen.

Der Verwalter haftet für alle Risiken, die aus einem **unvollständig geführten Beschlussbuch** resultieren. Den betroffenen Wohnungseigentümern kann hieraus ein Schaden entstehen. Eine Haftung gegenüber einem künftigen Erwerber, der Einsicht in die Beschluss-Sammlung nimmt, sieht das Gesetz nicht vor.[229a]

Der Verwalter muss auch vor der Beschlussfassung sorgfältig geprüft haben, ob der Beschlussinhalt **rechtswidrig oder gar nichtig** wäre. Sieht er hierfür Anhaltspunkte, muss er die Eigentümerversammlung darauf **hinweisen.** Stimmen die Wohnungseigentümer dennoch ab und findet der Antrag eine Mehrheit, darf der Verwalter eine positive Beschlussfassung nicht durch Verkündung eines negativen Beschlussergebnisses oder durch Unterlassen der Ergebnisverkündung verhindern.[230] Der Verwalter ist **nur ausführendes Organ.** Er darf Beschlüsse der Eigentümerversammlung nicht ignorieren und ist nicht als Richter über die Wirksamkeit der Beschlüsse berufen. Die Feststellung der Rechtswidrigkeit setzt – und hierauf weist Becker[231] mit Recht hin – eine juristische Ausbildung voraus, die der Verwalter nicht haben muss. Selbst für Juristen ist im Einzelfall die Feststellung einer Rechtsverletzung äußerst schwierig, so dass den Verwalter i. d. R. kein Verschulden trifft.

Bis zur WEG-Novelle konnten **bauliche Veränderungen** grundsätzlich nicht mit Mehrheit beschlossen werden. Sie waren einer Beschlussfassung nicht zugänglich. Kam dennoch unter Mitwirkung des Verwalters ein Mehrheitsbeschluss zustande, der bauliche Veränderungen genehmigte, war dieser Beschluss lediglich anfechtbar und nicht nichtig. Der Wohnungseigentümergemeinschaft wurde insoweit die Beschlusskompetenz zugestanden.[232] Der Beschluss konnte angefochten werden und wurde dann i. d. R., sofern der Anfechtende durch die bauliche Veränderung beeinträchtigt war, aufgehoben. Auch in diesen Fällen war dem Verwalter zu empfehlen, auf die Anfechtbarkeit **hinzuweisen.** Wegen der bestehenden Beschlusskompetenz brauchte der Verwalter solche Beschlüsse nicht zu verweigern. § 22 Abs. 1 WEG n. F. sieht jetzt **ausdrücklich** vor, dass über

---

[229] OLG Düsseldorf ZMR 2005, 140, wonach auch dem Versammlungsleiter nicht die Kosten eines Beschlussanfechtungsverfahrens wegen unzutreffender Beschlussfeststellung auferlegt werden können, wenn der Versammlungsleiter weder Verwalter noch Wohnungseigentümer ist.

[229a] So auch der ausdrückliche Hinweis des Gesetzgebers in BT-Drucks. 16/887 in *Bärmann/Pick,* WEG, Ergänzungsband zur 17. Aufl., S. 83 f.

[230] *Becker,* ZWE 2006, 157, 162; a. A. *Kümmel/v. Seldeneck,* GE 2002, 382, die im Falle gesetzeswidriger Beschlüsse ein Verkündungsverbot annehmen.

[231] ZWE 2006, 157, 162.

[232] BGH ZWE 2000, 518 = NZM 2000, 1184; *Gottschalg,* NZM 2001, 729; *Merle* in Bärmann/Pick/Merle, WEG, § 22 Rdn. 244.

bauliche Veränderungen beschlossen werden kann. Allerdings müssen grundsätzlich **alle Wohnungseigentümer** zustimmen, deren Rechte durch die Maßnahme beeinträchtigt werden. Insoweit hat sich die Rechtslage nicht verändert, wenn von der Möglichkeit, bauliche Veränderungen zur Anpassung an den Stand der Technik gem. § 22 Abs. 2 WEG n. F. beschließen zu können, einmal abgesehen werden soll. Doch die Beschlusskompetenz ist nun im Gesetz verankert.

295 Das **Verschulden des Verwalters** bei fehlerhaften Beschlüssen wird eher im Zusammenhang mit der **Auszählung** der Stimmen oder der **Formulierung** des Beschlussinhalts zu sehen sein. Insbesondere bei großen Eigentümerversammlungen muss der Verwalter sicherstellen, dass an der Richtigkeit der Stimmenauszählung keine Zweifel entstehen.

Auch hinsichtlich des Beschlussinhalts muss der Verwalter auf klare und **widerspruchsfreie Beschlüsse** hinwirken. Wollen die Wohnungseigentümer dennoch einen solchen Beschluss fassen, ist der Verwalter gut beraten, seine **Bedenken in das Protokoll** aufzunehmen, um eine Haftung für ein nachfolgendes Anfechtungsverfahren zu vermeiden.

7. Aufgaben der juristischen Verwaltung

296 Die WEG-Novelle **erweitert** die Aufgaben des Verwalters hinsichtlich der juristischen Betreuung der Eigentümergemeinschaft. So ist der Verwalter gesetzlich berechtigt und verpflichtet:
– **Willenserklärungen und Zustellungen** entgegenzunehmen, soweit sie an alle Wohnungseigentümer in dieser Eigenschaft oder an die Wohnungseigentümergemeinschaft gerichtet sind, § 27 Abs. 2 Nr. 1, Abs. 3 Nr. 1 WEG n. F.;
– bei Streitigkeiten zwischen den Wohnungseigentümern einschließlich des Beschlussanfechtungsverfahrens (§ 43 Nr. 1 und 4 WEG n. F.) und bei Streitigkeiten eines Wohnungseigentümers gegen die Eigentümergemeinschaft (§ 43 Nr. 2 WEG n. F.) Maßnahmen zu treffen, die zur **Wahrung einer Frist** oder zur Abwendung eines sonstigen Rechtsnachteils erforderlich sind und insbesondere auf **Passivseite** den **Rechtsstreit zu führen,** § 27 Abs. 2 Nr. 2, Abs. 3 Nr. 2 WEG n. F.;
– mit einem Rechtsanwalt wegen eines Rechtsstreits gem. § 43 Nr. 1, Nr. 2 und Nr. 4 WEG n. F. eine **Gebührenvereinbarung** zu treffen, § 27 Abs. 2 Nr. 5, Abs. 3 Nr. 6 WEG n. F.;
– die Wohnungseigentümer unverzüglich über die Anhängigkeit eines Rechtsstreits gem. § 43 WEG n. F. zu **unterrichten,** § 27 Abs. 1 Nr. 7 WEG n. F.;
– **aktiv Ansprüche** gerichtlich und außergerichtlich geltend zu machen, sofern er durch Beschluss hierzu ermächtigt wurde, § 27 Abs. 2 Nr. 3 WEG n. F.

297 Dies bedeutet für ein **Beschlussanfechtungsverfahren,** dass der Verwalter die Beschlussanfechtungsanträge zugestellt erhält, hierüber unverzüglich die Wohnungseigentümer unterrichten muss und dann selbst einen Rechtsanwalt für die Vertretung der übrigen Wohnungseigentümer auf Passivseite bevollmächtigen kann. Mit diesem darf er eine **Honorarvereinbarung** schließen, die höchstens einen Streitwert in Höhe von 50% des kumulierten Interesses der Wohnungseigentümer (Parteien) zugrunde legt, § 27 Abs. 2 Nr. 4 WEG n. F. Nach § 49a GKG ist der vom Gericht festzusetzende Streitwert i. d. R. auf das fünffache Eigeninteresse des einzelnen Klägers oder des Beklagten beschränkt.

XI. Aufgaben des Verwalters

Liegt dieser Wert unter 50% des kumulierten Interesses aller Streitparteien, kann der Verwalter hinsichtlich dieser Differenz eine Honorarvereinbarung treffen. Hierzu bedarf es keines Beschlusses der Wohnungseigentümer. Der Verwalter befindet sich durch diese Regelung in einem Konfliktfeld. Die Gebührenvereinbarung geht zu Lasten der Wohnungseigentümer. Eine solche Vereinbarung lässt sich daher nur rechtfertigen, wenn ein besonders qualifizierter Anwalt ausgewählt wurde.

Der Verwalter muss zum Abschluss der Honorarvereinbarung die Wohnungseigentümer nicht befragen oder einen Beschluss fassen lassen. Sein diesbezügliches Recht kann nicht einmal durch Vereinbarung eingeschränkt werden, § 27 Abs. 4 WEG n. F. Ebensowenig kann der Abschluss einer solchen Vereinbarung einen Abberufungsgrund darstellen. Die Wohnungseigentümer haben hinsichtlich der Honorarvereinbarung auch keine Richtlinienkompetenz. So können sie den Verwalter nicht wirksam anweisen, beispielsweise eine Streitwertvereinbarung nur bis 3% treffen zu dürfen. Dies wäre ein Anweisung, die gegen § 27 Abs. 4 WEG n. F. verstößt.

Festgesetzt werden vom Gericht aber nur Kosten in Höhe des gesetzlichen Streitwerts. Die **Mehrkosten,** die sich aus einer Honorarvereinbarung ergeben, hat der Verwalter gem. § 16 Abs. 8 WEG n. F. auf alle Wohnungseigentümer umzulegen.

298 Hat der Verwalter die Wohnungseigentümer über den Inhalt des Anfechtungsantrags unterrichtet, dann braucht er die Wohnungseigentümer, die von der Möglichkeit der Beteiligung am Verfahren keinen Gebrauch machen, nur noch über **Verfahrensergebnisse** (Urteil, Berufung etc.) zu unterrichten, sofern ein Wohnungseigentümer die Übermittlung der Schriftsätze nicht ausdrücklich wünscht.

Führt ein Wohnungseigentümer gegen die anderen Wohnungseigentümer einen Rechtsstreit über die sich aus der Gemeinschaft der Wohnungseigentümer oder aus der Verwaltung des gemeinschaftlichen Eigentums ergebenden Rechte und Pflichten außerhalb des Beschlussanfechtungsverfahrens (§ 43 Nr. 1 WEG) oder richtet sich die Streitigkeit gegen den rechtsfähigen Verband, gilt Vorstehendes entsprechend.

299 Mit der Gesetzesnovelle ist das Problem beseitigt, dass der Verwalter i. d. R. nicht bevollmächtigt war, im Beschlussanfechtungsverfahren die Wohnungseigentümer zu vertreten und für diese einen Rechtsanwalt zu beauftragen.[233] Nach § 27 Abs. 2 Nr. 2 WEG n. F. ist der Verwalter auch in Passivprozessen zwischen den Wohnungseigentümern einschließlich Beschlussanfechtungsverfahren legitimiert, diese auf Passivseite zu führen. Dies bedeutet gleichzeitig auch, dass er an Stelle des eigenen aktiven Führens eines solchen **Passivprozesses** einen Rechtsanwalt beauftragen darf. An dieser Stelle **darf** der Verwalter Rechtsberatung leisten, muss es aber nicht. Wenn sich ein Nachteil für die Beklagten, insbesondere aus Gründen der Fristwahrung, nicht anders vermeiden lässt, kann er einen Rechtsanwalt auch **ohne ausdrückliche Legitimation** in der Gemeinschaftsordnung, dem Verwaltervertrag oder durch Beschluss beauftragen. Hierfür kann er sich auch ein **Sonderhonorar** im Verwalterver-

---

[233] Siehe hierzu ausführlich *Merle,* ZWE 2006, 21 ff.

trag vorbehalten (s. hierzu oben X. 5. b). Die Kosten des Verwalters sind, auch wenn er den Passivprozess durch einen Rechtsanwalt führen lässt, im Kostenfestsetzungsbeschluss zu berücksichtigen.[234]

300 Vor der Gesetzesnovelle waren entsprechende Bevollmächtigungen in der Gemeinschaftsordnung oder dem Verwaltervertrag zwar möglich, in der **Praxis** aber selten. Eine solche Bevollmächtigung des Verwalters musste sich bis zur Novelle auf einen eindeutigen Wortlaut beziehen. § 27 Abs. 2 Nr. 5 WEG a. F. sah vor, dass der Verwalter nur für aktive Verfahren durch Beschluss der Eigentümergemeinschaft ermächtigt werden konnte. Diese Vorschrift entspricht dem heutigen § 27 Abs. 2 Nr. 3 WEG n. F. Soweit § 27 Abs. 2 Nr. 4 WEG a. F. den Verwalter bevollmächtigte, Maßnahmen zu treffen, die zur **Wahrung einer Frist** oder zur **Abwendung eines sonstigen Rechtsnachteils** erforderlich sind, folgte aus dieser Regelung noch nicht das Recht, im Beschlussanfechtungsverfahren ohne Weiteres einen Rechtsanwalt für die Antragsgegner zu bestellen. Auf Grund des bis zur Reform geltenden **Amtsermittlungsgrundsatzes** hatte das Gericht die Rechtmäßigkeit der angefochtenen Beschlüsse von Amts wegen zu prüfen, so dass im Zweifel auch ohne Bestellung eines Rechtsanwalts kein Rechtsnachteil drohte.[235] Teilweise wurde die Auffassung vertreten, dass aus § 27 Abs. 2 Nr. 4 WEG a. F. allerdings das Recht des Verwalters folgte, ein Rechtsmittel gegen eine gerichtliche Entscheidung im Beschlussanfechtungsverfahren für die Wohnungseigentümer einlegen zu dürfen, weil es sich hierbei um eine **Fristwahrungsangelegenheit** handelt.[236] M. E. war jedoch zu differenzieren. Wenn der Verwalter in erster Instanz im Beschlussanfechtungsverfahren seitens der Antragsgegner bevollmächtigt war, dann umfasste diese Vollmacht im Zweifel auch das Einlegen eines Rechtsmittels. War er hingegen nicht bevollmächtigt, weil die Wohnungseigentümer sich entweder unmittelbar vertreten ließen oder an dem Verfahren kein Interesse zeigten, bestand für eine Vollmacht des Verwalters, ein Rechtsmittel gegen die erstinstanzliche Entscheidung einlegen zu können, kein Raum.

301 Wird von einem **Dritten** ein gerichtliches Verfahren gegen die Wohnungseigentümer oder gegen den **Verband** angestrengt, ist der Verwalter ebenfalls zustellungsbevollmächtigt und berechtigt, für die Wohnungseigentümer oder den Verband einen Rechtsanwalt mit der Interessenvertretung zu beauftragen.

Dieses Recht bestand auch schon vor der Novelle. Der Unterschied zum Beschlussanfechtungsverfahren lag darin, dass bei der Klage eines Dritten vor dem Prozessgericht enge Erwiderungsfristen gesetzt werden, deren Nichteinhaltung zum Erlass eines **Versäumnisurteils** führen können. Im früheren FGG-Verfahren zur Beschlussanfechtung blieben wegen des Amtsermittlungsgrundsatzes Fristversäumnisse ohne Folgen. Somit galt es nur bei Klagen eines Dritten, Rechtsnachteile der Wohnungseigentümer oder des Verbands abzuwenden.[237]

---

[234] LG Stuttgart ZMR 2004, 216, 217; OLG München NZM 2006, 106.
[235] Vgl. hierzu *Drasdo* in Köhler/Bassenge, AHB Wohnungseigentumsrecht, Teil 1 Rdn. 65 m. w. N.
[236] So *Merle* in Bärmann/Pick/Merle, WEG, § 27 Rdn. 134.
[237] Vgl. hierzu auch *Merle*, ZWE 2006, 21, 23, der mit Recht darauf hinweist, dass der Verwalter nach Zustellung der Klage keine Eigentümerversammlung einberufen musste, da seine diesbezügliche Vertretungsmacht nach § 27 Abs. 3 WEG a. F. nicht eingeschränkt werden konnte.

XI. Aufgaben des Verwalters

Für den Fall der Beauftragung eines Rechtsanwalts in einem Klageverfahren gegen einen Dritten gilt die Streitwertbeschränkung für eine mit dem Rechtsanwalt zu treffende **Honorarvereinbarung** nicht. **302**

Weiterhin bedarf es einer **besonderen Ermächtigung,** wenn der Verwalter aktiv gerichtlich oder außergerichtlich gegen einen Wohnungseigentümer vorgehen will. Dies gilt sowohl für **Wohngeldansprüche** als auch für Ansprüche auf **Rückbau** einer baulichen Veränderung oder Unterlassung einer **unzulässigen Gebrauchsform.** Die Ermächtigung kann der Verwalter entweder in der Gemeinschaftsordnung, dem Verwaltervertrag oder durch Beschluss der Eigentümerversammlung erhalten. Erfolgt die Bevollmächtigung durch Beschluss, muss dieser deutlich machen, welche Ansprüche geltend gemacht werden sollen. Auch hier gilt der Grundsatz, dass unklare Beschlüsse nichtig sind.[238]

Hinsichtlich der Wohngeldansprüche sind diese im Namen des rechtsfähigen Verbands geltend zu machen. § 27 Abs. 3 WEG n. F. enthält hierzu keine der Vorschrift des § 27 Abs. 2 Nr. 3 WEG n. F. entsprechende Regelung. Für Ansprüche der Wohnungseigentümer stellt § 27 Abs. 2 Nr. 3 WEG n. F. fest, dass der Verwalter hierzu gerichtlich und außergerichtlich bevollmächtigt werden kann. Die Geltendmachung von Wohngeldbeträgen für den Verband lässt sich daher nur über § 27 Abs. 3 Nr. 7 WEG n. F. begründen, wonach der Verwalter zu „sonstigen Rechtshandlungen" bevollmächtigt werden kann. Eine Regelungslücke besteht somit nicht, obschon die unterschiedliche Behandlung dieser Frage als ausdrückliche Regelung bei Klagen für die Wohnungseigentümer und als Regelung im Sinne eines Auffangtatbestands für Klagen des Verbands wenig konsequent erscheint.

Wurde der Verwalter beauftragt, eine **Rechtsfrage** durch einen Rechtsanwalt prüfen zu lassen, so umfasst diese Vollmacht nicht ohne weiteres das Recht, diesen auch zur nächsten Eigentümerversammlung zur Berichterstattung einzuladen. Der Verwalter kann, wenn er die Anwesenheit für sinnvoll hält, zu Beginn der Versammlung über die **Anwesenheit des Anwalts** abstimmen lassen. Dieser sog. Organisationsbeschluss ist nicht anfechtbar. Nicht notwendig ist es, die beabsichtigte Hinzuziehung des Beraters zur Versammlung in der Einladung anzukündigen.[239] **303**

Darüber hinaus kann sich der Verwalter zulässigerweise bevollmächtigen lassen, für die Eigentümergemeinschaft in **Verfahrensstandschaft** rückständige Wohngeldbeträge oder Abrechnungsspitzen gerichtlich geltend zu machen. Diese Verfahrensstandschaft hat zwar durch die Rechtsfähigkeit der Gemeinschaft (s. o. I.) an Bedeutung verloren. Sie hat keinen besonderen Vorteil mehr, da bei einem **Zahlungstitel zu Gunsten der Gemeinschaft** diese selbst vollstrecken kann und z. B. im Rahmen einer **Zwangshypothek** in das Grundbuch eingetragen wird. Bis zur Rechtsfähigkeit der Eigentümergemeinschaft war die Verfahrensstandschaft von Vorteil, da andernfalls alle Wohnungseigentümer als Gläubiger auftraten und in das Grundbuch eingetragen wurden. Wenn dann die Löschungsbewilligung für eine Zwangshypothek erteilt werden **304**

---

[238] OLG München ZMR 2006, 718 für den Fall, dass ein ordnungsgemäßer Zustand von Gärten eingefordert werden soll.
[239] BayObLG MietRB 2004, 210.

musste, hatten alle Wohnungseigentümer die Löschungsbewilligung in grundbuchmäßiger Form zu erteilen. Dies war umständlich und zum Teil nicht praktikabel. Deshalb war die Verfahrensstandschaft notwendig, was heute nicht mehr der Fall ist. Die Verfahrensstandschaft hatte darüber hinaus für die Wohnungseigentümer den Vorteil, dass die sog. **Mehrvertretungsgebühr** für den beauftragten Rechtsanwalt nicht anfiel und somit das Verfahren für die Wohnungseigentümer billiger wurde. Seitdem die Rechtsfähigkeit der Eigentümergemeinschaft anerkannt ist und dem rechtsfähigen Verband die Wohngeldansprüche zustehen, sind diese ohnehin nur im Namen des Verbands geltend zu machen, so dass jetzt eine Mehrvertretungsgebühr nicht mehr anfällt. Somit ist auch unter diesem Gesichtspunkt die Verfahrensstandschaft überflüssig geworden. Unabhängig davon ist sie aber weiterhin zulässig.

Grundsätzlich muss die **Berechtigung** zur Verfahrensstandschaft **ausdrücklich vereinbart** werden. Ausnahmsweise kann sich dieses Recht aus dem Gesamtbild des Verwaltervertrags ergeben, wenn der Verwalter darin mit umfassenden Befugnissen ausgestattet wird.[240]

305 Nach § 43 Abs. 1 Nr. 4 WEG a. F. war der **Verwalter** auch **berechtigt,** Beschlüsse der Wohnungseigentümer **anzufechten.** In der Novelle folgt dieses Recht nun aus § 46 Abs. 1 WEG. Für Anfechtungsanträge fehlt dem Verwalter in der Regel auch nicht das **Rechtsschutzinteresse.** Er hat grundsätzlich ein berechtigtes und schutzwürdiges Interesse an der Anfechtung fehlerhafter Beschlüsse[241] (hinsichtlich des Rechts des Verwalters, Beschlüsse über seine Abberufung oder Kündigung anzufechten, s. u. XIII. 6. b.).

Überzieht der Verwalter einen Wohnungseigentümer mit einem Verfahren, obwohl er weiß, dass er hierzu nicht bevollmächtigt ist, so hat er die Kosten des Verfahrens einschließlich der außergerichtlichen Kosten des Wohnungseigentümers zu tragen.[241a]

8. Steuerrechtliche Aufgaben des Verwalters für die Eigentümergemeinschaft

306 Der Verwalter hat bei der Erledigung seiner Aufgaben für die Wohnungseigentümer und die rechtsfähige Eigentümergemeinschaft zu prüfen, ob steuerrechtlich relevante Sachverhalte berührt werden. Steuerrechtliche Anknüpfungspunkte können sich zum einen aus der Abgabenordnung (AO) und zum anderen aus der Vielzahl der Bestimmungen der einzelnen Steuergesetze ergeben. Dabei knüpfen die Steuergesetze an die zivilrechtliche Gestaltung an.

307 Der Verwalter ist aufgrund der Verpflichtungen, die ihm das Wohnungseigentumsgesetz auferlegt, als Vermögensverwalter im Sinne des § 34 AO anzusehen.[242] In seiner Eigenschaft als Vermögensverwalter hat er die steuerlichen Pflichten der Wohnungseigentümer zu erfüllen und dabei insbesondere dafür zu sorgen, dass die Steuern entrichtet werden, die auf das zu verwaltende Wohnungseigentum entfallen.

---

[240] OLG München NZM 2006, 512 = ZMR 2006, 647.
[241] BayObLG WuM 1999, 179; *Mansel* in Weitnauer, WEG, § 43 Rdn. 28 (S. 743); *Merle* in Bärmann/Pick/Merle, WEG, § 43 Rdn. 100; *Müller,* ZWE 2000, 557 (558).
[241a] OLG Düsseldorf ZMR 2006, 941.
[242] OFD Frankfurt, S 2401 A-7-St II 11.

XI. Aufgaben des Verwalters

Nach § 33 AO ist Steuerpflichtiger, wer eine Steuer schuldet, für eine Steuer haftet, eine Steuer für Rechnung eines Dritten einzubehalten und abzuführen hat, wer eine Steuererklärung abzugeben, Sicherheiten zu leisten, Bücher und Aufzeichnungen zu führen oder andere ihm durch die Steuergesetze auferlegten Verpflichtungen zu erfüllen hat.

Die kaufmännische Tätigkeit des Verwalters findet gem. § 28 Abs. 3 und 4 WEG ihren Niederschlag in der Verpflichtung zur Jahresabrechnung sowie zur Rechnungslegung. In diesen Dokumentationen werden Geschäftsvorfälle aufgrund der Aufgaben und Befugnisse des Verwalters nach § 27 WEG wiedergegeben.

a) Steuererklärungspflicht. In der Praxis stellt sich oft die Frage, ob die Wohnungseigentümergemeinschaft für ihre erzielten Einkünfte eine Steuererklärung abgeben muss. Bereits mit Urteil vom 26. 1. 1988 hat der BFH[243] eindeutig entschieden, dass die Wohnungseigentümer den Tatbestand der Einkunftserzielung gemeinsam als Wohnungseigentümergemeinschaft verwirklichen, soweit es sich um mit dem gemeinschaftlichen Eigentum zusammenhängende Einnahmen handelt.

Die Wohnungseigentümergemeinschaft ist, soweit es um umsatzsteuerliche, einkommensteuerliche oder gewerbesteuerliche Fragestellungen geht, als Steuerrechtssubjekt anzusehen. Die Einnahmen sind zunächst auf Ebene der Gemeinschaft zu ermitteln und dann auf die Wohnungseigentümer zu verteilen.

Wer zur Abgabe einer Steuererklärung verpflichtet ist, bestimmen die jeweiligen Einzelsteuergesetze (§ 149 Abs. 1 S. 1 AO). Stehen einkommensteuerpflichtige Einkünfte mehreren Personen zu, ist gem. § 181 Abs. 1 S. 2 AO eine einheitliche und gesonderte Feststellung abzugeben. § 180 Abs. 3 S. 1 Nr. 2 AO bestimmt jedoch, dass für den Fall, dass an den einkommensteuerpflichtigen Einkünften mehrere beteiligt sind, keine gesonderte Feststellung erfolgt, wenn es sich um einen Fall „von geringer Bedeutung handelt". Ein Fall von geringer Bedeutung liegt vor, wenn die Höhe des festgestellten Betrages und die Aufteilung feststehen. Insoweit bedarf es keiner dahingehenden Steuererklärung.

Die gesonderte Feststellung i. S. d. §§ 179 ff. AO hat den Zweck, widersprüchliche Entscheidungen verschiedener Finanzbehörden zu verhindern und das Finanzverwaltungsverfahren zu erleichtern.[244] Führt eine gesonderte Feststellung nicht zu einer Erleichterung, sondern zu einer Erschwerung des Verfahrens, ist sie nicht durchzuführen.[245]

b) Instandhaltungsrücklage. aa) Zinsen aus der Instandhaltungsrücklage. Ein Teil des Wohngeldes dient nicht unmittelbar der Deckung der laufenden Kosten, sondern wird in Form einer Instandhaltungsrücklage angesammelt, um bei Bedarf zur Instandhaltung des gemeinschaftlichen Eigentums zur Verfügung zu stehen. Gem. §§ 21 Abs. 5 Nr. 4, 28 Abs. 1 Nr. 3 WEG sind die Eigentümer zur Ansammlung einer Instandhaltungsrücklage verpflichtet, die in der Regel verzinslich angelegt wird.

---

[243] BFH BStBl. II 1988, 577.
[244] *Schwarz* in Frotscher, AO, 2003, § 180 Tz. 195.
[245] BFH BStBl. II 1976, 305; BFH/NV 2004, 1211.

310 Grundsätzlich sind die aus der Anlage resultierenden Zinsen nach § 180 Abs. 1 Nr. 2a AO einheitlich und gesondert festzustellen. Die Wohnungseigentümergemeinschaft erzielt insoweit Einkünfte aus Kapitalvermögen gem. § 20 EStG. Für die obersten Finanzbehörden reicht es unter Verweis auf die obigen Ausführungen aus, wenn der Verwalter die anteiligen Einnahmen aus Kapitalvermögen nach dem Verhältnis der Miteigentumsanteile aufteilt und dem einzelnen Wohnungseigentümer mitteilt. Hierbei sind die Zinseinkünfte unter Berücksichtigung des Zuflussprinzips gem. § 11 EStG zu berücksichtigen. Neben der Aufteilung der Einnahmen ist gegebenenfalls auch eine Aufteilung des einbehaltenen Zinsabschlages in der Abrechnung darzustellen, die es dem einzelnen Wohnungseigentümer ermöglicht, die einbehalten Zinsabschlagsteuern und Solidaritätszuschläge bei seiner Veranlagung geltend zu machen.

Eine Anrechnung des Zinsabschlags bei den einzelnen Eigentümern ist nur möglich, wenn neben der Mitteilung des Verwalters über die Aufteilung der Einnahmen und des Zinsabschlags eine Kopie der Steuerbescheinigung des Kreditinstitutes vorgelegt wird.[246] Der Verwalter sollte somit auf jeden Fall seiner Abrechnung eine solche Kopie beifügen. Es genügt die Kopie der Steuerbescheinigung für die Eigentümergemeinschaft. Einzelbescheinigungen je Eigentümer müssen nicht ausgestellt und beigefügt werden.

Im Einzelfall wird vom Verwalter jedoch abzuwägen zu sein, ob es nicht weniger Aufwand bereitet, die Kapitalerträge nach § 180 Abs. 1 Nr. 2a AO einheitlich und gesondert festzustellen. In diesem Fall wird das für die gesonderte Feststellung zuständige Finanzamt auch den entrichteten und anzurechnenden Zinsabschlag ermitteln und den Wohnsitzfinanzämtern die auf den einzelnen Wohnungseigentümer entfallenden Steuerbeträge mitteilen.

311 Der Verwalter hat dann die Steuerbescheinigungen im Original beim zuständigen Feststellungsfinanzamt einzureichen. Kopien der Steuerbescheinigungen der Eigentümer sind nicht erforderlich.

312 **bb) Zahlungen in die Instandhaltungsrücklage.** Analog zu der Behandlung der Zinsen kann aufgrund des § 180 Abs. 2 AO eine gesonderte und einheitliche Feststellung der auf die Wohnungseigentümer entfallenden anteiligen Instandhaltungsrücklagenanteile erstellt werden.

Die Instandhaltungsrücklage ist Teil des Verwaltungsvermögens der Eigentümergemeinschaft. Der einzelne Eigentümer ist in Höhe seiner Zahlungen am Verwaltungsvermögen beteiligt. Aus Praktikabilitätsgründen kann hier eine Feststellung der Anteile an der Instandhaltungsrücklage der einzelnen Eigentümer durch das Belegenheitsfinanzamt unterbleiben, wenn der Verwalter die Rücklage nach dem Verhältnis der Miteigentumsanteile auf die einzelnen Eigentümer aufteilt und diesen zur Kenntnis gibt.

Ebenfalls kann eine Aufteilung der Kosten der Eigentümergemeinschaft nach § 180 Abs. 2 AO gesondert und einheitlich festgestellt werden.[247] Aus Vereinfachungsgründen kann auch hier auf das Erstellen einer solchen einheitlichen und gesonderten Feststellung verzichtet werden. Sinnvoll erscheint eine einheitliche und gesonderte Feststellung immer dann, wenn sie für die Beteiligten

---

[246] OFD Frankfurt S-2401 A II 1976 – 7 – St II 11.
[247] *Horlemann,* DStZ 1990, 423.

XI. Aufgaben des Verwalters

von Bedeutung ist. In Betracht kommt hier insbesondere die Feststellung betreffend einer gemeinschaftlichen Modernisierungsmaßnahme aller Eigentümer einer Wohnungseigentumsanlage.[248]

Wenn also grundsätzlich auch bei den Zahlungen in die Instandhaltungsrücklage von der Erstellung einer einheitlichen und gesonderten Feststellung abgesehen werden kann, so ist doch darauf hinzuweisen, dass diese möglicherweise dann vom Finanzamt eingefordert wird, wenn es sich nicht um einen Fall von geringer Bedeutung gemäß § 180 Abs. 3 Nr. 2 AO handelt.

cc) Zeitpunkt der Berücksichtigung von Aufwendungen im Zusammenhang mit der Instandhaltungsrücklage. Es stellt sich die Frage, ob der Wohnungseigentümer die Zahlungen in die Instandhaltungsrücklage in seiner Einkommensteuererklärung berücksichtigen kann. Hierzu hat der Bundesfinanzgerichtshof entschieden, dass ein Werbungskostenabzug erst bei Verausgabung der Beträge für die Erhaltungsaufwendungen in Frage kommt.[249] 313

Die vorstehende Auffassung des BFH basiert noch auf der Annahme, dass es sich bei der Eigentümergemeinschaft um eine Bruchteilsgemeinschaft handelt, bei der Innenschuld gleich der Außenschuld wäre.[250] In seinem Urteil bezieht sich der BFH auf den Beschluss des großen Senats vom 25. 4. 1984, wonach die Bruchteilsgemeinschaften für die Einkommensteuer nur insoweit Steuerrechtssubjekt sind, als ihre Gemeinschafter nur gemeinsam Merkmale verwirklichen, die den Gemeinschaftern für deren Besteuerung zuzurechnen sind.

Die Zivilrechtslage hat sich jedoch durch zwei BGH-Urteile erheblich geändert, und zwar mit Urteil vom 21. 4. 1988[251] und jüngst mit Urteil vom 2. 6. 2005[252]. Danach ist das zweckgebundene Verwaltungsvermögen der Wohnungseigentümergemeinschaft – und dazu gehört insbesondere die Instandhaltungsrücklage – vom Privatvermögen der einzelnen Wohnungseigentümer getrennt, mit der Folge, dass die einzelnen Wohnungseigentümer über ihren Anteil an den einzelnen Vermögensgegenständen – und damit auch an der Instandhaltungsrücklage – nicht verfügen können. Im Urteil vom 2. 6. 2005 hat der BGH die Rechtsfähigkeit der Wohnungseigentümergemeinschaft anerkannt.

Da die Instandhaltungsrücklage wesentlicher Teil des Verwaltungsvermögens ist, ist eine Zuordnung zum Vermögen des Steuerpflichtigen durch die BGH-Entscheidungen nicht mehr möglich. Das Vermögen gehört der rechtsfähigen Eigentümergemeinschaft. Es stellt sich die Frage, ob daher die Beiträge zur Rücklage schon bei der Zahlung an die Eigentümergemeinschaft als Werbungskosten zu berücksichtigen sind.[253]

Der BFH hat jedoch aus der geänderten Zivilrechtsprechung bislang keine Konsequenzen gezogen. Vielmehr hat er seine Auffassung aus dem Jahre 1988 mit Urteil vom 21. 10. 2005[254] bestätigt. Wer die Auffassung vertritt, dass die 314

---

[248] *Brandis* in Tipke/Kruse, AO, § 180 AO, Rdn. 86.
[249] BFH BStBl. II, 1988, 577.
[250] So auch BGH NJW 1985, 2717.
[251] BGH NJW 1988, 1910.
[252] BGH DStR 2005, 1283 = NJW 2005, 2061.
[253] *Sauren*, DStR 2006, 2163.
[254] BFH/NV 2006, 291.

Zahlungen in dem Jahr steuerlich zu beachten sind, in dem die Zahlungen an den Verwalter abgeführt werden, lässt außer Betracht, dass für den Werbungskostenabzug das Abflussprinzip des § 11 EStG gilt. Dies besagt, dass ein steuerlich beachtlicher Abfluss erst dann gegeben ist, wenn ein Verlust der wirtschaftlichen Verfügungsmacht eingetreten ist. Solange die in die Instandhaltungsrückstellung eingezahlten Gelder nicht zu Reparaturzwecken verwendet worden sind, kann der Eigentümer theoretisch noch darüber verfügen. Diese Auffassung vertritt auch die Finanzverwaltung. In den Einkommensteuer-Richtlinien folgt sie dem BFH-Urteil vom 26. 1. 1988. Aus diesem Grund sind die Werbungskosten weiterhin erst bei Verausgabung der Beträge aus der Instandhaltungsrücklage geltend zu machen.[255] Andernfalls wäre eine zutreffende steuerliche Würdigung der Verwendung der Instandhaltungsrücklage unmöglich, da erst in diesem Zeitpunkt feststeht, ob es sich um laufenden Instandhaltungsaufwand, größeren Erhaltungsaufwand oder sogar Herstellungsaufwand handelt.

In der Praxis bedeutet dies, dass der Verwalter nach Bezahlung diverser Reparaturrechnungen den einzelnen Wohnungseigentümern bestätigt, dass er einen Betrag für Reparaturrechnungen ausgegeben hat und dass von diesem Betrag ein ermittelter Teilbetrag auf den einzelnen Eigentümer entfällt. In seiner persönlichen Steuererklärung kann der Eigentümer dann die in der Jahresabrechnung auf ihn entfallenden Reparaturaufwendungen als Werbungskosten geltend machen.

315 dd) Abgrenzung von Erhaltungs- und Herstellungsaufwendungen.
Erhaltungsaufwand stellen Aufwendungen für die Erneuerung von bereits vorhandenen Teilen, Einrichtungen oder Anlagen dar.[256] Herstellungsaufwand ist hingegen anzunehmen, wenn Aufwendungen durch den Verbrauch von Gütern und die Inanspruchnahme von Diensten für die Erweiterung oder für die über den ursprünglichen Zustand hinausgehende wesentliche Verbesserung eines Gebäudes entstehen.[257]

Während Erhaltungsaufwand im Jahr des Abflusses sofort in voller Höhe als Werbungskosten abzugsfähig ist, darf Herstellungsaufwand nur über die Absetzung für Abnutzung des Gebäudes letztlich verteilt auf dessen Nutzungsdauer berücksichtigt werden.

Steuerliche Probleme ergeben sich in der Praxis immer dann, wenn die Aufwendungen auf die Immobilie in relativ kurzer Zeit nach dem Erwerb – i. d. R. drei Jahre – 15%[258] der Anschaffungskosten übersteigen (anschaffungsnahe Aufwendungen). Dann werden gem. § 6 Abs. 1a EStG die getätigten Aufwendungen nicht als sofort abzugsfähige Aufwendungen, sondern lediglich im Rahmen der Abschreibung steuermindernd behandelt.

Für hohen Erhaltungsaufwand eröffnet §§ 82b EStDV die Möglichkeit der Verteilung über einen größeren Zeitraum. Jedoch sind gem. § 82a, i EStDV bestimmte Herstellungsaufwendungen nicht entsprechend der Nutzungsdauer für das Gebäude zu berücksichtigen, sondern auf 10 Jahre zu verteilen.

---

[255] *Kahlen*, ZMR 2006, 21.
[256] R 157 Abs. 1 EStR.
[257] R 157 Abs. 3 S. 1 EStR.
[258] Der Prozentsatz hängt von der jeweiligen Fassung der EStR ab – derzeit sind es 15%.

XI. Aufgaben des Verwalters

Nach § 82a Abs. 3 EStDV können Maßnahmen im Sinne des § 82a Abs. 1 EStDV auch Erhaltungsaufwendungen sein und sind dann bei selbst genutztem Wohnungseigentum wie Sonderausgaben zu berücksichtigen. Allerdings dürfte es dem Verwalter im Einzelnen schwer fallen, eine entsprechende Würdigung vorzunehmen. Er sollte daher die einzelnen Maßnahmen ausführlich darstellen, um so dem sachverständigen Dritten (Steuerberater, Finanzamt) eine steuerliche Einordnung zu ermöglichen.[259]

c) Vermietung von Gemeinschaftsvermögen. Vermietet die Eigentümergemeinschaft beispielsweise Parkplätze an fremde Dritte oder stellt sie das Dach des Hauses Mobilfunkanbietern für Handyantennen zur Verfügung, erzielt sie grundsätzlich Einnahmen aus Vermietung und Verpachtung gem. § 21 EStG. Sofern es sich dabei um eine reine Vermögensverwaltung handelt, kann auch hier von einer einheitlichen und gesonderten Feststellung gem. § 180 Abs. 1 Nr. 2a AO abgesehen werden, wenn die Mieteinnahmen entsprechend in der Jahresabrechnung ausgewiesen werden.[260]

d) Gewerbliche Tätigkeit der Eigentümergemeinschaft. Geht die Tätigkeit über die reine Vermietung von Gegenständen hinaus und nimmt den Charakter einer gewerblichen Tätigkeit an, so sind die Einkünfte grundsätzlich nach § 180 Abs. 1 Nr. 2b AO als Einkünfte aus Gewerbebetrieb einheitlich und gesondert festzustellen. Auch hier ist eine einheitliche und gesonderte Feststellung nach § 180 Abs. 1 Nr. 2b AO in Fällen von geringer Bedeutung nicht erforderlich.[261]

e) Steuerermäßigung bei der Inanspruchnahme haushaltsnaher Dienstleistungen. Zu den haushaltsnahen Dienstleistungen im Sinne des § 35a Abs. 1 Satz 1 EStG gehören Tätigkeiten eines bei der Eigentümergemeinschaft angestellten Hausmeisters oder einer Reinigungskraft und nach § 35a Abs. 2 EStG einer Dienstleistungsagentur oder eines selbstständigen Dienstleisters. Nach § 35 Abs. 1 EStG kommen sowohl festangestellte als auch geringfügig beschäftigte Mitarbeiter in Betracht. Die Abzugsbeträge sind unterschiedlich. 10%, höchstens 510,– EUR, können bei geringfügiger Beschäftigung und 12%, höchstens 2.400,– EUR bei anderen Beschäftigungsverhältnissen angesetzt werden. Bezugsgröße ist der Bruttoarbeitslohn zuzüglich Arbeitgeberanteil zur Sozialversicherung und Kosten der Lohnabrechnung.

Bei geringfügiger Beschäftigung ist zu berücksichtigen, dass der Abzug nur dann vorgesehen ist, wenn der Arbeitgeber am sog. Haushaltscheck-Verfahren teilnimmt. Dieses Verfahren ist für Eigentümergemeinschaften nicht vorgesehen. Die Finanzverwaltung prüft zurzeit, ob der Abzug auch für Eigentümergemeinschaften zugelassen wird.

Nach § 35a Abs. 2 EStG kommt für bestimmte haushaltsnahe Dienstleistungen eine Ermäßigung der tariflichen Einkommensteuer in Betracht. Die Vorschrift gewährt eine Steuerminderung i. H. v. 20%, höchstens 600,– EUR. Der Steuerabzug kommt bei Handwerkerleistungen in Betracht, sofern es sich um Renovierungs-, Erhaltungs- oder Modernisierungsmaßnahmen handelt. Solche

---

[259] *Horlemann,* DStZ 1990, 120.
[260] *Brandis* in Tipke/Kruse, AO, § 180 AO, Rdn. 50.
[261] *Brandis* in Tipke/Kruse, AO, § 180 AO, Rdn. 69.

Tätigkeiten können sich u.a. am Dach, an der Fassade, an Garagen, Fenstern, Türen, Wandschränken, Heizkörpern, Bodenbelägen, Heizungsanlagen, Einbauküche, Badezimmer, Reparaturen von Gegenständen des Gemeinschaftsvermögens und am Garten ergeben. Auch Kontrollaufwendungen wie z.B. die Gebühr des Schornsteinfegers oder eines Dienstleisters für die Kontrolle von Blitzschutzanlagen gehören dazu. Zu dem Begriff der haushaltsnahen Dienstleistungen zählen auch die Treppenhauskosten. Die Bezugsgrundlage der Steuerminderung ist der in Rechnung gestellte Arbeitslohn. Voraussetzung für diese Steuerermäßigung ist, dass der Steuerpflichtige die Aufwendungen durch Vorlage einer Rechnung und die Zahlung auf das Konto des Erbringers der haushaltsnahen Dienstleistungen durch Beleg des Kreditinstituts nachweist.

Für die Anwendung dieser Vorschrift auf Mitglieder von Eigentümergemeinschaften war dies bislang streitig. In einem jüngst veröffentlichten Schreiben des Bundesministeriums der Finanzen[262] wurde die Anwendung des § 35a EStG auf Eigentümergemeinschaften nun explizit geregelt.

Besteht ein Beschäftigungsverhältnis zu einer Eigentümergemeinschaft oder ist eine Eigentümergemeinschaft Auftraggeber der haushaltsnahen Dienstleistung, kommt für den einzelnen Wohnungseigentümer eine Steuerermäßigung in Betracht, wenn in der Jahresabrechnung des Verwalters die unbar gezahlten Beträge für haushaltsnahe Dienstleistungen jeweils gesondert aufgeführt sind, wenn der Anteil der steuerbegünstigten Kosten (Arbeits- und Fahrtkosten) ausgewiesen ist und der Anteil des jeweiligen Wohnungseigentümers anhand seines Beteiligungsverhältnisses errechnet wurde. Der Verwalter hat darauf zu achten, dass die Renovierungs-, Erhaltungs- und Modernisierungskostenrechnungen den Anteil der Arbeitsleistungen separat ausweisen. Entsprechend hat er getrennt zu buchen und in der Jahresabrechnung die Instandhaltungs- und Instandsetzungskosten nach Materialaufwand und Personalaufwand einschließlich Fahrtkosten zu trennen. Alternativ kann er diese Trennung innerhalb der eigentlichen Jahresabrechnung unterlassen, muss dann aber eine separate Bescheinigung über die Arbeitsaufwendungen aufstellen. Dabei muss der Verwalter nicht zwischen selbstnutzenden und vermietenden Wohnungseigentümern differenzieren. Für Letztere kommen zwar keine haushaltsnahen Dienstleistungen in Betracht. Der vermietende Wohnungseigentümer kann aber sämtliche Aufwendungen als Werbungskosten bei seinen Einkünften aus Vermietung und Verpachtung geltend machen, so dass die Differenzierung für ihn irrelevant bleibt.

Hat die Eigentümergemeinschaft einen Verwalter bestellt, ist der Nachweis der Aufwendungen für haushaltsnahe Dienstleistungen durch diesen zu erbringen. Als Alternative zum gesonderten Ausweis der auf den einzelnen Wohnungseigentümer entfallenden Aufwendungen für haushaltsnahe Dienstleistungen kann der Verwalter auch eine „Bescheinigung" über den Anteil des jeweiligen Wohnungseigentümers ausstellen.[263] Darüber hinaus sollte er Kopien der Rechnungen sowie Nachweise der Überweisungen auf die Bankkonten der Vertragspartner jedem Eigentümer zur Verfügung stellen. Bei wiederkehrenden Dienstleistungen (wie z.B. die Reinigung des Treppenhauses oder Gartenpfle-

---

[262] BMF IV C 4 – S 2296 b – 60/06.
[263] BMF IV C 4 – S 2296 b – 60/06, Rdn. 15.

ge) sind die in der Jahresabrechnung ausgewiesenen, für den Veranlagungszeitraum geleisteten Vorauszahlungen maßgeblich. Die entsprechenden Nachweise sind mit der Antragstellung der Wohnungseigentümer auf Steuervergünstigung nach § 35a EStG beim jeweiligen Finanzamt einzureichen.

f) Grunderwerbsteuer. Der Grunderwerbsteuer unterliegen nach § 1 GrEStG insbesondere Kaufverträge oder andere Rechtsgeschäfte, die den Anspruch auf Übereignung inländischen Grundbesitzes zur Folge haben. Hierbei bemisst sich die Grunderwerbsteuer grundsätzlich nach dem Wert der Gegenleistung.

Fraglich ist, wie in diesem Zusammenhang der Anteil an der Instandhaltungsrücklage zu behandeln ist. Der bei Erwerb einer Eigentumswohnung im Kaufpreis enthaltene Anteil für das in der Instandhaltungsrücklage angesammelte Guthaben gehört nicht zu den Anschaffungskosten der Eigentumswohnung. Vielmehr wird durch die Übernahme des Anteils durch den Erwerber eine vom Grundstückseigentum losgelöste Rechtsposition übertragen, die mit einer Geldforderung vergleichbar ist.[264] Auch hier ergeben sich durch die neue BGH-Rechtsprechung zur Rechtsfähigkeit der Eigentümergemeinschaft keine Änderungen der grunderwerbsteuerlichen Würdigung. Es wird zwar auch ein Anteil am Gemeinschaftseigentum übertragen, das jedoch nicht selbstständiger Bestandteil des übertragenen Immobilienvermögens ist. Auch aus grunderwerbsteuerrechtlicher Sicht hat der Verwalter den Anteil des einzelnen Wohnungseigentümers an der Instandhaltungsrücklage innerhalb der Jahresabrechnung anzuweisen.

g) Lohnsteuer. Stellt ein Eigentümer eines Miethauses Dienstpersonal (Hausmeister, Reinigungspersonal) an, ist er gem. § 38 Abs. 1 EStG als Arbeitgeber anzusehen. Er hat gem. § 41a EStG bei jeder Lohnzahlung an einen Arbeitnehmer die maßgebende Lohnsteuer vom Arbeitslohn einzubehalten und an das zuständige Betriebsstättenfinanzamt abzuführen.

Gleich ist der Fall zu beurteilen, wenn eine Eigentümergemeinschaft Dienstpersonal beschäftigt. Als Arbeitgeber ist dann nicht mehr der einzelne Wohnungseigentümer, sondern die Eigentümergemeinschaft vertreten durch den Verwalter anzusehen.

Ist dieser kraft Beschluss der Eigentümerversammlung mit der Ermittlung des für die Durchführung des Lohnsteuerabzugs maßgebenden Arbeitslohns betraut, ist das Büro des Verwalters lohnsteuerliche Betriebsstätte. In diesem Fall hat er auch für die Lohnsteuerzahlungen und Abgabe der Lohnsteueranmeldungen an das für ihn zuständige Betriebsstättenfinanzamt zu sorgen. Die Abgabe hat dabei unter seiner Steuernummer zu erfolgen. Nach § 41a EStG ist grundsätzlich der Kalendermonat der Lohnsteueranmeldungszeitraum, wobei spätestens 10 Tage nach Ablauf des Anmeldungszeitraums die Lohnsteueranmeldung beim zuständigen Finanzamt abzugeben ist.[265]

h) Umsatzsteuer. Neben den ertragsteuerlichen Sachverhalten hat der Verwalter auch umsatzsteuerliche Tatbestände zu beachten, insbesondere dann,

---

[264] OFD Frankfurt S – 2211a – 12 St 2 23.
[265] OFD München S – 2377 B – 22 St 23.

wenn sich ein Wohnungseigentümer für die umsatzsteuerliche Option nach § 9 UStG entscheidet.

322 **aa) Unternehmer im Sinne des Umsatzsteuergesetzes.** Voraussetzung für einen offenen Umsatzsteuerausweis in der Jahresabrechnung ist, dass Unternehmereigenschaft im Sinne des Umsatzsteuergesetzes (UStG) gegeben ist.

In § 2 Abs. 1 UStG wird definiert, wer als Unternehmer im Sinne des Umsatzsteuergesetzes anzusehen ist. Der BFH hat bereits in einem Urteil vom 4. 7. 1956[266] entschieden, dass jede natürliche, juristische Person oder auch Personenzusammenschluss Unternehmer sein kann, soweit sie eine gewerbliche oder berufliche Tätigkeit selbstständig gegen Entgelt ausübt. Gewerblich oder beruflich ist dabei jede nachhaltige Tätigkeit zur Erzielung von Einnahmen. Gewinnerzielungsabsicht ist nicht erforderlich. Die Unternehmereigenschaft ist auch dann erfüllt, wenn die Absicht, eine unternehmerische Tätigkeit gegen Entgelt auszuführen, allein durch objektive Anhaltspunkte belegt werden kann.[267]

Für Wohnungseigentümergemeinschaften ist eher zweifelhaft, ob diese nachhaltig und in Einnahmeerzielungsabsicht tätig und damit als Unternehmer i. S. d. § 2 Abs. 1 UStG anzusehen sind. Dies hat auch der BFH in seiner Entscheidung vom 28. 11. 2002 in Frage gestellt, indem er zwischen einem Leistungsaustausch und einer reinen Kostentragungsgemeinschaft abgegrenzt hat.[268] Seit 2005 gehen aber die Umsatzsteuerrichtlinien davon aus, dass die von der Eigentümergemeinschaft vereinnahmten Umlagen das Entgelt für steuerbare Sonderleistungen der Eigentümergemeinschaft an ihre Mitglieder darstellt. Damit ist die Eigentümergemeinschaft als Unternehmer anzusehen, während ihre einzelnen Wohnungseigentümer grundsätzlich keine Unternehmer i. S. d. UStG sind, R 87 Abs. 3 S. 3 UStR 2005.

323 **bb) Umsätze in der Jahresabrechnung. aaa) Steuerbare Umsätze.** Umsatzsteuer entfällt nach § 1 Abs. 1 UStG nur auf „steuerbare" Umsätze. Diese umfassen grundsätzlich alle Lieferungen und sonstigen Leistungen, die ein Unternehmer im Inland für sein Unternehmen gegen Entgelt ausführt.

Sind die Voraussetzungen für steuerbare Umsätze nicht erfüllt, unterliegen die Lieferungen und sonstigen Leistungen nicht der Umsatzsteuer; es handelt sich dann um einen „nicht steuerbaren" Umsatz. Zur Beurteilung, ob ein steuerbarer oder nicht steuerbarer Umsatz vorliegt, ist grundsätzlich jeder Umsatz einzeln zu würdigen.

Steuerbare Umsätze sind grundsätzlich auch „steuerpflichtig". Wohnungseigentümergemeinschaften erheben von den Wohnungseigentümern zur Deckung ihrer Kosten Wohngeld. Bereits im Schreiben des Bundesministers für Finanzen vom 30. 1. 1987[269] ist festgehalten, dass das Wohngeld das Entgelt für steuerbare Leistungen der Wohnungseigentümergemeinschaften an ihre Mitglieder darstellt. Darüber hinaus wird die Finanzverwaltung angewiesen, alle Umsätze der Wohnungseigentümergemeinschaft als umsatz-

---

[266] BFH BStBl. III 1956, 275.
[267] BFH BStBl. II 2003, 426.
[268] BFH BStBl. II 2003, 443.
[269] BMF BStBl. I 1987, 228; s. a. R 87 UStR 2005.

XI. Aufgaben des Verwalters

steuerbar zu qualifizieren. Es ist somit nicht zwischen den das Gemeinschaftseigentum aller Wohnungseigentümer und den das Sondereigentum einzelner Wohnungseigentümer betreffenden Leistungen zu unterscheiden.[270] Auch nach den Grundsätzen des BGH[271] stellen die Lieferungen von Wasser, Abwasser und Wärme Kosten des Sondereigentums dar.

Dagegen vertritt die Finanzverwaltung die Auffassung, dass nur die in Form von Umlagen ausgeführten Sonderleistungen der Eigentümergemeinschaft an einzelne Mitglieder steuerbar sind; Leistungen der Eigentümergemeinschaft, die das Gemeinschaftseigentum betreffen, stellen hingegen nicht steuerbare Gemeinschaftsleistungen dar.[272]

Die Auffassung der Finanzverwaltung ist jedoch nicht überzeugend. In der Praxis liefert jede Leistung der Eigentümergemeinschaft einen Beitrag zum Werterhalt, zur Wertsteigerung und zur Verwertbarkeit des Sondereigentums des einzelnen Mitglieds. Eine strikte Trennung zwischen Leistungen in das Gemeinschaftseigentum und (Sonder-)Leistungen an den einzelnen Wohnungseigentümer ist u.E. nach nicht vollziehbar.[273] Die Auffassung des Finanzministeriums, wonach das gesamte Wohngeld das Entgelt für steuerbare Leistungen darstellt, ist hingegen schlüssig.

bbb) Steuerfreie Umsätze. Neben den Regelungen zur Besteuerung von steuerbaren Umsätzen enthält das Umsatzsteuergesetz auch eine Vielzahl von Umsatzsteuerbefreiungen in § 4 UStG. Fällt eine Lieferung oder sonstige Leistung unter eine der Befreiungsvorschriften in § 4 UStG, liegt ein steuerbarer aber steuerbefreiter Umsatz vor.

Zweck dieser Vorschrift ist es vorrangig, die Wohnungseigentümer hinsichtlich der Umsatzsteuerbelastung den Eigentümern von Einfamilienhäusern weitgehend gleichzustellen. Denn ohne diese Befreiungsvorschrift wäre die in den Leistungen enthaltene Umsatzsteuer auf die einzelnen Mitglieder umzulegen und von ihnen wirtschaftlich zu tragen. Darüber hinaus sollen durch die Befreiungsvorschrift Schwierigkeiten bei der Unterscheidung von steuerbaren und nicht steuerbaren Leistungen vermieden werden.[274]

Bereits im Jahr 1964 wurde die Steuerbefreiung von Wohnungseigentümergemeinschaften als § 4 Nr. 27 in das UStG 1951 aufgenommen und bei Umstellung auf das Mehrwertsteuersystem unverändert als § 4 Nr. 13 UStG 1967 übernommen. Ab 1980 ist diese Befreiungsvorschrift ausdrücklich auch auf Leistungen an Teileigentümer ausgedehnt worden.[275]

Nach § 4 Nr. 13 UStG werden die steuerbaren Umsätze, die eine Wohnungseigentümergemeinschaft an die Wohnungseigentümer erbringt und die in der Gebrauchsüberlassung, Instandhaltung, Instandsetzung oder sonstigen Verwaltung des gemeinschaftlichen Eigentums oder in der Lieferung von Wärme und ähnlichen Gegenständen bestehen, von der Umsatzsteuer befreit. Begüns-

---

[270] Vgl. ebenda.
[271] ZMR 2003, 937 = NJW 2003, 3476 = NZM 2003, 952.
[272] Vgl. R 87 Abs. 2 S. 1 UStR 2005.
[273] UR 1997, 463; UR 1993, 204.
[274] *Weimann/Raudszus*, UR 1999, 486.
[275] *Weimann/Raudszus*, UR 1997, 462 ff.

tigt werden hier somit insbesondere die von der Wohnungseigentümergemeinschaft erbrachten Verwaltungsleistungen.

Steuerfrei sind dabei ausschließlich die Leistungen von Eigentümergemeinschaften im Sinne des WEG. Ausgeschlossen sind dagegen die Leistungen einer Kapitalgesellschaft, die Wohnbauten errichtet, einzelne Wohneinheiten nach Teilung (§ 8 WEG) veräußert und sich vertraglich das Recht auf Verwaltung der Wohneinheiten sichert. Auch auf Leistungen der Wohnungseigentümer untereinander ist die Befreiungsvorschrift nicht anwendbar.[276]

Leistungen der Eigentümergemeinschaft an Dritte fallen ebenfalls nicht unter die Befreiungsvorschrift des § 4 Nr. 13 UStG. So stellen die Vermietung eines zum Gemeinschaftseigentum gehörenden Sitzrasenmähers an benachbarte Hauseigentümer gegen Entgelt sowie die Ausstattung vornehmlich hoher Bauwerke mit Antennenanlagen eines Mobilfunkanbieters gegen Nutzungsentgelt steuerbare und steuerpflichtige Umsätze gem. § 1 Abs. 1 Nr. 1 UStG dar.[277] Ebenfalls steuerbar und steuerpflichtig sind gem. § 4 Nr. 12 UStG die Vermietung von Parkplätzen und Fremdenzimmern.

Im Einklang mit der Definition der steuerbaren Umsätze erstreckt sich die Steuerbefreiung nach Ansicht des BMF[278] sowohl auf Leistungen der Eigentümergemeinschaft in das Gemeinschaftseigentum als auch auf Leistungen, die lediglich das Sondereigentum einzelner Wohnungseigentümer betreffen. Auch hier ist die Finanzverwaltung unter Berufung auf den Gesetzestext des § 4 Nr. 13 UStG anderer Ansicht. Der Gesetzestext bezieht sich dabei ausdrücklich lediglich auf Leistungen, die in der Überlassung des gemeinschaftlichen Eigentums zum Gebrauch, seiner Instandhaltung, Instandsetzung und sonstigen Verwendung sowie der Lieferung von Wärme und ähnlichen Gegenständen bestehen. Die Instandhaltung, Instandsetzung und Verwaltung des Sondereigentums des einzelnen Wohnungseigentümers fällt somit nach dem Wortlaut des Gesetzes nicht unter die Befreiungsvorschrift.[279] Tätigt die Eigentümergemeinschaft beispielsweise eine Lieferung von Wärme in das Sondereigentum eines Wohnungseigentümers, ist diese Lieferung nach Meinung der Finanzverwaltung nicht nach § 4 Nr. 13 UStG von der Umsatzsteuer befreit.

Die Umsetzung würde für den Verwalter einen sehr hohen Verwaltungsaufwand darstellen. Bei jeder einzelnen Leistung der Eigentümergemeinschaft an ihre Mitglieder hat der Verwalter eine strikte Trennung zwischen steuerbaren aber nach § 4 Nr. 13 UStG steuerbefreiten Gemeinschaftsleistungen und steuerbaren und steuerpflichtigen Leistungen in das Sondereigentum zu vollziehen. Nicht zuletzt folgt aus dieser Regelung dann auch das Erfordernis einer adäquaten Darstellung der steuerpflichtigen Leistungen in der Jahresabrechnung.

Fraglich ist, wie sich die divergierenden Meinungen von Finanzverwaltung und Bundesministerium der Finanzen in Zukunft zueinander verhalten werden.

---

[276] Ebenda, 463.
[277] An dieser Stelle sei darauf hingewiesen, dass die Umsatzsteuer auf Umsätze mit Dritten nicht erhoben wird, wenn die Wohnungseigentümergemeinschaft die Voraussetzungen eines Kleinunternehmers gem. § 19 UStG erfüllt; vgl. hierzu die Ausführungen unter 2. a).
[278] BMF BStBl. I 1987, 228.
[279] Vgl. R 87 Abs. 2 S. 3 UStR.

XI. Aufgaben des Verwalters

Bislang ist die Auffassung des BMF aus dem Jahr 1987 nicht überholt, so dass noch die Steuerbefreiung gem. § 4 Nr. 13 UStG auch auf Leistungen der Eigentümergemeinschaft in das Sondereigentum der Wohnungseigentümer anzuwenden ist. Somit sind alle Leistungen der Wohnungseigentümergemeinschaft als steuerfreie Umsätze gem. § 4 Nr. 13 UStG anzusehen.

cc) Umsatzsteueroption. Auf die Steuerbefreiungen kann jedoch nach § 9 Abs. 1 UStG verzichtet werden.[280] Voraussetzung für einen Verzicht auf die Steuerbefreiung ist, dass steuerbare Umsätze von einem Unternehmer im Rahmen seines Unternehmens an einen anderen Unternehmer für sein Unternehmen ausgeführt werden.[281] Auf die Steuerfreiheit eines Umsatzes kann nur derjenige Unternehmer verzichten, der den Umsatz bewirkt. Der Leistungsempfänger hat kein Besteuerungswahlrecht.[282]

Die Optionsmöglichkeit ist grundsätzlich ausgeschlossen, wenn der Unternehmer von der Kleinunternehmerregelung des § 19 UStG Gebrauch macht.[283] Der Unternehmer erfüllt die Voraussetzungen des § 19 UStG, wenn sich die steuerbaren und steuerpflichtigen Umsätze des vorangegangenen Kalenderjahres (inklusive Umsatzsteuer) auf höchstens EUR 17.500,00 belaufen und im laufenden Kalenderjahr höchstens EUR 50.000,00 betragen.

Hat der Unternehmer gem. § 19 Abs. 2 Satz 1 UStG auf die Anwendung der Kleinunternehmerregelung verzichtet, wird ihm die Möglichkeit der Option jedoch nicht verwehrt.[284]

aaa) Umsatzsteueroption des einzelnen Wohnungseigentümers. Eine Umsatzsteueroption kommt für den einzelnen Wohnungseigentümer nur in Betracht, wenn er als Unternehmer gem. § 2 Abs. 1 UStG grundsätzlich steuerbare Umsätze tätigt, auf die eine Befreiungsvorschrift des Umsatzsteuergesetzes Anwendung findet. Dazu gehören insbesondere die nach § 4 Nr. 12 UStG von der Umsatzsteuer befreiten Umsätze aus der Vermietung und Verpachtung seines Sondereigentums, sofern die Räume weder zu eigenen Wohnzwecken noch zu anderen nicht unternehmerischen Zwecken genutzt werden.

Ob sich für den Eigentümer die Option bei Umsätzen aus der Vermietung und Verpachtung wirtschaftlich lohnt, muss von ihm sorgfältig ermittelt werden. Die Entscheidung hängt jedoch sicher davon ab, ob die Überwälzung der Steuer auf den Leistungsempfänger möglich ist.[285]

Der Verzicht auf die Steuerbefreiung ist nur zulässig, wenn der Eigentümer sein Sondereigentum an Gewerbetreibende vermietet, die ihrerseits die Voraussetzungen des § 2 Abs. 1 UStG erfüllen. Denn nur dann ist der Eigentümer gem. § 15 UStG dazu berechtigt, die ihm in Rechnung gestellte Umsatzsteuer (Vorsteuer) geltend zu machen. Als vorsteuerberechtigte Eingangsrechnungen

---

[280] Gem. § 9 Abs. 1 UStG ist ein Verzicht nur in den Fällen des § 4 Nr. 8 a bis g, Nr. 9 a, Nr. 12, 13 und 19 UStG möglich.
[281] Vgl. BFH BStBl. II 2003, 434.
[282] *Wenzel* in Rau/Dürrwächter, UStG, § 9 Rdn. 50.
[283] R 148 Abs. 2 Satz 1 UStR 2005.
[284] *Wenzel* in Rau/Dürrwächter, UStG, § 9 Rdn. 50.
[285] *Widmann* in Plückebaum/Malitzky/Widmann, UStG, § 9 Rdn. 100.

kommen dabei insbesondere Rechnungen der Wohnungseigentümergemeinschaft oder Dritter (z. B. Versorgungsunternehmen für die Lieferung von Wasser, Gas, Strom, von Handwerkern für Schönheitsreparaturen etc.) in Betracht.[286] Dies hat der Verwalter jedoch nicht zu beurteilen, er schuldet keine Steuerberatung.

Zu beachten ist jedoch, dass die Optionsmöglichkeit verneint wird, wenn der Eigentümer sein Sondereigentum an einen gewerblichen Zwischenvermieter vermietet hat und dieser wiederum die Wohnung einer Privatperson zur Verfügung stellt.[287] Es wird nicht auf die Person des Mieters, sondern auf die tatsächliche Nutzungsform abgestellt.

bbb) Umsatzsteueroption der Wohnungseigentümergemeinschaft. Mit dem Umsatzsteuergesetz 1979 wurde die Anwendbarkeit des § 9 UStG auch auf Steuerbefreiungen nach § 4 Nr. 13 UStG ausgeweitet. Somit steht auch den Eigentümergemeinschaften hinsichtlich ihrer nach § 4 Nr. 13 UStG von der Umsatzsteuer befreiten Umsätze die Möglichkeit der Umsatzsteueroption zu. Durch die Aufnahme des § 4 Nr. 13 UStG in den Gesetzeswortlaut des § 9 UStG sollte sichergestellt werden, dass in der Unternehmerkette durch die Behandlung steuerfreier Umsätze als steuerpflichtig der mit der Steuerbefreiung verbundene Ausschluss des Vorsteuerabzugs vermieden werden kann.[288]

Sinnvoll ist die Umsatzsteueroption der Eigentümergemeinschaft dann, wenn der einzelne Eigentümer Unternehmer i. S. d. § 2 Abs. 1 UStG ist, da er die Wohnung oder das Teileigentum entweder im Rahmen seines Unternehmens nutzt, z. B. als Gewerberäume, Steuerberatungsbüro oder als Lagerraum, und allein aus diesem Grund mit seinen Leistungen bereits der Umsatzsteuer unterliegt oder selbst zur Umsatzsteuer optiert hat. Denn nur wenn auch der Eigentümer die Wohnung unternehmerisch nutzt, können die Umsätze der Eigentümergemeinschaft steuerpflichtig erfolgen.

Über die Option muss in der Eigentümerversammlung durch Beschluss abgestimmt werden.[289] Dabei steht es jedem Eigentümer frei, ob er mit der Eigentümergemeinschaft zur Umsatzsteuer optieren will oder nicht. Da der Optionsbeschluss i. d. R. Mehrkosten verursacht, gehört es zur Ordnungsmäßigkeit des Beschlusses, wenn die die Option befürwortenden Eigentümer die Kosten für die anderen Eigentümer übernehmen.[290]

Es obliegt auch der Beschlussfassung, in welchem Umfang von der Option Gebrauch gemacht wird. Es muss erörtert werden, ob die Option für alle Wohnungs- bzw. Teileigentümer oder nur für den Umsatz mit dem Miteigentümer ausgeübt werden soll, der seinerseits zur Umsatzsteuer optiert hat.[291]

Darüber hinaus kann sich nach Auffassung des OLG Hamm[292] die Optionspflicht für Eigentümergemeinschaften gegenüber den unternehmerisch tätigen

---

[286] UR 1997, 467.
[287] BMF-Schreiben, 27. 6. 1983, BStBl. I 347; R 148a Abs. 1 UStR 2005.
[288] *Widmann* in Plückebaum/Malitzky/Widmann, UStG, § 9 Rdn. 139.
[289] *Jennißen*, Verwalterabrechnung, VII. 18.
[290] *Weimann/Raudszus*, UR 1997, 465.
[291] *Schmidt*, UR 1993, 203.
[292] Ebenda 202.

Eigentümern auch aus § 21 Abs. 4 WEG ergeben, wenn die Interessen der übrigen nicht unternehmerisch tätigen Eigentümer gewahrt werden.

Die Optionsmöglichkeit besteht für jeden einzelnen Umsatz, wenn – der Auffassung des BMF folgend – alle Leistungen zwischen Eigentümergemeinschaft und dem einzelnen Wohnungseigentümer als steuerbar und steuerpflichtig angesehen werden. Die Eigentümergemeinschaft kann somit das Optionsrecht für jede optionsfähige Leistung gesondert ausüben. Dieser Grundsatz der Einzeloption eröffnet der Eigentümergemeinschaft die Möglichkeit, lediglich für Leistungen auf die Steuerbefreiung zu verzichten, die ihrerseits mit Vorsteuern belastet sind.[293] Vorsteuerfreie Eingangsleistungen, wie z.B. Versicherungsbeiträge, Abfallgebühren, Gebühren für Straßenreinigung oder Entwässerung oder auch den Hausmeisterlohn müssen somit nicht der Umsatzsteuer unterworfen werden.[294]

Hinzuweisen ist auf die Verpflichtung schon die Vorauszahlungen der Umsatzsteuerpflicht zu unterwerfen gem. § 13 Abs. 1 Nr. 1a UStG.

Erweist sich aus Sicht des Verwalters eine Umsatzsteueroption der Eigentümergemeinschaft als sinnvoll, sollte er die Eigentümer auf diese Möglichkeit hinweisen. Zeigen diese dann Interesse, sollte der Verwalter einen Beschluss vorschlagen, einen Steuerberater mit der weiteren Bearbeitung und Beratung zu beschäftigen. Im Falle der Option bleiben trotz Einschaltung eines Steuerberaters buchhalterische und abrechnungstechnische Mehrleistungen für den Verwalter, für die er sich per Mehrheitsbeschluss Sonderhonorare zusichern lassen kann. Auch für diese Honoraranteile kommt eine Abweichung vom allgemein geltenden Verteilungsschlüssel in Betracht, wenn die Wohnungseigentümer gem. § 16 Abs. 3 WEG n.F. dies mit Mehrheit beschließen. Entsprechend sind dann auch die Kosten der Steuerberatung zu verteilen.

ccc) Formelle Anforderungen. Die Ausübung der Option führt dazu, dass die Eigentümergemeinschaft als solche umfangreiche steuerrechtliche Verpflichtungen zu erfüllen hat. Zur Ausübung einer Umsatzsteueroption gem. § 9 UStG hat der Steuerpflichtige eine Optionserklärung abzugeben. Dabei reicht es auch aus, wenn gegenüber dem Veranlagungsfinanzamt eine mündliche Erklärung zur Versteuerung steuerfreier Umsätze abgegeben wird.[295]

Entsprechend dem Umfang der Option hat die Eigentümergemeinschaft den Wohnungseigentümern Rechnung unter Ausweis der Umsatzsteuer zu erteilen. Nur Abrechnungen an Mitglieder, die das Teileigentum unternehmerisch nutzen, dürfen unter Ausweis der Umsatzsteuer erfolgen. Darüber hinaus sind die der Eigentümergemeinschaft gestellten Rechnungen Dritter auf die Möglichkeit des Vorsteuerabzugs hin zu kontrollieren, damit keine Zahllast der Gemeinschaft entsteht.[296]

Gem. § 18 Abs. 1 UStG hat der Verwalter als Vertreter der Eigentümergemeinschaft dafür Sorge zu tragen, dass bis zum 10. Tag nach Ablauf jedes Voranmeldungszeitraums eine Voranmeldung nach amtlich vorgeschriebenem Vor-

---

[293] *Widmann* in Plückebaum/Malitzky/Widmann, UStG, § 9 Rdn. 140 f.
[294] Ebenda 141.
[295] *Wenzel* in Rau/Dürrwächter, UStG, § 9 Rdn. 41.
[296] *Schmidt*, UR 1993, 203.

druck auf elektronischem Weg an das Finanzamt übermittelt wird, in der er die Steuer für den Voranmeldungszeitraum selbst zu berechnen hat.[297]

Für jedes Kalenderjahr oder kürzeren Besteuerungszeitraum hat der Verwalter gem. § 18 Abs. 3 UStG eine Steuererklärung nach amtlich vorgeschriebenem Vordruck abzugeben, in der er die Abschlusszahlung oder den Überschuss zu seinen Gunsten selbst zu berechnen hat.

328 Darüber hinaus müssen auch die in § 22 UStG aufgeführten Aufzeichnungspflichten erfüllt werden. Danach ist der Verwalter verpflichtet, zur Feststellung der Steuer und der Grundlagen ihrer Berechnung Aufzeichnungen zu machen. Die allgemeinen Vorschriften über das Führen von Büchern und Aufzeichnungen gem. §§ 140 bis 180 AO, § 63 Abs. 1 UStDV gelten hier sinngemäß.[298] Aus den Aufzeichnungen müssen die Umsätze hervorgehen, für die der Unternehmer nach § 9 UStG zur Umsatzsteuer optiert hat.[299]

329 Hat die Gemeinschaft zur Umsatzsteuer optiert, ist sie unter den Voraussetzungen des § 15 UStG zum Vorsteuerabzug berechtigt. Die Voraussetzungen sind erfüllt, wenn sie vorsteuerbelastete Eingangsrechnungen für Umsätze, die nach § 4 Nr. 13 UStG steuerfrei sind, zu deren Steuerpflicht aber zulässigerweise nach § 9 Abs. 1 UStG optiert wurde und die an einen Dritten (z.B. einen Mieter) und nicht den Eigentümer selbst ausgeführt werden, für Umsätze, die die Verwaltung des Sondereigentums betreffen und für sonstige Umsätze, die in der Überlassung beweglicher Gegenstände bestehen, verwendet.[300]

In der Praxis werden die für die Eigentümergemeinschaft bestimmten Rechnungen regelmäßig an den Hausverwalter adressiert. Zum Vorsteuerabzug benötigt die Gemeinschaft jedoch eine an sie gerichtete Rechnung des leistenden Unternehmens. Bei unvollständiger Adressierung der Eingangsrechnungen wird der Vorsteuerabzug nicht gewährt. Um diesem entgegenzuwirken sollten die eingehenden Rechnungen neben der Adresse der Eigentümergemeinschaft auch die Adresse der Hausverwaltung enthalten. Ist auf der Rechnung nur die Adresse der Hausverwaltung enthalten, muss zur Gewährung des Vorsteuerabzugs auf der Rechnung oder in Begleitdokumenten vermerkt sein, dass die Rechnung an die Hausverwaltung nur als Empfangsbevollmächtigte für die Eigentümergemeinschaft geht.

Hierbei ist zu erwähnen, dass soweit die Eigentümergemeinschaft Bauleistungen empfängt und an ihre Beteiligten weiterleistet, dies seitens der Finanzverwaltung nicht als Bauleistungen i.S. von § 13b UStG eingestuft wird.[301] Die Eigentümergemeinschaft muss also darauf achten, dass ihr für solche Leistungen Rechnungen mit gesondertem Umsatzsteuerausweis erteilt werden.[302]

---

[297] Gem. § 18 Abs. 2 UStG ist Voranmeldungszeitraum das Kalendervierteljahr. Beträgt die Steuer für das vorangegangene Kalenderjahr mehr als EUR 6.136, ist der Kalendermonat Voranmeldungszeitraum. Beträgt die Steuer für das vergangene Kalenderjahr dagegen weniger als EUR 512, kann der Unternehmer von der Verpflichtung zur Abgabe einer Voranmeldung und zur Entrichtung von Vorauszahlungen befreit werden. Bei erstmaliger Ausübung der Option zur Umsatzsteuer ist der Kalendermonat Voranmeldungszeitraum.
[298] R 255 Abs. 1 UStR.
[299] R 255 Abs. 4 UStR.
[300] *Weimann/Raudszus*, UR 1997, 467.
[301] BMF BStBl. I 2004, 1129.
[302] *Nieskoven*, Gestaltende Steuerberatung 2006, 438 ff.

Für die Umsatzsteuer ist grundsätzlich das Finanzamt zuständig, von dessen **330** Bezirk aus der Unternehmer sein Unternehmen betreibt. Die Eigentümergemeinschaft betreibt ihr Unternehmen grundsätzlich an dem Belegenheitsort des Grundstücks. Das gilt auch dann, wenn der Verwalter seine Aufgaben von einem anderen Ort aus wahrnimmt.

Die Vermietung und Verpachtung des Sondereigentums durch die einzelnen Wohnungs- bzw. Teileigentümer erfolgt i.d.R. vom Ort des Wohnsitzes aus. Die Besteuerung erfolgt somit durch die entsprechenden Wohnsitzfinanzämter.

9. Veräußerungszustimmung

In der Gemeinschaftsordnung der Eigentümergemeinschaft kann geregelt **331** werden, dass die Veräußerung des Wohnungseigentums der Zustimmung anderer Wohnungseigentümer oder eines Dritten bedarf, § 12 Abs. 1 WEG. Hiervon wird in der Praxis häufig derart Gebrauch gemacht, dass die Veräußerung von der Zustimmung des Verwalters abhängig gemacht wird. Bis zur Zustimmung ist dann das Rechtsgeschäft **schwebend unwirksam.**[303] Der Verwalter hat nur zu prüfen, ob ein **wichtiger Grund** besteht, der einer Zustimmung entgegenstehen könnte. Dieser wichtige Grund kann nicht in der Person des Veräußerers bestehen. Hat dieser beispielsweise Wohngeldrückstände, hindert dies die Zustimmung nicht. Der Versagungsgrund kann nur in der **Person des Erwerbers** bestehen. Da der Grund wichtig sein muss, darf die Zustimmung verweigert werden, wenn der Erwerber über eine schwache **Bonität** verfügt, so dass die Gefahr besteht, dass dieser das lfd. Wohngeld nicht ordnungsgemäß entrichten wird. Dieser Grund wird aber in der Praxis kaum relevant sein. Entweder bezahlt der Käufer die Wohnung mit Eigenkapital, was solchen Annahmen entgegensteht, oder er finanziert den Kaufpreis ganz oder teilweise über ein Kreditinstitut. Wenn ein Kreditinstitut bereit ist, Kredit zu gewähren, hat dieses die Bonität des Erwerbers geprüft, so dass für eine eigene weitergehende Prüfung des Verwalters kaum Raum ist. Somit bleibt die Frage der ausreichenden Bonität i.d.R. ein theoretisches Problem. Sie wäre aber denkbar, wenn die Wohnung beispielsweise verschenkt wird. Darüber hinaus kann die Verweigerung ausgesprochen werden, wenn in der Person des Erwerbers wichtige Gründe liegen, z.B., dass er ein **Querulant** ist. Aber auch diese Erkenntnis wird der Verwalter kaum objektiv ziehen können. Denkbar ist dies beispielsweise, wenn gegen den Erwerber, der in diesem Objekt bereits eine weitere Eigentumswohnung besitzt, wegen seines Verhaltens ein Entziehungsverfahren nach § 18 WEG eingeleitet wurde. Die Streitsucht des Erwerbers muss **nachweisbar** sein. Meinungsverschiedenheiten zwischen dem Erwerber und einem Wohnungseigentümer reichen hierzu in der Regel nicht aus.[304] Die Streitsucht muss die Prognose rechtfertigen, dass sich der Erwerber nicht in die Gemeinschaft eingliedern wird.

---

[303] OLG Hamm ZMR 2001, 840; OLG Köln NJW-RR 1996, 1296; *Hügel* in Bamberger/Roth, BGB, § 12 WEG Rdn. 12; *Schneider* in KK-WEG, § 12 Rdn. 73.
[304] OLG Franfurt NZM 2006, 380.

Wegen dieser geringen Möglichkeiten, die Zustimmung zu verweigern, ist die Veräußerungsbeschränkung nach § 12 Abs. 1 WEG im Grunde eine Farce. Dies hat der Gesetzgeber offensichtlich auch erkannt und durch den neu geregelten § 12 Abs. 4 WEG die Befugnis in das Gesetz aufgenommen, dass die Wohnungseigentümer die Veräußerungsbeschränkung gem. Abs. 1 durch Stimmenmehrheit wieder aufheben können. § 12 Abs. 4 WEG n. F. regelt somit einen Fall des satzungsändernden Beschlusses.

332 Hat der Verwalter **begründete Zweifel** an der Bonität des Erwerbers, muss er die Zustimmung **verweigern.** Dies kann dann der Fall sein, wenn der Erwerber Mieter der Eigentumswohnung und mehrfach mit der Miete rückständig war.[305] Ebenso sind begründete Bonitätszweifel angebracht, wenn der säumige Wohnungseigentümer die Wohnung an eine ihm nahestehende Person mit Sitz im Ausland veräußert und anzunehmen ist, dass dies nur geschieht, um sich dem Zugriff der Wohnungseigentümergemeinschaft zu entziehen.

333 Ist der **Verwalter selbst** der **Erwerber,** darf und muss der Verwalter trotzdem zustimmen. Nach herrschender Auffassung findet § 181 BGB keine Anwendung.[306] Zustimmungspflichtig ist der gewählte Verwalter. Da das Verwalteramt nicht einseitig übertragen werden kann (s.o.) reicht die Zustimmung des Rechtsnachfolgers des Verwalters nicht aus.[307]

334 Der Verwalter hat grundsätzlich keinen Anspruch darauf, Einsicht in den **Kaufvertrag** zu erhalten. Er kann die Vorlage des Kaufvertrags somit auch nicht zur Bedingung seiner Zustimmungserklärung machen. Der Verwalter genehmigt nicht den Kaufvertrag, sondern die Person des Erwerbers.[307a] Etwas anderes gilt nur dann, wenn die **Gemeinschaftsordnung** die Vorlage des Kaufvertrags an den Verwalter vorsieht.[308] Dann kommt der Verwalter mit der Veräußerungszustimmung solange nicht in Verzug, als ihm der Kaufvertrag nicht zur Einsicht überlassen wird.

335 Der Verwalter hat die Zustimmung in **grundbuchmäßiger Form** zu erteilen. Er muss somit seine Zustimmungserklärung notariell beglaubigen lassen. Dazu muss er seine Verwalterstellung ebenfalls in notariell beglaubigter Form nachweisen. Hierzu genügt es, dass er das Protokoll der Eigentümerversammlung, in der er bestellt wurde, in notariell beglaubigter Form von den hierzu bestimmten Personen unterzeichnen lässt. Das Gleiche gilt für seine Wiederwahl. Der Verwalter hat diese Unterschriftsbeglaubigungen schon prophylaktisch nach seiner Bestellung einzufordern. Andernfalls könnte ein Veräußerungsvorgang erheblich verzögert werden, weil der Verwalter zunächst seine Bestellung in grundbuchmäßiger Form nachweisen müsste. Die hierdurch bedingten Verzögerungen können von dem Verkäufer als **Verzugsschaden** geltend gemacht werden.[309] Der Verwalter muss somit unverzüglich handeln und, wenn keine Einwendungen in der Person des Erwerbers vorlie-

---

[305] OLG Köln NJW-RR 1996, 1296.
[306] KG MietRB 2004, 176; OLG Düsseldorf MDR 1985, 58 = NJW 1985, 390; *Kreuzer* in Staudinger, BGB, § 12 WEG Rdn. 43; *Schneider* in KK-WEG, § 12 Rdn. 81.
[307] OLG Köln ZMR 2006, 385.
[307a] OLG Schleswig ZMR 2006, 964 f.
[308] OLG Hamburg ZMR 2004, 850 = MietRB 2005, 125.
[309] OLG Düsseldorf MietRB 2004, 18.

XI. Aufgaben des Verwalters

gen, die Zustimmung erteilen. Die verzögerte Veräußerungszustimmung stellt dann keine Pflichtverletzung dar, wenn vom Verwalter fälschlicherweise die Zustimmung zum Vertrag und nicht zur Person des Erwerbers verlangt wird.[309a]

Grundsätzlich ist der Verwalter nicht daran gehindert, bei der Veräußerung von Wohnungen als **Makler** aufzutreten. Diese Möglichkeit besteht aber nicht, wenn er gleichzeitig der Zustimmungsberechtigte bzw. -verpflichtete gem. § 12 Abs. 1 WEG ist. Dann befindet sich der Makler in einer **Interessenkollision.** Als Makler ist er am wirksamen Zustandekommen des Vertrags interessiert. Dieses Interesse muss sich mit seiner **Prüfungspflicht** gem. § 12 Abs. 1 WEG nicht decken. Auf Grund der sich hieraus ergebenden Interessenkollision verliert der Makler seinen Honoraranspruch und kann gleichzeitig als WEG-Verwalter fristlos abberufen werden, weil er eine solche Interessenkollision herbeigeführt hat.

10. Vermietungszustimmung

In einzelnen Gemeinschaftsordnungen ist vorgesehen, dass die Vermietung des Sondereigentums die Zustimmung des Verwalters erfordert. In diesem Fall darf der Verwalter die Zustimmung nur verweigern, wenn in der Person des Mietinteressenten eine **mangelnde persönliche Zuverlässigkeit** gesehen werden kann[310] oder eine **zweck- oder vereinbarungswidrige Nutzung** beabsichtigt ist.[311] Da der Vermieter das Solvenzrisiko des Mietinteressenten trägt, muss der Verwalter nicht die finanzielle Leistungsfähigkeit des Mietinteressenten prüfen. Selbst wenn Anhaltspunkte für eine mangelnde Leistungsfähigkeit vorliegen sollten, kann der Verwalter die Zustimmung diesbezüglich nicht verweigern, obschon ein entsprechender **Hinweis** an den Vermieter angezeigt ist.[312] Der Verwalter kann sich **schadensersatzpflichtig** machen, wenn er die in der Gemeinschaftsordnung vorgesehene Vermietungszustimmung ohne wichtigen Grund verweigert.

Der Schadensersatzanspruch ist von dem betroffenen Wohnungseigentümer gegen die Eigentümergemeinschaft zu richten, die generell Inhaberin der gemeinschaftsbezogenen Forderungen und Verbindlichkeiten ist. Soweit § 27 Abs. 2 WEG n. F. auch Aufgaben des Verwalters in der Rechtsbeziehung zu den Wohnungseigentümern vorsieht, ist die Summe der Wohnungseigentümer gemeint. § 27 Abs. 2 WEG n. F. sieht keine Tätigkeitsverpflichtung des Verwalters für den einzelnen Wohnungseigentümer vor. Die Vermietungszustimmung liegt **im Interesse der Wohnungseigentümer,** um eine gewisse Homogenität der Hausgemeinschaft zu erhalten und zweckwidrige Nutzungsformen zu vermeiden. Daher liegt eine **gemeinschaftsbezogene Aufgabe** vor, bei deren Verletzung durch den Verwalter die **Eigentümergemeinschaft** gegenüber dem einzelnen Wohnungseigentümer **haftet.** Der rechtsfähige Verband kann dann beim Verwalter Regress nehmen.

[309a] OLG Schleswig ZMR 2006, 964.
[310] *Fritsch* in Köhler/Bassenge, AHB Wohnungseigentumsrecht, Teil 20, Rdn. 62 ff.
[311] BayObLG NJW-RR 1988, 17 = ZMR 1988, 106.
[312] Vgl. hierzu die Anm. v. *Hogenschurz* zur Entscheidung BayObLG, MietRB 2004, 83

XII. Entlastung des Verwalters

339 Es entspricht einer weit verbreiteten Praxis, dass sich der Verwalter in Eigentümerversammlungen entlasten lässt. Der Entlastungsbeschluss ist eine Vertrauenskundgabe der Wohnungseigentümer an den Verwalter.[1] Sie wird mit Zugang beim Verwalter wirksam.[2] Sie ist **bedingungsfeindlich** und nicht wegen Irrtums anfechtbar.[3] Die Entlastung hat die Wirkung eines negativen **Schuldanerkenntnisses** im Sinne des § 397 Abs. 2 BGB.[4] Dabei besteht für den Verwalter nur dann ein **Anspruch auf Entlastung,** wenn eine solche in der Gemeinschaftsordnung oder im Verwaltervertrag vorgesehen ist.[5] Im Übrigen kann der Verwalter dann Entlastung begehren und auch gerichtlich geltend machen, wenn er von den Wohnungseigentümern **zu Unrecht belastet** wird.[6] Entlasten die Wohnungseigentümer per Beschluss den Verwalter, obschon dieser darauf keinen Anspruch hat, so kann dies dennoch ordnungsmäßiger Verwaltung entsprechen. Den Wohnungseigentümern ist es nicht untersagt, dem Verwalter per Beschluss ein Recht zu gewähren, auf das dieser keinen Anspruch hat.[7] Die vom BayObLG[8] entsprechend geäußerte Gegenmeinung ist im dogmatischen Ansatz falsch. Das BayObLG setzt einen fehlenden Anspruch einem Verbotstatbestand gleich.

Ein Eigentümerbeschluss, der die Entlastung des Verwalters ausspricht, entspricht dann ordnungsmäßiger Verwaltung, wenn keine Anhaltspunkte für Schadensersatzansprüche gegen den Verwalter erkennbar sind.[9]

340 Umgekehrt entspricht die Entlastung dann nicht ordnungsmäßiger Verwaltung, wenn begründete Vorwürfe oder ungeklärte Tatbestände im Raum stehen.[10] Nach entsprechender Anfechtung sind Entlastungsbeschlüsse daher aufzuheben,

— wenn die Jahresabrechnung noch nicht erstellt, fehlerhaft[11] oder unvollständig ist[12];
— weil der Verwalter Beschlüsse der Eigentümerversammlung nicht weiter umgesetzt hat;[13]
— weil Regressansprüche in Betracht kommen;[14]

---

[1] *Gottschalg,* NJW 2003, 1293; *Bub* in Staudinger, BGB, § 28 WEG Rdn. 432.
[2] *Bassenge* in Palandt, § 26 WEG Rdn. 16; *Gottschalg,* NJW 2003, 1293; *Bub* in Staudinger, BGB, § 28 WEG Rdn. 432.
[3] *Bub* in Staudinger, BGB, § 28 WEG Rdn. 432.
[4] *Bub* in Staudinger, BGB § 28 WEG Rdn. 434; *Jennißen,* Verwalterabrechnung, VII Rdn. 62; OLG Frankfurt DWE 1988, 142.
[5] AG Köln ZMR 2002, 793.
[6] OLG Düsseldorf NJW-RR 1997, 525.
[7] BGH NJW 2003, 3124 = NZM 2003, 764 = ZMR 2003, 750 = MietRB 2003, 74.
[8] ZMR 2003, 280 = NZM 2003, 154.
[9] BayObLG ZMR 2006, 137.
[10] OLG Frankfurt ZMR 2003, 594.
[11] KG WE 1988, 167; AG Hamburg ZMR 2003, 301; OLG München ZMR 2006, 68 = NZM 2005, 825.
[12] OLG München OLGReport 2005, 829 = MietRB 2006, 74.
[13] AG Hamburg, s. Fn. 11.
[14] OLG Düsseldorf WE 1995, 287.

XII. Entlastung des Verwalters

– weil der Verwalter ungenehmigte Ausgaben aus Gemeinschaftsmitteln getätigt hat;[15]
– weil andere eine fristlose Abberufung des Verwalters begründende Tatsachen vorliegen;[16]
– weil der Verwalter bei seiner Entlastung mit abgestimmt hat.[17]

Das Verhältnis von Entlastung und Beschlussfassung zur **Jahresabrechnung** ist teilweise streitig und wird in der Rechtsprechung nicht immer exakt differenziert. Wenn Jahresabrechnung und Entlastung in einer Beschlussfassung zusammengefasst werden, ist der Verwalter bei dieser Beschlussfassung mit einem eigenen **Stimmrecht** ausgeschlossen. Der Verwalter kann zwar grundsätzlich über die Jahresabrechnung mit abstimmen, nicht aber über seine Entlastung. Differenziert die Beschlussfassung nicht hinreichend, ist insgesamt das Beschlussrecht ausgeschlossen. Da der Verwalter bei der Entlastung kein eigenes Stimmrecht hat, darf er auch von Vollmachten anderer Wohnungseigentümer keinen Gebrauch machen. Es ist ihm aber gestattet, Untervollmachten zu erteilen, sofern er diese nicht mit Weisungen für die Abstimmung verbindet.[17a]

Ein Beschluss über die Jahresabrechnung bewirkt nicht gleichzeitig die Entlastung des Verwalters.[18] Daher kann auch die Bestandskraft des Beschlusses über die Jahresabrechnung nicht Regressansprüche gegen den Verwalter ausschließen.[19] Der teilweise anderslautenden Rechtsprechung kann nicht gefolgt werden, weil sie den Inhalt der Jahresabrechnung verkennt. In der Jahresabrechnung hat der Verwalter über alle Zahlungsvorgänge abzurechnen. Dabei spielt es für die Richtigkeit der Jahresabrechnung keine Rolle, ob die dort dargestellten Ausgaben zu Recht oder zu Unrecht getätigt wurden.[20] Die **Darstellung unberechtigter Ausgaben** in der Jahresabrechnung ist erforderlich, um die Schlüssigkeitsprüfung vornehmen zu können. Erst danach können die Wohnungseigentümer entscheiden, ob sie **Regressansprüche** gegen den Verwalter geltend machen wollen. Dies ist aber unabhängig von der Frage zu sehen, dass zunächst die Beträge vom Konto der Eigentümergemeinschaft abgeflossen sind und daher auch buchhalterisch erfasst werden müssen. Was aber in der Buchhaltung erfasst ist, muss auch Niederschlag in der Jahresabrechnung finden. Wenn nun mit dem Beschluss über die Jahresabrechnung auch die Entlastung einhergehen würde, könnten die Wohnungseigentümer entweder nicht über die Jahresabrechnung beschließen, obschon sie richtig ist, oder sie müssten mit dem Beschluss über die Jahresabrechnung befürchten, dass sie den Verwalter nicht mehr in Regress nehmen könnten. Die Frage, ob Schadensersatz gegen den Verwalter geltend zu machen ist, ist aber von der Richtigkeit der Jah-

---

[15] OLG Düsseldorf WE 1995, 287.
[16] AG Hamburg, s. Fn. 11.
[17] BayObLG MDR 1987, 410 = WuM 1987, 101; KG WE 1989, 134.
[17a] OLG Zweibrücken WE 1998, 504.
[18] *Gottschalg*, Die Haftung von Verwalter und Beirat, Rdn. 291.
[19] OLG Düsseldorf ZWE 2002, 82 = NZM 2001, 537; KG NJW-RR 1986, 1337; BayObLG NJW-RR 1988, 81; WE 1989, 64.
[20] BayObLG NJW-RR 2001, 1231; 2002, 1093; OLG Hamburg WuM 2003, 104; BGH NJW 1997, 2106 = WuM 1997, 294; KG NJW-RR 1997, 715 = WuM 1997, 234; *Jennißen*, Verwalterabrechnung, VII Rdn. 4; a. A. *Sauren*, Wohnungseigentumsgesetz, § 28 Rdn. 29.

resabrechnung zu unterscheiden, so dass Beschluss über Jahresabrechnung und Beschluss über Entlastung zu trennen sind.

Die dem Verwalter erteilte Entlastung bezieht sich nicht nur auf die Abrechnung selbst. Das dem einzelnen Zahlungsvorgang zugrunde liegende Verwalterhandeln ist von der Entlastung mit umfasst.[21] Aus der Jahresabrechnung sind die Ausgaben der Höhe nach erkennbar. Wird Entlastung erteilt, kann nicht nachträglich mehr eingewandt werden, der Verwalter habe die Ausgaben nicht tätigen dürfen.

343 Die Entlastung bewirkt, dass alle der Eigentümergemeinschaft in diesem Zeitpunkt bekannten oder erkennbaren Sachverhalte für eine Inregressnahme des Verwalters ausgeschlossen sind.[22] Es genügt aber nicht, dass dem Beirat Sachverhalte bekannt waren, die eine Inregressnahme des Verwalters ermöglicht hätten. Der anderslautenden Entscheidung des OLG Köln[23] ist nicht zu folgen, weil der **Beirat** nicht Erfüllungsgehilfe oder Vertreter der Eigentümer ist. Er vertritt auch nicht die Eigentümergemeinschaft, so dass ein Wissensstand des Beirats nicht der Eigentümergemeinschaft insgesamt zuzurechnen ist.

344 Die bestandskräftige Entlastung bewirkt, dass Ansprüche aus **ungerechtfertigter Bereicherung** oder **Geschäftsführung ohne Auftrag** gegen den Verwalter ausgeschlossen sind.[24] Auch kann ein Entlastungsbeschluss nicht durch einen **Zweitbeschluss** widerrufen werden.[25] Allerdings sollen trotz Bestandskraft eines Entlastungsbeschlusses **Ansprüche aus strafbaren Handlungen** weiterhin geltend gemacht werden können.[26] Individuelle Schadensersatzansprüche eines Wohnungseigentümers, die aus einer Verletzung des Sondereigentums oder aus anderen Rechtsverhältnissen stammen, sind durch den Entlastungsbeschluss nicht ausgeschlossen.[27] Nach Auffassung des OLG Karlsruhe[28] sollen trotz Entlastung noch Ansprüche der Eigentümergemeinschaft gegen den Verwalter in Betracht kommen können, die trotz gehöriger Sorgfalt nicht erkennbar waren.

Die Entlastung entspricht nicht ordnungsmäßiger Verwaltung, wenn der Verwalter noch keine vollständige Jahresabrechnung vorgelegt hat.[29]

---

[21] OLG Köln ZMR 2005, 473 = MietRB 2005, 154 = OLGReport Köln 2005, 182.
[22] KG KGReport Berlin 1993, 19 = WuM 1993, 140 = NJW-RR 1993, 404; OLG Karlsruhe OLGReport Karlsruhe 2000, 259 = ZWE 2000, 426.
[23] OLG Köln OLGReport Köln 2002, 4.
[24] OLG Düsseldorf ZWE 2001, 270.
[25] OLG Köln ZMR 2000, 485.
[26] OLG Celle DWE 1992, 84.
[27] BayObLG WuM 1988, 30; OLG Düsseldorf OLGReport Düsseldorf 1997, 25 = WE 1997, 67.
[28] OLGReport Karlsruhe 2000, 259 = ZWE 2000, 426.
[29] OLG München NZM 2005, 825 = ZMR 2006, 68.

XIII. Abberufung und Kündigung des Verwalters

1. Ordentliche Abberufung

Der Verwalter kann jederzeit abberufen werden, wenn der Vertrag auf unbestimmte Zeit geschlossen wurde und die Abberufungsmöglichkeit nicht auf das Vorliegen eines wichtigen Grundes beschränkt wurde. Dann muss ein Abberufungsgrund nicht vorliegen und somit auch nicht angegeben werden. Es genügt ein Mehrheitsbeschluss gem. § 26 Abs. 1 WEG. Die Abberufung muss dem Verwalter als **empfangsbedürftige Willenserklärung** zugehen, was keiner besonderen Anforderung bedarf, wenn der Verwalter bei der Abstimmung anwesend ist oder er sogar selbst die Abstimmung als Versammlungsleiter durchführt. Mit der Feststellung des Beschlussergebnisses ist ihm dann auch die Abberufung zugegangen.

345

Die Abberufung ist bedingungsfeindlich. Andernfalls würde die Rechtssicherheit leiden, da Unklarheit entstünde, ob der Verwalter noch im Amt ist.[1]

Die Abberufung bedarf keiner Annahme durch den Verwalter.[2]

Die Rechtsprechung lässt es sogar genügen, dass die Eigentümerversammlung nur über die Bestellung eines neuen Verwalters abstimmt und sieht dann hierin inzidenter den Abberufungsbeschluss des bisherigen Verwalters.[3] Bei der ordentlichen Abberufung ist der Verwalter, wenn er selbst Wohnungseigentümer ist oder per Vollmacht über Stimmen verfügt, nicht von der Abstimmung ausgeschlossen. Wie der Verwalter selbst bei seiner Wahl mit abstimmen darf, darf er auch das **Stimmrecht** gegen seine ordentliche Abberufung ausüben.[4] Es handelt sich um die Wahrnehmung mitgliedschaftlicher Interessen.[5] Wären die Stimmen des Verwalters bei seiner Wahl nicht, bei seiner ordentlichen Abberufung wohl ausgeschlossen, könnte der Verwalter sich mit seiner Stimmenmehrheit nach einer Abberufung immer wieder neu wählen.

346

Das Stimmenübergewicht eines Wohnungseigentümers bei der Entscheidung über seine Abberufung als Verwalter genügt allein noch nicht, um unter dem Gesichtspunkt der Majorisierung einen Stimmrechtsmissbrauch zu begründen.[5a]

Will ein Wohnungseigentümer die Abberufung des Verwalters betreiben, kann er hierzu nicht unmittelbar gerichtliche Hilfe in Anspruch nehmen. Solange er sich nicht um die Herbeiführung eines Mehrheitsbeschlusses bemüht hat, fehlt für den gerichtlichen Antrag das **Rechtsschutzinteresse**.[6] Nur ausnahmsweise ist es möglich, unmittelbar das Gericht anzurufen, wenn in Anbetracht der Mehrheitsverhältnisse ein Mehrheitsbeschluss nicht zu erwarten ist

347

---

[1] *Bub* in Staudinger, BGB, § 26 WEG Rdn. 405.
[2] BayObLG NZM 2003, 243; NJW-RR 1999, 1390.
[3] BayObLG NZM 2003, 243.
[4] *Lüke* in Weitnauer, WEG, § 26 Rdn. 31; *Bub* in Staudinger, BGB, § 26 WEG Rdn. 422.
[5] BGH NJW 2002, 3704, 3706; OLG Düsseldorf NZM 1999, 285; OLG Hamburg ZWE 2002, 483.
[5a] BGH NJW 2002, 995.
[6] KG WE 1988, 168.

oder sich der Verwalter weigert, die Abberufung zum Gegenstand der nächsten Eigentümerversammlung zu machen.[7]

2. Außerordentliche Abberufung

a) Abberufungsgrund. Die außerordentliche Abberufung kommt in Betracht, wenn der Verwalter für eine mehrjährige Amtszeit bestellt ist oder im Verwaltervertrag bzw. im Bestellungsbeschluss die Abberufung auf den wichtigen Grund beschränkt wurde. Die Abberufung aus wichtigem Grund kann nicht weiter eingeschränkt werden, § 26 Abs. 1 Satz 5 WEG n. F. Sie ist immer zulässig. Eine Beschränkung oder Aufhebung der Abberufungsmöglichkeit aus wichtigem Grund ist nichtig, § 134 BGB. Die Bestellung eines Verwalters auf **bestimmte Zeit** hat die gleichen Auswirkungen wie die ausdrückliche Vereinbarung, dass der Verwalter nur aus **wichtigem Grund** abberufen werden kann.[8] In beiden Fällen besitzt der Verwalter ein **subjektives Recht** auf Ausübung des Verwalteramts für die Dauer der Bestellungszeit.[9] Wenzel begründet die vorstehende Auffassung damit, dass der Verwalter kein **Organ der Gemeinschaft** sei.[10] Diese Begründung wird Wenzel sicherlich nicht mehr vertreten, da er als Präsident des 5. Zivilsenats des BGH wesentlich an der Entscheidung vom 2. 6. 2005 zur Rechtsfähigkeit der Wohnungseigentümergemeinschaft mitgewirkt hat und in den Gründen feststellt, dass der Verwalter das Organ der Eigentümergemeinschaft sei. Als Organ der Gemeinschaft könnte argumentiert werden, dass seine Rechtsposition mit dem Geschäftsführer einer GmbH vergleichbar sei, der für eine bestimmte Dauer bestellt wurde. Für diesen Geschäftsführer ist in der Rechtsprechung anerkannt, dass er dennoch jederzeit abberufen werden kann. Allerdings besitzt er weiterhin Beschäftigungs- und Vergütungsansprüche. Diese Parallelität verbietet sich jedoch. § 38 GmbHG, der die Abberufungsmöglichkeit des Geschäftsführers regelt, ist eine Spezialregelung und insoweit nicht analogiefähig. Im Wohnungseigentumsgesetz fehlt eine entsprechende Norm auch nach der Gesetzesnovelle. Zu berücksichtigen ist aber vor allem, dass der WEG-Verwalter nicht die Möglichkeit hat, nach Abberufung weiterhin in einer anderen Funktion für die Gemeinschaft tätig zu bleiben. Während der GmbH-Geschäftsführer trotz Abberufung weiterhin das Anstellungsverhältnis in einer anderen Funktion ausüben kann, wenn die Gesellschaft dies wünscht und dem ehemaligen Geschäftsführer dies auch möglich ist,[11] ist eine solche Alternative für den Verwalter wohnungseigentumsrechtlich undenkbar, so dass der Verwalter an dieser Stelle einen besonderen Schutz verdient.

Wenn ein wichtiger Grund vorliegt, muss die Abberufung hierauf zeitnah erfolgen. Die aus dem Arbeitsrecht bekannte Frist von zwei Wochen des § 626 Abs. 2 BGB findet jedoch keine Anwendung. Die Einhaltung einer 2-Wochenfrist wäre auch unrealisierbar, da nach Kenntniserlangung zunächst eine Eigentümerversammlung unter Wahrung der Einladungsfristen einberufen

---
[7] BayObLG WE 1986, 64; ZWE 2002, 579; OLG Köln NZM 1998, 959; OLG Düsseldorf NZM 1998, 517; WE 1991, 252.
[8] LG Düsseldorf ZMR 2005, 740.
[9] *Suilmann*, Beschlussmängelverfahren S. 80; *Wenzel*, ZWE 2001, 510, 514.
[10] *Wenzel*, ebenda.
[11] *Lutter/Hommelhoff*, GmbHG, § 38 Rdn. 25.

XIII. Abberufung und Kündigung des Verwalters

werden muss. Dazu muss der abzuwählende Verwalter zunächst unter Fristsetzung von mehr als 25% der Wohnungseigentümer zur Einberufung einer außerordentlichen Eigentümerversammlung aufgefordert werden, § 24 Abs. 2 WEG. Hingegen wird § 314 Abs. 3 BGB angewendet, wonach der Berechtigte nur innerhalb einer **angemessenen Frist** kündigen kann, nachdem er vom Kündigungsgrund Kenntnis erlangt hat.[12] Dennoch dürfte diese zeitliche Einschränkung in der Praxis leer laufen. Wenn ein einzelner Wohnungseigentümer von Verfehlungen des Verwalters Kenntnis erhält, müssen sich dieses Wissen die Eigentümergemeinschaft als rechtsfähiger Verband und die übrigen Wohnungseigentümer nicht zurechnen lassen. Die Vertragspartner und nicht das einzelne Mitglied müssen Kenntnis erlangt haben. Nach § 166 Abs. 1 BGB kommt für die **Wissenszurechnung** die Person des Vertreters in Betracht. Die Eigentümergemeinschaft wird aber durch ihr Organ, den Verwalter, vertreten. Es wäre nun ein Zirkelschluss, darauf abzustellen, ob der Verwalter seinen eigenen Abberufungsgrund kannte. Welcher Verwalter würde daraufhin eine Eigentümerversammlung zwecks seiner eigenen Abberufung einberufen? Das Abberufungsorgan ist die Eigentümerversammlung. Daher kann es nur auf das Wissen der Eigentümerversammlung ankommen. Wenn also Abberufungsgründe in einer Eigentümerversammlung erörtert werden und die Abberufung nicht in dieser Versammlung auf der Tagesordnung steht, kann die Eigentümerversammlung lediglich beschließen, dass der Verwalter unverzüglich eine weitere Eigentümerversammlung zwecks Abberufung seiner Person einlädt. Geschieht dies nicht, kann § 314 Abs. 3 BGB Anwendung finden. Reagiert die Eigentümerversammlung hingegen nicht und betreibt die Abberufung erst ein Jahr später, wird der Abberufungsgrund verwirkt sein.[13]

b) Abmahnung. Der Abberufung aus wichtigem Grund muss in der Regel eine Abmahnung vorausgegangen sein.[14] Die Wohnungseigentümer müssen zunächst versuchen, durch die Abmahnung den Verwalter von ihren Vorstellungen über die ordnungsgemäße Erfüllung der Verwalterpflichten zu überzeugen. Es bedarf nur dann keiner vorausgehenden **Abmahnung,** wenn der erste Abberufungsgrund so schwerwiegend ist, dass unter keinem Gesichtspunkt eine Fortsetzung der Zusammenarbeit angezeigt und eine **Wiederherstellung des Vertrauensverhältnisses** zu erwarten ist. Hier ist insbesondere auf vom Verwalter begangene Vermögensdelikte zu verweisen. Der Vertragspartner muss die Abmahnung erklären. Dazu müssen die Wohnungseigentümer die Vornahme der Abmahnung beschließen und gleichzeitig bestimmen, wer die Abmahnung ausspricht, § 27 Abs. 3 S. 2 WEG n. F. Ohne eine solche Ermächtigung kann ein einzelner Wohnungseigentümer nicht wirksam abmahnen.[15]

c) Stimmrecht des Verwalters. Bei der Abberufung aus wichtigem Grund hat der Verwalter selbst **kein Stimmrecht,** wenn er gleichzeitig Wohnungseigentümer ist oder von Wohnungseigentümern zur Abstimmung be-

---

[12] BayObLG ZWE 2000, 185.
[13] So auch BayObLG ZWE 2000, 185 für eine Abberufung nach Ablauf von zwei Monaten seit Kenntnisnahme.
[14] BGH NZM 2002, 788 = NJW 2003, 3240 = ZMR 2002, 766.
[15] KG KGReport Berlin 2003, 265 = MietRB 2003, 75.

vollmächtigt wurde. Wer einen wichtigen Abberufungsgrund verursacht, soll durch seine Stimme seine Abberufung und somit eine Form der Sanktionierung nicht verhindern können. Über das Stimmrecht entscheidet der Versammlungsleiter, so dass sich für die Wohnungseigentümer empfiehlt, zumindest für diesen Tagesordnungspunkt einen anderen Versammlungsleiter als den Verwalter zu wählen. Der Verwalter wird nicht rechtlos gestellt, weil er den Abberufungsbeschluss einer gerichtlichen Überprüfung zuführen kann (s. u. 6.b). Wird der wichtige Grund in der gerichtlichen Überprüfung nicht bestätigt, war der Ausschluss des Stimmrechts gleichsam rechtswidrig.

352 Auch wenn der Verwalter nicht berechtigt ist, bei der Abberufung aus wichtigem Grund selbst mit abzustimmen, so kann er dennoch seine **Stimmrechtsvollmachten** durch **Untervollmacht** weiterreichen, wenn dies durch den Hauptvollmachtgeber nicht ausgeschlossen wurde. Zudem darf der Verwalter die Untervollmacht nicht mit Weisungen für die Abstimmung verbinden.[16] Dieser Auffassung kann jedoch nicht gefolgt werden, da es lebensfremd ist, anzunehmen, dass der Verwalter die Vollmacht an eine Person weiterreicht, die **freies Ermessen** ausübt. Der Verwalter wird in einer solchen Situation die Vollmacht nur an solche Personen weitergeben, bei denen er sicher ist, dass diese Person in seinem Sinne abstimmen wird. Zudem wird es im Einzelfall schwer feststellbar sein, ob nicht doch eine **gebundene** Vollmachterteilung vorliegt und der Vertreter Weisungen erhalten hat.

Nach Bestellung des Verwalters und Abschluss des Verwaltervertrages auf eine bestimmte Zeit kann die Eigentümergemeinschaft nicht nachträglich durch einseitige Vereinbarung der Wohnungseigentümer ein Recht auf jederzeitige Abberufung ohne wichtigen Grund schaffen.[17]

353 Die Abberufung kann nur auf Gründe gestützt werden, die im Zeitpunkt der Beschlussfassung bereits vorgelegen haben.[18] Später entstehende oder bekannt gewordene Tatsachen rechtfertigen die Abberufung nicht, da sie für die Beschlussfassung nicht kausal waren.

354 **d) Wichtige Gründe – Einzelfälle.** Der Begriff des wichtigen Grundes wird durch eine Fülle von Einzelfallentscheidungen geprägt. Er lässt sich kaum allgemein definieren. Der unbestimmte Rechtsbegriff des wichtigen Grundes wird wesentlich durch das **Vertrauensverhältnis** zwischen Verwalter und Wohnungseigentümer geprägt. Ist dieses stark belastet und eine Fortsetzung der Zusammenarbeit den Wohnungseigentümern nicht mehr zumutbar, ist der wichtige Grund zu bejahen.[19]

Im Wesentlichen lassen sich die wichtigen Abberufungsgründe in vier Gruppen einteilen.

aa) Vertrauensbruch im engeren Sinne. Auch wenn alle wichtigen Gründe letztendlich auf einen Vertrauensbruch hinauslaufen, so stellen insbesondere atmosphärische Störungen in den Beziehungen zwischen Verwalter

---

[16] OLG Zweibrücken WE 1998, 504 = NZM 1998, 671; BayObLG WE 1999, 29 = NZM 1998, 668; *Merle* in Bärmann/Pick/Merle, WEG, § 25 Rdn. 121.
[17] LG Düsseldorf ZMR 2005, 740.
[18] OLG Hamburg ZMR 2005, 974.
[19] BayObLG NZM 1999, 284; 2000, 511; ZWE 2002, 528.

und Wohnungseigentümern einen Abberufungsgrund dar, wenn diese das Vertrauen belasten. Solche Störungen können sein:
- **Beleidigung** eines Wohnungseigentümers;[20]
- **Strafanzeigen** gegen Wohnungseigentümer, die jeglicher Grundlage entbehren;[21]
- Verwalter ist wegen **Vermögensdelikten** vorbestraft, wobei sich die Taten nicht gegen die beschlussfassenden Wohnungseigentümer gerichtet haben müssen; allerdings dürfen die Taten noch nicht getilgt sein;[22] hat der Verwalter vor seiner Wahl die Verurteilung offengelegt, können die Wohnungseigentümer ihn später wegen der begangenen Vermögensdelikte nicht abberufen; wiederum etwas anderes gilt, wenn der Verwalter die Fragen der Wohnungseigentümer nach nicht getilgten Vorstrafen falsch, ausweichend oder bagatellisierend beantwortet hat;[23]
- **Eröffnung des Insolvenzverfahrens** oder Einstellung mangels Masse gegen den Verwalter;[24]
- Eröffnung des Insolvenzverfahrens anderer mit dem Verwalter verflochtener Unternehmen und Weigerung über seine finanziellen Verhältnisse Auskunft zu geben;[25]
- Verletzung der Neutralitätspflicht; die Neutralität ist bereits verletzt, wenn der Verwalter für einen Wohnungseigentümer **Partei ergreift,** innerhalb einer Zweiergemeinschaft einen Wohnungseigentümer in einem Prozess gegen den anderen vertritt[26] oder zugunsten eines Wohnungseigentümers eigenständig den **Verteilungsschlüssel** in der Jahresabrechnung abändert;[27]
- die **Übertragung der Verwaltungstätigkeit** im Ganzen auf eine andere Person ohne Zustimmung der Wohnungseigentümer;[28]
- unzumutbare **Selbstherrlichkeit** des Verwalters;[29]
- **Missachtung der Wünsche** zahlreicher Wohnungseigentümer;[30]
- **Betreiben der Abwahl des Beirats** ohne triftigen Grund oder Verweigerung der Zusammenarbeit mit diesem, sofern das Zerwürfnis nicht vom Beirat verursacht ist;[31]
- Weitergabe von internen Angelegenheiten der Wohnungseigentümer an die Tagespresse, auch wenn in dem Verhalten der Wohnungseigentümer möglicherweise ein kinderfeindliches Verhalten gesehen werden kann.[32]

---

[20] BayObLG ZMR 2004, 923, indem der Verwalter den Beiratsvorsitzenden als klassisch-psychologischen Fall bezeichnet hat.
[21] OLG Düsseldorf NZM 1989, 517.
[22] BayObLG NJW-RR 1998, 1022; ZWE 2000, 77; KG WuM 1989, 347; WE 1994, 50; OLG Hamm NZM 1999, 229.
[23] KG WE 1994, 50.
[24] OLG Stuttgart OLGZ 1977, 433, 435.
[25] BayObLG BayObLGReport 2005, 270 = MietRB 2005, 238.
[26] BayObLG ZMR 2001, 721.
[27] OLG Köln NZM 1999, 126; BayObLG ZMR 2001, 721.
[28] OLG Hamm WuM 1991, 218, 220; BayObLG ZMR 1998, 174.
[29] BayObLG DWE 1985, 126; NZM 1989, 283; 2000, 342.
[30] LG Frankfurt WE 1991, 31; BayObLG NZM 2000, 342.
[31] BayObLG Rpfleger 1965, 224, 227; OLG Frankfurt NJW-RR 1988, 1169; BayObLG NZM 1999, 283.
[32] AG Kassel ZMR 2006, 322.

355 **bb) Schlechtleistung der wirtschaftlichen Verwaltungstätigkeit.**
- Verweigerung, einen Wohnungseigentümer oder den Beirat in die Abrechnungsunterlagen und Belege schauen zu lassen;[33]
- unvollständige Ausgabendarstellung bzw. Berücksichtigung von Ausgaben, die schon mehrere Jahre zurückliegen;[34]
- fehlende oder wiederholt **verspätete Aufstellung der Jahresabrechnung;**[35]
- **hartnäckige Weigerung** des Verwalters, die Jahresabrechnungen als Einnahmen- und Ausgabenrechnung zu fertigen;[36]
- Verwalter verfolgt Beitragsrückstände nicht und verursacht hierdurch Liquiditätsengpässe der Eigentümergemeinschaft;[37]
- **keine Begleichung von Verbindlichkeiten** der Eigentümergemeinschaft, weil die dafür erforderlichen Mittel vom Verwalter nicht im Wirtschaftsplan angefordert wurden;[38]
- Entnahme einer **überhöhten Verwaltervergütung;**[39]
- Entnahme von **zweckgebundenen Geldern** zur Befriedigung eigener Honoraransprüche;[40]
- Abschluss von **Gebäudeversicherungen** ohne Eigentümerbeschluss;[41]
- Nichtabschluss der vereinbarten Versicherungen[42], mehrmonatiger unzureichender **Gebäudeversicherungsschutz;**[43]
- ungenehmigte Darlehensaufnahme.[44]

356 *Anmerkungen:* **Abrechnungsfehler** können nur dann die Abberufung aus wichtigem Grund rechtfertigen, wenn sich der Verwalter hartnäckig weigert, eine ordnungsgemäße Abrechnung vorzulegen. Wird unvollständig abgerechnet, kann dies solange keinen Abberufungsgrund darstellen, als diese Abrechnungsform dem Wunsch der Eigentümermehrheit entsprach.[45] Der Verwalter muss also zunächst durch Beschluss der Wohnungseigentümer verpflichtet werden, anders abzurechnen oder ihm wird dies durch Gerichtsbeschluss nach entsprechender Anfechtung aufgegeben. Erst dann kann das Nichteinhalten der Vorgaben zu einem Abberufungsgrund werden. Dabei ist aber zu berücksichtigen, dass das Wohnungseigentumsgesetz über Inhalt und Form der Jahresabrechnung schweigt. Deshalb müssen Inhalt und Form einer Abrechnung durch Vereinbarung, Beschluss

---

[33] BayObLG WuM 1990, 464.
[34] BayObLG WE 1996, 239.
[35] BayObLG NZM 2000, 343.
[36] OLG Köln NZM 1999, 843.
[37] OLG Karlsruhe WE 1998, 189.
[38] OLG Köln NZM 1999, 846 (Ls.).
[39] OLG Schleswig NJW 1961, 1870.
[40] OLG Düsseldorf WE 1997, 426.
[41] BayObLG WE 1991, 358.
[42] *Bub* in Staudinger, BGB, § 26 WEG Rdn. 445 a.
[43] OLG Düsseldorf ZMR 2006, 57.
[44] OLG Karlsruhe NZM 1998, 769.
[45] AG Bergisch Gladbach MietRB 2006, 297.

XIII. Abberufung und Kündigung des Verwalters

oder Verwaltervertrag zunächst definiert werden. Weigert sich dann der Verwalter diesen Vorgaben nachzukommen, kann er aus wichtigem Grund abberufen werden.[46]

Auch stellt es einen Abberufungsgrund dar, wenn die Jahresabrechnung angefochten und durch Gerichtsbeschluss aufgehoben wurde und der Verwalter die Aufhebungsgründe nicht beachtet, indem er keine neue Jahresabrechnung erstellt oder die Abrechnungsfehler nicht beseitigt. Problematisch ist in diesem Zusammenhang, dass die Rechtsprechung gelegentlich dazu neigt, Abrechnungsfehler zu definieren, die keine sind. Die Rechtsprechung leitet zum Teil auch zur Falschabrechnung an, indem sie Abrechnungen aus unzutreffenden Gründen aufhebt.[47] So wird beispielsweise verkannt, dass ein Wohngeldausfall, der auf die restlichen Wohnungseigentümer umgelegt werden soll, in der Jahresabrechnung wie Kosten zu behandeln ist. Demgegenüber wird in der Rechtsprechung darauf verwiesen, dass diese fehlenden Einnahmen nur per Wirtschaftsplan oder Sonderumlage, nicht aber innerhalb der Jahresabrechnung erhoben werden dürften.[48] Die Differenzierung zwischen Wirtschaftsplan und Sonderumlage auf der einen und Jahresabrechnung auf der anderen Seite ist aber unzutreffend. Diese sind allesamt Bestandteil eines einheitlichen Abrechnungswesens. Wirtschaftsplan und Sonderumlage enthalten nur kalkulierte Werte, während die Jahresabrechnung die tatsächliche Mittelverwendung belegt.[49] Die Behandlung der Wohngeldausfälle verdeutlicht, dass der Inhalt einer ordnungsgemäßen Jahresabrechnung zumindest umstritten ist. Daher können die Abberufung des Verwalters aus wichtigem Grund nur solche Abrechnungsmängel rechtfertigen, die eindeutig und so schwerwiegend sind, dass sie nicht hingenommen werden können und eine Kontrolle des Verwalters letztendlich nicht zulassen.[50]

So verhält es sich auch bei einer unvollständigen **Jahresabrechnung.** Es müssen solche wesentlichen Inhalte der Abrechnung fehlen, dass eine **Plausibilitätskontrolle** nicht mehr möglich ist. Die Wohnungseigentümer müssen anhand der Jahresabrechnung überschlägig erkennen können, ob Anlass besteht, dem Verwalter zu misstrauen. Dazu muss der Verwalter in der Jahresabrechnung eine Bankkontenentwicklung und eine Vermögensübersicht[51] fertigen. Wird er hierzu aufgefordert und

---

[46] OLG Düsseldorf ZMR 2006, 144; *Sauren*, WE 1999, 90.
[47] Siehe hierzu *Jennißen*, MietRB 2004, 307.
[48] BayObLG NZM 2002, 531 = NJW-RR 2002, 1093; vgl. auch hierzu die kritischen Ausführungen von *Jennißen*, MietRB 2004, 307, 308.
[49] *Jennißen*, Verwalterabrechnung, VI. Rdn. 26.
[50] So auch OLG Düsseldorf ZMR 2006, 144.
[51] Vgl. zu den Anforderungen einer vollständigen Jahresabrechnung: *Jennißen*, Verwalterabrechnung VII. Rdn. 26 ff.

kommt er dieser nicht nach, besteht ein Grund zur fristlosen Abberufung.

Die eigenmächtige Anlage der **Instandhaltungsrücklage** in Form eines Bausparvertrags rechtfertigt die sofortige Abberufung i. d. R. nicht. Zwar können Zweifel bestehen, ob es sich hierbei um eine ordnungsgemäße Anlageform handelt.[52] Unabhängig von dieser Frage entsteht der Eigentümergemeinschaft aber kein schwerer Nachteil, der die weitere Zusammenarbeit unzumutbar erscheinen lässt.[53]

Im Bereich der **Buchführung** rechtfertigt die Abberufung des Verwalters die wiederholte Buchung ohne Beleg oder eine unstrukturierte Belegablage. Ohne ordnungsgemäße Buchführung wird der Verwalter nicht zu einer ordnungsgemäßen Jahresabrechnung kommen können. Ebenso wenig ist seine wirtschaftliche Verwaltungstätigkeit prüfbar.

cc) Fehler im Zusammenhang mit der Durchführung der Eigentümerversammlung.

358
– keine Einberufung einer **Eigentümerversammlung**;[54]
– Nichtaufnahme des Punktes „Abwahl des Verwalters" auf die **Tagesordnung** trotz entsprechender Aufforderung durch Wohnungseigentümer;[55]
– pflichtwidrige Verzögerung der Einberufung einer Eigentümerversammlung mit dem Ziel der sofortigen Abberufung des Verwalters;[56]

Anmerkung: Nicht jeder Aufforderung nach Einberufung einer Eigentümerversammlung muss der Verwalter unverzüglich nachkommen. Nennen die Wohnungseigentümer hierzu keinen wichtigen Grund oder steht die planmäßige Eigentümerversammlung ohnehin in den nächsten Wochen an, weigert sich der Verwalter nicht rechtswidrig. Auch kann die Weigerung, den Tagesordnungspunkt „Abwahl des Verwalters" auf die Tagesordnung zu setzen, dann rechtmäßig sein, wenn die Wohnungseigentümer hierzu keinen Grund nennen, so dass die Forderung willkürlich erscheint. Fordern die Wohnungseigentümer beispielsweise die Verwalterneuwahl ohne wichtigen Grund, obschon der Verwaltervertrag noch eine längere Laufzeit hat, muss dieser Forderung der Verwalter nicht nachgehen. Er kann auf Einhaltung des Verwaltervertrages bestehen. Das Nichterscheinen des Verwalters zur Eigentümerversammlung kann nur dann einen triftigen Grund für seine fristlose Abberufung darstellen, wenn es sich um eine ordnungsgemäß eingeladene Eigentümerversammlung handelt. Lädt hingegen ein nicht berechtigter Wohnungseigentümer zu einer Versammlung ein, muss der Verwalter zu einer solchen Versammlung nicht erscheinen.

---

[52] So OLG Düsseldorf WuM 1996, 112; a. A. *Brych,* Fs. für Seuß 1987, 65 ff.
[53] BGH ZMR 2002, 766, 770.
[54] BayObLG NZM 1999, 844; *Lüke* in Weitnauer, WEG, § 26 Rdn. 33.
[55] OLG Frankfurt OLGE 1988, 43.
[56] OLG Düsseldorf MietRB 2004, 45.

XIII. Abberufung und Kündigung des Verwalters

Werden Abberufungsgründe genannt, hat der Verwalter einem solchen Begehren, von Missbrauchsfällen abgesehen, stets Folge zu leisten.[57] Selbst wenn der Verwalter die Abberufungsgründe für nicht gegeben hält, muss er diese Eigentümerversammlung einberufen. Die Eigentümerversammlung selbst ist das Forum, wo sich der Verwalter den erhobenen Vorwürfen stellen und diese entkräften kann. Allerdings muss der Verwalter nicht dem Einberufungsbegehren eines einzelnen Wohnungseigentümers folgen. Das Quorum des § 24 Abs. 2 WEG ist zu beachten, da andernfalls jeder einzelne Wohnungseigentümer durch Erhebung von angeblichen Abberufungsgründen gegen den Verwalter eine außerordentliche Eigentümerversammlung erzwingen könnte.

– Verlassen der Eigentümerversammlung ohne triftigen Grund, insbesondere dann, wenn hierdurch die Beschlussunfähigkeit der Wohnungseigentümerversammlung herbeigeführt wird;[58]
– Weigerung, **Beschlüsse** der Wohnungseigentümer **durchzuführen,** es sei denn, der Beschluss wurde angefochten;[59]
– **Protokollführung** im Sinne einer **Fälschung**[60] oder erhebliche Verzögerung der Protokollversendung,[61] Gewährung der Einsicht in die Versammlungsniederschrift erst nach Ablauf der Anfechtungsfristen;[62]
– willkürliches Abschneiden des **Rederechts** der Wohnungseigentümer in der Eigentümerversammlung;[63]
– nicht ordnungsgemäßes Führen der Beschluss-Sammlung, § 26 Abs. 1 Satz 5 WEG n. F.

dd) Schlechtleistung im Zusammenhang mit Instandsetzungspflichten.

– Auftragsvergabe erheblichen Umfangs ohne Beschluss der Wohnungseigentümer;[64]
– Nichtfeststellung des Instandsetzungsbedarfs;[65]
– keine Initiative zur **Baumängelbeseitigung**;[66]
– wenn der Bauträger-Verwalter **Gewährleistungsprozesse** gegen Handwerker führt, ohne die Wohnungseigentümer trotz Aufforderung zu informieren;[67]
– wirtschaftliche Identität mit dem Bauträger, so dass Interessenkollisionen bei der Geltendmachung von Gewährleistungsansprüchen bestehen;[68]

---

[57] OLG München MietRB 2006, 245; OLG Düsseldorf MietRB 2004, 45.
[58] BayObLG Rpfleger 1965, 224, 227; LG Freiburg Rpfleger 1968, 93.
[59] BayObLG WE 1986, 65; OLG Düsseldorf NZM 1998, 487; AG Hamburg ZMR 2003, 201.
[60] BayObLG WEM 1980, 125, 128.
[61] BayObLG WEM 1980, 125.
[62] LG Frankfurt Rpfleger 1968, 93.
[63] *Bub* in Staudinger, BGB, § 26 WEG Rdn. 450; *Niedenführ/Schulze,* WEG, § 26 Rdn. 85.
[64] BayObLGReport 2004, 164 (LS) = MietRB 2004, 175.
[65] LG Düsseldorf ZWE 2001, 501.
[66] *Bub* in Staudinger, BGB, § 26 WEG Rdn. 444 a.
[67] OLG Frankfurt OLGZ 1993, 63.
[68] OLG Hamm ZMR 2004, 702 = MietRB 2004, 296 = NZM 2004, 744.

– Verletzung der Verkehrssicherungspflicht, indem der Verwalter einen Gaswartungsvertrag trotz entsprechender Beschlussfassung nicht abschließt.[69]

ee) Fehlende wichtige Gründe. In folgenden Fällen hat die Rechtsprechung das Vorliegen eines wichtigen Grundes verneint:

– der Verwalter zieht Beiratsaufgaben an sich (hier Auftragserteilung an Werkunternehmer); indem der Beirat auf unübersehbare Bautätigkeit nicht reagierte, wurde hierin eine Duldung der Kompetenzüberschreitung gesehen;[70]
– persönliche Misshelligkeiten, Verzögerung des Abschlusses neuer Hausmeisterverträge, unterlassene Auskunftserteilung bzgl. geringfügiger Reparaturen, nicht ständige Erreichbarkeit und Verfügbarkeit (z.B. an einem Sonntagnachmittag);[71]
– Anlage der Instandhaltungsrücklage in Form eines Bonusvertrages, selbst wenn diese Anlageform nicht den Grundsätzen ordnungsmäßiger Verwaltung entsprechen würde, aber hierdurch die Interessen der Wohnungseigentümer nicht so schwer verletzt, dass eine weitere Zusammenarbeit unzumutbar sei;[72]
– fehlerhafte Information des Verwalters zur Höhe der Einlagensicherung der auf einem offenen Treuhandkonto geführten Instandhaltungsrücklage.[73]

3. Kündigung des Verwaltervertrages

360 **a) Durch die Wohnungseigentümer.** Der Verwaltervertrag kann **jederzeit** von der Eigentümergemeinschaft gekündigt werden, wenn eine der nachfolgenden Voraussetzungen gegeben ist:
– Verwaltervertrag sieht keine Kündigungsfrist vor;
– das Kündigungsrecht ist nicht auf den wichtigen Grund beschränkt;
– der Verwaltervertrag wurde nicht für eine Festlaufzeit abgeschlossen.

Die ordentliche Kündigung bei einem Verwaltervertrag auf unbestimmte Zeit ist spätestens am 15. eines Monats für den Schluss des Kalendermonats zulässig, da die Vergütung des Verwalters i.d.R. nach Monaten bemessen ist, § 621 Nr. 3 BGB.[74] Sieht der Verwaltervertrag eine Kündigungsfrist vor, ist diese einzuhalten, sofern hierdurch die höchstzulässige Bestellungsdauer von 5 Jahren nicht überschritten wird. Ist der Verwaltervertrag für einen begrenzten Zeitraum abgeschlossen worden, ist dieser nur außerordentlich, d.h. aus wichtigem Grund gem. § 626 BGB kündbar.

361 Die Kündigungserklärung muss innerhalb angemessener Frist seit Kenntnis des Kündigungsgrundes abgegeben werden.[75] Die **Abberufungsfrist** des § 626 Abs. 2 Satz 1 BGB von zwei Wochen nach Kenntniserlangung ist auf

---

[69] BayObLG WE 1986, 65.
[70] OLG Hamburg ZMR 2005, 974.
[71] AG Hannover ZMR 2005, 581.
[72] BGH NZM 2002, 788 = NJW 2002, 3240 = ZMR 2002, 766.
[73] OLG München NZM 2006, 593 = DWE 2006, 75 = ZMR 2006, 637.
[74] *Becker/Kümmel/Ott*, Wohnungseigentum, Rdn. 383; *Bub* in Staudinger, BGB, § 26 WEG Rdn. 387; a. A. KG WE 1989, 132.
[75] BayObLG NZM 1999, 844; ZWE 2000, 185 = ZMR 2000, 321 = NZM 2000, 341; KG WE 1986, 140; OLG Hamm ZWE 2002, 234; OLG Karlsruhe ZMR 2004, 55; OLG Köln NZM 2004, 305; OLG Hamburg ZMR 2005, 974.

XIII. Abberufung und Kündigung des Verwalters

den WEG-Verwalter nicht anzuwenden.[76] Hierbei ist zu berücksichtigen, dass für Abberufung und Kündigung ein Mehrheitsbeschluss der Eigentümerversammlung einzuholen ist, der sich rein organisatorisch schon nicht innerhalb von zwei Wochen herbeiführen lässt. Zudem kommt es nicht auf die Kenntnis einzelner Wohnungseigentümer, nicht einmal auf die Kenntnis der Mehrheit der Wohnungseigentümer an.[77] Ebenso wenig genügt die **Kenntnis des Verwaltungsbeirats,** um die Kündigungserklärungsfrist in Gang zu setzen.[78]

Die Erklärungsfrist von zwei Wochen beginnt somit erst mit dem Beschluss der Eigentümerversammlung, dem Verwalter zu kündigen. Nach der Beschlussfassung muss dem Verwalter innerhalb von zwei Wochen die Kündigung erklärt werden, sofern er nicht sogar in der Eigentümerversammlung selbst anwesend ist.

Erhält ein Wohnungseigentümer Kenntnis von Umständen, die eine fristlose Kündigung des Verwalters rechtfertigen würden, muss der Wohnungseigentümer nicht alle Anstrengungen unternehmen, hierüber seine Miteigentümer zu informieren und eine außerordentliche Eigentümerversammlung einzufordern. Ein solcher Verpflichtungstatbestand ist dem Gesetz nicht zu entnehmen und hätte zur Konsequenz, dass bei nicht umgehender Einforderung einer Eigentümerversammlung die übrigen Wohnungseigentümer sich dieses Verhalten zurechnen lassen müssten. Auch hierfür besteht weder ein Rechtsgrund noch eine besondere Veranlassung. Der Verwalter wird nicht unangemessen benachteiligt, läuft bis zur fristlosen Kündigung doch sein Verwaltervertrag mit seinen vollen Vergütungsansprüchen weiter.

Der Wirksamkeit der Kündigung können neben dem Fehlen eines ausreichenden Kündigungsgrundes zwei Gründe entgegenstehen:
- Der Kündigungsgrund ist den Wohnungseigentümern in einem Kalenderjahr bekannt geworden, für das dem Verwalter **Entlastung** erteilt wurde. Die Entlastung enthält im Sinne eines negativen Schuldanerkenntnisses die konkludente Erklärung der Wohnungseigentümer, Ansprüche aus den bekannten Tatsachen nicht geltend machen zu wollen, wozu sowohl der Verzicht auf Schadensersatz als auch auf Kündigung des Verwaltervertrages zählen.
- Die Wohnungseigentümer haben nach Bekanntwerden eines Kündigungsgrundes den Verwalter wieder gewählt. Die **Wiederwahl** kommt einer Vertrauenskundgebung gleich und hat damit in der rechtlichen Wertung die gleichen Konsequenzen wie die Entlastung.[79]

Die Kündigung setzt keine **Abwahl** des Verwalters voraus.[80] Ebenso wenig ist ein **Verschulden** notwendig.[81]

Die Kündigungserklärung muss im Namen des rechtsfähigen Verbands und der Wohnungseigentümer ausgesprochen werden. Mit beiden kommt der Verwaltervertrag zustande (s. o. X. 2). Naturgemäß spricht der Verwalter die Kündigung nicht sich selbst aus, obschon er Organ des Verbands ist. Daher können entweder nach § 27 Abs. 3 Nr. 7 WEG n. F. alle Wohnungseigentümer die Kündi-

---
[76] OLG Hamburg ZMR 2005, 974.
[77] OLG Frankfurt NJW-RR 1988, 1169.
[78] OLG Frankfurt OLGZ 1975, 100, 102.
[79] OLG Köln ZMR 2003, 703; BayObLG NZM 2004, 659 (Ls.).
[80] *Bub* in Staudinger, BGB, § 26 WEG Rdn. 392.
[81] BayObLG ZWE 2002, 234, 236; 2005, 81, 84.

364 **b) Kündigung/Niederlegung seitens des Verwalters.** Der Verwalter kann den Verwaltervertrag kündigen, wenn er die vereinbarte Frist einhält. Sieht der Verwaltervertrag keine Kündigungsfrist vor und ist er auf unbestimmte Zeit abgeschlossen, kann der Verwalter bis spätestens zum 15. eines Monats für den Schluss des Kalendermonats kündigen, § 621 Nr. 3 BGB. Ist hingegen die fristlose Kündigung auf den wichtigen Grund beschränkt, muss der Verwalter grundsätzlich bis zum Ende der Vertragsdauer am Verwaltervertrag festhalten. Liegt hingegen ein wichtiger Grund vor, der dem Verwalter ein Festhalten am Verwaltervertrag unzumutbar werden lässt, kommt eine **fristlose Kündigung** seitens des Verwalters in Betracht.[82] Als fristlose Kündigungsgründe seitens des Verwalters kommen ebenfalls die Verletzung des Vertrauensverhältnisses durch Handlungen oder Äußerungen der Wohnungseigentümer oder erhebliche Zahlungsrückstände der Eigentümergemeinschaft auf das Verwalterhonorar in Betracht.

365 Als Pendant zur Abberufung des Verwalters kann dieser selbst sein **Amt niederlegen.** In konsequenter Fortsetzung der **Trennungstheorie** ist somit auch aus Sicht des Verwalters zwischen Kündigung des Verwaltervertrages und Amtsniederlegung zu differenzieren. Die Konturen der Trennungstheorie werden hingegen verwischt, wenn bei der Amtsniederlegung von einer besonderen Form der Kündigung des Verwaltervertrags gesprochen wird und der Verwalter, wenn er seine Rechte aus dem Verwaltervertrag – insbesondere Vergütungsansprüche – wahren will, sich diese ausdrücklich vorbehalten muss.[83]

Fraglich ist, ob die Niederlegung des Amts jederzeit möglich ist oder an das Vorliegen eines wichtigen Grundes geknüpft sein muss. Diese Frage kann sich nur stellen, wenn die Bestellung des Verwalters auf Zeit erfolgte und/oder die vorzeitige Abberufung auf einen wichtigen Grund beschränkt wurde.

366 Überwiegend wird vertreten, dass die Amtsniederlegung im Interesse der Beteiligten und des Rechtsverkehrs stets **sofort wirksam** wird.[84] Die herrschende Meinung prüft nur im Zusammenhang etwaiger Schadensersatzansprüche der Wohnungseigentümer oder der Gemeinschaft, ob für die Niederlegung des Verwalteramts ein **wichtiger Grund** vorlag.[85] Auch soll die Eigentümergemeinschaft berechtigt sein, den Verwaltervertrag fristlos zu kündigen, wenn der Verwalter sein Amt ohne wichtigen Grund niedergelegt hat.[86] Die herrschende Auffassung ist überzeugend. Kündigt der Verwalter den Verwaltervertrag ist dies für den Rechtsverkehr unerheblich, da hiervon nur die Geschäftsführungskompetenz betroffen ist. Die Niederlegung des Verwalteramts betrifft

---

[82] BayObLG NZM 2000, 48.
[83] So aber BayObLG NZM 2000, 48.
[84] *Müller*, Praktische Fragen, Rdn. 979; *Bub* in Staudinger, BGB, § 26 WEG Rdn. 481; *Merle* in Bärmann/Pick/Merle, WEG, § 26 Rdn. 207; *Sauren*, WEG, § 26 Rdn. 38; *Bogen*, ZWE 2002, 153, 157; a. A. *Reichert* ZWE 2002, 438.
[85] *Müller*, Praktische Fragen, Rdn. 979; *Merle* in Bärmann/Pick/Merle, WEG, § 26 Rdn. 208; *Bogen*, ZWE 2002, 153, 157; *Gottschalg* in Fs. für Wenzel, 2005, 159, 172; so auch die Rspr. zur Amtsniederlegung des GmbH-Geschäftsführers: BGH GmbHR 1993, 216; OLG Frankfurt GmbHR 1993,738.
[86] *Merle* in Bärmann/Pick/Merle, WEG, § 26 Rdn. 208.

aber die Vertretungsmacht. Der Rechtsverkehr kann mit dem niederlegenden Verwalter nicht darüber diskutieren, ob die Niederlegung rechtmäßig war. Deshalb kommt es auch auf den Grund der Niederlegung für ihre Wirksamkeit nicht an.[87] Der Grund kann allenfalls Auswirkungen für etwaige **Schadensersatzansprüche** haben. Bei der Abberufung des Verwalters durch die Wohnungseigentümer tritt die Rechtssicherheit dadurch ein, dass dieser Beschluss, wenn er nicht sogar nach Ablauf der einmonatigen Anfechtungsfrist bestandskräftig geworden ist, schwebend wirksam bis zu einer anderslautenden Gerichtsentscheidung ist.

Selbstverständlich kann der Verwalter jederzeit einvernehmlich ausscheiden.[88]

367 Die Kündigungserklärung muss dem **Verband** und den Wohnungseigentümern zugehen. Für den Verband ist aber der Verwalter nach § 27 Abs. 3 WEG n. F. zustellungsberechtigt. Da sich der Verwalter seine eigene Kündigungserklärung nicht selbst zustellen kann, ist er in diesem Fall von der Zustellung ausgeschlossen. Haben die Wohnungseigentümer für diesen Fall keinen **Zustellungsbevollmächtigten** benannt, muss der Verwalter im Zweifel allen Wohnungseigentümern zustellen, § 27 Abs. 3 Nr. 7 WEG n. F. Gleiches gilt für die Amtsniederlegung. Diese ist gegenüber allen Wohnungseigentümern zu erklären.

Zweifelhaft ist, welche Rechtsfolge eintritt, wenn nicht allen Wohnungseigentümern zugestellt werden kann. Es wird die Meinung vertreten, dass bei einer fehlenden Zustellungsmöglichkeit die Kündigung oder Niederlegung insgesamt nicht wirksam würde.[89] Diese Auffassung ist nicht überzeugend. Wenn die Amtsniederlegung aus Gründen der Rechtssicherheit nicht von dem Vorliegen besonderer Gründe abhängig gemacht und jederzeit zulässig sein soll (abgesehen von Schadensersatzansprüchen), kann aus den gleichen Rechtssicherheitsgründen nicht die Niederlegung von dem Zugang der Erklärung an alle Wohnungseigentümer abhängig gemacht werden. Dies würde für den Verwalter die Niederlegung unzumutbar behindern. Rechtssicherheit entstünde ebenfalls nicht, weil allenfalls der Verwalter prüfen könnte, ob allen Wohnungseigentümern seine Niederlegungserklärung zugegangen ist.

368 Fraglich ist, ob sich dieses Problem dadurch lösen lässt, dass der Verwalter in der **Eigentümerversammlung** seine Amtsniederlegung erklärt. Wenn zu diesem Zeitpunkt alle Wohnungseigentümer anwesend sind, ist dies unproblematisch. Sind aber nicht alle Wohnungseigentümer anwesend, stellt sich die Frage, ob der fehlende Zugang der Willenserklärung an alle Wohnungseigentümer durch die Verkündung des Verwalters in der Eigentümerversammlung ersetzt werden kann. Dies wird teilweise in Rechtsprechung und Literatur verneint.[90] Der Verwalter müsse den nicht anwesenden Wohnungseigentümern die Niederlegungserklärung zukommen lassen. Es genüge nicht die zufällige Kenntnisnahme der abwesenden Wohnungseigentümer.[91] Diese Auffassung überzeugt

---

[87] So auch *Bogen,* ZWE 2002, 156; a. A. *Reichert,* ZWE 2002, 438, 446.
[88] BayObLG DWE 1985, 60.
[89] So OLG München MietRB 2006, 106; *Bub* in Staudinger, BGB, § 26 WEG Rdn. 479; *Merle* in Bärmann/Pick/Merle, WEG, § 26 Rdn. 206; *Gottschalg* in Fs. für Wenzel, 2005, 159, 162.
[90] OLG München NZM 2005, 750; *Gottschalg* in Fs. für Wenzel, 2005, 172.
[91] OLG München NZM 2005, 750.

jedoch nicht. Wenn der Verwalter in der Eigentümerversammlung sein Amt nur dann wirksam niederlegen könnte, wenn alle Wohnungseigentümer anwesend sind, würde die Niederlegung seitens des Verwalters an höhere Anforderungen als die Abberufung gestellt. Die Abberufung – auch aus wichtigem Grund – kann von den Wohnungseigentümern mit Mehrheit beschlossen werden. Eine Anwesenheit aller Wohnungseigentümer ist dazu nicht erforderlich. Ist der Verwalter in der Eigentümerversammlung anwesend, geht ihm dieser Beschluss unmittelbar zu und die Abberufung ist zunächst wirksam, und zwar unabhängig davon, ob sie später auf Grund entsprechender Anfechtung des Verwalters gerichtlich aufgehoben wird. Damit korrespondierend muss es auch dem Verwalter möglich sein, in der Eigentümerversammlung der anwesenden Mehrheit von Wohnungseigentümern gegenüber seine Amtsniederlegung erklären zu können.[92] Die Wohnungseigentümer werden hierdurch auch nicht rechtlos gestellt, da Schadensersatzansprüche hiervon unbenommen sind. Der Zugang der Amtsniederlegungserklärung in der Eigentümerversammlung, der im Übrigen zu protokollieren wäre, führt zu einem relativ hohen Maß an Rechtssicherheit. Zudem ist auch zu berücksichtigen, dass die Eigentümerversammlung ein Organ der Eigentümergemeinschaft ist. Auch dies spricht dafür, dass die Eigentümerversammlung für den Zugang von Willenserklärungen zuständig ist. Wenn beispielsweise die Eigentümerversammlung den in der Versammlung anwesenden Kandidaten mit sofortiger Wirkung zum Verwalter bestellt und dieser in der Versammlung die Annahme gegenüber den Anwesenden erklären kann, ist es widersprüchlich, wenn er diesen gegenüber nicht auch die Niederlegung erklären dürfte. Würde beispielsweise dieser Kandidat die Annahme erklären und sich dann im weiteren Verlauf der Eigentümerversammlung mit den Wohnungseigentümern überwerfen und daraufhin sein Amt wieder niederlegen wollen, wäre dies, wenn man der herrschenden Meinung folgen wollte, nicht möglich. Er müsste die Niederlegung allen Wohnungseigentümern zustellen. Für eine solche Auffassung besteht aber keine Notwendigkeit.

369 Um dieses Problem auszuschließen, sollte in der **Gemeinschaftsordnung** bereits geregelt werden, dass der Verwalter die Niederlegung seines Amtes gegenüber einer ordnungsgemäß einberufenen und beschlussfähigen Eigentümerversammlung erklären kann. Dies dürfte sich darüber hinaus auch im Verwaltervertrag regeln lassen. Ebenso könnte dort vereinbart werden, dass der Verwalter eine etwaige Kündigungserklärung des Verwaltervertrages oder seine Amtsniederlegung stellvertretend für die Eigentümergemeinschaft einer oder mehreren Personen zuleiten kann. Es würde somit eine privatschriftliche Regelung über den Zustellungsvertreter getroffen.

370 Legt der Verwalter unberechtigt sein Amt nieder, so kann die Wohnungseigentümergemeinschaft gegen ihn **Schadensersatzansprüche** erheben. Schäden können dadurch entstehen, dass

– Beschlüsse der Eigentümergemeinschaft nicht rechtzeitig umgesetzt werden;
– ein neuer Verwalter gesucht werden muss;

---

[92] So auch die überwiegende Auffassung zum GmbH-Recht, wonach der Geschäftsführer die Amtsniederlegung gegenüber dem Organ erklären kann, das auch für die Bestellung zuständig ist: *Lutter/Hommelhoff*, GmbHG, § 38 Rdn. 47 m.w.N.

XIII. Abberufung und Kündigung des Verwalters

— wenn kein Beirat besteht, im Hinblick auf die Einberufung einer weiteren Eigentümerversammlung zur Wahl eines neuen Verwalters Handlungsunfähigkeit eintreten könnte; in diesem Falle müssten die Wohnungseigentümer zunächst durch das Gericht einen Wohnungseigentümer zur Einberufung einer Eigentümerversammlung legitimieren lassen; die hiermit verbundenen Kosten können einen Schaden darstellen.

Im Einzelfall wird es wesentlich auf die Kausalität des möglichen Schadens ankommen.

4. Verhältnis von Kündigung zur Abberufung

Nach der **Trennungstheorie** (s. o. VIII. 1. a) ist grundsätzlich zwischen Kündigung des Verwaltervertrags und Abberufung des Verwalters zu differenzieren. Beruft die Eigentümergemeinschaft den Verwalter lediglich ab, ohne die Kündigung auszusprechen, laufen die Wohnungseigentümer Gefahr, dass der Verwaltervertrag fortbesteht und hieraus die Eigentümergemeinschaft gegenüber dem Verwalter zur Entrichtung des Entgelts verpflichtet bleibt. Daher sollten die Wohnungseigentümer in der Beschlussfassung formulieren, dass sie den Verwalter **abberufen** und ihm **kündigen.** Bei ungenauer Formulierung hilft allerdings die Rechtsprechung, indem sie im Beschluss über die fristlose Kündigung des Verwalters zugleich die Abberufung sieht.[93] Auch im Beschluss, einen neuen Verwalter zu bestellen, liege in der Regel die Abberufung des bisherigen Verwalters und seine Kündigung. Es wird argumentiert, dass die Wohnungseigentümer nicht zwischen Kündigung und Abberufung hinreichend zu differenzieren wüssten; daher könne die Trennungstheorie nicht streng angewendet werden.[94] Diese Lösung des Problems ist ergebnisorientiert.[95] Es wird berücksichtigt, dass es zu erheblichen Problemen führt, wenn die Wohnungseigentümer mit der Abberufung nicht gleichzeitig auch die Kündigung des Verwaltervertrages erreichen würden. Dennoch werden durch diese Auffassung die Konturen der Trennungstheorie verwischt. Aus diesem Grunde hatte das OLG Köln[96] entschieden, dass der Verwaltervertrag weiter bestehen kann, wenn er nicht mit der Verwalterabwahl gekoppelt war. Die Konsequenzen dieser Auffassung sind anders als im Gesellschaftsrecht nicht umsetzbar. Im Gesellschaftsrecht könnte der Geschäftsführer einer GmbH, wenn er abberufen wurde, weiter als leitender Angestellter fungieren. Für den WEG-Verwalter gibt es aber nur das Amt als solches. Er ist entweder Verwalter oder er ist es nicht. Er kann nicht in anderer Funktion (beispielsweise als Hausmeister) einen Vertrag fortsetzen.

Die sachgerechte Lösung kann nur darin gesehen werden, dass der Verwaltervertrag konkludent unter die **auflösende Bedingung** gestellt wird, dass der Verwalter abberufen wird.[97] Die Annahme einer auflösenden Bedingung führt nicht nur zu sachgerechten Ergebnissen, sondern auch zu einer dogmatischen Beibehaltung der Trennungstheorie.

---

[93] BayObLG NZM 1999, 844; KG MietRB 2004, 296.
[94] KG ebenda.
[95] KG ebenda.
[96] WE 1989, 142.
[97] So auch *Wenzel,* ZWE 2001, 513; *Lüke* in Weitnauer, WEG, § 26 Rdn. 35; *Bub* in Staudinger, BGB, § 26 WEG Rdn. 412.

373 Sieht der Verwaltervertrag nur eine vorzeitige Kündigungsmöglichkeit aus **wichtigem Grund** vor, so gilt diese Beschränkung auch für die Abberufung, auch wenn dies so im Bestellungsbeschluss nicht ausdrücklich erwähnt wurde.[98] Deckungsgleichheit besteht bei den wichtigen Gründen für die außerordentliche Abberufung und die fristlose Kündigung des Verwalters.

5. Folgen von Abberufung und Kündigung

374 **a) Herausgabe der Objektunterlagen.** Die Beendigung des Verwalteramts verpflichtet diesen, alles, was er zur Ausführung der Verwaltertätigkeit erhalten oder in Folge seiner Geschäftsbesorgung erlangt hat, gem. § 667 BGB **herauszugeben.** Hierzu zählen insbesondere

– Belege
– Objektpläne
– Versammlungsniederschriften und die Beschluss-Sammlung
– Objektschlüssel
– alle gemeinschaftlichen Gelder
– etwaige Treuhandkonten und Sparbücher
– Namens- und Anschriftenlisten der Wohnungseigentümer
– alle im Namen des Verbands abgeschlossenen Verträge
– die gesamte Objektkorrespondenz.

Die Geltendmachung des Herausgabeanspruchs gegen den Verwalter steht der rechtsfähigen Eigentümergemeinschaft zu.[99] Diese Belege und Objektunterlagen stehen im Zusammenhang mit dem Verwaltungsvermögen der Eigentümergemeinschaft, wie § 10 Abs. 8 S. 2 WEG n. F. jetzt verdeutlicht. Die Geltendmachung setzt nicht voraus, dass die Wohnungseigentümer einen Beschluss über die Jahresabrechnung oder die Rechnungslegung gefasst haben. Diese Beschlüsse sind nicht vorrangig.[100]

375 Der Herausgabeanspruch ist mit Beendigung des Verwalteramts fällig, und zwar unabhängig davon, ob der Verwalter gedenkt, den Abberufungsbeschluss anzufechten oder gegen die Kündigung vorzugehen.[101]

376 Bestehen begründete Zweifel an der **Vollständigkeit** der herausgegebenen Unterlagen oder der abgegebenen Informationen, kann vom ausgeschiedenen Verwalter die Abgabe einer eidesstattlichen Versicherung gem. §§ 260 Abs. 2 BGB, 889 ZPO verlangt werden. Dies ist im Wege einer Stufenklage möglich. Der Antrag auf Abgabe einer **eidesstattlichen Versicherung** über die Vollständigkeit der herausgegebenen Unterlagen muss bestimmt sein. Dabei kann auf einen Schriftsatz Bezug genommen werden, so dass im Tenor nicht alle Angaben wiederholt werden müssen.[102]

377 Wenn die Wohnungseigentümer einen neuen Verwalter wählen, sollten sie gleichzeitig hinsichtlich der Herausgabe der Verwaltungsunterlagen und der **Rechnungslegungspflicht** des alten Verwalters entsprechende Beschlüsse fas-

---

[98] OLG Düsseldorf ZMR 2006, 57.
[99] OLG München NZM 2006, 349 = DWE 2006, 74.
[100] BGH DWE 1997, 72.
[101] *Kalenberg,* ZMR 1994, 237.
[102] BayObLG MietRB 2005, 207.

XIII. Abberufung und Kündigung des Verwalters   378–381 A

sen, selbst wenn nicht zu erwarten ist, dass der ausscheidende Verwalter sich diesbezüglich sperrt. Der vorsorglich gefasste Beschluss erspart es der Wohnungseigentümergemeinschaft, eine außerordentliche Eigentümerversammlung einberufen zu lassen, falls der ausgeschiedene Verwalter seinen entsprechenden Pflichten doch nicht nachkommt. Hier würde im Übrigen unnötige Zeit verloren, die es dem neuen Verwalter fast unmöglich macht, in der Zwischenzeit das Objekt ordnungsgemäß zu verwalten. Neben dem oben dargelegten Rechnungslegungsantrag sollte von der Wohnungseigentümergemeinschaft beschlossen werden, den neuen Verwalter zu bevollmächtigen, dem alten Verwalter eine Frist zur Herausgabe der Verwaltungsunterlagen zu setzen und nach deren fruchtlosem Ablauf, Klage für den rechtsfähigen Verband zu erheben. Der Klageantrag kann lauten:

– *Die Fa. XY wird verpflichtet, an die Eigentümergemeinschaft Hauptstr. 105, 51330 Köln, zu Händen des Verwalters V sämtliche Verwaltungsunterlagen herauszugeben, und zwar insbesondere die Objektschlüssel neben einem etwaigen Schließplan, sämtliche Objektverträge und insbesondere Wartungsunterlagen, die Objektpläne, Niederschriften der Eigentümerversammlung einschließlich Beschluss-Sammlung, die Objektbelege, Versicherungspolicen, Korrespondenz, Teilungserklärung und Gemeinschaftsordnung.*

Die **Zwangsvollstreckung** aus einem entsprechenden Urteil ist nach § 888 ZPO vorzunehmen, da es sich um eine **unvertretbare Leistung** handelt.[103] Bub[104] ist hingegen der Auffassung, dass es genügt, Antrag auf Herausgabe aller Verwaltungsunterlagen zu stellen. Eine Aufzählung der einzelnen Verwaltungsunterlagen sei nicht erforderlich. Dabei wird jedoch übersehen, dass der Herausgabeanspruch zunächst durch den Gerichtsvollzieher vollstreckt werden kann. Diesem muss konkret aufgegeben werden, welche Unterlagen er abholen soll und wonach er ggf., falls sich der Verwalter weigert und ein **Durchsuchungsantrag** gestellt wird, in den Geschäftsräumen des früheren Verwalters suchen soll. **378**

Die verspätete Herausgabe der Verwaltungsunterlagen kann den Verwalter **schadensersatzpflichtig** machen.[105] Ein Zurückbehaltungsrecht hat der Verwalter nicht.[106] **379**

Durch die Herausgabe der Verwaltungsunterlagen endet nicht gleichzeitig die **Auskunftspflicht** des Verwalters gem. §§ 675, 666 BGB. Erteilt er eine möglicherweise unvollständige Auskunft in einem gerichtlichen Verfahren, besteht kein Anspruch auf Auskunftsergänzung, sondern auf eidesstattliche Versicherung der Richtigkeit der gemachten Angaben.[107] **380**

b) Erstellung der Jahresabrechnung. Trotz Beendigung der Verwalterstellung bestehen noch **nachvertragliche Abwicklungspflichten.** So ist der Verwalter noch zu Auskünften verpflichtet und muss, je nach Abberufungs- und Kündigungszeitpunkt, die **Jahresabrechnung** noch **erstellen.** Nach herr- **381**

---

[103] OLG Frankfurt WuM 1999, 61.
[104] In *Staudinger*, BGB, § 26 WEG Rdn. 403 b.
[105] LG Mainz MietRB 2006, 46.
[106] BayObLG BayObLGZ 1975, 329.
[107] LG Saarbrücken ZMR 2006, 400.

schender Auffassung muss der Verwalter, wenn während des Kalenderjahres seine Verwaltertätigkeit endet, für das vorangegangene Kalenderjahr die Abrechnung erstellen. Endet hingegen zum Ende des Kalenderjahres sein Verwalteramt, ist die Jahresabrechnung für das zurückliegende Jahr vom neuen Verwalter zu fertigen.[108] Dies überzeugt nicht, da die Erstellung der Jahresabrechnung dem Rechenschaftsbericht des Verwalters entspricht. Der ausgeschiedene Verwalter hat über das zurückliegende Kalenderjahr die Abrechnung zu erstellen, selbst wenn diese am 31. 12. noch nicht fällig ist. Fehlende Fälligkeit steht seiner Verpflichtung nicht entgegen. Der ausgeschiedene Verwalter ist für das gesamte Kalenderjahr bezahlt worden und seine Vergütung umfasst auch die Buchführungs- und Abrechnungsaufgaben.[109] Gibt der ausgeschiedene Verwalter die Belege und Buchhaltungsunterlagen nicht oder nicht unverzüglich an seinen Nachfolger heraus und entstehen Letzterem hieraus Zusatzaufwendungen, führt dies zu einer Schadensersatzverpflichtung des ausgeschiedenen Verwalters.[110]

382 Die Verpflichtung zur Herausgabe der Verwaltungsunterlagen einschließlich der Belege steht der Abrechnungspflicht des Verwalters nicht entgegen. Der Verwalter hat zeitnah zu buchen, so dass beispielsweise bei einer Beendigung des Verwalteramts zum 31.12. die Novemberbuchführung fertig sein muss. Somit muss der Verwalter die Belege bei Beendigung seines Verwalteramts unverzüglich an den neuen Verwalter bis zum letzten Monat seiner Tätigkeit herausgeben. Die Belege für den letzten Monat kann er noch max. einen Monat zurückhalten, um auch diese Belege zu verarbeiten. Teilweise wird die Auffassung vertreten, dass der Verwalter zum Stichtag der Beendigung seines Verwalteramts sämtliche Belege herauszugeben habe. Hinsichtlich der Belege, die er noch verarbeiten müsse, könne er sich Kopien fertigen oder Einsicht bei dem neuen Verwalter nehmen.[111] M.E. besteht aber für den letzten Monat vor Beendigung seiner Verwaltertätigkeit noch unter dem Gesichtspunkt von Treu und Glauben ein **Zurückbehaltungsrecht**, da dem Verwalter das zu belassen ist, was er noch zur Erfüllung seiner Verwalterpflichten benötigt. Nach Ablauf des einen, diesseits für ausreichend erachteten Monats, besteht ein Zurückbehaltungsrecht auch an diesen Unterlagen für den Verwalter nicht mehr.[112]

Die Herausgabeverpflichtung des ausgeschiedenen Verwalters besteht gegenüber der Eigentümergemeinschaft als rechtsfähiger Verband. Diesem gegenüber kann der Verwalter selbst dann kein Zurückbehaltungsrecht geltend machen, wenn er noch Vergütungsansprüche besitzt. Zulässig wäre es allerdings, die Erstellung der letzten Jahresabrechnung hinauszuzögern, bis seine Vergütung gesichert ist. Die Wohnungseigentümergemeinschaft ist insoweit vorleistungspflichtig. Dies folgt daraus, dass die Jahresabrechnung stets erst nach Ablauf des Kalenderjahres erstellt werden kann und der Verwalter während des Kalender-

---

[108] OLG Köln NJW 1986, 328; OLG Hamburg WE 1987, 83; LG Frankfurt MDR 1985, 59.
[109] So auch *Sauren,* ZMR 1985, 326.
[110] AG Hannover ZMR 2004, 867.
[111] *Bub* in Staudinger, BGB, § 26 WEG Rdn. 403c, § 28 WEG Rdn. 612; OLG Düsseldorf ZWE 2001, 114.
[112] Siehe zum fehlenden Zurückbehaltungsrecht des ausgeschiedenen Verwalters OLG Frankfurt ZMR 1994, 376.

XIII. Abberufung und Kündigung des Verwalters

jahres im Hinblick auf die noch zu erstellende Jahresabrechnung bereits bezahlt wurde. Es liegt somit in der Natur der Sache, dass die Eigentümergemeinschaft vorleistet. Die Vorleistungspflicht der Eigentümergemeinschaft endet, wenn der Verwalter konkrete Anhaltspunkte geliefert hat, dass er seiner Abrechnungspflicht nicht nachkommen wird.

c) Rechnungslegung. Die Wohnungseigentümer können nach § 28 Abs. 4 WEG beschließen, vom Verwalter **Rechnungslegung** zu beanspruchen. Dabei ist die Rechnungslegung eine reine Einnahmen-/Ausgabenrechnung im Sinne von § 259 BGB. Alle Einnahmen und Ausgaben, die der Verwalter im Laufe des Kalenderjahres getätigt hat, werden dort im Sinne eines Journals erfasst. Dabei ist der Verwalter nicht verpflichtet, einen speziellen Rechenschaftsbericht mit der Rechnungslegung zu verbinden.[113] Die Rechnungslegung ermöglicht es, dass sich die Wohnungseigentümer einen schnellen Überblick über den wirtschaftlichen Stand der Eigentümergemeinschaft und über das Handeln des ausgeschiedenen Verwalters schaffen können. Der neue Verwalter braucht die Rechnungslegung, um hieran seine Buchführung anknüpfen zu können. Ohne Beschluss der Eigentümerversammlung ist der Rechnungslegungsanspruch nur dann von einem **einzelnen Wohnungseigentümer** zu Gunsten des Verbands geltend zu machen, wenn die Wohnungseigentümer den Beschluss auf Rechnungslegung mehrheitlich ablehnt, obschon Anhaltspunkte für Unregelmäßigkeiten bei Verwalterhandlungen bestehen.[114] Verlangt unter solchen Voraussetzungen ein einzelner Wohnungseigentümer Rechnungslegung, ist dieser Anspruch für den rechtsfähigen Verband zu stellen. Der gerichtliche Antrag des einzelnen Wohnungseigentümers im Falle einer Beendigung der Verwaltertätigkeit zum 30. 11. 2006 lautet wie folgt:

– *Die Fa. XY wird verpflichtet, über die wirtschaftlichen Vorgänge der Eigentümergemeinschaft Hauptstr. 105 in 51330 Köln für den Zeitraum vom 1. 1. bis 30. 11. 2006 zu Händen der Eigentümergemeinschaft, vert. d. d. Verwalter V, Rechnung zu legen.*

d) Vergütungsansprüche. Hinsichtlich etwaiger Vergütungsansprüche des Verwalters nach seiner Abberufung ist die **Trennungstheorie** von Bedeutung. Endet die Bestellung durch Zeitablauf oder Abberufung, so führt dies nicht automatisch dazu, dass auch der Verwaltervertrag beendet ist und damit jeglicher Vergütungsanspruch des Verwalters entfällt. Im Einzelfall ist zu prüfen, ob der Verwaltervertrag so eng mit der Verwalterbestellung gekoppelt war, dass die Beendigung der Bestellung auch das schuldrechtliche Vertragsverhältnis zwischen der Eigentümergemeinschaft und dem Verwalter beendet.[115] Im Zweifel ist durch Auslegung zu ermitteln, ob neben der Abberufung des Verwalters auch sein Verwaltervertrag gekündigt werden sollte.

Wird der Bestellungsbeschluss auf Anfechtung hin aufgehoben, was faktisch wie eine Abberufung wirkt, kann der Verwalter auf Grund des jedenfalls als

---

[113] A. A. BayObLG ZWE 2002, 585; OLG Köln WuM 1998, 375, 377.
[114] BayObLG WE 1989, 144; WE 1991, 253; KG WE 1988, 17; OLG Hamburg WuM 1993, 705; OLG Köln ZMR 2005, 573; *Bub* in Staudinger, BGB, § 28 WEG Rdn. 463.
[115] Vgl. hierzu BayObLG WE 1996, 314.

vorläufig abgeschlossen anzusehenden Verwaltervertrages Vergütung für seine zwischenzeitliche Tätigkeit verlangen.[116]

Grundsätzlich hat ein Verwalter bis zu seiner Kündigung Anspruch auf das **vereinbarte Verwalterentgelt.** Dieser Anspruch kann aber für den Zeitraum rechtsmissbräuchlich sein, wenn der Verwalter es pflichtwidrig unterlässt, eine Eigentümerversammlung mit dem Ziel seiner sofortigen Abberufung anzuberaumen.[117]

385 Wenn die Wohnungseigentümergemeinschaft einen Verwalter abberuft und gleichzeitig einen neuen Verwalter wählt und später auf entsprechenden Anfechtungsantrag des abberufenen Verwalters diese Beschlüsse gerichtlich aufgehoben werden, hat dennoch der neu bestellte Verwalter bis zur Rechtskraft der gerichtlichen Entscheidung Anspruch auf die vereinbarte Vergütung. Dem abberufenen Verwalter steht hingegen unter dem Gesichtspunkt des Schadensersatzes ein Anspruch in Höhe des **entgangenen Gewinns** für diese Zwischenzeit zu. Insoweit kommt es zu einer doppelten Zahlungsverpflichtung der Eigentümergemeinschaft. Nach Auffassung der Rechtsprechung[118] muss sich der abberufene Verwalter für die Zwischenzeit nur eine **Kostenersparnis** von 20% anrechnen lassen. Diese sehr verwalterfreundliche Entscheidung geht somit etwas unrealistisch davon aus, dass dem Verwalter bei der Auftragsdurchführung nur 20% variable Kosten entstehen. Fixe Kosten werden nur dann erspart, wenn der Verwalter wegen des Auftragentzuges Personal entlässt.[119]

386 Nach OLG Düsseldorf[120] sollen Vergütungsansprüche des Verwalters verloren gehen, wenn er nach der Abberufung nicht zeitnah zu erkennen gibt, am Fortbestand des Verwaltervertrags festhalten zu wollen. Der Senat begegnet diesen Ansprüchen mit den Grundsätzen von Treu und Glauben (§ 242 BGB). Richtiger wäre es, die **Verwirkungsgrundsätze** zu prüfen. In jedem Fall sollte der Verwalter nach der Abberufung zeitnah gegenüber der Eigentümergemeinschaft erklären, dass er an dem Verwaltervertrag festhalten will und auf seine Vergütungsansprüche besteht. Er muss dazu nicht seine Dienste ausdrücklich anbieten.[121] Ist ein neuer Verwalter bestellt worden, kann der abberufene Verwalter seine Vergütungsansprüche gegenüber dem neuen Verwalter als amtierendes Organ der Eigentümergemeinschaft anmelden.

Ist das Vertragsverhältnis wirksam gekündigt worden, so kann dennoch für den Verwalter Anspruch auf Erstattung verauslagter Beträge bestehen. Diese können auf die Anspruchsgrundlagen der entgeltlichen Geschäftsbesorgung (§§ 675, 670 BGB), der Geschäftsführung ohne Auftrag (§§ 677, 683 BGB) oder der ungerechtfertigten Bereicherung (§ 812 BGB) gestützt werden.[122]

---

[116] OLG München ZMR 2006, 719.
[117] OLG München, ebenda.
[118] OLG Hamburg ZMR 2005, 974; OLG Köln DWE 1994, 110; NZM 2001, 429; a. A. KG ZMR 1994, 579, wonach 45% Ersparnis anzurechnen sei.
[119] OLG Köln DWE 1994, 110.
[120] OLG Düsseldorf OLGReport Düsseldorf 2003, 451 = MietRB 2004, 80.
[121] *Kümmel,* Anm. zu OLG Düsseldorf MietRB 2004, 80, 81.
[122] Siehe hierzu auch BayObLG WE 1996, 314, 315.

XIII. Abberufung und Kündigung des Verwalters 387–389 A

6. Anfechtung von Abberufung und Kündigung

a) Durch einen Wohnungseigentümer. Stimmen die Wohnungseigentümer über die Abberufung und Kündigung des Verwalters ab und entscheiden sich negativ, d.h. sie lehnen mehrheitlich das Abberufungsbegehren ab, so kann dieser Beschluss von einem Wohnungseigentümer grundsätzlich innerhalb der Anfechtungsfrist des § 46 Abs. 1 WEG n.F. angefochten werden, d.h. Klage auf Erklärung der Ungültigkeit des Beschlusses erhoben werden. Voraussetzung für ein entsprechendes **Rechtsschutzinteresse** ist es allerdings, mit dem Anfechtungsantrag den Verpflichtungsantrag zu verbinden, den amtierenden Verwalter abzuberufen. Die bloße Anfechtung der **Negativentscheidung** würde bewirken, dass zwar die negative Entscheidung aufgehoben werden könnte, aber nicht automatisch durch eine positive Entscheidung ersetzt wird. Deshalb sind Anfechtungs- und Verpflichtungsanträge zu verbinden. 387

Bevor ein Wohnungseigentümer den gerichtlichen Antrag auf Abberufung eines Verwalters stellt, hat er grundsätzlich einen Beschluss der Eigentümerversammlung herbeizuführen. Dies ist nur dann entbehrlich, wenn auf Grund bestehender Mehrheitsverhältnisse klar ist, dass die Wohnungseigentümer dem Antrag nicht folgen werden. Dann wäre die Einberufung einer Eigentümerversammlung eine Farce. In solchen Ausnahmefällen kann der Wohnungseigentümer dann unmittelbar das Gericht anrufen.[123]

Das **Rechtsschutzbedürfnis** geht bei abgelehnter Abberufung allerdings im Verfahren verloren, wenn der Bestellungszeitraum abläuft. Dies folgt daraus, dass die Ungültigkeitserklärung des Bestellungsbeschlusses nur ex-nunc wirkt.[124] Das Rechtsschutzinteresse geht ebenfalls verloren, wenn während des Verfahrens die Eigentümerversammlung den Verwalter erneut wählt, d.h. seine Amtszeit verlängert. Dann ist die Negativentscheidung, ihn nicht abzuberufen, überholt. Der Wohnungseigentümer kann dann den Wiederwahlbeschluss anfechten. Für den früheren Negativbeschluss fehlt aber das Rechtsschutzinteresse.[125] 388

Das Gericht prüft, ob die **Nichtabberufung** des Verwalters ordnungsmäßiger Verwaltung entspricht. Dabei ist zu berücksichtigen, dass sich die Mehrheit der Wohnungseigentümer für die Fortdauer der Verwalterbestellung ausgesprochen hat. Diese Entscheidung der Wohnungseigentümer wirkt wie die Wiederwahl des Verwalters. In beiden Fällen kann das Gericht nur prüfen, ob wesentliche Grundsätze ordnungsmäßiger Verwaltung verletzt wurden und insbesondere die Nichtabberufung verwerflich war oder gegen den Grundsatz von **Treu und Glauben** verstieß.[126] Nicht jeder wichtige Grund verpflichtet auch die Wohnungseigentümer zum Tätigwerden. Bei der Überprüfung eines Nichtabberufungsbeschlusses hat das Gericht das Ermessen der Mehrheit der Wohnungseigentümer zu berücksichtigen. Nur bei gravierenden Pflichtverletzungen des Verwalters ist das Ermessen der Wohnungseigentümer auf Null reduziert.[127] 389

---

[123] KG MietRB 2003, 111 = KGReport Berlin 2003, 263.
[124] OLG Düsseldorf ZMR 2006, 544.
[125] OLG Düsseldorf ZWE 2006, 246 = MietRB 2006, 272.
[126] *Bub* in Staudinger, BGB, § 26 WEG Rdn. 428.
[127] OLG Celle MietRB 2003, 74.

390 Beschließt die Eigentümerversammlung hingegen die Abberufung, kann für einen Anfechtungsantrag eines Wohnungseigentümers das **Rechtsschutzinteresse** fehlen. Der anfechtende Wohnungseigentümer kann seinen Anfechtungsantrag i.d.R. nur dadurch begründen und das Rechtsschutzinteresse nachweisen, indem er darlegt, dass die Abberufung und Kündigung rechtswidrig war und diese zu Schadensersatzansprüchen des Verwalters führen werden. Macht der abberufene Verwalter dann solche Ansprüche aber nicht geltend, entfällt das Rechtsschutzinteresse spätestens mit der Verjährung der Vergütungs- oder Schadensersatzansprüche. Das Rechtsschutzinteresse lässt sich nicht damit ausreichend begründen, dass der anfechtende Wohnungseigentümer den abberufenen Verwalter für geeigneter hält als den neuen. Zwar spricht eine solche Verschlechterung, wenn sie denn objektiv feststellbar wäre, gegen den Grundsatz ordnungsmäßiger Verwaltung. Dennoch steht die Auswahl des Verwalters im Ermessen der Wohnungseigentümer und ist nicht gerichtlich überprüfbar, sofern keine **sachwidrigen Interessen** der Mehrheit der Wohnungseigentümer zu den Neuwahlen geführt haben.[128]

391 Das Rechtschutzinteresse kann sich aber für den anfechtenden Wohnungseigentümer daraus ergeben, dass er zu der Versammlung nicht eingeladen wurde oder sonstige schwerwiegende **formelle Fehler** festzustellen sind. Dann kann der Abberufungsbeschluss aufgehoben werden, weil das **Teilnahmerecht** des Wohnungseigentümers beispielsweise nicht übergangen werden darf. Wenn er darlegen kann, dass durch seine Anwesenheit möglicherweise eine andere Entscheidung getroffen worden wäre, sind Rechte des Wohnungseigentümers verletzt, die eine Beschlussaufhebung rechtfertigen. Auch hier geht das Rechtschutzinteresse verloren, wenn während des Verfahrens die Bestellungsdauer des abberufenen Verwalters ohnehin endet. Dann kann der anfechtende Wohnungseigentümer nur den selbstständig zu beurteilenden Beschluss der Wahl eines anderen Verwalters weiter verfolgen.[129]

392 Die gerichtlichen Anfechtungs- oder Verpflichtungsanträge eines Wohnungseigentümers, die die Abberufung des Verwalters zum Gegenstand haben, haben zur Konsequenz, dass der Verwalter nach § 48 WEG n.F. beizuladen und ihm die **Klageschrift zuzustellen** ist. Für die übrigen Wohnungseigentümer als Beklagte hat die Zustellung der Klage an einen Ersatzzustellungsvertreter zu erfolgen, da für den Verwalter auf Grund des Streitgegenstands die Gefahr besteht, er werde die Wohnungseigentümer nicht sachgerecht unterrichten, § 45 Abs. 1 und 2 WEG n.F. Haben die Wohnungseigentümer keinen Ersatzzustellungsvertreter bestellt, kann das Gericht einen Ersatzzustellungsvertreter selbst benennen, § 45 Abs. 3 WEG n.F. (siehe hierzu auch oben V.). Der Ersatzzustellungsvertreter hat dann die Aufgabe, die übrigen Wohnungseigentümer über den Inhalt der Klageschrift zu informieren.

393 **b) Durch den Verwalter.** Ob der abberufene Verwalter selbst den Abberufungs- oder Kündigungsbeschluss anfechten kann, ist umstritten.

Hinsichtlich der **Abberufung** ist für die **Anfechtungsbefugnis** nicht erheblich, dass dem Verwalter mit der Abberufung bzw. dem Zugang der Abbe-

---

[128] A.A. *Wenzel*, ZWE 2001, 510.
[129] OLG Hamm ZMR 2003, 51.

XIII. Abberufung und Kündigung des Verwalters

rufungserklärung keine Befugnisse mehr zustehen.[130] Dies wäre ein Zirkelschluss, worauf Wenzel[131] mit Recht hinweist. Der Verwalter könnte seine eigene Abberufung nicht anfechten, weil er abberufen ist.

Suilmann[132] verneint ein **subjektives Recht** des Verwalters auf Fortbestand seiner Organstellung. Sei die Abberufung auf das Vorliegen eines wichtigen Grundes beschränkt worden, so bestünden zwei Möglichkeiten: Entweder ist ein wichtiger Abberufungsgrund gegeben, dann sei die Anfechtung unzulässig und unbegründet. Liege hingegen ein wichtiger Grund tatsächlich nicht vor, sei die Abberufung nichtig. Becker[133] ist der Auffassung, dass der Abberufungsbeschluss ein **Akt der internen Willensbildung** sei, der noch keine Auswirkungen auf den Verwalter habe. Erst der Zugang der Abberufungserklärung beim Verwalter beende sein Amt, so dass er sich erst dann hierzu verteidigen könne. Bestünde Unklarheit über das Vorliegen eines wichtigen Grundes, könne der Verwalter einen Feststellungsantrag stellen.[134]

Der BGH[135] bejaht hingegen ein subjektives Recht des Verwalters, seine Organstellung zurückgewinnen zu wollen. Der Verwalter habe ein **Recht auf sein Amt,** wenn er für bestimmte Zeit bestellt oder seine Abwahl auf das Vorliegen eines wichtigen Grundes beschränkt wurde.[136] Das Rechtsschutzinteresse des Verwalters, den Beschluss über seine vorzeitige Abberufung oder wegen Vorliegens eines wichtigen Grundes anfechten zu können, folgt auch daraus, dass der Verwalter sonst rechtlos gestellt wäre. Könnte er seine Abwahl nicht anfechten, wäre er stets abwählbar und die Beschränkungen im Bestellungsbeschluss wären wirkungslos. Daher ist dem BGH zu folgen und dem Verwalter ein **Anspruch auf Wiedereinsetzung** in sein Amt zuzubilligen.[137]

Dass der Verwalter den Beschluss über seine Abberufung anfechten kann, folgte grundsätzlich auch aus § 43 Abs. 1 Nr. 4 WEG a. F. Dort hatte der Gesetzgeber ausdrücklich hervorgehoben, dass der Verwalter Beschlüsse der Wohnungseigentümer anfechten kann. § 43 WEG n. F., der jetzt nur noch die Zuständigkeit der Gerichte regelt, schweigt über die Antragsberechtigung. Dass der Verwalter Gegner der Wohnungseigentümer in einem Anfechtungsverfahren sein kann, folgt jetzt aus § 45 Abs. 1 WEG n. F. und sein Recht, Anfechtungsklage zu erheben, aus § 46 Abs. 1 WEG n. F. Die Klarstellung in § 46 Abs. 1 WEG war in dem Entwurf zur WEG-Novelle zunächst nicht enthalten. Diese offensichtliche Lücke ist nun wieder geschlossen worden.

Das **Rechtsschutzinteresse** auf Anfechtung der Abberufung fehlt, wenn der Verwalter hiermit nur das Ziel verfolgt, die Wirksamkeit der Vertragskün-

---

[130] So aber *Drasdo,* NZM 2001, 923; OLG Celle ZWE 2006, 298.
[131] ZWE 2001, 510.
[132] ZWE 2000, 106, 111.
[133] ZWE 2002, 211, 212.
[134] So auch im Ergebnis *Suilmann,* Fn. 132.
[135] NJW-RR 1989, 1087 = MDR 1989, 435; NZM 2002, 788 = NJW 2002, 3240 = ZMR 2002, 766.
[136] *Merle* in Bärmann/Pick/Merle, WEG, § 26 Rdn. 219; *Wenzel,* ZWE 2001, 510, 514.
[137] S. auch *Müller,* Praktische Fragen, Rdn. 972; *Abramenko,* KK-WEG, § 26 Rdn. 28; a. A. *Gottschalg,* ZWE 2006, 332, 335.

digung klären zu lassen oder die Abwehr von **Regressansprüchen** vorzubereiten.[138] Ebenso ist die Anfechtung des Abberufungsbeschlusses unzulässig geworden, wenn während der Verfahrensdauer das Amt des Verwalters ohnehin endet.[139] Wenzel weist darauf hin, dass nach diesem Zeitpunkt allenfalls noch ein Feststellungsantrag in Betracht kommt, wenn ausnahmsweise der Verwalter darlegen kann, dass die Feststellung der unwirksamen Abberufung trotz Auslaufens seiner Bestellungsdauer für ihn noch von Bedeutung ist, um seinen **guten Ruf** als Gewerbetreibender **wieder herzustellen**.

397 Von der Anfechtung der Abberufung ist aber die Anfechtung eines **Kündigungsbeschlusses** zu unterscheiden. Wenn die Wohnungseigentümerversammlung die Kündigung des Verwaltervertrages beschließt, bedeutet dies nur, dass dem Verwalter gegenüber die Kündigung ausgesprochen werden soll. Die Kündigung betrifft nach der **Trennungstheorie** nicht seine Organstellung. Sie lässt lediglich seine Rechte und Pflichten aus dem Verwaltervertrag entfallen, wozu insbesondere die Vergütungsansprüche zählen. Dieser Vertrag kommt zwischen dem Verwalter und der rechtsfähigen Eigentümergemeinschaft sowie allen Wohnungseigentümern zustande. Es handelt sich dabei um einen Vertrag mit einem Dritten (Nicht-Eigentümer), der in seiner Wirkung mit einem Vertrag zwischen der Eigentümergemeinschaft und dem Hausmeister oder einem Handwerker zu vergleichen ist. Auch Letztere können eine beschlossene Vertragskündigung nicht anfechten.

398 Die Ansprüche aus dem Verwaltervertrag auf **Fortzahlung der Vergütung** oder Zahlung von Schadensersatz kann der Verwalter somit auch dann noch geltend machen, wenn er den Beschluss auf Ausspruch der Kündigung nicht angefochten hat. Der Verwalter kann ohne Anfechtung dieses Beschlusses und ohne Anfechtung des Abberufungsbeschlusses den Zahlungsanspruch auch noch nach Ablauf der einmonatigen Frist des § 46 Abs. 1 WEG n.F. geltend machen. Für die Frage der Wirksamkeit der Kündigung entfaltet die Anfechtung des Abberufungsbeschlusses **keine vorgreifliche Wirkung**.[140] Macht der Verwalter einen Zahlungsanspruch geltend, wird inzidenter geprüft, ob die Kündigung wirksam war, d.h. ob ein wichtiger Grund vorlag. Allerdings sind **Feststellungsanträge über die Wirksamkeit des Kündigungsbeschlusses** denkbar[141].

399 Nicht zu folgen ist der Auffassung des OLG München[142], wonach das **Rechtsschutzinteresse** trotz Ablauf der Bestellungsdauer erhalten bleibt, da die Frage des **wichtigen Grunds** sonst in einem gesonderten Verfahren über die Bezahlung der Verwaltervergütung geklärt werden müsse. Die Entscheidung übersieht nicht nur die anderslautende Auffassung des BGH, sondern erklärt das Rechtsschutzinteresse auch nicht für den Fall, dass der Zahlungsantrag nicht gestellt wird.[143]

---

[138] OLG Celle ZWE 2006, 298.
[139] KG WE 1998, 66; OLG Naumburg WuM 2001, 44; OLG Köln NZM 2004, 625; *Wenzel*, ZWE 2001, 510, 515; a.A. OLG München MietRB 2006, 133.
[140] BGH NZM 2002, 788 = NJW 2002, 3240 = ZMR 2002, 766.
[141] So auch *Wenzel*, ZWE 2001, 510, 515.
[142] OLGReport 2006, 129 = MietRB 2006, 133.
[143] Vgl. hierzu auch kritisch *Gottschalg*, MietRB 2006, 134.

XIII. Abberufung und Kündigung des Verwalters

Zusammengefasst kann der Verwalter gegen Abberufungs-/Kündigungsbeschlüsse wie folgt vorgehen, wenn er für eine bestimmte Zeit bestellt oder das Kündigungsrecht auf den wichtigen Grund beschränkt war:

1. *Fall: Der Verwalter ist bis zum 31. 12. 2006 bestellt worden. In der Eigentümerversammlung vom 3. 2. 2006 wird er durch Mehrheitsbeschluss abberufen. Die mündliche Verhandlung über den Anfechtungsantrag des Verwalters findet am 5. 12. 2006 statt.*
Der Verwalter kann den Beschluss anfechten und beantragen, den Abberufungsbeschluss für unwirksam zu erklären.

2. *Fall: Bei gleicher Ausgangslage findet die mündliche Verhandlung am 10. Januar 2007 statt.*
Jetzt kann der Verwalter nicht mehr die Unwirksamkeit des Abberufungsbeschlusses beantragen, da die Bestellungszeit ohnehin abgelaufen ist. Insoweit muss er den Rechtsstreit für erledigt erklären. Dann ist bei der Kostenentscheidung nur noch inzidenter über die Rechtmäßigkeit der Abberufung zu entscheiden. Ausnahmsweise kann der Verwalter einen Feststellungsantrag stellen, wenn er ein besonderes Feststellungsinteresse nachweisen kann, um die Abberufung als rechtswidrig erklären zu lassen.

3. *Fall: Bei gleicher Ausgangslage beschließen die Wohnungseigentümer ausdrücklich oder konkludent mit der Abberufung auch die Kündigung des Verwaltervertrags zu verbinden.*
Will der Verwalter seine Verwalterstellung nicht zurückerlangen, weil er das Vertrauensverhältnis zu den Wohnungseigentümern als zerrüttet ansieht, muss er diesen Beschluss nicht anfechten. Will er somit nicht in das Amt zurückkehren, kommt nur eine Klage auf Schadensersatzzahlung in Betracht. Er kann damit die Anfechtung des Abberufungsbeschlusses verbinden, wenn er die Verwaltertätigkeit wieder übernehmen will. Alternativ kann sich die Möglichkeit stellen, daneben einen Feststellungsantrag zu stellen, dass die Kündigung unwirksam war. Dies bietet sich dann an, wenn die ursprüngliche Bestellungsdauer im Zeitpunkt der mündlichen Verhandlung noch nicht abgelaufen ist, um durch diese Feststellung die Basis für weitergehende Schadensersatzansprüche zu bilden.

Da das Verhältnis von Abberufung zur Kündigung nicht zweifelsfrei geklärt ist, bleiben für den Verwalter Restrisiken. Daher ist dem Verwalter zu empfehlen, den Abberufungsbeschluss stets fristgemäß anzufechten und hierbei vorzutragen, dass er das Verwalteramt wieder erlangen möchte. Ohne eine solche Anfechtung könnte auch sein Vergütungsanspruch leiden, da sich argumentieren ließe, dass der Verwalter, der kein Interesse an der Fortsetzung seines Verwalteramts habe, auch keinen oder nur einen geringeren Vergütungsanspruch besitzt.

Hebt das Gericht auf Grund einer Anfechtung die Abberufung auf, ist der Verwalter mit **ex nunc-Wirkung** wieder im Amt. Dies hat zur Konsequenz, dass ein zwischenzeitlich neu bestellter Verwalter automatisch aus seinem Amt ausscheidet, da die Eigentümergemeinschaft nicht zwei Verwalter haben kann. Hierzu wird im Wege der Auslegung angenommen, dass die Bestellung des neuen Verwalters zumindest konkludent unter die auflösende Bedingung gestellt wurde, dass die Abberufung des Vorverwalters nicht unwirksam war.[144] Zum gleichen Ergebnis führt die Argumentation, dass die Bestellung des neuen Verwalters nichtig war, da die Eigentümergemeinschaft nicht gleichzeitig zwei Verwalter haben könne und deshalb die Bestellung des neuen Verwalters auf einen rechtlich unmöglichen Erfolg gerichtet war.[145] Die Annahme einer **auflösenden Bedingung** entspricht eher dem Willen der Wohnungseigentümer und erklärt einfacher, dass die Handlungen des neuen Verwalters für die Eigentümergemeinschaft in der Zwischenzeit die eines Vertreters mit Vertretungsmacht waren. Genehmigungen dieser Handlungen durch die Eigentümergemeinschaft oder den alten Verwalter sind dann ebenso wenig erforderlich wie die Prüfung von Anscheinsvollmachten.[146]

402 Der zu Unrecht abberufene und/oder gekündigte Verwalter hat ab Wiedereinsetzung in sein Amt Anspruch auf Zahlung des vereinbarten **Verwalterhonorars.** Für die Zwischenzeit steht ihm ein Vergütungsanspruch zu, weil es die Wohnungseigentümer zu vertreten haben, dass ihm die Ausübung des Verwalteramts unmöglich gemacht wurde. In der Rechtsprechung zeichnet sich hierzu kein einheitliches Bild über den Faktor ab, inwieweit sich der Verwalter für diesen Zeitraum ersparte Aufwendungen abziehen lassen muss (s. hierzu auch oben XII. 5. d).

---

[144] *Merle* in Bärmann/Pick/Merle, WEG, § 26 Rdn. 224.
[145] *Lüke* in Weitnauer, WEG, § 26 Rdn. 41.
[146] Vgl. hierzu *Lüke* in Weitnauer, WEG, § 26 Rdn. 20.

XIV. Der Verwalter als Makler

Während der WEG-Verwalter keine behördliche Genehmigung benötigt, ändert sich dies, wenn er gleichzeitig Maklertätigkeiten ausüben will. Ein Immobilienmakler muss eine **behördliche Genehmigung** nach § 34c GewO besitzen. Bei Ausübung seiner Tätigkeiten hat der Immobilienmakler die Vorschriften der **Makler- und Bauträgerverordnung** (MaBV) zu beachten.

Wird die Verwaltungsgesellschaft in der Rechtsform einer juristischen Person betrieben, muss für die Durchführung von Maklergeschäften sowohl für die Gesellschaft als auch für den Geschäftsführer ein Antrag nach § 34c GewO gestellt werden. Wechselt der Geschäftsführer, muss auch für den neuen Geschäftsführer die Erlaubnis eingeholt werden.

Vollkommen unabhängig davon ist es, ob der Umfang der Maklertätigkeit nur von untergeordneter Bedeutung ist. Auch ist nicht entscheidend, wie die Gesellschaft firmiert. Maßgebend ist lediglich die ausgeübte Maklertätigkeit. Ob die Tätigkeit erfolgreich ist und/oder wirksam ein Entgelt vereinbart werden konnte, ist für die Genehmigungspflichtigkeit ebenfalls nicht von Bedeutung.[1]

403

Während der WEG-Verwalter den Wohnungseigentümern und hier namentlich der Eigentümerversammlung Rechenschaft schuldet, muss der Makler nach §§ 10 und 11 MaBV der Aufsichtsbehörde Einsicht in das Geschäftsgebaren vermitteln und eine Überwachung seiner Tätigkeiten ermöglichen. Er ist einer umfassenden **Buchführungs- und Informationspflicht** unterworfen, die er jährlich gegenüber dem Gewerbeamt in Form eines **Prüfberichtes** eines geeigneten Prüfers zu führen hat, § 16 MaBV. Geeignete Prüfer sind Wirtschaftsprüfer, vereidigte Buchprüfer, Wirtschaftsprüfungs-/Buchführungsgesellschaften und Prüfungsverbände. Da nach § 16 Abs. 3 Satz 2 MaBV auch andere Personen in Betracht kommen, die öffentlich bestellt oder zugelassen worden sind und die auf Grund ihrer Vorbildung und Erfahrung in der Lage sind, eine ordnungsgemäße Prüfung durchzuführen, sind auch Rechtsanwälte von der Prüfung nicht ausgeschlossen. Allerdings kommen solche Personen nicht in Betracht, bei denen die Besorgnis der Befangenheit besteht, § 16 Abs. 3 Satz 3 MaBV. Dies dürfte der Fall sein, wenn der Rechtsanwalt das Verwaltungs-/Maklerunternehmen auch in sonstigen rechtlichen Angelegenheiten vertritt.

404

Wenn der WEG-Verwalter gleichzeitig als Makler tätig ist, können sich folgende Fragen stellen:

405

— Erwirbt der Makler einen wirksamen Honoraranspruch?
— Können Interessenkollisionen entstehen, die Auswirkungen auf den Verwaltervertrag haben?

Im Einzelnen ist zu differenzieren. Vermittelt der WEG-Verwalter einen Käufer für eine **Eigentumswohnung** in dem von ihm verwalteten Objekt, kann er sich grundsätzlich eine Maklerprovision wirksam versprechen las-

---

[1] BGH NJW 1992, 2818.

sen.[2] Ein institutioneller **Interessenkonflikt** liegt beim Makler, der zugleich Hausverwalter oder WEG-Verwalter ist, nicht ohne weiteres vor.[3] Gleiches gilt auch, wenn der WEG-Verwalter vom Verkäufer mit der **Verwaltung des Sondereigentums** zusätzlich beauftragt war.[4] Es liegt kein Fall der echten Verflechtung vor, so dass der Verwalter ebenfalls eine Maklerprovision beanspruchen kann. Steht jedoch die Veräußerung der Eigentumswohnung nach dem Inhalt der Teilungserklärung unter dem **Genehmigungsvorbehalt** des § 12 WEG, kann der WEG-Verwalter wegen der entstehenden Interessenkollision keine Vermittlungsprovision wirksam vereinbaren.[5] Nach Auffassung des LG Hamburg[6] soll der Makler allerdings einen wirksamen Honoraranspruch haben, wenn er auf diesen Vorbehalt vor Abschluss des Kaufvertrages ausdrücklich hinweist. Diese vom BGH[7] bestätigte Auffassung trifft unabhängig davon zu, ob der Kunde die Rechtskenntnis hat, dass der Makler keine echte Maklerleistung erbringen kann. Es genügt die tatsächliche Kenntnis des Maklerkunden von den die Veräußerungszustimmung begründenden Umständen.[8] Allerdings kann eine solche Vermittlungstätigkeit bei bestehender Interessenkollision die fristlose Abberufung des Verwalters rechtfertigen, da ein Vertrauensbruch entsteht.[9] Die Kenntnis vom Zustimmungsvorbehalt kann beim verkaufenden Wohnungseigentümer unterstellt werden, so dass ein wirksamer Provisionsanspruch gegenüber dem Verkäufer entstehen kann.[10]

406 Wenn der WEG-Verwalter als **Vermietungsmakler** für das Sondereigentum eines Wohnungseigentümers tätig wird, kann er grundsätzlich eine Provision vom Mieter verlangen.[11] Der WEG-Verwalter ist nicht dem Mietverwalter entsprechend § 2 Abs. 2 WoVermittG gleichzustellen. Etwas anderes gilt jedoch dann, wenn der WEG-Verwalter gleichzeitig mit der Sondereigentumsverwaltung beauftragt wurde. In diesem Fall entsteht kein Provisionsanspruch.[12]

407 In einzelnen Gemeinschaftsordnungen ist geregelt, dass die **Vermietung** des Wohnungs- oder Teileigentums der **Zustimmung** des Verwalters bedarf. Damit soll ebenso wie bei dem Zustimmungsvorbehalt im Veräußerungsfall gewährleistet werden, dass der Verwalter in beschränktem Umfang die Person des zukünftigen Wohnungsmieters prüft, damit nur solche Personen in das Haus einziehen, von denen anzunehmen ist, dass sie sich in die Hausordnung einfügen. Diese Vermietungsvorbehalte unterliegen aber den besonderen Anforderungen nach dem Gleichbehandlungsgesetz.

Wenn der WEG-Verwalter dem Mieter die Anmietung einer Eigentumswohnung vermittelt, kann er entsprechend dem Zustimmungsvorbehalt im

---

[2] BGH ZMR 2006, 50.
[3] OLG Dresden NJW-RR 1999, 1501; OLG Frankfurt OLGReport Frankfurt 1994, 85; OLG Hamburg MDR 1992, 646.
[4] BGH ZMR 2006, 50.
[5] BGH MDR 1991, 132 = NJW 1991, 168.
[6] NZM 2001, 486.
[7] NJW-RR 2003, 1249.
[8] Ebenso *Moraht*, DWE 2006, 89, 93.
[9] BayObLG MDR 1997, 727 = NJW-RR 1998, 302.
[10] OLG Köln OLGReport Köln 2003, 75 = MietRB 2004, 114.
[11] BGH MDR 2003, 678 = ZMR 2003, 431 = NJW 2003, 1393.
[12] LG Essen NZM 2000, 150.

XIV. Der Verwalter als Makler

Veräußerungsfall nur dann Provision verlangen, wenn ein solcher Zustimmungsvorbehalt für die Vermietung nicht besteht. Andernfalls ist der Provisionsanspruch nicht wirksam wegen der entstehenden Interessenkollision begründet worden.

Zusammenfassend ist der Provisionsanspruch des WEG-Verwalters für Maklerleistungen wie folgt zu sehen:

WEG-Verwalter	Provisionsanspruch ja	nein
Verkaufsvermittlung	X	
Verkaufsvermittlung bei Genehmigungsvorbehalt		X
Verkaufsvermittlung bei Hinweis auf Genehmigungsvorbehalt	X	
Mietervermittlung	X	
Mietervermittlung bei gleichzeitiger Sondermietverwaltung		X
Mietervermittlung bei Genehmigungsvorbehalt		X

B. Der Verwaltungsbeirat

I. Überblick

Nach § 29 Abs. 1 WEG können die Wohnungseigentümer einen Verwaltungsbeirat bestellen. Er ist neben dem Verwalter und der Eigentümerversammlung das dritte **Organ der Gemeinschaft.** Er ist gleichzeitig das schwächste Organ, weil er, wie der Name schon zum Ausdruck bringt, nur beratend tätig wird.

Der Beirat ist ein sogenanntes **Innenorgan.**[1] Der Beirat tritt in der Regel nicht im Rechtsverkehr zwischen der Eigentümergemeinschaft und Dritten in Erscheinung. Auch wenn der BGH[2] den Beirat als Organ der Eigentümergemeinschaft bezeichnet, ist er nicht Organ im Sinne von § 31 BGB[3]. Dazu fehlt dem Beirat die Handlungskompetenz.

Der Verwaltungsbeirat wird als **Mittler** zwischen Verwalter und Wohnungseigentümer bezeichnet.[4] Da aber die Beiratsmitglieder selbst Wohnungseigentümer sind, können sie schlecht zwischen Verwalter und sich selbst vermitteln. Auch ist zu berücksichtigen, dass das Wissen der Beiratsmitglieder nicht den übrigen Wohnungseigentümern zuzurechnen ist. Es kann daher auch nicht für eine ordnungsgemäße Information der Wohnungseigentümer genügen, wenn der Verwalter den Beirat informiert und über diese Umstände in der nächsten Eigentümerversammlung nicht berichtet. Da der Beirat in der Regel auch **keine Entscheidungskompetenz** besitzt, könnte der Beirat auch als überflüssiges Organ der Wohnungseigentümergemeinschaft angesehen werden. Dies würde aber unberücksichtigt lassen, dass sich in der Praxis der Verwaltungsbeirat durchaus bewährt hat. Wenn der Verwalter mit dem Beirat einen regen Gedanken- und Informationsaustausch pflegt, werden Handlungen des Verwalters transparenter und lassen sich besser im Nachhinein rechtfertigen, falls die konkrete Entwicklung zeigt, dass die Handlungsweise des Verwalters nicht günstig war. Die mit dem Beirat abgestimmte Handlung enthält die Vermutung, zumindest aus damaliger Sicht objektiv richtig gewesen zu sein. In der Praxis trägt ein starker Verwaltungsbeirat zur Befriedung der Eigentümergemeinschaft erheblich bei.

II. Bestellung des Beirats

Der Verwaltungsbeirat ist **fakultativ.** Insbesondere bei kleinen Eigentümergemeinschaften bietet es sich nicht an, einen Beirat zu wählen. Ehe der Verwal-

---

[1] OLG Frankfurt NJW 1975, 2297.
[2] NJW 2005, 2061 = NZM 2005, 543 = ZMR 2005, 547.
[3] BayObLG BayObLGZ 1972, 161, 163; *Bub* in Staudinger, BGB, § 29 WEG Rdn. 3.
[4] KG WE 1997, 421; OLG Zweibrücken OLGZ 1983, 438; *Grziwotz* in Erman, BGB, § 29 WEG Rdn. 2.

ter bei kleinen Gemeinschaften Probleme mit einem Beirat erörtert, ist es effizienter, die Eigentümerversammlung einzuberufen.

In der **Gemeinschaftsordnung** kann die Bestellung eines Verwaltungsbeirats auf Dauer ausgeschlossen werden.[5] Wenn die Gemeinschaftsordnung keine Regelung trifft, kann die Wohnungseigentümergemeinschaft den Verwaltungsbeirat mit Mehrheit bestellen. Wird ein solcher Mehrheitsbeschluss nicht gefasst, besteht kein Anspruch auf Bestellung eines Beirats. Somit kann auch kein Wohnungseigentümer einen gerichtlichen Antrag auf Verpflichtung der Wohnungseigentümer stellen, einen Beirat zu wählen. Für ein Verpflichtungsurteil fehlt die Anspruchsgrundlage. Eine solche liegt allerdings vor, wenn die Gemeinschaftsordnung die Beiratsbestellung als Verpflichtung vorsieht. Aber auch ein Verpflichtungsurteil würde nicht umsetzbar sein, wenn sich niemand zur Wahl stellt, weil kein Wohnungseigentümer gegen seinen Willen zum Verwaltungsbeirat bestellt werden kann.

411 Wählen die Wohnungseigentümer in der Eigentümerversammlung einen Beirat, ist eine **Blockwahl** zulässig, wenn kein anwesender Eigentümer Einwände erhebt.[6] Die Blockwahl muss demokratischen Grundsätzen genügen.

412 Die Abstimmung muss weder geheim noch schriftlich erfolgen. Auch die Wohnungseigentümer, die als Beirat kandidieren, haben **Stimmrecht.** Bei der Wahl zum Beirat handelt es sich nicht um ein Rechtsgeschäft zwischen dem Wohnungseigentümer und der Gemeinschaft, so dass der als Kandidat aufgestellte Wohnungseigentümer nicht von der Wahl ausgeschlossen ist.[7] Wird ein Wohnungseigentümer aber bei seiner Kandidatur zum Verwaltungsbeirat von seinem Stimmrecht ausgeschlossen, ist streitig, ob dies ohne weiteres zur **Rechtswidrigkeit der Wahl** führt. Teilweise wird vertreten, dass es sich hierbei um einen Abstimmungsfehler handelt, der nur dann zur Aufhebung der Beiratswahl führt, wenn feststehe, dass die Beschlüsse bei ordnungsmäßigem Vorgehen nicht so gefasst worden wären.[8] Demgegenüber wird ein solcher Beschluss generell als rechtswidrig angesehen, weil die Beschränkung des Abstimmungsrechts in den unverzichtbaren Kernbereich der Mitgliedschaft des Wohnungseigentümers eingreife.[9] Letzterer Auffassung ist zu folgen, weil andernfalls der Versammlungsleiter im Zweifel ohne rechtliche Konsequenzen Wohnungseigentümer von der Abstimmung ausschließen könnte. Eine Beschlussanfechtung kommt im Einzelfall nicht in Betracht, wenn der von der Abstimmung ausgeschlossene Wohnungseigentümer dennoch mehrheitlich gewählt wurde und er die Wahl annahm. In diesem Fall besteht für eine Beschlussanfechtung kein Raum.[10]

---

[5] BayObLG NJW-RR 1994, 338 = WuM 1994, 45; NZM 2004, 587.
[6] OLG Hamburg OLGReport Hamburg 2005, 421 = MietRB 2005, 266 mit kritischer Anmerkung *Elzer;* KG KGReport Berlin 2004, 571 = WuM 2004, 624 = ZMR 2004, 775; *Becker/Kümmel/Ott,* Wohnungseigentum, Rdn. 530; *Bassenge* in Palandt, BGB, § 25 WEG Rdn. 1; a. A. AG Nürnberg ZMR 2005, 236 sowie *Bielefeld,* Der Wohnungseigentümer, S. 606, der die Blockwahl nur dann als nicht anfechtbar ansieht, wenn dies in der Gemeinschaftsordnung als zulässig erklärt wurde.
[7] BayObLG WE 1991, 226; *Hügel* in Hügel/Scheel, Rechtshandbuch, Rdn. 568.
[8] BayObLG NJW-RR 1991, 531; NZM 2002, 616.
[9] *Merle* in Bärmann/Pick/Merle, WEG, § 23 Rdn. 176; *Bub* in Staudinger, BGB, § 25 WEG Rdn. 325.
[10] So auch OLG Köln MietRB 2006, 322.

II. Bestellung des Beirats

Neben den zu wählenden ordentlichen Mitgliedern des Verwaltungsbeirats **413** können die Wohnungseigentümer auch für den Fall des Ausscheidens eines Beiratsmitglieds vorsorglich **Ersatzmitglieder** wählen. Nicht jedoch dürfen **Stellvertreter** gewählt werden. Ersatzmitglieder treten an die Stelle eines ausgeschiedenen Beiratsmitglieds; ein Stellvertreter würde das Beiratsmitglied im Falle seiner Verhinderung punktuell vertreten. Dies hätte zur Folge, dass das Beiratsmitglied seine Tätigkeit nicht mehr uneingeschränkt höchstpersönlich ausübt.[11] Allerdings kann die Vertretung durch Vereinbarung der Wohnungseigentümer wirksam zugelassen werden.[12]

Die Wahl des Beirats kann auch durch Vereinbarung eingeschränkt und von **414** einer **qualifizierten Mehrheit** abhängig gemacht werden.[13] Anders als bei der Verwalterbestellung kann die Einschränkung zwar ebenfalls dazu führen, dass der Beirat mangels notwendiger Mehrheiten nicht gewählt wird. Da der Beirat aber fakultativ ist, wird die Eigentümergemeinschaft nicht handlungsunfähig.

Fraglich ist, ob neben der Beiratswahl auch ein Beiratsvertrag abzuschließen **415** ist. Armbrüster[14] differenziert zwischen entgeltlicher und unentgeltlicher Tätigkeit des Beirats. Erhält das Beiratsmitglied eine Vergütung, wäre insoweit wie beim WEG-Verwalter zwischen Organstellung und Abschluss des Beiratsvertrags zu differenzieren. Die sogenannte **Trennungstheorie** wird von ihm daher bei entgeltlicher Tätigkeit auch auf den Beirat angewendet. Bei entgeltlicher Tätigkeit könne zwar das Beiratsmitglied ebenfalls jederzeit ohne wichtigen Grund abberufen werden. Dies gelte jedoch nicht für den Geschäftsbesorgungsvertrag, der bis zum Ablauf der Kündigungsfrist nach § 621 BGB fortbestehe.[15] Diese Auffassung überzeugt jedoch nicht, wie ein Vergleich zum WEG-Verwalter zeigt. Der Verwalter wird durch den Bestellungsbeschluss Organ der Eigentümergemeinschaft. Da der Verwalter aber ein externer Dritter ist, muss er vertraglich gebunden werden. Der Bestellungsbeschluss, an dem er als Kandidat nicht mitwirkt, kann nicht einseitig seine Rechte und Pflichten und insbesondere seine Vergütungsansprüche festlegen. Hierzu bedarf es einer schuldrechtlichen Vereinbarung. Anders verhält es sich beim Beirat. Dieser muss nach § 29 Abs. 1 S. 2 WEG ein Wohnungseigentümer sein. Beim Beirat handelt es sich auch nur um ein inneres Organ, dass nicht nach außen in Erscheinung tritt. Der Beirat hat in der Regel keine Vertretungsmacht gegenüber Außenstehenden. Indem sich ein Wohnungseigentümer in der Eigentümerversammlung wählen lässt und die Wahl annimmt, wird er zum Beirat. Ebenfalls kann über eine etwaige Aufwandsentschädigung beschlossen werden. Wenn dem Beirat diese Aufwandsentschädigung zu niedrig ist, muss er die Wahl nicht annehmen oder kann das Beiratsamt jederzeit niederlegen. Des Abschlusses eines zusätzlichen **Geschäftsbesorgungsvertrags** bedarf es daher nicht. Die Rechtslage ist auch nicht mit der des Aufsichtsrats einer Aktiengesellschaft zu vergleichen. Aufsichtsratmitglied einer Aktiengesellschaft kann auch ein Nicht-Aktionär werden. Zudem hat der Aufsichtsrat einer Aktiengesellschaft

---

[11] So auch *Merle* in Bärmann/Pick/Merle, WEG, § 29 Rdn. 44.
[12] *Merle* in Bärmann/Pick/Merle, WEG § 29 Rdn. 44.
[13] BayObLG WuM 1994, 45; *Hügel* in Hügel/Scheel, Rechtshandbuch, Rdn. 565.
[14] ZWE 2001, 412; ebenso *Sauren*, WEG, § 29 Rdn. 5.
[15] *Armbrüster*, ZWE 2001, 412, 413; *Merle* in Bärmann/Pick/Merle, WEG, § 29 Rdn. 32.

Außenwirkung. Beide Gründe sprechen dafür, beim Aufsichtsrat zwischen Bestellung und Anstellungsverhältnis zu differenzieren.[16]

416 Entscheidend ist aber, dass die Frage, ob die Trennungstheorie auch auf Beiratsmitglieder anzuwenden ist, ein Scheinproblem enthält. Die Vergütung des Beirats besteht nur in einer Aufwandsentschädigung. Analog zu § 615 BGB hat der Beirat im Falle rechtswidriger Abberufung zwar theoretisch einen weiterhin bestehenden Vergütungsanspruch, wenn die Abberufung auch die Kündigung des Beiratsvertrages erfassen würde. Hierauf muss sich der Beirat aber die ersparten Aufwendungen anrechnen lassen. Entfällt die Tätigkeit, entfallen auch die Aufwendungen und damit ebenfalls die Vergütungsansprüche. Der Beirat erzielt eben keine aufwandsfreien Gewinne. Somit bleibt beim Beirat die Trennungstheorie ohne praktische Auswirkungen.

III. Dauer der Bestellung

417 Das Gesetz regelt keine **Bestellungsdauer** des Verwaltungsbeirats. Dies bedeutet, dass die Wohnungseigentümer eine Bestellungsdauer mehrheitlich beschließen können. Sie können den Verwaltungsbeirat auch auf unbestimmte Zeit wählen, so dass in jeder Eigentümerversammlung eine Neuwahl angesetzt werden kann. Ebenso kann jedes Beiratsmitglied sein Verwalteramt jederzeit **niederlegen,** da es nicht gegen seinen Willen zur Ausübung seines Ehrenamts verpflichtet werden kann.

Das Amt des Beirats kann aus mehreren Gründen enden:
– Tod des Beiratsmitglieds
– Ausscheiden aus der Wohnungseigentümergemeinschaft
– Niederlegung des Mandats
– gerichtliche Entscheidung über die Ungültigkeit der Wahl
– Ablauf der Amtsdauer
– Abberufungsbeschluss der Eigentümerversammlung
– Neuwahl des Beirats, die konkludent die Abberufung des bisherigen enthält.[17]

IV. Anzahl der Beiratsmitglieder

418 § 29 Abs. 1 WEG sieht die Zusammensetzung des Beirats aus **drei** Mitgliedern vor, wobei einer als Vorsitzender und zwei weitere als Beisitzer fungieren sollen. Das Gesetz schreibt somit die Anzahl fest. Versuche, in den Gesetzestext die Wörter mindestens drei oder höchstens drei hineinzulesen, vergewaltigen den Wortlaut.[18] Die Wohnungseigentümer können nicht wirksam beschließen, dass der Beirat stets aus mehr oder weniger als drei Personen bestehen soll. Ein

---

[16] A. A. LG Nürnberg-Fürth ZMR 2001, 746; *Grziwotz* in Erman, BGB, § 29 WEG Rdn. 2.
[17] *Dippel/Wolicki,* NZM 1999, 603; *Armbrüster,* ZWE, 2001, 412; *Grziwotz* in Erman, BGB, § 29 WEG Rdn. 1; LG Nürnberg-Vierth ZMR 2001, 746.
[18] So auch *Bub* in Staudinger, BGB, § 29 WEG Rdn. 14.

solcher **gesetzeswidriger Beschluss** wäre nichtig.[19] Allerdings kann eine einzige Wahl, die zu mehr als drei Beiratsmitgliedern führt, nicht nichtig, sondern lediglich **anfechtbar** sein.

In der **Gemeinschaftsordnung** kann wirksam vereinbart werden, dass der Beirat aus mehr als drei Personen besteht. Hiervon wird insbesondere bei sog. **Mehrhausanlagen** Gebrauch gemacht. Für solche Anlagen bietet es sich an, je Haus einen dreiköpfigen Verwaltungsbeirat zu bestellen. Ebenso ist es denkbar, für die Mehrhausanlage auf „Unterbeiräte" zu verzichten und einen **Gesamtbeirat** zu bestimmen, der sich aus je einem Vertreter je Haus zusammensetzt. Dann würde beispielsweise bei einer Mehrhausanlage, die aus fünf Häusern besteht, ein fünfköpfiger Beirat zu wählen sein, wobei die Wohnungseigentümer des jeweiligen Hauses ihren Beiratsvertreter alleine wählen. Voraussetzung ist stets eine entsprechende Vereinbarung. Bei „Unterbeiräten" ist auch die Zuständigkeit der einzelnen Gremien regelungsbedürftig. Andererseits kann auch vereinbart werden, dass der Beirat beispielsweise nur aus einer Person besteht.

Scheidet ein Beiratsmitglied aus, ohne dass eine Neubestellung eines Ersatzmitgliedes stattgefunden hat, besteht der Beirat in reduzierter Anzahl fort (**sogenannter Rumpfbeirat**).[20]

V. Die Person des Beiratsmitglieds

Nach § 29 Abs. 1 S. 2 WEG besteht der Beirat aus **Wohnungseigentümern,** so dass nur Wohnungseigentümer zum Beirat gewählt werden können. Dies bedeutet im Umkehrschluss, dass die Wahl von dritten Personen rechtswidrig ist. Wird die Wahl des Dritten nicht angefochten, erwächst sie in Bestandskraft. Diesem Dritten steht ein Anwesenheitsrecht in der Eigentümerversammlung zumindest in dem Umfang zu, in dem Aufgabenbereiche des Beirats betroffen sind.[20a] Ebenso wenig kann der **Verwalter** zum Beirat gewählt werden. Dies gilt auch dann, wenn er selbst Wohnungseigentümer ist. Dies folgt aus § 29 Abs. 2 WEG, wonach der Verwaltungsbeirat den Verwalter bei der Durchführung seiner Aufgaben unterstützt. Der Verwalter kann sich nicht selbst unterstützen. Die Wahl eines Verwalters als Mitglied des Beirats ist **nichtig** und bedarf keiner Anfechtung.[21] Allerdings darf der Verwalter, der gleichzeitig Wohnungseigentümer ist, den Verwaltungsbeirat mit wählen.

Der gesetzliche Vertreter oder ein leitender Angestellter der **Verwaltungsgesellschaft** kann auch dann nicht Beirat werden, wenn er selbst Wohnungseigentümer ist. Die leitende Position in der Verwaltungsgesellschaft lässt sich mit den Aufgaben eines Beiratsmitglieds nicht vereinbaren. Dies muss aber auch für einen einfachen Angestellten gelten. Andernfalls könnte beispielsweise der Buchhalter einer Verwaltungsgesellschaft gewählt werden und damit im Beirat sein eigenes Rechnungswesen kontrollieren. Die Interessenkollision voll-

---

[19] BayObLG ZMR 2004, 358; *Merle*, DWE 2001, 45.
[20] *Grziwotz* in Erman, BGB, § 29 WEG Rdn. 1.
[20a] OLG Hamm ZMR 2007, 133.
[21] OLG Zweibrücken OLGZ 1983, 438; *Lüke* in Weitnauer, WEG, § 25 Rdn. 3.

zieht sich damit auch neben den Vertretern und leitenden Angestellten der Verwaltungsgesellschaft.

Ebenfalls können nicht in den Verwaltungsbeirat Testamentsvollstrecker, Insolvenzverwalter und Zwangsverwalter gewählt werden, da diese nicht Wohnungseigentümer sind.[22]

Die Tätigkeit des Verwaltungsbeirats ist ehrenamtlich und höchstpersönlich. Das Mitglied des Beirats kann seine Tätigkeit nicht auf Dritte übertragen.[23]

Steht ein Wohnungseigentum im Eigentum mehrerer Personen, ist jedes Mitglied geeignet, Beirat zu werden. Dies gilt auch für Miterben oder Gesellschafter von Gesellschaften bürgerlichen Rechts.[24] Wählbar sind auch **gesetzliche Vertreter** juristischer Personen,[25] nicht jedoch juristische Personen selbst. Allerdings soll eine Regelung in der Gemeinschaftsordnung, dass eine bestimmte juristische Person einen Pflichtsitz im Beirat hat, wirksam sein.[26] Dem ist insoweit zu folgen, als die Auslegung der Regelung dazu führt, dass zwar die juristische Person selbst nicht Beirat wird, aber ein Bestimmungsrecht hat und somit die von ihr bestimmte Person nicht gewählt wird.

Durch Vereinbarung kann bestimmt werden, dass auch ein **Außenstehender** zum Beirat gewählt werden kann.[27]

Ein Wohnungseigentümer ist dann nicht zum Beiratsmitglied wählbar, wenn ein **wichtiger Grund** gegen seine Wahl besteht. Ein solcher Grund liegt dann vor, wenn unter Berücksichtigung aller Umstände eine Zusammenarbeit mit dem gewählten Mitglied im Beirat nicht denkbar ist oder das erforderliche Vertrauensverhältnis zwischen den Wohnungseigentümern und dem Beiratsmitglied von vornherein nicht zu erwarten ist.[28] Diese Umstände müssen aber schwer wiegen und keine andere Entscheidung als die Aufhebung der Wahl zulassen.

VI. Organisation des Beirats

422 Der Verwaltungsbeirat besteht aus einem Wohnungseigentümer als Vorsitzenden und zwei weiteren Wohnungseigentümern als Beisitzern, § 29 Abs. 1 Satz 2 WEG. Das Gesetz regelt aber nicht, wer den **Beiratsvorsitzenden** wählt. Von diesem Recht kann die Eigentümerversammlung Gebrauch machen und den Vorsitzenden mit Mehrheit bestimmen. Geschieht dies nicht durch die

---

[22] *Sauren,* WEG, § 29 Rdn. 4; *Bub* in Staudinger, BGB, § 29 WEG Rdn. 79.
[23] *Merle* in Bärmann/Pick/Merle, § 29 WEG Rdn. 44; *Bub* in Staudinger, BGB, § 29 WEG Rdn. 4.
[24] *Bub* in Staudinger, BGB, § 29 WEG, Rdn. 80; *Merle* in Bärmann/Pick/Merle, § 29 WEG Rdn. 12; a. A. *Kümmel,* NZM 2003, 303.
[25] LG Bonn ZMR 2005, 653; *Merle* in Bärmann/Pick/Merle, § 29 WEG Rdn. 12; *Bassenge* in Palandt, BGB, § 29 WEG Rdn. 2; *Müller,* Praktische Fragen, Rdn. 1135; a. A. *Bub* in Staudinger, BGB, § 29 WEG Rdn. 80; *Armbrüster,* ZWE 2001, 355; *Häublein,* ZMR 2003, 233, 238; *Kümmel,* NZM 2003, 301.
[26] OLG Köln NZM 2000, 193.
[27] KG WE 1989, 137; *Lüke* in Weitnauer, WEG, § 29 Rdn. 3; *Becker/Kümmel/Ott,* Wohnungseigentum, Rdn. 527.
[28] BayObLG WE 1991, 226; ZMR 2003, 438.

VII. Vergütung des Beirats

Wohnungseigentümerversammlung, wählt der Verwaltungsbeirat den Vorsitzenden aus seiner Mitte selbst.[29]

Scheiden zwei Mitglieder durch Niederlegung aus, so übt das einzig verbliebene Beiratsmitglied gleichzeitig die Befugnisse des Vorsitzenden aus.[30]

Macht die Gemeinschaftsordnung keine Vorgaben und haben die Wohnungseigentümer durch Mehrheitsbeschluss keine Auflagen erteilt, gibt sich der Beirat eine **Geschäftsordnung** selbst. Eine solche Geschäftsordnung sollte umfassen: 423

– wer zur Einladung befugt ist,
– wie häufig Beiratssitzungen stattfinden sollen,
– mit welchen Fristen Beiratssitzungen einzuladen sind,
– Versammlungsort,
– Hinzuziehung des Verwalters,
– Mehrheitsbeschlüsse oder Einstimmigkeitserfordernis,
– Protokollierung der Sitzungen und Aufbewahrungspflichten.

Regelt die Geschäftsordnung nichts Besonderes oder existiert eine solche nicht, obliegt es dem Vorsitzenden des Beirats, die Beiratssitzung bei Bedarf einzuberufen, § 29 Abs. 4 WEG. In der Praxis lädt häufig der Verwalter zu Beiratssitzungen ein, was schon allein deshalb fehlerhaft ist, weil er nicht dem Beirat angehört. Allerdings kann der Vorsitzende des Beirats den Verwalter bitten, in seinem Namen einzuladen. Auch kann der Verwalter von sich aus eine Beiratssitzung anregen, wenn er Erörterungsbedarf sieht. Allerdings hat der Verwalter keinen Anwesenheitsanspruch. Somit kann der Beirat auch ohne Anwesenheit des Verwalters tagen, was allerdings selten zweckmäßig sein dürfte. Der Beirat soll den Verwalter bei der Durchführung seiner Aufgaben unterstützen, ihn also beraten. Diese Aufgabe lässt sich nur wirkungsvoll erledigen, wenn der Verwalter auch an den Beiratssitzungen teilnimmt. 424

VII. Vergütung des Beirats

Grundsätzlich ist die Beiratstätigkeit ein Ehrenamt. Die Wohnungseigentümer können allerdings eine **Aufwandsentschädigung** beschließen, wenn dem die Gemeinschaftsordnung nicht entgegensteht. Dabei kann beschlossen werden, dass die **konkreten Auslagen,** die dann durch Belegvorlage nachzuweisen sind, erstattet werden.[31] Die Wohnungseigentümer können auch eine **pauschale Aufwandserstattung** beschließen. Zu berücksichtigen ist hierbei, dass insbesondere bei größeren Eigentümergemeinschaften die Beiratstätigkeit eine beträchtliche Zeit in Anspruch nimmt. Der Beirat soll motiviert werden, seine Kontrollaufgaben sorgfältig auszuüben. Unverständlich ist es in diesem Zusammenhang, wenn ein Beschluss über pauschale Auslagenerstattung durch Anfechtung einer weiten gerichtlichen Kontrolle unterzogen werden kann. Den 425

---

[29] *Hügel* in Hügel/Scheel, Rechtshandbuch, Rdn. 582; *Merle* in Bärmann/Pick/Merle, WEG, § 29 Rdn. 36; OLG Köln NZM 2000, 675.
[30] OLG München NZM 2005, 750.
[31] *Bielefeld*, Der Wohnungseigentümer, S. 629.

Wohnungseigentümern muss ein weites Ermessen eingeräumt werden. Der Beschluss über die Auslagenerstattung enthält seine Rechtmäßigkeit in sich. Lediglich Fehler beim Zustandekommen des Beschlusses oder Bereicherungstendenzen durch den Beirat dürfen im Rahmen einer Beschlussanfechtung von den Gerichten geprüft werden. Das demokratische Ermessen der Wohnungseigentümer darf nicht durch ein Richterermessen ersetzt werden. In der Gerichtspraxis prüfen hingegen die Gerichte antragsgemäß die **Angemessenheit** der Beiratsentschädigung. So wurde eine Aufwandsentschädigung i. H. v. 300,– DM pro Jahr für angemessen gehalten, weil der Beirat mit der Abnahme des Gemeinschaftseigentums beauftragt wurde.[32] Auch eine Sitzungspauschale von 20,– EUR zzgl. Fahrkostenerstattung anlog der Erstattung für Dienstreisen wurde als angemessen angesehen.[33] Dabei kommt es immer auf die Größe der Anlage an. Bei einer Anlage von 340 Einheiten hielt das LG Hannover eine Vergütung von 3.579,– EUR für drei Beiratsmitglieder und Jahr für zulässig.[34] Demgegenüber wurde eine Jahresvergütung von 500,– EUR für den Beiratsvorsitzenden als nicht ordnungsmäßiger Verwaltung entsprechend angesehen. Die Entscheidung ist nur im Hinblick darauf verständlich, dass in der konkreten Eigentümergemeinschaft eine schlechte Liquiditätslage bestand.[35]

Die Vergütung wird vom rechtsfähigen Verband geschuldet. Die Wohnungseigentümer beschließen hierüber mit Stimmenmehrheit.

VIII. Aufgaben des Beirats

426 Das Wohnungseigentumsgesetz regelt an verschiedenen Stellen die Rechte und Pflichten des Verwaltungsbeirats. Diese sind:
– die Unterstützung des Verwalters, § 29 Abs. 2 WEG;
– Prüfung von Wirtschaftsplan, Jahresabrechnung, Rechnungslegung und Kostenanschlägen, § 29 Abs. 3 WEG;
– Erstellung einer Stellungnahme über die wirtschaftliche Verwaltung, § 29 Abs. 3 WEG;
– Einberufung der Eigentümerversammlung, wenn ein Verwalter fehlt oder sich pflichtwidrig weigert, diese einzuberufen, § 24 Abs. 3 WEG;
– Unterzeichnung der Versammlungsniederschrift, § 24 Abs. 6 WEG;
– Unterzeichnung des Bestellungsprotokolls in öffentlich-beglaubigter Form, § 26 Abs. 4 WEG.

1. Unterstützung des Verwalters

427 Welcher Art die Unterstützungsleistung des Beirats für den Verwalter ist, ist im Gesetz nicht näher umschrieben. Sinnvoll ist es, wenn der Verwalter mit dem Beirat die **Durchführung der Eigentümerversammlung** zuvor abstimmt. Zeit, Ort der Versammlung und ihre Tagesordnung sollten einver-

---
[32] BayObLG NZM 1999, 862, 865.
[33] OLG Schleswig ZMR 2005, 736.
[34] ZMR 2006, 398.
[35] KG ZMR 2004, 775.

nehmlich mit dem Beirat festgelegt werden. Ebenfalls können Beschlussvorschläge gemeinsam ausgearbeitet werden. Technische Lösungskonzepte für **Instandsetzungsmaßnahmen** können in der Eigentümerversammlung oft nur unzureichend präsentiert werden. Dies ist auch darin begründet, dass die Art einer geplanten Instandsetzungsmaßnahme erst nachvollziehbar wird, wenn das Objekt in Augenschein genommen wird. Dies ist bei größeren Eigentümergemeinschaften kaum möglich, da die Eigentümerversammlungen nicht im Objekt selbst stattfinden. In solchen Fällen ist es von Vorteil, wenn der Beirat in der Versammlung zu berichten weiß, dass er den Instandsetzungsvorschlag am Objekt überprüft und für sachdienlich empfunden hat.

Allgemein wird darauf hingewiesen, dass der Beirat mit dem Verwalter das Objekt regelmäßig begehen und den Verwalter bei der Feststellung von Baumängeln unterstützen soll.[36] Bei der Einholung von Angeboten und der **Auswahl von Handwerkern** sollte der Beirat ebenfalls mit involviert werden. Hierdurch wird das Vertrauen in die Tätigkeit des Verwalters gestärkt, dass bei der Auswahl von Handwerkern keine sachfremden Interessen berücksichtigt wurden. Da für die Auftragserteilung nicht nur das günstigste Angebot maßgebend ist, sondern auch die Leistungsfähigkeit des einzelnen Handwerkers berücksichtigt werden muss, ist zu empfehlen Bonitätsbeurteilungen mit dem Beirat zu erörtern, damit dieser eine Empfehlung aussprechen kann. Eine Bonitätsdiskussion über die einzelnen Anbieter in der Eigentümerversammlung bietet sich nicht an, da die negative Beurteilung einer Bonität auch eine Kreditschädigung zur Folge haben könnte. Deshalb sind Schadensersatzansprüche des Handwerkers nicht auszuschließen, wenn über die Eigentümerversammlung hinaus Gerüchte über eine zweifelhafte Bonität gestreut würden. Daher ist es sinnvoll, solche Angelegenheiten in Beiratssitzungen zu erörtern und dass der Beirat dann nur pauschal eine positive Empfehlung ausspricht, bei der Fragen der Leistungsfähigkeit bereits berücksichtigt sind. Den Beirat trifft allerdings keine Verantwortung dafür, dass der Verwalter allen Aufgaben nachkommt.[37]

2. Prüfung der wirtschaftlichen Verwaltung

Nach § 29 Abs. 3 WEG sollen **Wirtschaftsplan, Jahresabrechnung und Rechnungslegung** sowie **Kostenanschläge** vom Verwaltungsbeirat geprüft und mit einer Stellungnahme versehen werden. Diese Prüfungspflicht ist nicht Bedingung für eine ordnungsgemäße Beschlussfassung über Jahresabrechnung oder Wirtschaftsplan.[38] Die Prüfung durch den Verwaltungsbeirat und der erstellte **Prüfbericht** schließen genauso wenig ein Prüfungsrecht der übrigen Wohnungseigentümer aus, wie die Beschlussfassung über die Jahresabrechnung selbst. Durch den Prüfbericht werden grundsätzlich keine Einwendungen der übrigen Wohnungseigentümer ausgeschlossen. Aus dem Votum des Beirats, dass keine Beanstandungen vorzutragen sind, folgt nicht einmal der Anschein der Richtigkeit der Jahresabrechnung. Die Jahresabrechnung ist auch nicht schon

---

[36] *Abramenko* in KK-WEG, § 29 Rdn. 17; *Merle* in Bärmann/Pick/Merle, WEG, § 29 Rdn. 53.
[37] AG Hannover ZMR 2003, 538.
[38] BayObLG ZMR 2004, 358; *Abramenko* in KK-WEG, § 29 Rdn. 18.

deshalb anfechtbar, weil sie nicht vom Beirat geprüft wurde oder die Beiratswahl nichtig war.[39]

429 Bei der Prüfung der Jahresabrechnung ist es vertretbar, die Belege nur stichprobenweise einzusehen.[40] Der Beirat muss auch nur die vorhandenen Unterlagen prüfen und selbst keine Übersichten erstellen.[41] Die kritischen Ausgabenpositionen sind i.d.R. bei den **Instandsetzungskosten** oder der **Verwaltervergütung** zu finden. Weichen die in der vorbereiteten Jahresabrechnung ausgewiesenen Verwalterkosten von der vereinbarten Jahrespauschale ab, spricht eine Vermutung dafür, dass der Verwalter sich Sonderhonorare ausgezahlt hat, die zu prüfen wären. Bei den Instandsetzungskosten können sich haftungsbegründende Fehler des Verwalters durch Nichtausnutzung einer gewährten **Skontoberechtigung** oder durch unterlassene Kürzung der Rechnung um einen vereinbarten **Sicherheitseinbehalt** ergeben.

430 Schwerpunktmäßig sollten auch die angesetzten **Verteilungsschlüssel** anhand der Gemeinschaftsordnung überprüft werden. Bei einer Mehrhausanlage stellt sich zusätzlich das Problem der richtigen Kostenzuordnung. Im Zweifel regelt die Gemeinschaftsordnung die Verteilung der Instandhaltungs- und Instandsetzungskosten je Haus. Dann sind die einzelnen Rechnungen auf ihre Zuordnung hin zu überprüfen.

431 Die Übereinstimmung von Soll- und Ist-Rücklage, die Entwicklung des Rücklagenbankkontos und ihre verzinsliche Anlageform sind ebenso zu prüfen, wie die Kontenanlage als Fremdkonto.

Daneben gehört es zum Prüfbericht, eine **Plausibilitätskontrolle** durchzuführen, die sich im Zweifel durch eine Bankkontenentwicklung vornehmen lässt. Wenn die Bankkontenentwicklung vom Verwalter vorgelegt wird, was zur ordnungsgemäßen Verwalterabrechnung gehört[42], braucht der Beirat lediglich die einzelnen dort aufgeführten Positionen anhand der Buchführung zu überprüfen.

432 Nicht zu folgen ist der Auffassung, dass sich die Wohnungseigentümer bei **Fehlern der Jahresabrechnung** die Kenntnis und das Kennenmüssen seitens des Verwaltungsbeirats zurechnen lassen müssen.[43] Die fehlende Zurechenbarkeit folgt zum einen daraus, dass der Beirat nicht die übrigen Wohnungseigentümer vertritt. Er gibt für diese keine Willenserklärung ab und prüft auch nicht stellvertretend die Jahresabrechnung. Jeder Wohnungseigentümer kann daneben sein eigenes Prüfungsrecht ausüben.

3. Eigenes Einladungsrecht zur Eigentümerversammlung

433 Wenn ein Verwalter fehlt oder er sich pflichtwidrig weigert, die Eigentümerversammlung einzuberufen, so kann die Versammlung auch vom **Beiratsvorsitzenden** oder seinem Vertreter einberufen werden, § 24 Abs. 3 WEG. Wenn

---

[39] BayObLG DWE 2004, 93.
[40] OLG Düsseldorf NZM 1998, 36; OLG Köln NZM 2001, 862.
[41] AG Hannover ZMR 2003, 538.
[42] OLG Hamm ZWE 2001, 446; *Jennißen,* Verwalterabrechnung, VII. Rdn. 26 ff.
[43] OLG Köln ZMR 2001, 914; OLG Düsseldorf ZMR 2002, 294; *Abramenko* in KK-WEG, § 29 Rdn. 18.

VIII. Aufgaben des Beirats

im Beirat weder ein Vorsitzender noch ein Stellvertreter gewählt wurden, genügt auch die Einladung durch den gesamten Verwaltungsbeirat.[44] Abramenko[45] weist mit Recht darauf hin, dass das Recht, eine Eigentümerversammlung einberufen zu können, wenn der Verwalter sich pflichtwidrig weigert, auch das Recht umfasst, die vom Verwalter aufgestellte **Tagesordnung** zu ergänzen, wenn dieser pflichtwidrig die Aufnahme einzelner Tagesordnungspunkte verweigert.

Wenn ein Verwalter vorhanden ist, kommt die Einladung durch den Beirat nur bei **pflichtwidriger Weigerung** des Verwalters in Betracht. Hinsichtlich des Zeitpunkts der Einladung und der Tagesordnung hat der Verwalter grundsätzlich einen Ermessensspielraum. Dieser Ermessensspielraum ist aber eingeschränkt, wenn der Beirat die Einberufung der Eigentümerversammlung fordert. Dann muss der Verwalter dieser Forderung nur dann nicht nachkommen, wenn kein plausibler Grund erkennbar ist, diese zusätzliche Versammlung einzuberufen oder das Begehren sogar als schikanös angesehen werden kann.

Eine pflichtwidrige Weigerung des Verwalters liegt dann vor, wenn die Verpflichtung zur Einberufung der Versammlung fällig ist und er sich mit der Erfüllung dieser Verpflichtung im **Verzug** befindet. Wird nur die Durchführung der ordentlichen Eigentümerversammlung gefordert, um insbesondere über die **Jahresabrechnung** zu beschließen, setzt die Verpflichtung des Verwalters die Fertigstellung der Abrechnung voraus, wofür das Gesetz ihm keine Abrechnungsfrist anlastet. In der Literatur wird dem Verwalter teilweise eine **6-Monatsfrist** nach Ablauf des abzurechnenden Kalenderjahres eingeräumt.[46] Die Wohnungseigentümer haben es aber selbst in der Hand, diese Frist zu bestimmen und eine entsprechende Regelung im Verwaltervertrag zu vereinbaren. Ohne eine solche Vereinbarung besteht keine Grundlage, die Aufstellungsfrist auf 6 Monate zu beschränken. Auf keinen Fall kann der Verwalter die Abrechnung erstellen, wenn die **Heizkostenabrechnung,** die Pflichtbestandteil einer jeden Jahresabrechnung ist, noch nicht vorliegt. Wenn der Verwalter alles in seiner Macht Stehende fristgemäß getan hat, damit die Heizkostenabrechnung erstellt werden kann (insbesondere die notwendigen Daten geliefert hat) und die fehlende Abrechnung zeitnah anmahnt, hat er im Zweifel alles Notwendige getan, dass er mit der Erstellung der Jahresabrechnung nicht in Verzug gerät. Dies bedeutet dann aber auch gleichzeitig, dass er dem Einberufungsverlangen nach Durchführung einer ordentlichen Eigentümerversammlung mit dem Beschlussgegenstand „Jahresabrechnung" nicht nachgehen muss. Eine pflichtwidrige Weigerung liegt dann nicht vor.

Ist das Begehren des Beirats auf Einladung einer Eigentümerversammlung nicht **rechtsmissbräuchlich,** liegt eine Einladungsverweigerung dann vor, wenn der Verwalter sie ausdrücklich ablehnt oder unangemessen lang abwartet.[47] Die Ankündigung, die Eigentümerversammlung innerhalb der nächsten

---

[44] OLG Köln NZM 2000, 676.
[45] In KK-WEG, § 29 Rdn. 19.
[46] So *Merle* in Bärmann/Pick/Merle, WEG, § 28 Rdn. 58; *Sauren* spricht von den ersten Monaten nach Beendigung des Kalenderjahres, WEG, § 28 Rdn. 16.
[47] OLG Köln NZM 2004, 305; OLG Hamm OLG Z 1981, 24.

vier Wochen einzuladen, wurde nicht als **Weigerungshaltung** angesehen.[48] Das Einberufungsverlangen muss nicht vom Verwaltungsbeirat geäußert worden sein. Dieser hat grundsätzlich kein besonderes Einforderungsrecht. Nach § 24 Abs. 2 WEG muss der Verwalter die Eigentümerversammlung einberufen, wenn dies schriftlich unter Angabe des Zwecks und der Gründe von mehr als einem **Viertel der Wohnungseigentümer** verlangt wird. Da der Beirat i. d. R. dieses Viertel nicht verkörpert, erfüllt dessen Forderung nicht die Kriterien des § 24 Abs. 2 WEG. Nicht zu übersehen ist aber, dass der Verwalter auch dann die Eigentümerversammlung einberufen muss, wenn dies zwar nicht von einem Viertel der Wohnungseigentümer gefordert wird, die Einberufung aber ordnungsmäßiger Verwaltung entspricht. Dies ist zum einen bei der jährlich stattfindenden ordentlichen Eigentümerversammlung der Fall und zum anderen, wenn anstehende Aufgaben und insbesondere Instandsetzungsverpflichtungen keinen Aufschub dulden und somit die kurzfristige Durchführung der Eigentümerversammlung ordnungsmäßiger Verwaltung entspricht.[49]

436 Nimmt der Verwaltungsbeirat die Einberufungsbefugnis nach § 24 Abs. 3 WEG zu Unrecht an, sind die gefassten Beschlüsse **anfechtbar** aber nicht nichtig.[50] Der Verwalter kann i. d. R. diese Beschlüsse nicht anfechten. Etwas anderes gilt nur dann, wenn er von den gefassten Beschlüssen unmittelbar betroffen ist, z. B. bei seiner **Abberufung.** Dann kann der Verwalter seine Anfechtung sowohl darauf stützen, dass er die Abberufung materiell für unwirksam hält als auch auf den formellen Einberufungsmangel. Die übrigen Beschlüsse kann der Verwalter nicht anfechten, weil er insoweit i. d. R. nicht betroffen ist. Da aber die Auffassung vertreten wird, dass der Verwalter bei pflichtwidriger Weigerung, die Eigentümerversammlung einzuberufen, einen wichtigen Abberufungsgrund liefert[51], steht dem Verwalter ein Feststellungsantrag zu, um festhalten zu lassen, dass seine Weigerung nicht pflichtwidrig war und somit keinen Abberufungsgrund lieferte.

4. Protokollprüfung

437 Nach § 24 Abs. 6 WEG ist die **Versammlungsniederschrift** vom Beiratsvorsitzenden oder seinem Vertreter zu unterschreiben. Diese Unterschrift wirkt inhaltsbestätigend. Sie hat damit eine Beweisfunktion. Die Niederschrift muss umgehend vom Beirat geprüft werden. Wird das Protokoll erst nach Ablauf der Anfechtungsfrist des § 23 Abs. 4 WEG versandt, begeht der Verwalter keine Pflichtverletzung, wenn der Beirat nur verzögert mitwirkt.[52]

438 Die **Beschluss-Sammlung** nach § 24 Abs. 7 WEG n. F. ist hingegen nur vom Verwalter bzw. dem Versammlungsleiter zu führen. Die dort vorzunehmenden Eintragungen, Vermerke und Löschungen müssen nicht von einem

---

[48] BayObLG WuM 1991, 131, 133; ZWE 2003, 387, 389; OLG Düsseldorf NZM 2004, 110.
[49] *Bub* in Staudinger, BGB, § 24 WEG Rdn. 55.
[50] OLG Hamm ZMR 1997, 50; BayObLG ZWE 2002, 361; *Abramenko* in KK-WEG, § 29 Rdn. 19.
[51] OLG Düsseldorf NZM 1998, 517; 2004, 110; OLG Köln NZM 2004, 305; *Merle* in Bärmann/Pick/Merle WEG, § 24 Rdn. 22; *Bub* in Staudinger, BGB, § 24 WEG Rdn. 74 a.
[52] LG Bonn ZMR 2003, 610.

Wohnungseigentümer bzw. dem Beirat abgezeichnet werden. Das ist schon deshalb problematisch, weil die Beschluss-Sammlung unverzüglich erstellt werden muss, während für die Versammlungsniederschrift diese Anforderung nicht gilt. Die Versammlungsniederschrift und die Unterzeichnung durch den Beiratsvorsitzenden oder seinen Vertreter kann damit auch noch Tage oder gar Wochen später erfolgen. Die Novelle regelt nicht die Frage, wie mit Widersprüchen zwischen der Niederschrift und dem Inhalt der Beschluss-Sammlung umzugehen ist. Um solche Widersprüche zu vermeiden, wird der Beirat auch die Beschluss-Sammlung zu überprüfen haben.

5. Sonstige Aufgaben

Dem Beirat können durch Beschluss der Eigentümerversammlung oder durch Vereinbarung weitere Aufgaben übertragen werden. Hierbei ist insbesondere an den Abschluss und die Kündigung des Verwaltervertrages zu denken.[53]

439

IX. Haftung des Beirats

Die einzelnen Mitglieder des Verwaltungsbeirats haften den Wohnungseigentümern gegenüber für schuldhafte **Pflichtverletzungen** gem. § 280 BGB. Für die Begründung des Schadensersatzanspruchs genügt **Fahrlässigkeit.**

440

Im Zweifel wird aber fraglich sein, ob durch das rechtswidrige Handeln des Beirats ein **kausaler Schaden** entstanden ist. Üben die Beiratsmitglieder ihre Kontrollpflichten nur unvollständig aus und verursachen der Eigentümergemeinschaft oder den Wohnungseigentümern einen Schaden, kommt die Ersatzverpflichtung der Beiratsmitglieder nur dann in Betracht, wenn Schadensausgleich beim Verwalter mangels Zahlungsfähigkeit nicht zu erzielen ist. Aber auch dann wird zu berücksichtigen sein, dass im Zweifel der Beirat das Handeln des Verwalters nicht durch geeignete Kontrollmaßnahmen hätte verhindern können. Die unzureichende Kontrolle führt vielmehr dazu, dass Fehler des Verwalters unaufgedeckt oder verspätet entdeckt werden. Dann stellt sich wiederum die Frage, ob bei zeitiger Aufdeckung der Missstände der Schadensersatzanspruch noch hätte realisiert werden können.

441

In der Praxis sind Haftungsfälle des Beirats nicht sehr weit verbreitet. Dies liegt auch daran, dass die Miteigentümer keine zu hohen Anforderungen an die Beiratsmitglieder stellen, weil diese i.d.R. ehrenamtlich arbeiten und sich bei großen Haftungsrisiken niemand für diese Tätigkeit mehr zur Verfügung stellen wird.

Dem Verwaltungsbeirat kann durch Mehrheitsbeschluss **Entlastung** erteilt werden. Diese Entlastung geht nicht mit der Entlastung des Verwalters einher. Dem Beirat kann auch dann Entlastung erteilt werden, wenn die Jahresabrechnung fehlerhaft ist und nicht beschlossen wird.[53a] Kommt ein Schadensersatzanspruch gegen die Beiratsmitglieder in Betracht, entspricht allerdings ein solcher

442

---

[53] OLG Düsseldorf ZMR 1998, 105; siehe auch oben Rdn. 89.
[53a] OLG München v. 7. 2. 2007 – 34 Wx 147/06.

Entlastungsbeschluss nicht ordnungsmäßiger Verwaltung und ist daher anfechtbar.[54] Für die Entlastung des Verwaltungsbeirats gilt im Übrigen das Gleiche wie zur Entlastung des Verwalters. Ein **Anspruch** auf Entlastung besteht nur bei einer entsprechenden Regelung in der Gemeinschaftsordnung oder durch sonstige Vereinbarung.[55] Die Entlastung hat die Wirkung eines negativen Schuldanerkenntnisses.

443 In der Gemeinschaftsordnung kann eine **Haftungsbeschränkung** für die Beiratsmitglieder verankert werden. Ebenso kann die Eigentümergemeinschaft, und zwar durch Mehrheitsbeschluss, den Abschluss einer Haftpflichtversicherung für den Verwaltungsbeirat und die Übernahme der Versicherungsprämien beschließen. Dies entspricht ordnungsmäßiger Verwaltung[56], um der ehrenamtlichen Beiratstätigkeit Rechnung zu tragen. Den Beiratsmitgliedern ist nicht zuzumuten, diese Versicherungsprämien aus eigenen Mitteln zu bezahlen, da dies bedeuten würde, dass die betreffenden Wohnungseigentümer für ihr Ehrenamt noch Geld mitbringen müssten.

X. Abberufung des Verwaltungsbeirats

444 Der Beirat kann grundsätzlich jederzeit ordentlich **abberufen** werden. Auf einen **wichtigen Grund** für seine Abberufung kommt es nur dann an, wenn der Beirat für eine bestimmte **Mindestdauer** bestellt wurde.

Das Recht, den Beirat jederzeit aus wichtigem Grund abberufen zu können, kann nicht eingeschränkt werden. Sieht die Gemeinschaftsordnung vor, dass der Beirat für eine bestimmte Dauer bestellt wird (z. B. ein Jahr), kann er während dieser Zeit nur aus wichtigem Grund abberufen werden. Das OLG Hamm[57] vertrat hierzu die Auffassung, dass auch dann, wenn der Beirat für eine bestimmte Zeit gem. Gemeinschaftsordnung bestellt ist, die Abberufung jederzeit auch ohne wichtigen Grund möglich wäre. Die Beschränkung der Abberufung setze voraus, dass dies so ausdrücklich in der Gemeinschaftsordnung geregelt sei. Diese Auffassung überzeugt aber nicht, da andernfalls die zeitliche Beschränkung vollkommen leer läuft. Zeitliche Beschränkungen beinhalten konkludent die Regelung, dass die Abberufung innerhalb dieser Zeiträume nur aus wichtigem Grund möglich ist. Die Rechtslage über die Abberufung des Beirats aus wichtigem Grund bei fester Bestellungsdauer kann nicht anders beurteilt werden als beim Verwalter (s. o. XIII. 2.).

445 Die Abberufung des Beirats durch **Mehrheitsbeschluss** kann somit jederzeit ohne Angaben von Gründen erfolgen, falls die Abberufung nicht aus wichtigem Grund in der Gemeinschaftsordnung oder beim Bestellungsbeschluss beschränkt wurde. Der Beschränkung auf den wichtigen Grund ist die zeitlich befristete Bestellung des Beirats gleichzustellen.

---

[54] BayObLG ZMR 2004, 51; OLG Hamburg ZMR 2003, 772.
[55] So auch *Abramenko* in KK-WEG, § 29 Rdn. 29.
[56] KG ZMR 2004, 780; *Gottschalg,* Haftung, Rdn. 445 ff.; *Häublein,* ZMR 2003, 233, 240; *Abramenko* in KK-WEG, § 29 Rdn. 27; a. A. *Köhler,* ZMR 2002, 891, 892, der einen entsprechenden Beschluss auf Abschluss einer Haftpflichtversicherung für Beiräte als nichtig ansieht.
[57] NZM 1999, 227.

Soll ein Beiratsmitglied auf entsprechenden Antrag hin gerichtlich abberufen werden, ist zuvor die Anrufung der Wohnungseigentümerversammlung notwendig. Nur dann, wenn diese den Abberufungsantrag ablehnt, ist der Weg für ein gerichtliches Verfahren frei.[58] Die **vorherige Anrufung der Eigentümerversammlung** ist nur dann entbehrlich, wenn nach den bestehenden Stimmverhältnissen mit an Sicherheit grenzender Wahrscheinlichkeit davon ausgegangen werden muss, dass der Antrag des Antragstellers auf Abberufung des Mitglieds des Verwaltungsbeirats nicht die erforderliche Mehrheit finden wird. Dann ist die vorherige Befassung der Eigentümerversammlung mit dieser Thematik eine unnötige Förmelei.[59]

Als schwerwiegende Pflichtverletzungen des Beirats kommen Täuschung über die Korrektheit der Jahresabrechnungen, Falschaussagen in WEG-Verfahren, eigenmächtiges Handeln, Vorteilsverschaffung, kollusives Zusammenwirken mit dem Verwalter bei vermögensschädigenden Handlungen in Betracht.[60] Da die Beiratsmitglieder nicht über eine besondere Qualifikation verfügen müssen, rechtfertigt nicht jede Fehleinschätzung einen wichtigen Abberufungsgrund. Jedes Beiratsmitglied kann selbstständig abberufen werden. In der Bestellung eines komplett neuen Beirats liegt gleichzeitig die schlüssige Abberufung des bisherigen Beirats.[61]

Einen Abberufungsgrund stellt es ebenfalls dar, wenn der Verwaltungsbeirat seine **Neutralitätspflicht** verletzt. Diese Pflicht ist verletzt, wenn er in der Wohnanlage Aushänge gegen einzelne Wohnungseigentümer vornimmt, die seine Privatangelegenheiten betreffen. Eine solche Handlungsweise ist mit seiner Aufgabe, den Verwalter zu unterstützen, nicht vereinbar.[62]

XI. Niederlegung des Beiratsamts

Will ein Mitglied des Verwaltungsbeirats sein Amt niederlegen, so kann dies jederzeit geschehen und ist weder an Fristen noch an einen wichtigen Grund gebunden.[63] Die Niederlegungserklärung muss ähnlich wie bei der Niederlegung des Verwalteramts nicht allen Wohnungseigentümern zugehen. Hier genügt **die Erklärung gegenüber der Eigentümerversammlung.** Alternativ kommt die Niederlegungserklärung auch **gegenüber dem Verwalter** in Betracht, da dieser das Organ der Eigentümergemeinschaft ist. Er ist nach § 27 Abs. 2 Nr. 1 und § 27 Abs. 3 Nr. 1 WEG berechtigt, Willenserklärungen und Zustellungen entgegenzunehmen.[64]

---

[58] OLG München ZMR 2006, 962.
[59] OLG München Fn. 58; *Lüke* in Weitnauer, WEG, § 26 Rdn. 29.
[60] OLG München Fn. 58.
[61] LG Nürnberg-Fürth ZMR 2001, 746.
[62] KG WuM 2004, 623 = MietRB 2005, 14.
[63] *Becker/Kümmel/Ott,* Wohnungseigentum, Rdn. 536.
[64] Ebenso *Becker/Kümmel/Ott,* ebenda.

C. Anhang

I. Leistungsverzeichnis für Hausmeistertätigkeiten

Objekt: ...

Reinigungsdienst innen		448
Kehren der Bodenbeläge, Schmutzaufnahme vor dem Wischgang, feuchtes Wischen der Bodenbeläge, Handläufe abwischen, Spinnweben entfernen, Heizkörper, Fensterbretter, Brüstungen, Schalter, Briefkästen feucht abwischen, an gemeinschaftlichen Türen wie Eingangs-, Hof- und Schleusentüren Griffspuren entfernen, Treppenhaus von Papier und sonstigem Unrat befreien, feuchtes Reinigen der Laubengänge, Schmutzteppiche im Eingangsbereich reinigen, Fahrstuhlkabinen und deren Türen innen und außen reinigen.	1 × wöchentlich	
Lichtblenden und Beleuchtungskörper außen und innen reinigen, Kellergänge und gemeinschaftliche Räume kehren, teils feucht wischen, technische Räume wie Heizungs-, Zähler- und Lüftungsräume kehren, teils feucht wischen, Wasch-/Trockenräume, Fahrrad- und Kinderwagenabstellräume kehren, teils feucht wischen soweit freigeräumt, Sockelleisten, Wangen und Untersicht der Marmorstufen reinigen, Fensterbänke des Treppenhauses außen reinigen	1 × monatlich	
Treppenhausfenster und Glastüren allseitig, soweit ohne Gefährdung erreichbar, reinigen, inkl. Rahmen	4 × jährlich	
Reinigungsdienst außen		449
Befestigte und unbefestigte Flächen von Papier und sonstigem Unrat befreien	3 × wöchentlich	
Unkraut, soweit unansehnlich, bei den Zuwegen zum Eingangsbereich entfernen		

	Hauszugänge, Zufahrten, PKW-Plätze und Wege manuell kehren, große Hofflächen bzw. Parkplätze mit Kehrsaugmaschine oder manuell kehren	1 × wöchentlich
	Fußroste herausnehmen und reinigen, soweit herausnehmbar. Wassereinläufe, Gullys von Schmutz (Laub, Papier und Unrat) befreien, Schlammeimer entleeren	1 × mtl. oder im Bedarfsfall
450	**Winterdienst vom 1. 11.–31. 3.**	
	Räumung des Schnees nach den derzeit gültigen Bestimmungen der Gemeindereinigungssatzung, Streuen der Verkehrsfläche mit Salz oder abstumpfenden Mitteln zur Vermeidung von Schnee- und Eisglätte, Entfernen des Streugutes im Rahmen der Außenreinigung.	im Bedarfsfall
	Gartenpflege von April–Oktober	
	Papier, Steine und sonstigen Unrat aus Gartenanlage beseitigen und auf gepflegten Gesamtzustand achten, Efeu beschneiden,	1 × wöchentlich
	Laub im Spätherbst oder Frühjahr aus Gartenanlage rechen,	1 × jährlich
	Büsche schneiden (Formschnitt), Rasen mähen (während der Saison), Spielplatzanlagen und Sandkasten sauber- und von Unkraut freihalten, Sand auflockern, Beseitigung der Gartenabfälle in die hauseigenen Mülltonnen oder Komposter, Schnittgute durch Abfuhr zur Deponie.	im Bedarfsfall
451	**Haustechnik**	
	Überprüfung der elektrischen Einrichtungen wie Schalter, Klingelanlagen, Beleuchtung und Sicherungen, Überprüfung der mechanischen Einrichtungen wie Türschließautomaten, Zylinder, Federbänder, Schlösser, Feuerhemmtüren, Überprüfung der Liftanlage, Stockwerktüren auf Laufruhe, Geräusche. Die Prüfung entbindet den Auftraggeber bei Personenaufzügen nicht von der Pflicht, zusätzlich einen Aufzugswärter gem. § 12 BetrSichV zu bestellen.	3 × wöchentlich
	Inspektion der gesamten haustechnischen Einrichtungen im Gemeinschaftsbereich anhand einer Checkliste, Behebung von kleineren Mängeln, max. je Vorgang eine halbe Stunde.	

I. Leistungsverzeichnis für Hausmeistertätigkeiten 452–454 C

Überprüfung des gesamten sanitären Bereichs auf Undichtigkeiten im Rohrleitungssystem, tropfende Ventile, Oberteile, Stopfbuchsen, Mischer, Siphons, Anschlüsse, Waschbeckenverstopfungen im Gemeinschaftsbereich.	1 × wöchentlich	
Überwachung der zum Anwesen gehörenden Regen-, Fall- und Grundleitungen auf Verstopfung, Reinigung der Schlammeimer, Fangkörbe und Siebe – soweit erreichbar.	1 × monatlich	
Pflege und Überwachung der Tiefgaragenanlage		452
Überprüfung der Abluftanlagen und Garagenbeleuchtung,	3 × wöchentlich	
Überprüfung der Notausgänge, Notausgangsbeleuchtung, Warnschilder,	1 × wöchentlich	
Tiefgaragenzufahrten reinigen,	1 × monatlich	
Fahrstraßen der Garagen reinigen, Bodenrinnenabläufe, Türen, Tore, Notausgänge, Schalter und Feuerlöscher reinigen,	4 × jährlich	
Überprüfung der Tiefgaragengullys, Reinigung der Schlammeimer.	im Bedarfsfall	
Bedienung der Heizungsanlage		453
Nach Übergabeprotokoll und technischen Vorschriften des Herstellers Heizungsanlagen bedienen,		
Brenner auf Funktion überprüfen, Kesselthermostat und Temperaturen nach Jahreszeiten regeln, Nachtabsenkung, Zeituhren einregeln und beobachten,		
Wasserdruckmanometer beobachten, Druck sicherstellen, Wasser auffüllen.	1 × wöchentlich	
Notdienst		454
Tag und Nacht, auch sonn- und feiertags telefonische Erreichbarkeit als Notdienst.		
Der Notdienst ist abrufbar bei Wasserrohrbruch, Heizungsausfall, Kanalverstopfung, Stromausfall und sonstigen wirklichen Notfällen.		
Notdienst-Reparaturen werden sofort beauftragt, wenn Gefahr in Verzug ist. Zuständige behördliche oder fachliche Stellen werden, wenn notwendig, in Kenntnis gesetzt und beauftragt.		
Der Notdienstmonteur hilft weitere Schäden abzuwenden. Dem Auftraggeber wird Bericht erstattet.	im Bedarfsfall	

II. Beschluss-Sammlung

Datum der Eintragung	Anmerkungen: Datum der gerichtlichen Anfechtung, Aufhebung, Zweitbeschluss	Ort, Datum der Eigentümerversammlung	Beschlussinhalt	lfd. Nr. der Beschlüsse

Hinweise zur Beschluss-Sammlung

1) Es sind nur verkündete Beschlüsse aufzunehmen.
2) Die Beschlüsse sind fortlaufend zu nummerieren.
3) Zweitbeschlüsse, die einen früheren Beschluss aufheben oder verändern, werden unter Hinweis auf die Beschlussnummer des Zweitbeschlusses hinter dem Erstbeschluss vermerkt oder selbst durchgestrichen.
4) Die gerichtliche Anfechtung eines Beschlusses wird mit Datum der Anfechtungsschrift vermerkt.
5) Die gerichtliche Entscheidung über die Beschlussanfechtung wird mit Tenor vermerkt, und zwar je Instanz.
6) **Alle Eintragungen sind mit dem Datum ihrer Eintragung zu versehen.**
7) Der Verwalter sollte sich die Einsichtnahme von der einsichtnehmenden Person quittieren lassen, insbesondere wenn es sich um einen Erwerber handelt.

Sachregister

(die Zahlen verweisen auf Randnummern)

Abberufung des Verwalters
- Abberufungsgrund 348
- Abmahnung 350
- Abrechnungsfehler 356
- Anspruch auf Wiedereinsetzung 394
- Ausschluss 104
- außerordentliche 348
- Differenzierung zur Kündigung 44, 371
- durch Mehrheitsbeschluss 47, 347
- Ermessensreduzierung 389
- Erstellung der Jahresabrechnung 118
- Fehler bei der Durchführung der Eigentümerversammlung 358
- Folgen 374
- Frist 349
- Nachschieben von Gründen 353
- ordentliche 345
- Rechtsschutzinteresse 347, 388, 390 f.
- Regressansprüche 396
- Schlechtleistung der wirtschaftlichen Verwaltungstätigkeit 355
- Schlechtleistung im Zusammenhang mit Instandhaltungsverpflichtungen 359
- Stimmrecht des Verwalters 346, 351
- Trennungstheorie 40 ff.
- unbestimmte Zeit der Bestellung 47
- Verhältnis zur Kündigung 371, 400
- Vertrauensbruch 354
- wichtiger Grund 47, 73, 104, 209, 248
- Wissenszurechnung 349, 373, 399

Abflussprinzip
- im Steuerrecht 314

Allgemeine Geschäftsbedingungen
- Schadensersatz 126
- Sondervergütungen 132 ff.
- überraschende Klausel 129
- Vergütungsanpassung 129
- Vertragsstrafe 126

Anfechtung von Beschlüssen
- Abberufung 387 ff.
- Abgrenzung zur Nichtigkeit 58, 62, 147
- Ankündigung in Einladung 56
- bauliche Veränderung 294
- Beiratswahl 412
- Beschlusssammlung, Eintragung 285
- Bestellung des Verwalters 64
- Demokratieprinzip 61
- durch Verwalter 82, 145 ff., 305, 393 ff., 436
- Einladung durch unberechtigte Person 58
- ex-nunc-Wirkung 81
- formelle Mängel 78, 146, 436
- Formmangel 56
- Kündigung 387 ff.
- Majorisierung 61 ff.
- Rechtsmissbrauch 61 ff.
- Rechtsschutzinteresse 305, 388 ff.
- schriftliches Umlaufverfahren 57
- Vergütung, Fortzahlung 398
- Verkündung 58
- wichtiger Grund 73, 77
- Wirkung 401

Architektenleistungen
- Haftung des Verwalters 211
- Sondervergütung des Verwalters 132

Aufgaben des Verwalters
- Abnahme des Gemeinschaftseigentums 187
- Aufstellen der Hausordnung, s. Hausordnung
- Auftragserteilungen 206 ff.
- Begehung des Objekts 121
- Durchführung der Eigentümerversammlung 256 ff.
- Einladung zur Eigentümerversammlung 110, 201
- Erweiterung des Aufgabenbereiches 141
- Gasbestellung 115
- Instandsetzungsmaßnahmen 158 ff.
- juristische Verwaltung 296 ff.
- Kardinalpflichten 110, 139
- Kleinreparaturen 116
- Kostenvoranschläge 196
- Mindestaufgaben 141

203

Sachregister

- Ölbestellung 115
- Stromversorgung 115
- Veräußerungszustimmung 331
- Vermietungszustimmung 337 ff.
- Versicherungsverträge 217
- Wirtschaftsangelegenheiten 223 ff.
- Zustimmung bei Eigentümerwechsel 140 (s. a. Steuerrecht der Eigentümergemeinschaft) 306 ff.

Aufrechnung
- Verzicht auf 99
- Wohngeld mit Aufwendungsersatz 23

Aufwendungsersatz
- Aufrechnung mit Aufwendungen 23
- Maßnahmen ordnungsmäßiger Verwaltung 23
- Notmaßnahmen 20, 23
- Widerklage 24

Auskunftpflicht
- nach Vertragsbeendigung 380

Bankkonten
- Fremdkonto 226
- Treuhandkonto 226
- Verfügungsbefugnis 12
- Vermögenszuordnung 12

Bauliche Veränderungen
- Abgrenzung zur Instandsetzung 177 ff.
- Fenstergitter 177
- Heizungsanlage 181
- Mehrheitsbeschluss 294
- öffentlich-rechtliche Pflichten 177
- Rollläden 177
- Unterlassungsanspruch 302
- Versicherungssumme, Änderung 221
- Videoüberwachung 182

Beirat
- Abberufung 444 f.
- Abschluss des Verwaltervertrages 89 f.
- Anzahl 418 f.
- Aufgaben 6, 426 ff.
- Befugnisse 3, 54, 102
- Bestellungsdauer 417
- Blockwahl 411
- Einladung zur Versammlung 50, 433 ff.
- Entlastung 442
- Ersatzmitglieder 413
- Gemeinschaftsordnung 410
- Gesamtbeirat 419
- Geschäftsordnung 423
- Haftung 440 ff.
- Instandsetzungsmaßnahmen, Entscheidungskompetenz 202, 207, 427
- Kompetenzen 409
- Mehrhausanlagen 419
- Niederlegung des Amts 417, 447
- Organisation 422 f.
- Organstellung 408
- Person 421
- Prüfungsaufgaben 428 f.
- Rumpfbeirat 420
- Sitzungen 424
- Stellvertreter 413
- Stimmrecht 412
- Vergleich zum Aufsichtsrat 5
- Vergütung 415, 416, 425
- Vertrag 415
- Vorauswahl des Verwalters 54, 77
- Vorsitzender 422
- Wahl 412, 414
- Wissenszurechnung für Eigentümergemeinschaft 343
- Zusammenarbeit mit Verwalter 354, 421

Belegpräsentation
- Aufbewahrungsfrist 254
- Einsichtsrecht 249
- gegenüber Mieter 251
- Herausgabe von Belegen 250
- Kopien 251
- Kopierkosten 252
- Ort 251
- Schikane 255
- Zeit 253

Berufung
- durch Verwalter 82
- Kostenentscheidung 291

Beschlussanfechtung, s. Anfechtung von Beschlüssen

Beschlussdurchführung
- Abmahnung 213
- angefochtener Beschluss 144
- nichtige Beschlüsse 144, 147
- Unverzüglichkeit 143, 148

Beschlussfassung
- bauliche Veränderung 294
- Beschlussfähigkeit 270
- Beschlusskompetenz 53, 203
- Beschlussvorlage 261
- Bestandskraft 90
- Einschränkung der Vertretungsmacht 16
- Enthaltungen 52
- Entlastung des Verwalters 339 ff.

Sachregister

- Ermessensspielraum 195
- Feststellung 284, 293
- interne Wirkung 51
- Kopfprinzip 53
- Mehrhausanlage 203
- Mehrheitsbeschluss 95
- Mehrheitsverhältnisse 52, 61 f., 276
- Notmaßnahmen 215
- Organisationsbeschlüsse 260, 262
- schriftlich 283
- Übertragung von Geschäftsführungsaufgaben 17
- Verbindung 276
- Versicherungsschutz 216 ff.
- Verwalterbestellung, s. Bestellung des Verwalters
- Vorbereitung 194, 200, 261
- Zweitbeschluss 286

Beschluss-Sammlung, s. Versammlungsprotokoll

Bestellung des Verwalters
- Anfechtung 73
- Annahme 44 f., 51
- bedingte 72
- Beginn, s. Bestellungsdauer
- Beschluss 45, 49, 51 f., 84 f.
- Bestellungsakt 42, 45
- Dauer, s. Bestellungsdauer
- durch aufteilenden Bauträger 46 f.
- durch Gericht 67
- Gemeinschaftsordnung 44 f., 48
- Gerichtsbeschluss 83, 85
- konkludente 44, 46
- Nichtigkeit 28, 48
- Niederschrift 42
- Notwendigkeit 7 ff.
- Rechtsfolgen der Nichtigkeit 28
- Rechtsgeschäft, kein 60, 95
- rückwirkende 80
- sachwidrige Interessen 390
- schriftliches Umlaufverfahren 85
- Teilungserklärung 86
- unbestimmte Zeit 47
- Verbindung mit Vertragsangebot 44
- Vereinbarung 45
- Vollmacht 42

Bestellungsdauer
- Beginn 68, 70, 88
- Höchstdauer 88, 117
- unbestimmte Zeit 69, 78, 117
- Wiederwahl 69, 71
- zu lange 69

Bestellungserklärung
- Zugang 51

Eigentümerversammlung
- Abstimmungsergebnis, Feststellung 276
- Berater 268
- Beschlussfähigkeit 270
- Dauer 266
- Eigentümerwechsel 267, 269
- Einladung durch Beiratsvorsitzenden 433
- Einladung durch Eigentümer 66, 257
- Einladung durch Notverwalter 65
- Einladungsfrist 107, 263
- Ein-Mann-Versammlung 50
- einzuladende Personen 267
- Entscheidungskompetenz 2, 6, 12, 202
- Erfüllungsgehilfe 275
- Eventualeinberufung 107
- Kernrechte 202
- konstituierende Versammlung 50
- Leitung 273 f.
- Nichtöffentlichkeit 265
- Nicht-Versammlung 50
- Nießbraucher 267
- Organisationsbeschlüsse 260, 262
- Organmacht 2, 5 f.
- Ort 264
- Pflicht zur Einberufung 257
- Protokoll, s. Versammlungsprotokoll
- Quorum 435
- Rauchverbot 265
- Redezeit 274
- Sonderhonorar 134
- Stimmrecht 267, 271 f.
- Tagesordnung 56, 201, 258 f., 262 f., 358, 433
- Teilnahmerecht 267
- Testamentsvollstrecker 267
- Türkontrolle 270
- Vertretungsrecht 269
- Vorbereitung 202 ff., 258
- Vorsitz 273 f.
- werdende Wohnungseigentümergemeinschaft 50
- Wiederholungsversammlung 256
- Zeit 264
- Zugang der Einladung 111

Eigentümerwechsel
- Zustimmung des Verwalters 140

Einstweilige Verfügung
- Eilbedürftigkeit 66

205

Sachregister

Energieeinsparverordnung 164
Entlastung
- Anspruch auf 339
- Beschluss 340 f.
- Jahresabrechnung 342
- Kündigungsausschluss 362
- negatives Schuldanerkenntnis 339
- Rechtswidrigkeit 340
- Stimmrecht des Verwalters 98
- strafbare Handlung 344
- Umfang 343
- vertragliche Regelung 120, 123
- Zweitbeschluss 344

Erfüllungsgehilfe
- Delegation von Aufgaben 32
- der Wohnungseigentümer 237
- eigenverantwortliche Tätigkeit 32
- Einsatz von Hilfspersonen 31 ff.
- Leitung der Eigentümerversammlung 275
- persönliche Ausübung 31
- Übertragung von Kernaufgaben 32

Gemeinschaftseigentum
- Abnahme 187
- Balkon 172
- Fenster 161, 168
- Garagen 173
- Heizkörper 165
- Jalousien 169
- Markisen 170
- Rollläden 169
- Sondernutzungsrecht 174
- Teilungserklärung 163
- Thermostatventile 164 f.
- Türen 161, 171
- Verbrauchserfassungsgeräte 166
- Wasserzähler 167
- Zuordnung 20, 163 ff.

Gemeinschaftsordnung
- Beiratsregeln 419
- Beschlusskompetenz 47
- Eventualeinberufung der Eigentümerversammlung 107
- nichtige Klauseln 48
- Stimmrecht 53, 62
- Stimmrechtsvollmacht 96
- vereinbarungsändernder Beschluss 47
- Verteilungsschlüssel 76, 104
- Verwalterbestellung 46, 48

Gerichtliche Verfahren
- Aktivprozess 296
- Beschlussanfechtungsverfahren 136, 297
- Gebührenvereinbarung 296 f.
- Honorarvereinbarung 302
- Informationspflicht 298
- Kostenfestsetzungsbeschluss 299
- Passivprozess 136, 299
- Rechtsanwaltsbeauftragung 296 f.
- Rechtsmitteleinlegung durch Verwalter 300
- Rechtsschutzinteresse 305
- Sondervergütung 135, 299
- Verfahrensstandschaft 304
- Zustellungen 296 f., 301

Gesamtschuld
- Haftung der Wohnungseigentümer 93

Geschäftsführungskompetenz
- Aufgaben 11, 18
- Doppelfunktion 11, 12
- fehlende für Eigentümer 10

Gewerbesteuer
- für Rechtsanwälte 30
- für Verwalter 30
- gewerbliche Tätigkeit 30
- Haftung der Wohnungseigentümer 93

Haftung des Verwalters (s. auch Schadensersatz)
- Amateurverwalter 213 a
- Aufträge, Außenverhältnis 207, 212
- Beschlussergebnis, Feststellung 289
- Beschlussformulierung 289
- Drittleistungen 211 f.
- Durchführung unwirksamer Beschlüsse 148
- Einladungsfehler 289
- Fahrlässigkeit 110
- Festpreisvereinbarung 207 a
- Instandhaltungs-/Instandsetzungsaufgaben 208 f.
- Kostenüberschreitung 207 a
- Kreditaufnahme 200
- Mängelfeststellung 212
- Mehrwertsteuererhöhung 210
- nach Verschmelzung 38
- Pflichtverletzung 208
- Protokollführung 292
- Repräsentantenhaftung 221
- unvollständige Abrechnung 238
- Verjährung 122, 124
- Verkehrssicherungspflicht 214
- Vermietungszustimmung 337

Sachregister

- Verschulden, grobes 208, 290
- Versicherungsmeldung 221
- Versicherungsprämien 222
- verspätete Abrechnung 237
- verspätete Geltendmachung von Wohngeldrückständen 248
- verspätete Schadensfeststellung 175, 209, 214, 221
- verspätete Veräußerungszustimmung 335
- Zahlungsfähigkeit der Gemeinschaft 244

Hausmeister
- Aufgabenkatalog 190 ff.
- Einstellung durch Verwalter 116 a, 190
- Leistungsverzeichnis 192
- Verkehrssicherungspflicht 193

Hausordnung
- Aufstellung durch Verwalter 108
- Aushang 149
- Beschlussfassung 259
- Durchführung 149
- Einwirken auf Eigentümer 152
- Fahrzeuge, Parken auf Gemeinschaftsfläche 156
- gerichtliche Durchsetzung 155
- Haustüre 151
- Lärmstörungen 154
- Mieter, Störungen 157
- Nutzungspläne 149
- Schneedienst 149
- Verbotsschilder 150
- Verfahrensstandschaft des Verwalters 153

Haustüre, s. Hausordnung

Heizung, s. Gemeinschaftseigentum

Herausgabe der Objektunterlagen
- eidesstattliche Versicherung 376
- Fälligkeit 375
- Umfang 374
- Zurückbehaltungsrecht 382
- Zwangsvollstreckung 378

Höchstpersönliche Tätigkeit
- des Verwalters 31 ff., 102
- Untervollmacht 102

Insolvenzantrag
- Insolvenz des Verwalters 354
- Insolvenzfähigkeit der Gemeinschaft 242 f.
- Pflicht des Verwalters 242 f.
- Zahlungsfähigkeit 243

Insolvenzverwalter
- Teilnahme an Eigentümerversammlung 267

Instandhaltung
- Begriffsbestimmung 162
- Beschlusskompetenz 102, 159 f.
- Dachreparatur 161
- erforderliche 18
- Ermessensausübung 102
- Ersatzbepflanzung 161
- Fenster 161, 168
- Kleinreparaturen 204
- laufende 18, 159 ff.
- Mängelbeseitigung 187
- Objektüberwachung 189
- ordnungsmäßige 158 ff.
- Pflegemaßnahmen 162
- Regenwasserrohre 189
- Schönheitsreparaturen 162
- Sondervergütung 132
- Türen 161, 171
- Unfallgefahren 161
- Verbindung von Schäden 162
- Vertragsabschluss, Vollmacht 18
- Wartung 189

Instandhaltungsrücklage
- Anlageform 240, 431
- Bemessung 239
- Pflicht zur Ansammlung 228, 234, 239 f.
- steuerliche Behandlung 309 ff.
- Zweckbindung 241

Instandsetzung
- Auftragserteilung 206 f.
- Aufzug 185, 189
- Ausschreibung 133
- Balkonbrüstungen 183
- bauliche Veränderung, Abgrenzung 177 ff.
- Begriffsbestimmung 162
- Breitbandkabel 180
- Dächer 183
- Ersatzbeschaffung 162
- Fenster 183
- Festpreise 207
- Feuchtigkeitsschäden 175
- Gemeinschaftsantenne 179
- Heizung 181, 189
- Kinderspielplatz 185
- Kosten-/Nutzenanalyse 179
- modernisierende 177 ff.
- ordnungsmäßige 158 ff.

Sachregister

- Reparaturbedürftigkeit 184
- Sondervergütung 132
- Stand der Technik, Anpassung 184
- Vertragsabschluss, Vollmacht 18
- Videoüberwachung 182
- Wärmedämmung 183

Jahresabrechnung
- Abberufungsgrund 356
- Abrechnungszeitraum 106, 236 f.
- Bankkontenentwicklung 234, 431
- Buchführung 357
- Einzelabrechnung 234
- Entlastung 342
- Erstellung durch abberufenen Verwalter 118
- Frist 119, 236 f., 434
- Genehmigung 108
- Gesamtabrechnung 234
- Inhalt 234
- nachvertragliche 381
- Plausibilitätskontrolle 357, 431
- Prüfung durch Beirat 431
- Status 234
- unberechtigte Ausgaben 342
- Unvollständigkeit 238
- Verteilungsschlüssel, unzutreffender 76, 114

Kernaufgaben
- Delegation 32
- Eigentümerversammlung 32
- Vertragsabschlüsse 32
- Zahlungsverkehr 32

Kontoführung
- Vermögenstrennung 225
- Vertretung durch Hilfspersonen 32

Kreditaufnahme
- Bürgschaften 200
- durch Eigentümergemeinschaft 198
- Haftung der Wohnungseigentümer 199 f.
- Haftung des Verwalters 200
- Hypothekenzinsen 224
- Obergrenze 224

Kündigung des Verwaltervertrages
- Abwahl 363, 371
- Anfechtung 397 f.
- durch Verwalter 364 ff.
- Entlastung 362
- Frist 360 f.
- Kündigungserklärung 361, 367

- Vergütungsfolgen 384 ff., 398
- wichtiger Grund (s. a. Abberufung) 373, 399
- Wiederwahl 362

Lastschriftverfahren
- Zusatzvergütung 105

Mahnkosten 138
Majorisierung, s. Stimmrecht
Makler (Verwalter)
- Buchführungspflicht 404
- Genehmigungspflicht 403
- Genehmigungsvorbehalt 405
- Gewerbeordnung 403
- Honoraranspruch 336, 405
- Informationspflicht 404
- Interessenkollision 336, 405
- Sondereigentumsverwaltung 406
- Veräußerungszustimmung 336, 405
- Vermietungsmakler 406
- Vermietungszustimmung 407

Mängelbeseitigung
- Beweisverfahren 188
- Feststellung durch Verwalter 188, 212
- Sachverständiger 187
- Verjährung 188

Mehrhausanlage
- Haftungsfolgen 272
- Instandsetzung einzelner Häuser 203, 272
- Instandsetzungsaufträge 272

Mehrwertsteuer
- Erhöhung 210
- Haftung des Verwalters 210

Mieter
- Durchsetzung von Unterlassungsansprüchen 157
- Einhaltung der Hausordnung 157

Neutralitätspflicht 137, 155
Nichtigkeit
- Beschlussdurchführung 144, 147
- unterlassene Wiederwahl 69
- verfrühte Wiederwahl 71
- Vertragsregelungen 100 ff.
- Verwalterbestellung 69, 78
- Verwaltervertrag 89 f.
- Zustimmungsvorbehalt 72

Niederlegung des Verwalteramts
- Amtsniederlegung 365
- Eigentümerversammlung 368

Sachregister

- Erklärungsempfänger 367
- fristlose Kündigung 364
- Schadensersatz 366, 370
- vertragliche Regelung 125
- wichtiger Grund 366
- Zustellung der Erklärung 125, 367, 369

Niederschrift, s. Versammlungsprotokoll

Notgeschäftsführer
- Aufrechnung mit Aufwendungen 23
- Berechtigung 23
- Einzelfälle 21
- Gefahrenabwehr 20
- Maßnahme ordnungsmäßiger Verwaltung 23
- Notmaßnahmen 17, 20
- Substanzerhaltung 20
- Verwalter 20
- Widerklage 24
- Wohnungseigentümer 21

Notmaßnahmen
- Gefahrenabwehr 215

Notverwalter
- Einladung zur Versammlung 50, 65
- Verfahrensrecht 66
- Vollmacht 65

Organe der Eigentümergemeinschaft
- Abgrenzung zum Gesellschaftsrecht 5
- Beirat 4 ff.
- dreigliedrige Organschaft 5
- Eigentümerversammlung 2, 5 f.
- Fremdorganschaft 3
- Gesamtvertretung 9
- Selbstorganschaft 9
- Vertreter der Wohnungseigentümer 11, 142
- Verwalter 3, 142

Organisationsbeschluss
- Teilnahme von Beratern an Eigentümerversammlung 303

Organstellung
- Abgrenzung zum Verwaltervertrag 41
- Annahme 42
- Bestellung 42
- Nachweis 42

Person des Verwalters
- Abgrenzung GbR zur OHG 27
- AG 25, 34
- Bauträger 61 f., 74
- Ehepaar 27

- Einzelunternehmen 34, 36
- Erfüllungsgehilfen 31 ff.
- Gesellschaft bürgerlichen Rechts (GbR) 26
- GmbH 25, 34
- Handelsregistereintragung 26
- Identität 34, 36 ff.
- juristische Personen 25, 34
- KG 34
- natürliche Person 25, 36
- Nichtigkeit der Verwalterbestellung 28
- OHG 27, 29, 34
- Partnerschaftsgesellschaften 30
- Personenhandelsgesellschaften 29, 34
- Portokosten 139
- Protokoll s. Versammlungsprotokoll
- Qualifikation 61
- Rechtsanwaltskanzleien 30
- Rechtsformänderung 34
- Rechtsnachfolge 33 ff.
- Straffälligkeit 63
- Umwandlung 35 ff.
- Unklarheit über gewählte Person 79
- Veräußerung des Verwaltungsunternehmens 34
- Vererbung des Verwaltungsunternehmens 33

Rechnungslegung
- durch abberufenen Verwalter 118, 377, 383
- Form 249
- Verwaltervertrag 118

Rechtsanwaltsbeauftragung, s. gerichtliche Verfahren

Rechtsfähigkeit der Eigentümergemeinschaft
- Kreditaufnahme 199, 224
- Mehrhausanlage 272
- Notwendigkeit der Organbestellung 8
- Teilnahme am Rechtsverkehr 1
- Titel für Gemeinschaft 304
- Verbandsvermögen 10, 226
- Vertragspartner 93, 99, 272

Sachverständiger
- Abnahme des Gemeinschaftseigentums 187
- Eigentümerversammlung, Anwesenheit 195

Schadensersatz (s. auch Haftung)
- Amtsniederlegung 366 ff.

209

Sachregister

- Beirat 441
- Berufungsverfahren 291
- Beschlussanfechtungsverfahren 290
- fehlerhafte Beschlüsse 261
- Mängelbeseitigung, Verspätung 175
- Vermietungszustimmung, Verweigerung 338
- Verschlechterungsverbot, kein 291
- verspätete Geltendmachung von Wohngeldrückständen 248
- verspätete Herausgabe der Verwalterunterlagen 379
- vertraglicher Anspruch des Verwalters 126
- Verzögerungsschaden 148, 175
- Wiederholungsversammlung 289

Schriftliches Umlaufverfahren
- Verwalterbestellung 85

Selbstbestimmungsrecht
- der Wohnungseigentümer 89

Sondereigentum
- Feuchtigkeitsschäden 175
- Pflichtverletzung des Verwalters 175
- Versicherung 219

Sondernutzungsrecht
- Gemeinschaftseigentum 174
- Instandsetzung 174

Sonderumlage
- für Instandsetzungskosten 197

Steuerrecht der Eigentümergemeinschaft
- Abflussprinzip 314
- Aufzeichnungspflichten 328
- einheitliche und gesonderte Gewinnfeststellung 312
- Einkünfte aus Gewerbebetrieb 317
- Einkünfte aus Kapitalvermögen 310
- Erhaltungsaufwendungen 315
- gewerbliche Tätigkeit des Verwalters 30
- Grunderwerbsteuer 319
- haushaltsnahe Dienstleistungen 318
- Herstellungskosten 315
- Instandhaltungsrücklage 309
- Kleinunternehmerregelung 326
- Lohnsteuer 320
- Mehrheitsbeschluss bei Option 327
- Option s. Umsatzsteueroption
- Solidaritätszuschlag 310
- steuerbare Leistungen 323
- Steuerbescheinigung 311
- Steuererklärung 308
- steuerpflichtige Leistungen 324
- Steuerpflichtiger 307
- Umsatzsteuer 321 ff.
- Umsatzsteueroption 325 ff.
- Unternehmerbegriff 322
- Vermietung von Gemeinschaftseigentum 316
- Vorsteuerabzug 329
- Werbungskosten 313
- Zinsabschlagsteuer 310
- Zuständigkeit des Finanzamts 330

Stimmrecht
- des Verwalters 55, 60, 95, 341, 346
- Erklärungsbote 97
- Gemeinschaftordnung 62
- Mitgliedschaftsrecht 60
- Majorisierung 61 f., 74
- Rechtsmissbrauch 62
- Stimmrechtsbindung 60
- Untervollmacht 96, 102
- verflochtener Personen 55, 62
- Vollmacht 60, 96, 352

Trennungstheorie, s. Verwaltervertrag

Treppenhausreinigung
- Beschäftigungsverhältnis 192

Türen, s. Gemeinschaftseigentum

Umwandlung der Verwaltungsgesellschaften
- Abspaltung 35, 39
- Ausgliederung 39
- Einzelunternehmen 36
- Formwechsel 35, 37
- Identitätsvoraussetzungen 36 f.
- Universalsukzession 39
- Verschmelzung 35, 38

Veräußerungszustimmung
- Bonitätsprüfung 331 f.
- Einsicht in Kaufvertrag 334
- grundbuchmäßige Form 335
- Maklerhonorar 405
- Querulant 331
- Verwalter als Erwerber 333
- Verzug 335
- wichtiger Grund 331

Verbandsvermögen, s. Vermögen

Vereinbarung
- Einschränkung der Vertretungsmacht 16
- Übertragung von Geschäftsführungsaufgaben 17

210

Sachregister

Verfahrensstandschaft
- Auftrag an Verwalter 304
- Mehrvertretungsgebühr 304
- Unterlassungsansprüche 153

Vergütung
- abberufener Verwalter 398, 402
- Angemessenheit 127
- entgangener Gewinn 385
- Erhöhung 129
- Ermessensspielraum der Eigentümer 128
- Fälligkeit 131
- Höhe 127
- Kopierkosten 139
- Kündigung 384 ff.
- Mahngebühren 138
- marktübliche 28
- nichtige Regelung in Gemeinschaftsordnung 48
- Portokosten 139
- Preisindex 129
- Sittenwidrigkeit 128
- Sondervergütung 132 ff., 429
- Verlängerungsbeschluss 78
- Verteilungsschlüssel 104, 130
- Vertragsinhalt 89
- Verwirkung 386

Verkehrssicherungspflicht
- Hausmeister 193
- Überwachungspflicht 193, 214 f.
- Umfang 193
- Versicherung 220
- Zuständigkeit 193

Vermietung von Gemeinschaftseigentum
- steuerliche Konsequenzen 316

Vermietungszustimmung
- durch Verwalter 337 ff., 406

Vermögen
- Forderungen 12
- Geldvermögen 12
- Trennung vom Eigenvermögen 225
- Verbandsvermögen 10
- Verbindlichkeiten 12
- Zuordnung 10 ff.

Versammlungsprotokoll
- Anfechtung von Beschlüssen 285
- Bedenken gegen die Wirksamkeit des Beschlusses 295
- Beschluss-Sammlung 84, 277 f., 283, 438
- Beschlussbuch, s. Beschluss-Sammlung
- Bestandteile 279
- Bestellungsbeschluss 42
- Beweisfunktion 42
- Ergebnisprotokoll 278
- fehlerhafte Führung 288, 292
- Gegendarstellung 281
- Inhalt 279 ff., 295
- Niederschrift 10
- Protokollführer 278, 292
- rückwirkende (keine) Führung 287
- Teilnehmerliste 280
- Unterzeichnung 83, 277, 437
- Verwalternachweis 83
- Widerspruch 282

Versicherungspflicht
- Elementarschäden 218
- Feuerversicherung 216
- Gewässerschäden 218
- Glasbruch 218
- Haftpflichtversicherung 216, 220
- Hausrat 219
- Leitungswasser 218
- Prämienzahlung 222
- Repräsentantenhaftung 221
- Schadensmeldung 221
- Sturmschäden 218
- Versicherungssumme 221

Versorgungsträger
- Vertrag mit 18 a

Verteilungsschlüssel
- gerichtliche Verfahrenskosten 114
- Prüfung durch Beirat 430
- Verwaltervergütung 130

Vertragsstrafe
- vertragliche Vereinbarung 126
- Wirksamkeit 126

Vertragstheorie, s. Verwaltervertrag

Vertretungsmacht
- Abgrenzung zur Geschäftsführungskompetenz 12
- Beginn 13
- Ende 13
- für Verband 11 ff.
- für Wohnungseigentümer 11 ff.
- Geldangelegenheiten 12
- Instandsetzungsarbeiten 14 ff.
- Schadensersatz bei fehlender 15 ff.
- sonstige Rechtsgeschäfte 18
- Versorgungsträger 18
- Vollmacht 16 f.

Verwalterbestellung, s. Bestellung des Verwalters

211

Sachregister

Verwalterhonorar, s. Vergütung
Verwaltervertrag
- AGB-Widrigkeit 110 ff.
- auflösende Bedingung 44, 91, 372
- Dienstvertrag 41
- eigentümergünstige Klauseln 117 ff.
- Entgeltlichkeit 43
- Geschäftsbesorgungsvertrag 41
- Haftungsbeschränkung 110
- kompetenzdefinierende Klauseln 113 ff., 204
- Kündigung 360 ff.
- Laufzeit 103, 112
- Nachweis der Bestellung 42, 205
- nichtige Regelungen 100, 103
- Parteien 89 ff.
- stillschweigender Abschluss 44
- Trennungstheorie 40, 41, 44, 103, 371, 384
- überflüssige Regelungen 99
- Vertragstheorie 40, 43 f.
- verwaltergünstige Klauseln 123 ff.
- zu Gunsten Dritter 94
- zu Lasten Dritter 94
- Zustandekommen 89, 92, 439

Verwaltervollmacht
- guter Glaube an Vollmacht 16 ff.
- öffentliche Beglaubigung 83
- privatschriftliche Vollmacht 87
- Urkunde 16, 205
- Vorlage an Vertragspartner 16 ff.

Verwalterwahl
- Anfechtung 82
- Mehrheit 52 ff.
- Stimmrecht 52 ff.
- Vertretungselemente 59
- Verwaltungsbeirat, s. Beirat
- Vorauswahl durch Beirat 54

Wasserzähler 166 f.

Werdende Wohnungseigentümergemeinschaft
- Eigentümerversammlung 50, 68
- Einfluss auf Verwalterbestellungsrecht 46, 68
- Entstehung 46, 68

Wichtiger Grund, s. Anfechtung von Beschlüssen u. Abberufung des Verwalters

Wiederwahl
- Anfechtung 73, 75, 82
- Bindungsdauer 71
- Verlängerungsbeschluss 71
- Wiederholungsgefahr 75

Wirtschaftsplan
- Einzelwirtschaftsplan 231
- Fälligkeit des Wohngelds 101
- Fortgeltung 232
- Gesamtwirtschaftsplan 231
- Kalkulation 230
- Verzicht auf 108
- Zeitraum 229, 232

Wohngeld
- Beitreibung 245
- Fälligkeit 101, 233, 246
- gerichtliche Geltendmachung 113
- Haftung des Verwalters 247
- Mahnung 245
- Verfallklausel 246
- Verjährung 247
- Vorfälligkeitsregelung 101

Wohngeldklage, s. auch Wohngeld
- Klagevollmacht des Verwalters 113
- Kosten 114
- Rechtsanwalt, Beauftragung 114
- Zusatzhonorar 135, 245

Zahlungsverkehr
- EC-Karte 227
- Haftungspotenzial 223, 227
- Lastschrifteinzugsverfahren 105
- Vertretung durch Hilfspersonen 32, 227

Zurückbehaltungsrecht
- Wohngeld 99

Zustellvertreter
- Ersatzzustellvertreter 19, 392
- natürliche Person 19
- Zustellungen 19, 392

Zustimmung bei Eigentümerwechsel
- Sonderhonorar 140

Zwangsverwalter
- Stimmrecht 63, 267

Zwangsvollstreckung
- Titel 304
- Zwangshypothek 247, 304
- Herausgabe der Objektunterlagen 374 ff.